救済史と終末論

組織神学の根本問題3

近藤勝彦

教文館

はじめに

本書は表題にある通り、「救済史」と「終末論」の諸問題を扱っている。拙著『啓示と三位一体』（二〇〇七年）、『贖罪論とその周辺』（二〇一四年）に続く組織神学的教義学の第三巻であり、一連の最終巻をなす。「救済史と終末論」の構想はすでに『啓示と三位一体』において神の意志決定の関連で言及した。そこで述べた私の神学的構想は、啓示、それも「歴史的啓示」から出発するものであった。歴史的啓示の認識から三位一体の神とその御業の認識に導かれる。その際、三位一体の内にあって外に向けられた神の永遠の意志決定は、創造から神の国に至る救済史的な意志決定として認識される。この三位一体の神の救済史的な意志決定の遂行の中で、イエス・キリストにおける贖罪の出来事がとりわけ終末論的な意味を持つ決定的な転換点であった。そこから世界伝道への派遣がなされ、神の国の到来に備える神の世界統治が行われる。こうした関連にあって『啓示と三位一体』、『贖罪論とその周辺』に続き、本書において救済史と終末論を主題とする次第である。

「救済史と終末論」という表題は、すでに「終末論」についての本書の立場を表明している。神の救済の完成は現在にあるのでも、あるいは永遠の今に起きるというのでもない。神の救済は、キリストにおける贖罪の業から神の国のまったき到来まで、歴史を経過する仕方で完成されるという立場である。従って本書の終末論は、「実現された終末論」でもなければ、「現在的終末論」でもない。そうでなく「救済史的終末論」である。ただしイエス・キリストにおける神の贖罪の御業は終わりの時代に時満ちてなされた決定的な終末論的出来事であったと認識している。つまり、イエス・キリストにおける出来事は終末論的な出来事として救済史に不可逆的な、ただ一回的な決定的転換点であった。その神の御業は、時間の中の出来事として過去の出来事になりながら、しかも過去化されることなく、一回的終末論的な出来事として現在と将来に規定的に効力を発揮している。こうしてキリストの出来事の中に「すでに」と「いまだ」の救済史的な区別が基礎づけられる。終末論的な贖罪の出来事の「すでに」と、将来の救済史的完成の「いまだ」との間にキリストの地上の出来事以来、中間時が与えられ、この終末論的な中間時の固有な意味は、神の国の到来に備える「伝道の時」として認識される。そこから終末論は、「すでに」の契機や、現在終末論的に規定された契機を含みながら、将来における完成を待ち望む。それが「救済史的終末論」の構想であって、何もかも将来にかけられていると見る「徹底的終末論」とは異なる。また将来が存在論的な力の優位を持ち、現在はもっぱら将来から規定されるといった今日時折見られる、やはり一種の「徹底的終末論」とも異なる。「救済史的終末論」はすでにキリストにおける贖罪の終末論的な規定的力の中に基礎を置いているからである。その上で、神の国の終末的到来は、歴史と時間の終わりに待ち望まれる。その際、「歴史の終わり」は歴史的時間の「中」に到来すると考えられる。時間の「中」に終わりが来るのでなければ、終わりは歴史においては永遠に来ないことになるからである。

こうした基本的構想によって、本書は救済史と終末論に関わる主要な諸問題を扱った。その際、救済史についても終末論についても、事柄そのものの考察に入る前に神学史的な現在位置を確認するために、歴史的な検討部分を含んでいる。教理史的研究としてはその部分は、必ずしも十分とは言えない。しかし「救済史」について、あるいは「終末論」についても、必要最小限度の歴史的検討は踏まえなければならなかった。

キリスト教会の存続と活発な活動は、真正な神学的構想をその基盤にして初めて可能である。特に「救済史と終末論」の問題は、教会存在の理由や使命を歴史神学的（geschichtstheogisch）に表明することになり、世に対峙して教会と伝道の意味を鮮明にする場面である。このことは牧師について言えば、世界において牧師であるとはいかなる意味かを鮮明にすることでもあり、この文脈での神学的基盤なしに伝道と教会形成の責任を果たすことはできないと思われる。

本書が願いとしたことは、伝道者・牧師としての召命に基づき、教会と伝道への奉仕を中心的課題としながら、現代世界とその目標を視野に入れて神学することであった。歴史的啓示と聖書の証言に基づき、三位一体の神とその御業の現実性を認識し、世界をその根本から問いながら、感謝と希望に溢れた神学的言葉を発することであった。それが幾分なりとも実現していれば幸いである。

目　次

第二部　終末論について

目　次

装幀　熊谷博人

第一部　救済史について

第一章　救済史観の起源と成立

「救済史」（Heilsgeschichte; Salvation History）という用語は、十八世紀以前には特別な神学的概念としては使用されていなかった。それが神学概念として提示されたのは、ヨハン・クリスティアン・コンラート・フォン・ホフマン（一八一〇―一八七七年）によってであった。その用語は、その後アドルフ・シュラッター、オスカー・クルマン、ゲアハルト・フォン・ラート、ハンス・フライヘル・フォン・カンペンハウゼンなどによって積極的に受け入れられた。しかし他方、初期バルト、ブルトマン、ティリッヒなどは救済史概念とその歴史神学的構想に対して否定的であり、その後も組織神学においてこの用語は定着した位置を獲得してきたわけではない。現代でも、新約学者マルティン・ヘンゲルはこれを評価的に使用し、救済史の不可欠性を語るが、ウルリヒ・ルツは消極的である。ヴォルフハルト・パネンベルクは「普遍史の神学」を語ったが、当初救済史の神学には批判的であった。「救済史」については確固とした態度を取りかねているというのがプロテスタント組織神学の実情である。

本章では神学概念として「救済史」の用語が使用される以前に遡り、やがてこの概念によって表現される神の歴史的な救済の業の理解、そして神の救済史的世界統治の理解が、どのような起源を持ち、その教説がどのように成立するようになったかを歴史的に検討する。まず旧約聖書ならびに新約聖書の証言の中に、それがどのように示され、そのうえでやがて「救済史」概念を持って呼ばれる歴史神学的見方がどう成立したかを、古代のキリスト教文書の中に探求する。アウグスティヌス『神の国』第一六巻以降に救済史の明らかな構想が示されるが、[1] それより二世紀以前に、エイレナイオスにおいて救済史的歴史神学の成立が見られた。この経過を叙述し、やがて次章において、その後の救済史の構想の変遷についても概観してみたい。本章の課題は、救済史的神学の「起源と成立」を検討することにあり、次章においてその後の変遷を辿り、さらにその後で神学概念としての「救済史」の登場と、救済史概念の神学的取り扱いの歴史について概観していくことにする。

1　救済史とは何か——基本的確認

救済史とは何か。本書において救済史とは、この世における神の活動、すなわち神のオイコノミアを意味している。それが創造からその完成に至るまで、被造物に対する神の救済意志に基づいて遂行され、救済史が形成される。その救済と歴史の救済史的関わりの理解がどのように経過したか、その起源や淵源はどこにあり、どのようにそれが成立したか、その歴史的経緯について明らかにすることが本章の課題である。まずは救済史とは何か、その特徴を数点にわたって概述しておきたい。

救済史はまず、神の救済行為が歴史的であり、時間・空間の中に出来事として生起したことを基礎にしている。歴史的啓示と歴史的救済があって、救済史が認識されるという順序である。啓示が神話や歴史の彼方のイデア界にあり、形而上学的な認識であるとしたなら、救済史について語ることはできない。

第二に、救済と啓示が歴史の中に、歴史の出来事を通して生起したということは、その出来事が点的でなく、時間の中に継続の幅を持って進行したことを意味する。イエス・キリストにおける啓示は、イエス・キリストに限定しても、誕生、生涯、その言葉、行為、そして十字架と復活といった時間的、歴史的な経過を持っている。ただ永遠と時間が一点において交差したといった事柄ではない。神のオイコノミアと言い、救済史と言うのは、神の救済的行為が点的、孤立的活動ではないことを意味する。

第三に、イエス・キリストにおける救済の出来事はそれ自体として歴史的、時間的な幅をもっているだけでなく、その前後の文脈を持っている。(2) 救済史は、神の救いの出来事が過去の期待と準備の時、そして約束の時を持ち、その継続的ならびに不連続的な成就として起きることを意味する。キリストにおける救済が救済史的な意味を持つとき、それはそれ以前の約束や準備の歴史の成就となる。しかし救済史の理解は、神の行為を固定的な図式や型に嵌め込んで理解することを意味するわけではない。救済史には不連続的なこと、禍や審判、期待の挫折、試練なども含まれるであろう。

第四に、しかしそれでも神の活動の歴史、神の人間に対する活動の歴史は、「禍の歴史」や「審判史」と言われるべきでなく、「救済史」と呼ばれるべきと考えられる。それがキリストの出来事による啓示によって知られる神の恵みの意志に相応しい。

第五に、キリストにおける救済の出来事は、過去からの約束や期待、あるいは預言の文脈において救済史的であるだけでなく、将来を希望のうちに待望する。キリストの歴史的啓示の中には歴史の終わりの約束が含まれる。神の救済の業はキリストの十字架と復活の出来事の中で起き、キリストの再臨を待つ。そのことは、神の救済は「すでに」起き、また同時に「いまだ」来たるべき約束として与えられていることであって、神の救済史には「すでに」と「いまだ」の間の時、終末論的中間時がある。キリストにおける救いの出来事は、救済史的な大転換であって、世の終わりまでを規定する終末論的な出来事であった。そのような出来事であったことにより、将来の規定を含む救済史が可能になった。

第六に、それでは救済史において終末論はどうなるのか。キリストにおいて「すでに」起きた救済は、救済史における終末論的な決定的転換を意味した。従って救済史は、この終末論的、決定的転換によって規定されながら、将来的な完成を「いまだ」待つことを含んでいる。従って救済史的な見方は「実現された終末論」や「現在的終末論」の立場でなく、「救済史的終末論」を語ることになる。そこには「すでに終末論的転換が起きた」と言う意味では現在的終末論のモティーフを持つが、救済史は同時に「将来的な終末」を含む。しかしこの「将来的終末論」は「徹底的終末論」ではない。「すでに」イエス・キリストの出来事においていかなる爾後の出来事によっても凌駕されることのない、終末論的に決定的な救済と啓示があるからである。

第七に、救済史は通常、時代区分を含むと考えられている。時代区分の概略は、救済史は神のオイコノミアとして、創造、約束の時、そしてキリストにおける救済の出来事の時、その後の中間時、そして最後の完成ということになる。より細かな時代区分を持つ場合もあり得る。それぞれ区分された時代や時期はそれ固有の意味を認識される。

第八に、時代区分や救済史としての不連続性をもちながら、それでも救済史として統一性を持ち得る理由がある。それはイエス・キリストにおける歴史的啓示から認識されることであるが、神のオイコノミアの背後に神の御計画、御旨、恵みの意志決定があることによる。イエス・キリストの終末論的な啓示によって神の内なる救済の決意が認識される。それは三位一体的な救済史的決意、すなわち「三位一体論的救済史」の決意である。この救済史の中でキリストの十字架における御子なる神の死は、三位一体論的な贖罪論として、神のオイコノミアの特質を表している。

第九に、現在は救済史的、終末論的な中間時にある。この終末論的中間時は、復活の主イエスとの出会いにより「キリストにある」ことによって特別な質を与えられた歴史である。贖罪から和解に至るように「地の果てまで」主の証言としての伝道がなされる時であり、それから終わりが来ると言われる。こうした救済史的なプロセスを含んだ「すでに」と「いまだ」の区別の中に教会とともに伝道が必須の位置を与えられている。

第一〇に、救済史には試練、葛藤、矛盾、対立、戦いがある。しかし、キリストの終末論的で規定的な贖罪の御業の効力が救済史を規定している。それゆえ、すべての試練や葛藤を救済史の中で受けとめることができる。それがまた信仰の幸いである。

以上によって救済史とは何かを概略的に記したが、キリストの人格と出来事における啓示が歴史的啓示であることを歴史学的認識との関連でもう少し補足しておこう。歴史的啓示は、神の救済がこの歴史的世界との二元論的区別に立つ異次元の領域にあるものではないことを示している。旧約聖書における神の業の証言も、新約聖書における証言も、神の救済は時間・空間内の歴史的出来事によって遂行されたと語っている。ナザレのイエスは、受肉者であり、時間・空間の中に肉体を取った歴史的人格であって、仮現論やグノーシス主義の主張では捉えられない。彼の言葉、行為、そして十字架と復活の出来事も歴史の中に起きた歴史的出来事であった。さらにキリストとその業は、福音として歴史の中に伝えられ、神の救済は歴史的に進行したし、進行する。

従って救済史には当然、歴史性（Historizität）が伴っている。つまりは、救済史は一面において歴史学的対象である。救済史から歴史学的認識を排除することはできない。しかしその歴史は「神」が主体であり、「神の救済」の歴史であって、歴史学的認識の限界を越えてもいる。歴史の事実には、どの事実にも、それ固有の意味があり、その意味はまた歴史学的な認識の対象でもある。歴史学的な知を伴わない歴史の認識は現代人の意識に合わないというべきであろう。しかしその事実には、歴史学的な知だけではなく、信仰的、神学的な意味があって、歴史学的認識によっては及ぶことのできない意味が含まれている。従って救済史という歴史の現実を認識するには、聖書の信仰告白的証言に従いつつ、神の事柄として歴史的事実を理解する信仰的な洞察が求められる。それゆえ救済史の認識は、「歴史的かつ神学的な認識」、その意味で「歴史神学的な認識」と言わなければならないであろう。救済史の出来事は、神の活動として秘義的であり、霊的に受け取られ、信仰によって洞察されなければならない。それは深層を持った出来事である。救済史は神の歴史としてそうした歴史にほかならない。歴史学的認識と信仰的認識の関連はさらに問われ続けなければならないであろう。

救済史をめぐるもう一つの大きな問題は、救済史と世界史の関係がどうあるかという問題である。救済史を世界史と実在的に異なる領域内に構想することはできない。グノーシス主義や仮現論の主張と異なり、救済史は世界史の中に起きている。神の救済の活動が世界史の中にある。それがなければ、世界史は意味も救済もない虚無的世界であるほかはない。救済史は「選ばれた民」や「選ばれた一人」に集中するとしても、それは「すべての民」や「全体」に関係する。歴史のイエスとその歴史を中心とする細い線を救済史と呼ぶとすると、この救済史は周辺世界に働きかけ、世界史全体が救済史の領域であり、周辺であり、また遠景である。この場合にも世界史と救済史は実在的、認識的に、同一の現実連関をなす。世界史の意味は、その中に神の救済の業が働いていることであって、つまり世界史は救済史であるということである。救済史は、歴史的啓示による、神の歴史における活動の認識であって、歴史的啓示から認識された世界史である。

救済史という見方が意味している内容は、以上で尽きるわけではない。さらに探究されるべき課題や難問が含まれる。しかしここでは一応、救済史の構想の内容を上記の概略によって念頭に置きながら、その理解がどのような経過をもって教会の信仰と神学の中に成立したかを概観したいと思う。

2　旧約聖書における救済史――ゲアハルト・フォン・ラートによる解釈を主にして

旧約聖書には、イスラエルに対する神の歴史的な救済行為を証言している箇所がかなり多くある。その事実は誰も否定することができない。さらに神の歴史的救済行為が決して孤立的な行為でなく、一連の経過をもって、つまりは一種の直線的な歴史的行為として描かれている箇所の存在も明らかである。先に約束があり、その約束の成就として歴史的救済行為が遂行されたと証言されている箇所も多い。神の救済が歴史的な形態を取って「救済史」として証言されている箇所を具体的に挙げれば、申命記二六章五節以下、ヨシュア記二四章二節以下のいわゆる救済史的な信仰告白の箇所をはじめとして、詩編七八編、一〇五編、一〇六編、一三六編、その他多くを挙げることができる。これらが神の救済の歴史を証言し、後にイエス・キリストにおける神の救済を頂点にして、「救済史」として神の活動を描く背景や淵源をなしたと言うことができるであろう。カール・レーヴィットが原初のキリスト教信仰において救済は世界史と二元論的な相違をなすと語ったとき、旧約聖書の救済理解にほとんど触れなかったのは、逆に旧約聖書の証言に救済史の理解の重大な淵源があることを示していると言うことができよう。

ここでは、救済史の背景や淵源が旧約聖書の証言の中にどのようにあるかを示すために、救済史的証言の基本的内容を明らかにしなければならない。さらには救済史が旧約聖書における神の救済行為に対する証言として周辺的、偶然的言及でなく、むしろ基軸をなす本質的な叙述であることを明らかにする課題もある。しかしその課題は、救済史の背景や淵源を指摘する課題を越えて、旧約聖書の証言の本質規定に触れ、旧約聖書神学の領分に本格的に踏み込むことになり、本書の課題を越えることにもなる。そこでここでは、旧約聖書の中に救済史を見ることが旧約聖書の本来的な読み方に属すると解釈した代表的な旧約聖書神学者ゲアハルト・フォン・ラートの場合を例にとって検討するにとどめたい。フォン・ラートの『旧約聖書神学』Ⅰ、Ⅱ（一九六〇年）によって旧約聖書における救済史理解を取り上げてみよう。

フォン・ラートによれば「旧約聖書は歴史書である」。「それは神のイスラエルと諸民族や世界との歴史について、世界の創造から終末、つまり世界支配が人の子に譲渡されるまで（ダニ七・一三以下）の神の歴史について語っている」と言う。「この歴史は救済史と言うことができる。なぜならその叙述においては、創造もすでに神の救済の業として理解されているからであり、また預言者たちの預言によれば多くの裁きを越えて神の救済意志がその目標に達するであろうからである」(3)。この旧約聖書における救済史をフォン・ラートは、四段階の形態を取ったと理解した。まずは六書の救済史像であり、次にそれを継承した申命記的歴史家の救済史像、さらに歴代誌的歴史家による救済史像があり、第四にそれらと大きく断絶して捕囚期の預言者たちによる歴史理解があったとされる。フォン・ラートはその上で、旧約聖書の救済史観が新約聖書にどのように継承されていったかについても論述した。

その際、フォン・ラートにとってイスラエルの信仰告白的な性格を持った救済史観、つまりケリュグマ的な歴史像が重大であるが、それらと史的研究によって探究される批判的歴史像とは区別されることは自明であった。しかしその両者が互いにあまりにかけ離れてしまっていることが「聖書学が今日負わねばならない最も困難な重荷の一つ」[4]と考えられた。その上でフォン・ラートは「イスラエルが、史的・批評的研究では到達しえない歴史体験の深層から証言している」[5]ことを強調した。簡略化して言えば、ただ歴史学的であるだけでなく、そうかと言って決して非歴史学的でもない、歴史学的でかつ神学的な洞察として救済史の歴史的実在を語ったわけである。

救済史像の具体的内容を述べれば、六書における救済史は、典型的に申命記二六章五節以下に見られる最古の救済史的信仰告白に示されている。

「わたしの先祖は、滅びゆく一アラム人であり、わずかな人を伴ってエジプトに下り、そこに寄留しました。しかしそこで、強くて数の多い、大いなる国民になりました。エジプト人はこのわたしたちを虐げ、苦しめ、重労働を課しました。わたしたちが先祖の神、主に助けを求めると、主はわたしたちの声を聞き、わたしたちの受けた苦しみと労苦と虐げを御覧になり、力ある御手と御腕を伸ばし、大いなる恐るべきこととしるしと奇跡をもってわたしたちをエジプトから導き出し、この所に導き入れて乳と蜜の流れるこの土地を与えられました。わたしは、主が与えられた地の実りの初物を、今、ここに持って参りました」。

ヤコブはここではアラム人と呼ばれ、父祖の時代から土地取得までの救済史の主要事項が、エジプトへの寄留、そこからの脱出、今ある地への侵入といった客観的な歴史的事実に集中して要約されている。同様のことは、ヨシュア記二四章二節以下においても確認される。族長時代から出エジプトを経て約束の地へと侵入するまでが六書の救済史の核であって、それに創造と原歴史の物語が付加される。聖書の中にはその他さまざまな文学的単元があり、おびただしく多様な証言が含まれているが、この歴史神学的に基礎づけられた救済史の証言がそれら多様な証言を結び合わせていると言われる。

それにしても神の歴史的行為はさらに前進し、救済史のさらなる進行が示される。次に来る申命記的歴史著作は六書の救済史の単なる延長ではない。イスラエルはヤハウェと共なる歴史の新しい時期を自覚しなければならない。神の歴史の線は、土地取得の時代からさらに大破局（紀元前七二一年と五八七年）の時代にまで至る。申命記的歴史家はその全貌を特別な神学的視点から解釈し、叙述していると言われる。

フォン・ラートが第三に挙げるのは歴代誌的歴史家であるが、その救済史像は神の活動の歴史的な線を捕囚後の時代にまで延ばし、捕囚前の時代との神学的接続を表現した。「その主たる関心事は捕囚後の宗教復古を、まだ遂行されていないダビデの遺言から正当化することであった[6]」とフォン・ラートは言う。これに対し捕囚期の預言者たち（エレミヤ、エゼキエル、ゼカリヤ、第二イザヤ）は、イスラエルの大破局という神の歴史の裂け目を申命記的歴史家とも、また歴代誌的歴史家とも異なった仕方で解釈した。預言者たちによれば古いものは過ぎ去り、ヤハウェは全く新しいものを創造する。新しい出エジプト、新しい契約、新しいモーセが約束される。「預言者たちは同時代の人々に、彼らにとって今までのヤハウェの救いの行為はその価値を失い、イスラエルは、救われるために、新しい未来のヤハウェの行為に信仰によって自己を賭けなければならないことを確信させようとした[7]」。預言者において救済史は未来へと開かれ、過去の回顧的な歴史像でなく、希望の像となり、成就の歴史でなく、預言による約束の救済史になった。

旧約聖書における救済史、ならびにフォン・ラートのその解釈に対し、その後種々の議論があり、救済史像の修正も図られている。クラウス・コッホは旧約聖書における救済史理解を積極的に受けとめ、とりわけ出エジプトの出来事がヤハウェの存在と力に対する「認識根拠」となり、「歴史と時間が記される開始の時」になったと言う。そして「出エジプトと土地取得が関連づけられたことによって、いくつかの信仰告白のなかで両者の関連がそれに先行した族長時代と結び合わされた」と語る。[8] また捕囚期の預言者たちの救済史観についてもコッホは単一的な線でなく、二重の線として語る。最初の「救済史」は創造から出発し、頂点として土地取得ないしはダビデの時代まで進行した。そこからは「禍の歴史」(Unheilsgeschichte) となって、イスラエルの没落に向かい捕囚期にまで下降する。そこから「新しい救済史」が頂点としての「新しいイスラエル」に向かって進行すると言う。その際、二度目の頂点は最初の頂点を凌駕しているとも言われる。[9] また、ベルント・ヤノウスキは救済史の信仰告白は「祭儀」を場としていることを重大なこととして指摘している。彼によれば、祭儀は円環的時間観をもっているゆえに、救済史的な直線的時間の流れと異なる祭儀的な円環的時間の流れも旧約聖書的時間観として評価されなければならない。それは救済史の多少の修正を提唱していることになろう。[10] しかし祭儀もまた当然救済史的な意味を持ち、その前進に仕えると考えられるゆえに、その修正はほとんど重大なこととは言えないであろう。

むしろ注目するべきは、フォン・ラートのかつての弟子であったロルフ・レントルフのこの問題に対する態度表明であろう。レントルフはイスラエルが歴史を語ることを重大なこととした事実に注意を向けながらも、用心深く「救済史」の用語を避けている。彼によればイスラエルの歴史の意味は「神の戒めを守るようにとの神の要求を根拠づけるものである」。[11] なぜなら「イスラエルは神のトーラーを守るときにのみ存続可能であるから」。[12] それゆえ歴史は、律法のための教育資材として語られたと言う。従って「教育資材としての歴史」について語ることはできるが、「神の救済史」や「神の歴史的救済」について語ることはできなくなる。しかしこの点はかえってロルフ・レントルフの旧約聖書理解の致命傷になるのではないかという疑問を起こさせる。後年のレントルフは「救済史的見方」でなく、「正典的見方」に立った。しかし旧約聖書の証言において、神の救済的行為が歴史的であり、歴史的関連の中でかつて起きたし、また起きると証言されている事実を否定することはできないであろう。この歴史的救済の事実性と聖書の正典性の関係はなお究明されなければならない。それにしても旧約聖書における救済史の意味について旧約学の文脈での今日的状況を論ずることは、ここでの課題ではない。ただ神の救済の歴史的性格の理解と救済史的歴史観とが、旧約聖書の中に淵源を持ち、その背景を持っていることを指摘できれば、それで十分とするべきであろう。

3　新約聖書における救済史の淵源

新約聖書の証言の随所にも神の救いの計画とその遂行といった救済史的な神の業の理解が見られることは明らかである。新約聖書の証言によれば、神の救済行為はイエス・キリストという歴史的人格において起こり、その言葉や行為や遭遇した出来事を通して、時間・空間的な世界の中で起きたと語られている。それはまた、それ以前の救済の歴史や約束との関連に立ち、点的な出来事でなく、一連の歴史的経過の中で、またそれ自体としても歴史的経過を含んで生起したと証言されている。さらに言えば、イエス・キリストにおける神の救済行為は、それ以後の時の流れに対しても決定的な規定的関わりをもっていると証言されている。

具体的にこうした証言の例を挙げれば、マタイによる福音書とルカによる福音書の中に、相互に相違を持った仕方でイエス・キリストの誕生の系譜的関連が記されていることが挙げられよう。これによってイエスの出現が旧約聖書の救済史的約束との関連に立ち、その成就の出来事として起きたことが意味されていることは明らかで、救済史的記述がなされていると言い得るであろう。さらにルカは、イエスの誕生をローマ皇帝アウグストゥスやシリア総督キリニウスと関連づけながら記述することで、世界の現実のただ中の救済の出来事として伝え、さらには「モーセとすべての預言者から始めて、聖書全体にわたり、御自分について書かれていることを説明された」（ルカ二四・二七）という仕方で、イエス・キリストの人格と出来事とが、旧約聖書的救済史の目標と成就に位置していることを証言した。「ルカが救済史的に思考していることには疑いの余地があり得ない」とフェルディナント・ハーンは語って、「少なくとも五つの時期についてルカの場合語ることができる。すなわち、扱われているのは創造、約束の時、イエスの生と活動の時、教会の時、そして完成である[13]」と指摘している。また、ヨハネは一方でクロノロジカルな詳細さを持ってロゴスの受肉者であるイエスの歴史的歩みを描きながら、他方で「あなたたちの父アブラハムは、わたしの日を見るのを楽しみにしていた」（ヨハ八・五六）という仕方で、アブラハムに対する約束の成就をイエスの中に見た。ここでも新約聖書の証言における神の救済行為は、時間・空間的な意味で歴史的であり、同時に旧約聖書の証言にある救済史との不可分な関連において受け取られたと言うことができる。

そもそも「ヤハウェは救う」というイエスの名、神の統治と結びついたメシアの称号からして、イエス・キリストにおける救済が旧約聖書的な救済史と引き離しがたく関連していることは自明であろう[14]。その上でどの福音書もイエス・キリストの出来事がさらに将来への道を開き、すべての民に宣べ伝える伝道の使命に関連することとして伝えている。キリストの終末論的な救済によってすでに終末論的中間時は開始され、主が再び来る時まで、主の死を告げ知らせなければならないと言われる。イエス・キリストの出来事における神の救済行為は歴史の中に起こり、過去の救済史的約束を成就し、将来のキリストの来臨における救済の完成を約束し、それに先立って人々を派遣する。つまり神の救済は新約聖書の証言において歴史的性格を持ったものと理解されている。イエス・キリストの十字架の出来事がポンテオ・ピラトのもとにおいてであったと記されていることも、聖書の告げる救済が神話的表現や無時間的理念の事柄でなく、歴史の中で、歴史的性格を持って生起したことを明言している。こうしたことに注目すると、初代教会の救済理解は古代ギリシアの救済観と同一線上にあって歴史への関心を排除したものというカール・レーヴィットの言い方は、事実に合わないと言わなければならない。レーヴィットによれば「福音書の中には……キリストによる一切の地上的な出来事からの救済についての福音が見いだされるだけ」で、「キリスト教の伝統における顕著な特徴は、まさしくこの（歴史との）二元論である」と言う。この二元論によれば「この世界は超歴史的な神の国に対立させられる[15]」と言う。しかし地上的な世界から救済されて超歴史的な神の国に入れられる救済と、地上の歴史的世界とが二元論をなすとの見方は、キリスト教をまさに仮現論やグノーシス主義に接近させ、その信仰の本質を変質させる。それはルカやマタイはもちろん、ロゴスの受肉を告げ、十字架の正確なクロノロジーを記そうとしたヨハネによる福音書にもそぐわない救済理解と言わなければならない。新約聖書はむしろそれとは反対に、歴史のなかに到来した神の御子と歴史のなかを進行する救済の歴史、そして地上のすべての現実に到来し、すべてを裁き、また完成に至らせると約束された将来の神の業を信じるように告げている。つまり聖書の証言する神の救済は救済史の形態を取り、地上的出来事の中に到来すると言わなければならない。

パウロにも救済史的記述がある。その事実は救済史を肯定しないブルトマンとその学派の人々も否定できなかった。問題としてあるのは、救済史が新約聖書の中で決定的な基軸や神学的枠組みを構成していると見るか、それとも周辺的、あるいは無自覚的で偶然的な言及にすぎないと見るかという問題である[16]。いずれにせよ、救済史の記述が新約聖書の中に位置を持っていることは事実として否定され得るものではない。ローマの信徒への手紙九―一一章は、イスラエルの選びにキリストの福音を通して異邦人が結ばれ、やがてすべてのユダヤ人の救済に至るという、アブラハムからキリストまで、さらにはキリストの再臨までのイスラエルと異邦人の全行程を視野に収めている。それは大きな救済史像を提示していると言わなければならないであろう。さらにはガラテヤの信徒への手紙三章に見られる「アブラハムとその子孫に告げられた約束」が「律法」によって無効にされず、「イエス・キリストへの信仰によって信じる人々に与えられる」という大まかな時代区分を伴った「救済史的観察方法[17]」があることも指摘することができよう。コリントの信徒への手紙Ｉ一五章三節の「聖書に書いてあるとおり」とあるのも、救済史的連関を示していると受け取ることができる[18]。パウロにおいてキリストは「律法の終わり」であり、「キリストにある」（en Christo）ことは救済史的に決定的な転換の出来事として新しいアイオーンを形成している。キリストの十字架は直ちにすべての終わりでなく、間近な将来にキリストの再臨があり、「神がすべてにおいてすべてとなる」までにはプロセスがある。その中でパウロ自身が「異邦人の使徒」として福音を伝道し、神との和解を受けるよう「キリストに代わって願う」ことが、重大な位置を与えられた使徒的使命として理解されている。このことは救済史の中で、終末論的な現在、ないしは終末論的中間時にそれ固有の意味があって、それは伝道のための期間として理解されていることを意味する。パウロ自身、そのような意味で異邦人の使徒として福音を新しい地に伝えるためスペインにまで赴こうとした。それは、救済史の新たな段階において使徒としてそうでなくてはならない、この段階固有の使命を担った生き方として理解されたことであった。

エルンスト・ケーゼマンの論文「ローマの信徒への手紙における義認と救済史」[19]にも注意を向けたい。ケーゼマンもブルトマン学派の傾向を表して、パウロにおける救済史を積極的に受け取ることをしない。しかしその消極論は逆にパウロから救済史を無視することができないことを論証しているとも言うことができる。ケーゼマンは、率直に「根本的反省」として彼の救済史に対する消極的姿勢を聖書そのものからでなく、彼自身の青年時代の神学的環境と世代的運命の受け取り方から来ていると説明している。「いわゆる弁証法神学が前世紀の観念論的歴史観から解放され、その際ブルトマンの名によって特徴づけられた歴史的批判によって支持されたが、私の神学的青春はそのことによって非常に強烈に規定された」とケーゼマンは言う。そして「救済史的構想は第三帝国やそのイデオロギーと同様に世俗化し、われわれの上に政治的に降りかかる」と語り、今、救済史を語ることは一世紀の間にドイツ帝国とナチスの第三帝国に次ぐ、「三度目の興奮」を煽りたてるようなもので、「火傷を負った子どもたち」はそのような火を掻き立てることに臆病であることを理解してもらいたいと述べている。そうした世代的背景を持って、ケーゼマンは「歴史神学（Geschichtstheologie）はわれわれには自分たちの経験からして初めから胡散臭さを感じさせる」[20]と釈明した。ケーゼマンには第一次世界大戦の結末に至った進歩思想とナチスの終末論の苦い経験が、歴史の神学のトラウマとして残存している。しかしだからと言って、聖書の証言に従うならば、歴史の神学を無視して、パウロを理解することはできない。さらに言えば、聖書的歴史観をもってしてでなければ、進歩主義的楽天的歴史観にも、また第三帝国の民族主義的歴史観にも正当な対抗的姿勢が取れなかったのではないかとも言い得る。ハイデガーを念頭に置けば、脱歴史的な実存主義的決断によってナチスにコミットした者もいたのである。しかしここでの問題は文明史の解釈問題ではなく、パウロ文書とその神学の解釈である。

救済史に対する忌避感を抱きながら、それでもケーゼマンは事実パウロに救済史観があることを否定することはできなかった。「パウロ神学の救済史的地平を否認することは誠実にはできない。ただしそれでもって使徒の神学においてこの地平がいかなる意義を持っているかはなお未決定である」[21]と彼は語った。問題は救済史がパウロ神学の全体においていかなる働きをしているかである。ケーゼマンは、パウロにとって現在は「メシアの生みの苦しみの時」であると言い、「この救済史的現実をパウロが告げるその宣教はきわめて深い意味で逆説的である」と語る。「救済史が保持されるのは、神の言葉が地上の諸現実に対抗して子らとその交わりを造り出す場合のみであるから、救済史の連続性は逆説的である」[22]とも言う。ケーゼマンはさらに、パウロにおいて救済史が発展史的な規定によらず、逆説的性格をもっていることをアウグスティヌスの場合に重ね合わせる。しかしアウグスティヌスの救済史観は決してケーゼマンが言うような逆説性にはない。「神の国」と「地の国」は逆説的同一性の中にはなく、「混在」し、終末において「分離」される。それだけでなく、世の終わりに至って開始時とは異なる質的発展の性格がある。このことは後に指摘したい。いずれにせよケーゼマンは、新約学者としての誠実さによって、パウロにおける救済史を否定はしなかった。ただその意義の解釈としてパウロの救済史観をその「義認」信仰の上位に置いてはならないと主張するにとどまった。彼によればパウロにおいて「義認が救済史の中心であり続け、その開始にして終わりであり続ける。そうでなければイエスの十字架はその中心的意味を失うに違いない。そうなればすべては傾く、人間学も教会論も、そしてキリスト論も救済論も傾くであろう[23]」と言う。このケーゼマンのパウロ解釈に反論することは十分に可能である。ここでの問題、救済史か義認論か、あるいは救済史的連続か逆説かといった問題は、根本的にはパウロにおけるキリストの十字架における決定的な出来事、救済史的転換を意味する終末論的出来事をどう理解するかにかかり、律法や罪との関係の逆説性を言うべきか、それとも新しいアイオーンへの転換を強調すべきかという問題になる。根本的には福音と律法をめぐる「パウロとルターの相違」の問題になる。パウロはキリストの十字架の出来事が終末論的に決定的な出来事であるとともに、それゆえにこそ古き時を終わらせ、新しい時をもたらす救済史的なアイオーン転換の大事件であったことを告げた。しかしルターの強調は、キリストの十字架の意味を罪人の日ごとの悔い改めの中で「義にして同時に罪人」の逆説性の根拠として理解することにあった。ケーゼマンが義認の優位や逆説性の強調のもとにパウロにおける救済史の意味を限定したことは、彼がルター派的な特徴と制約の下にいることを意味している。しかしこの議論にこれ以上詳細に入っていく必要はない。(24) ここではただパウロにおいて救済史観は決して無視し得ないものであることが論証されれば十分である。

4　古代教会における救済史的歴史像の成立

キリスト教的歴史像の古代教会における成立を辿ることは、詳細に試みれば、優に一人の研究者の生涯を費やすほどの問題である。ここでは紙幅の都合もあり、ただエイレナイオスとアウグスティヌスに注目するのに止めなければならない。救済史像の最初の本格的成立はエイレナイオスに見られることは、多くの人が指摘するところである。(25) 特にハンス・フライヘル・フォン・カンペンハウゼンの比較的大きな論文「救済史の成立――一、二世紀の神学におけるキリスト教的歴史像の建設」はこの問題の究明を主題として論述されている。

フォン・カンペンハウゼンによれば、すべてのキリスト教神学がある種の「救済史的方向づけ」を持っていることは「異論の余地がない」[26]。それはあらゆるキリスト教的救済の仲保者であるイエス・キリストが歴史的人格であったからであると言う。しかしこと救済史的「歴史像」の成立ということになると、フォン・カンペンハウゼンは以下のようなテーゼを掲げる。

「統一的な連関を持った秩序だった聖なる歴史の像は、教会においてはじめから存在していたわけではなかった。そうではなく、さまざまな端緒から生じながら、ゆっくりと形成され、二世紀の終わりになってはじめて、ある程度明白な仕方で堅固にされた」[27]。

「二世紀の終わりになって」という意味は、具体的にはエイレナイオスにおいてということであるが、その経過をフォン・カンペンハウゼンは、マタイやルカ、パウロやヘブライ人への手紙などの端緒から、それ以後の時代に辿って論述した。キリスト教会のごく初期には、究極的な救済がイエス・キリストにおいて起きたゆえに、歴史の視線は「キリストの現在」と「彼の再臨」にもっぱら向けられ、過去に対する歴史的関心は希薄であったと言われる。この時代、異邦人キリスト者によってさまざまな文書が記されたが、彼らの中からルカを例外として、エウセビオスに至るまで歴史家が登場しなかったのは決して偶然ではなかったとも言う。しかし二世紀半ば以来、「狭義の救済史的構想」が成立したとして、フォン・カンペンハウゼンはサルディスのメリトンと、メリトンの構想をさらに一歩進めたユスティノスに注目している。その上で「ユスティノスにおいては救済史の新しい像はなお混乱しており、他の思想と幾重にも重なり、交差している。それが真に明確な表現に至ったのは二世紀から三世紀の転換期に死んだといわれるエイレナイオスが最初である」[28]と記した。

キリストの「歴史的啓示」の中に救済史的なオイコノミアの提示は含意されており、神の救済は創造から贖罪を経て完成に至るまで救済史的なものとして潜在的に示されている。これは新約聖書の証言の随所、とりわけパウロの手紙の記述から明らかである。しかしそれがキリスト教的歴史像の統一的形態を取って顕在的に描かれたのは、フォン・カンペンハウゼンや他の人々が言うように、エイレナイオスにおいて最初であったということになろう。イエス・キリストにおける終末論的な救済の出来事の出現の中に、旧約聖書的過去の意味も、なお残された将来の、審判を潜っての完成の方向も示されている。神の救済史における世界と被造物の意味も示されている。しかし、歴史的啓示にすでに示されていた内容の言語的表現の展開はなお残されていた。エイレナイオスにおいてそれが「最初の救済史の神学」として展開されたわけで、それがどのようなものであったか、以下に概説する必要があろう。さらにはそれに続いて、アウグスティヌスの場合についても一言する必要があると思われる。マルティン・ヘンゲルが次のように記しているのは大筋で妥当な見解と思われるからである。

「彼（エイレナイオス）の『歴史の神学』は、アウグスティヌスの『神の国』という『世俗的』な世界史と神的な『救済史』とを結び合わせた記念碑的著作によって影に置かれるまで、広い影響を及ぼした。このアウグスティヌスの著作はその後千年以上にわたってキリスト教的歴史像を支配することになった[29]」。

（1）エイレナイオスにおける救済史的歴史神学と「受肉による再統合」

エイレナイオスは聖書の証言と教会の伝統、彼以前の教会的先達の神学的思想を継承しながら、グノーシス的異端と戦い、「信仰を包括的に叙述する試みをした最初の人」であり、「教義学の土台形成者[30]」とも言われる。彼の叙述の神学的関連領域は広範なものであるが、ここでの課題は「キリスト教的歴史像の本来的創始者[31]」として、彼の神学全体の基盤とも枠組みともなった救済史の理解の特徴を記すことである。

エイレナイオスには「救済史」（historia salutis）という概念は見られない。しかし神のオイコノミアを表す「営み・配剤」（dispositio）の用語は多く使用され、「神の救済の配備全体[32]」（universa dispositio Dei）という表現も見られる。これは「創造から終末に至る全体的救済史」[33]を意味した。さらにその内容の比較的詳細な叙述が、特に一九〇四年に発見された『使徒的宣教の証明』と題された著作のアルメニア語版の中に展開されている[34]。エイレナイオスの歴史神学的救済史観そのものをここで詳細に究明する必要はないとしても、『異端論駁』と『使徒的宣教の証明』から、エイレナイオスの救済史的神学の重大な特徴を指摘しておきたい。その特徴として、特に⑴「四つの契約」と「三段階」にわたる救済史像、⑵御子の「受肉」の救済史的な意味、⑶「二つの来臨」と「再統合」の関係などを挙げることができよう。

教会史におけるエイレナイオスの意味は、「救済史の神学」を明らかに提示したこと、それによって救済をめぐり、原初や天上における、あるいはこの世界とまったく別な「プレローマの世界」における完成状態を想定し、そこへの回帰を神話や思弁的な知識によって図ったグノーシス主義と対決したところにあった。エイレナイオスはグノーシス的な知による被造物的現実からの脱出の救済とは明確に対峙し、聖書的な信仰を堅持しながら、神の創造から終末論的な救済に至る統一的な神学的思想を提示した。その際、受肉論が決定的な根拠をなす仕方で救済史的歴史神学が姿を現した。エイレナイオスにとって救済史の神学は、「使徒的宣教の証明」そのものであり、「異端論駁」の根本を形成したわけである。

①「四つの契約」と「三段階」の救済史像

エイレナイオスの救済史の神学の記述は『異端論駁』と『使徒的宣教の証明』の随所に見られる。例えば、『異端論駁』第三巻一一章八節に言われる「四つの契約」の叙述も、その重大な箇所の一つである。エイレナイオスは四福音書と関連させながら四つの契約について語り、それによって救済史の四段階を描いた。彼は言う。「福音も四つの形があり、主の業も四つの形がある。またこのゆえに、人類には四つの契約が与えられた。第一の契約は洪水以前、アダムの時のもの、第二は洪水の後、ノアの時のもの、第三はモーセの時の律法制定、第四の契約は人間を新たにし、万物を自らの中へ再統合するもので、福音により、人間を引き上げ、翼に乗せて天の国へと運ぶものである」。ここに創造から完成までの救済史の概観が示されていると言ってよい。これには主の業も四つという仕方で、救済史を包括するキリストの業にも言及され、救済史とキリストの業の理解が関連づけられて語られている。第一はヨハネによる福音書と関連づけられながら、キリストの「王的な業」が指摘され、「モーセ以前の族長たちには神性と栄光に満ちた様で語りかけた」と言われる。第二はルカによる福音書と関連されながら、キリストは律法の下にある人々に対して「祭司的な儀礼」を定めたと指摘され、第三にはマタイによる福音書に関連されながら、御子は私たちのために人となったとして、キリストの受肉が語られる。そして第四にマルコによる福音書と関連されながら、キリストは霊の賜物を全地に派遣し、自分の翼によって私たちを覆ったと言われる。四つの契約の全救済史がキリストの業によって包括的に理解されている点に注目する必要があるであろう。ただしこの記述の部分にすでにエイレナイオスの救済史解釈をめぐる難題もまた含まれている。四つの契約とキリストの四つの業の間には微妙なずれが認められるからである。第一と第二の契約時は、キリストの業の観点から見られたときには、モーセ以前の族長に対する「神性と栄光に満ちた様」という仕方で、一つの「王的な業」の中に包摂されている。そのために第三の契約時は、第二の祭司的な儀礼の業と重なり、第四の契約時は、キリストの業の第三と第四を包括する。つまり第三の受肉の業と、第四の聖霊の賜物の派遣と天の国への引き上げが、一括されて、第四の契約時の中で語られることになる。エイレナイオスの救済史が、創造から受肉を経て、終末の完成に至る救済史として構想されていることは明らかであり、またその全体を通してキリストの業が救済史を包括するものとして理解されていることも明らかである。しかし救済史の最後の記述（第四の契約時とそこでのキリストの業）について、理解をより鮮明にする必要が生じている。つまり受肉と救済史の最終段階との関係をどう理解すべきかという点をめぐっては、なお曖昧さがあり、受肉による人間の再統合と終末の最後における万物の再統合の関係は、さらに詳細に究明されるべき検討余地を残していると言わなければならない。

エイレナイオスが救済史を叙述する際に依拠した論拠は、四福音書に対応させた「四つの契約」の理論だけではない。『異端論駁』第四巻二〇章五節では神の三位格に従いながら救済史の大きな時期を前後三期に区分する記述が見られる。まず聖霊が預言者を派遣し、証言させ、それから御子が現れ、信仰を与え、人間を神の子とする。しかし人間の神似像性によって神の不滅性にあずかる仕方での「見神」は、「父的な仕方によって」神の国においてなされると言われる。つまりここでは、救済史が神の三位格に従って編成されているが、その三位格の順序は後に通常語られるようになる「父、子、聖霊」の順ではなく、神の救済史というオイコノミアにおける働きとして「聖霊、子、父」の順である。さらには創造の七日間を論拠にして、それに対応させながら救済史の構想を語る箇所も見られ、それによれば第七日目に創造の完成がなされる。人間の不滅性が最後の「見神」において与えられるように、創造の完成も終末における完成として描かれている。

救済史のより細部の記述については『使徒的宣教の証明』一〇章から二九章までに見られる。そこでは、創造、堕罪、最初の人から一〇世代目の洪水、洪水後の全世界のための契約、さらに洪水から一〇世代目のアブラハム（アブラハムについてエイレナイオスはパウロに従って「信仰による義」を語っている(35)）、さらにヤコブ、そして出エジプトを記し、モーセと律法、約束の地への進行を描いている。そこからエルサレムとダビデの名が挙げられ、ソロモンの神殿建設に至る。以上が『証明』二九章までであるが、そこからさらに三〇章において、聖霊による預言者の派遣に触れ、その預言の内容として「先在のキリスト」が「時の終わりに、全世界に対し、人として現れることになっており、……『天と地にある一切のものを』自らの『内に再統合することになっている』」と語られる。続いて三一章では「受肉」について語られ、それは「アダムを通じてわれわれに打撃を与えたものをアダムを通して打ち負かすためであった」と言われる。続いて四二章まで、イエス・キリストの受肉とその意味、十字架につき、贖いの勝利につき、また復活について論述される。「使徒的宣教の証明」を記すことが彼の叙述の意図であったが、それがまたエイレナイオス神学の真髄でもあって、救済史の中でイエス・キリストの受肉と受肉による再統合が重大な主題を構成していたことが明らかである。『使徒的宣教の証明』六章には以下のように言われる。

「この方はまた『時の終わりにあたって』すべてのものを再統合するため、人々の中で人間、つまり見えるもの、手で触れることのできるものとなった。それは死を滅ぼして生命を目に見えるかたちで顕し、神と人との交わりをもたらすためであった」。

エイレナイオスにおいて「受肉」は時の終わりのキリストの業であり、それは「再統合」のためであった。再統合は救済史の決定的な新段階であり、救済史はエイレナイオスの「受肉の神学」の枠組みをなしている。御子の受肉は、救済史の決定的な進行段階をなすとともに、同時に救済史を完成へともたらす神の御業を表しているとも言うことができよう。受肉の内容を明らかにすることによって、この点をもう少し詳細に検討してみよう。

②　神の子の受肉による「再統合」と救済史

エイレナイオスにおいて神の子（子なる御言葉）の受肉は、救済史の決定的な段階をなした。そのとき受肉の内容として「アナケファラアイオーシス」（recapitulatio）が意味されていた。文字通りこの用語が使用されている箇所が『異端論駁』にも『使徒的宣教の証明』にも多く見られる。具体的に例を挙げれば、『論駁』第三巻一六章三節、一八章一節、一八章七節、二二章一〇節、二二章三節や同じく第四巻六章一節、三八章一四〇節、三節、さらに『証明』三〇章、三三章、三七章、九九章などである。「アナケファライオーシス」はエフェソの信徒への手紙一章一〇節（「一つにまとめられる」）に使用されている語であるが、「要約、遣り直し、総括、再統合」などと訳されることが可能である。エイレナイオスはこの用語によって、先在のキリストが受肉し、人となったのは、アダムに起きたことと、それ以来の人類の歩みを遣り直し、総括し、再統合するためであった。それはそのままの繰り返しでなく、堕罪によって喪失した神への似像性を回復し、さらに神の不滅性への参与の道を切り開くためであった。それはただ原初のアダムの回復だけでなく、神似像性の回復がさらに「見神」に進んで、神の不滅性に参与するに至るためであった。つまり、受肉は神似像性の目的を完成するための新しい段階を切り開いたと理解される。例えば『異端論駁』第三巻一八章一節には以下のように言われる。「神の子は〔常に父のもとに〕在ったのであり、特定の時に〔存在し〕始めたのではない。彼は〔ある時に〕受肉し、人となったが、その時には人間の長い〔歴史〕を自らのうちに再統合した。要約した形で私たちに救いを提供したのである。それは、私たちがアダムにおいて失ったもの、すなわち神の似像と類似性に基づいて〔つくられた〕ものであることを、これをキリスト・イエスにおいて再び受け取るためであった」。キリストの受肉による「再統合」は、要するに神の似像と類似性の再獲得として救済論的な意味を持っている。しかもその目的は「神を見る」ことによって不滅性に参与するという仕方で、アダムの回復よりは、むしろ完成を意味している。そこで『異端論駁』第四巻三八章三節では次のように言う。「人は日々進歩して完全性にまでたどりつく、すなわち生まれざる方〔神〕に近いものとなる。……将来見られることになっている方は神であり、神を見ることは不滅性を生み出す〔力を持つ行為〕であり、『不滅性は神に近くあることをえさせる』」[36]。キリストの受肉は、エイレナイオスにおける救済史にとって、救済の完成に向かう不可欠にして決定的な段階をなしているわけで、受肉による「アナケファライオーシス」があって初めて救済史は救済史になると言うことができる。

③「二つの来臨」と「再統合」

エイレナイオスにとって御子の受肉は「終わりの時」に起きたことであった。従って、それは終末論的な受肉論と言うべきである。しかし他方その受肉による救済史の完成は、さらに将来の「見神」と「不滅性への参与」による神への接近に進む。受肉はその基盤をなしている。従って、すでに起きた受肉（それによる再統合、神似像性の回復）と、いまだ生起していない将来の救済の完成は、終わりの出来事の中でどのように関係すると理解されていたのであろうか。エイレナイオスの救済史理解における受肉論やアナケファライオーシス論と終末論の関係を検討しなければならない。この検討なしには彼の救済史の理解は結末の解明を欠くことになるであろう。エイレナイオスにおける終末論の解明は、エイレナイオス解釈上の議論を呼んできたテーマである。ここではエイレナイオスの言う「二つの来臨」という表現に注目したい。『異端論駁』第四巻三三章一節に以下のような文章がある。

「彼〔霊的な弟子〕はユダヤ人をも裁く。彼らは自由のみことばを受け入れず、解放者が来てくださっていたのに解放されることを望まず、時機はずれにも、律法の外で〔何も〕必要としない神に隷属しているようなふりをし、キリストが人々の救いのために行なったその来臨に気づかず、その二つの来臨を、預言者たちが皆告げ知らせていたことを、理解しようとしなかったからである。〔二つの来臨とは〕ひとつは『弱さを担うことを知る、悩みの中にある人』となった〔来臨、すなわち〕ろばの子〔の背〕にすわり、家造りたちから棄てられ、『羊のように屠り場に』引いてゆかれ、手を拡げることによって一方ではアマレクを滅ぼし、他方では散らされた子らを地の果てから父の檻へと集めた時、先立って眠りについていた自分の死者たちを心に留めていて、彼らを助け出して彼らを救うため、彼らのもとへと降っていった〔時の来臨である〕。そして、第二の来臨は雲に〔乗って〕来る〔来臨、すなわち〕炉のように燃える日をもたらし、その口の言葉で地を撃ち、唇を通して〔出る〕息で不敬な人々を殺し、そして手に箕を持ってその脱穀場〔の麦〕を残らずふるい分け、麦は集めてその倉に納め、殻は消えることのない火で焼き払う時〔の来臨である〕」。

この「二つの来臨」には「二つのアナケファライオーシス」[37]が結びついている。つまり一方はすでに起きた受肉の来臨であるが、それも終わりの時に起きたことであるから終末論的受肉論的来臨、もしくは受肉論的な終末論的来臨と言うべきであろう。他方は将来的な終末論的来臨である。従ってエイレナイオスの終末論は「実現した終末論」の側面と「将来的終末論」の側面という両面を持っている。そしてどちらにも「アナケファライオーシス」が語られる。この場合、一方を受肉論的、他方を終末論的と呼ぶことは正しくない。第一の受肉の来臨もすでに終末論的なものとして語られており、第二の終末論的来臨も受肉と切り離すことは不可能だからである。エイレナイオスの受肉理解は、地上のイエスの全体を包括する受肉理解であるにとどまらず、第二の来臨をも包括する受肉理解であった。受肉も終末も幅を持って理解されている。神の子の受肉が第一の来臨だけでなく第二の来臨をも包括していることは、第二の来臨のアナケファライオーシスが語られることで明らかであるが、このことは当然のことでもあった。そうでなければ、グノーシス的異端に対する論駁は救済の完成という肝心のところで果たせなくなったであろう。将来のアナケファライオーシスについて語っている箇所は、『異端論駁』第一巻一〇章一節、第三巻一六章六節、一八章一節、第四巻三八章一節などである。「〔キリストは救いの〕営み全体を通じて〔per universam dispositionem〕来る〔方〕、万物を自分のうちに再統合する方である。ところで、その万物の中には神が形造ったものである人間も〔含まれて〕いる。それゆえ、〔キリストは〕人間をも自分のうちに再統合した……。それは、……自らを頭として教会に提供し、時宜にかなう時に万物を自らの方へ引き寄せるためである」（三・一六・六）と言われる。キリストの受肉とそれによる再統合は万物を包括する。将来的終末論のアナケファライオーシスは人間だけでなく、万物を包括する再統合として理解されていると言ってよいであろう[38]。

キリストの受肉とそれによる再統合が将来的終末において万物に及ぶということは、受肉と再統合が創造を覆うことである。グノーシス的異端に対抗して、創造と救済が二元論的に分離することなく、救済が創造の完成であること、そして救済は肉の救済でもあることがエイレナイオスによって主張された。受肉の包括性の中にまず人類が、そして宇宙までもが収められる。これはまたキリストの十字架には宇宙的な意味があることでもあった。『使徒的宣教の証明』三四章に次のように言われる。

「彼は全能の神の御言葉そのものであるから、つまりその見えないかたちで世界中にあまねくわれわれの中に入り込んでおり、〔宇宙の〕長さ、広さ、高さ、深さを包み込んでいる方であるから――というのは万物は神の御言葉によって配置され、運営されているからであるが――、神の子はこれらの〔次元〕でも十字架に付けられた。宇宙の上に十字架のかたちで刻み込まれたのである。なぜなら、〔神の子〕は、見えるものとなったとき、必然的に自分の十字架の普遍性も明らかにしなければならなかったからである」。

エイレナイオスの救済史の理解によれば、終わりの時に来臨した受肉のキリストが、創造の初めから人類を再統合し、それによってまた創造のすべてのものを御自分に再統合させ、新しい完成への段階となり、将来的な終末論的到来において人類に救済の完成である神の不滅性への参与をもたらし、さらに万物に創造の完成をもたらすと言うのである。

エイレナイオスの解釈としてオスカー・クルマンは、エイレナイオスは「未来へと急ぐ」と言い[39]、逆にハルナックはエイレナイオスを未来的終末論を欠如させた現在的強調があると批判した[40]。両者はいずれも正確ではない。エイレナイオスにおいてキリストの第一の到来の終末論的意味と第二の到来の将来的終末論の間の「終末論的中間時」の固有な意味を、さらに究明して、鮮明に示すことは不可能ではない。

鳥巣義文は「二つのアナケファライオーシス」に注目した。ただし彼は第一の受肉のアナケファライオーシスをいわば相対化する理解を示した。彼は、受肉は「救いの営みの一部にすぎない」と語り、「救済史の完成段階において御子によって遂行されるであろう『終末論的アナケファライオーシス』は「受肉という救済史上の一段階において実現されたアナケファライオーシス（遣り直し）の枠組を越え出て[41]」いると語った。確かに受肉は、行為や出来事としては終わりの特定の時に起きたキリストの来臨である。しかしその受肉によるアナケファライオーシスは、第二の来臨の失われることのない基盤である。グノーシス的異端との戦いの中でエイレナイオスは、キリストの受肉の終末における解消を語ったわけではない。言い方を換えれば、エイレナイオスにおける受肉のアナケファライオーシスは救済史上の一段階として過去化されない。鳥巣の言う「既に過去のものとなった受肉によるアナケファライオーシス（遣り直し）とは同一視されず、未だ終末的未来に待望される御子の再臨によるアナケファライオーシス（再統括）において成就する[42]」という表現は、過去の受肉の解消とまでは言わないまでも、「同一の受肉のキリスト」を損なう、もしくは希薄にする表現である。それはエイレナイオスの再臨の理解に相応しいとは思われない。エイレナイオスにおける受肉は、地上のキリストの生涯を包括しているだけではない。それは宇宙論的次元を持ち、キリストの第二の来臨を包括し、救済史の完成までを包括している[43]。エイレナイオスの救済史の神学にまさしくキリスト教的神学の意味での内実化をもたらしたのは、彼の受肉の神学であり、受肉による再統合（アナケファライオーシス）の神学であった。

（２）アウグスティヌスにおける歴史神学と二つの国

エイレナイオスの救済史の神学からほぼ二〇〇年後、アウグスティヌスによる世界史的なスケールにおける歴史神学が出現した[44]。紀元四一〇年の西ゴート族によるローマの略奪という世界史的事件とそこから引き起こされた異教的勢力によるキリスト教に対する非難や攻撃に対し、アウグスティヌスはキリスト教の弁証を展開しなければならなかった。彼は四一三年より四二六年に至る晩年の一四年間をこれに費やし、世界史における「神の摂理の全道筋[45]」を叙述することによって歴史神学的なキリスト教弁証学を遂行した。アウグスティヌスのこの歴史神学は、「ある意味において」救済史の神学である。「ある意味において」と言うのは、世界史は彼によれば救済史に限らず、同時に「罪と審判」の歴史であり、「滅びに至る国とその人々の歴史」を含むものとしても叙述されるからである。アウグスティヌスは世界史の中に「地の国」の滅びの歴史と「神の国」の救済の歴史、それら「二つの国」の相互の絡み合いを認識し、叙述した。以下『神の国』に示されたアウグスティヌスの歴史神学とそれによるキリスト教的歴史解釈を概観し、彼における救済史観の特徴を明らかにしたいと思う。[46]

①『神の国』の構成と救済史の位置

全二二巻から成る『神の国』の前半（第一巻より第一〇巻まで）は、異教徒たちのキリスト教攻撃、つまり紀元四〇九年、四一〇年に及んだ西ゴート族によるローマ略奪の悲惨はローマの伝統的な神々を棄てたキリスト教徒の背信にこそその原因があるとの非難に反論したものである。続いて後半部分（第一一巻から第二二巻まで）は、アウグスティヌスの世界史の神学を叙述しているが、基本的構成は「神の国」と「地の国」の二つの国の絡み合った歴史として世界史を解釈したものであった。第一一巻から第一四巻までは主として創世記によりながら、創造論を扱い、天使たちと世界と人間の創造について解釈を加えながら叙述し、二つの国の「起源」について論述する。第一五巻から第一八巻まではそれら二つの国のその後の「発展」を記し、第一九巻から第二二巻までは終末論で、二つの国の終局、身体の甦りや最後の審判、そして永遠の至福と永遠の滅びを叙述する。アウグスティヌスのこうした叙述の構想は、その際の救済史的時代区分の概観も含めて、第一八巻の冒頭部分や第二二巻の結尾部分などに彼自身の文章によって知らされる。その両方を総合して概略すると、ほぼ以下のように言うことができよう。

アウグスティヌスは創造の七日間に対応させて、歴史を「七つの時代」に分け、『神の国』第一五巻において、第一の時代を、最初の人間アダムからノアの洪水までとして、「神の国」と「地の国」が絡み合った仕方で進展する様子で叙述した。第二の時代は、洪水からアブラハムまでで、同じく第一五巻のなかで二つの国の絡み合いの形で叙述されている。第三の時代は、第一六巻においてアブラハムからダビデまでとして叙述され、第四の時代は、第一七巻において、ダビデからバビロン捕囚までとして叙述され、第一七巻ではあわせてバビロン捕囚から「受肉された救い主の到来まで」（一八・一）が第五の時代として記述される。しかし第一六、第一七両巻の叙述、つまり第三、第四、第五の時代の叙述は「神の国のほうの進展のみに向けられてきたように思われる」とアウグスティヌスは言い、「神の国」のみがこの世で経過を辿ったのでなく、「神の国」とともに「地の国」が「同時に人類のうちに存在するように共にはじまったのであって、それらは共にその進展において時の移り変わりを経験してきた」（一八・二）と語る。そこで第一八巻は、アブラハムからキリストに至るまで、つまり第三、第四、第五の時代にわたる「地の国」の進展について記す。

第一九巻から第二二巻まで歴史の「終局」部分に進むが、アウグスティヌスは「わたしたちはいま第六の時代にいる」（二二・三〇）と語った。彼によれば、現代の時代である第六の時代は、キリストの受肉によって開始されたが、いつまで続くかは「世代の数によって測ることはできず」、「父が御自分の権威をもってお定めになった時や時期は、あなたがたの知るところではない」（使一・七）との御言葉を強調した。この強調は第一八巻五二章に見られるが、この箇所はアウグスティヌスが切迫した終末待望論者ではなく、また終末到来の時を「人間精神の推理」によって「的はずれになる」時期に設定する黙示録的熱狂主義者でもなかったことを示す重大な箇所になった。それにしても第六の時代である現代を生きる彼の眼が、なお終末の到来の希望に向けられ、将来への方向をもった歴史神学を構想していたことは否定できない。第七の時代は、創造の第七日目の安息に対応しやがて必ず来ると、聖書の証言によって確信され、それは「わたしたちの安息」と言われ、その日の終わりは夕べではなく、「主の永遠の第八日」、つまり終わりなき終わりとなり、「いかなる終わりももたない御国へと至る」と言われる。第六の時代を歩む「神の国」（Civitas Dei）は、その意味ではやがて来る「いかなる終わりももたない御国」（Regnum Dei）とは明らかな相違の中にある。

アウグスティヌスの『神の国』の構想が通時的に救済史的時代区分を持って記されていることは以上によって明らかであるが、彼の歴史神学のもう一つ基本的な構成要因をなしているのはどの時代をも貫きながら絡み合って経過する「神の国」と「地の国」という二つの国の存在とその規定である。「国」（citvitas）は都市であり、共同体であり、それを構成する市民であるから、アウグスティヌスの「歴史神学」は、人類史を二つの共同体の構成原理によって分析し、洞察した「社会神学」でもあったし、また「政治神学」でもあった。(47)

②「神の国」と「地の国」

プラトンの『国家』と異なり、アウグスティヌスは人類史の現実の中に「二つの国」が絡み合って経過しているのを認識した。一つは「神の国」であり、キリストを王とする敬虔な者たちの共同体である。それは終わりの時に到来する御国とは区別されるが、そこには他の何ものにも優先して「神への愛」（amor dei）が中心に働き、「謙遜」が重んじられる。他方、「地の国」は不信仰な者たちの集団であって、「自己への愛」（amor sui）がこの国の形成原理である。ここでは従順に反する「高慢」が勢力を奮い、サタンがその代表である。「神への愛」と「自己への愛」との相違は、集団形成の決定的な原理的相違を意味する。それゆえアウグスティヌスは「二つの愛が二つの国をつくった」と語り、「この世の国をつくったのは神を侮るまでになった自己愛であり、天の国をつくったのは自己を侮るまでになった神の愛である。……前者は自己自身を誇り、後者は主において誇る」（一四・二八）と言う。「自己を侮る」というのは、高慢に対して神への謙遜を語る意味であって、アウグスティヌスが原理的に人間の自己否定、自己蔑視、自己糾弾を主張したと考えることはできない。自己は意志の転倒によって低落しつつも、なお創造された本性を喪失してはいない。それにしてもアダムの堕罪以来、人類はその出生によって「地の国」に属するものとなった。そこから神の予定と摂理によってある人々が選び出され、「神の国」に属するものとされる。神の国の所属性において、神を愛すべきであるように愛し、それに基づいて隣人を自分自身のように愛することがなされる。それが「正義」であるとも言われる。従って「地の国」には正義はないことになる。「地の国」の原理によって存在することは、正義を欠如するゆえに、「地の国」は国家としてあるように見えて実は真の国家ではないことにもなる。二つの国は一方は教会、他方はローマ帝国と暗示的に同一視され、その限りで、教会はキリストの王国と強く関連づけられ、逆にローマ帝国は、ときに国家でないとの批判にさらされる。この点でアウグスティヌスのローマ帝国理解は、帝国に対する親密感の深かったエウセビオスやオロシウスとは明らかに異なる。しかしアウグスティヌスは、教会と「神の国」の関連を後の中世のいわゆる正統的な教会主義的歴史神学者が見たほどに同一性にあるものと見たわけではなかった。第六の時代の教会は、最後の審判によって滅びに至る者たちと分離された「神の国」の完成とは異なり、選ばれた者たちと退けられた者たちとの混合であって、「両者はいわば福音の網によって集められている」（一八・四九）状態にあると見られている。「神の国」と「地の国」の確定的な分離は終末の審判に委ねられ、教会はただ希望によって喜ぶと言われる。現状の教会の勝利主義的な見方をアウグスティヌスの中に見ることはできない。中世の歴史理解において神の国と教会の同一視が前提されるようになったとき、真にアウグスティヌス的な歴史神学的洞察が保持されたわけでなく、むしろアウグスティヌスの特徴であった精妙な歴史の見方が失われたと言わなければならないであろう。

二つの国についての愛による分析は、アウグスティヌスの社会神学的、ならびに政治神学的洞察でもある。ある国家や社会、あるいはある時代の根本性格とその運命は、その時代、国、社会がいかなる愛を抱き、その愛が何に向けられ、何を目的としているか、また自己自身を愛の目的としていないか、他の目的のために用いられるものとされているか、そうした愛の性格によって判断される。愛の性格が、その社会や国家に正義があるか否かを決する。また「神への愛」ということで言えば、その時代、国、社会が何を神とし、最高善、最高価値としているかがそれらの運命を決すると見られたわけである。

アウグスティヌスは「地の国」の起源を罪の起源の中に見て、天使の堕罪と人間の堕罪から出発していると理解した。天使も人間も被造物であるから、被造物の堕罪に「地の国」の起源を見たわけである。従って、マニ教的な意味で善と悪が存在論的に拮抗する二大原理として語られたわけではない。神以外に存在するものは天使も含めてみな被造物であり、被造物はその被造物としての本性上みな善なるものとして理解された。天使も人間も被造物としてその自然的本性は善なるものであり、罪は本性的な欠陥からではなく、意志の転倒から生じたとされた。「悪しき意志」は倒錯した意志であるが、それはその起源を自然本性そのものに持つと言うことはできない。被造物そのままの自然本性に罪の起源や「地の国」の起源があるわけでなく、天使と人間の本質でなく、「意志の転倒」にこそその起源があるとされた。

しかしアウグスティヌスは「悪しき意志」の起源が、「自然本性が無からつくられたという事実から得るということを見出す」（一二・六）とも語っている。自然本性は「無から」創造されたのであって、神から生まれたのではない。そこに可変性の存在論的な根拠があって、意志による頽落が生じ、罪の結果として死ぬものとなる可能性があった。この罪と死への存在論的可能性の主張によって、アウグスティヌスは古代の世界観に現れた存在論的二元論を回避したとともに、善と悪の相違を結局は解消してしまう汎神論的な一元論をも拒否した。彼は罪や悪の現実を真剣な現実として受け止め、それと深刻に直面したと言うべきであろう。

意志の転倒は愛の中に起き、愛の倒錯を惹き起こす。最高善への愛が倒錯し、最高善でない被造物を自己目的にした「自己愛」に歪曲する。これは目的と手段を倒錯することでもあって、アウグスティヌスはそれを「享受」(frui) と「使用」(uti) という用語によって表現した。本来の目的である最高善、すなわち神こそが「享受」されなければならない。そのために人間の自己は「使用」される。しかし自己愛の高慢は、神に仕えるべき自己を享受の対象とする。「地の国」は目的と手段の倒錯した集団である。

アウグスティヌスの「地の国」の性格規定は、彼の罪の認識と符合している。アウグスティヌスの罪理解として「高慢」とともに「欲望」が知られている。しかし既述の帰結としてアウグスティヌスにおける罪の規定は、第一には高慢であることが明らかであろう。これに対して欲望は罪の罰であり、罪の結果である。さらに言えば罪には、虚偽も含まれている。造られたままの姿においてあるのでなく、転倒の姿を呈することは虚偽にほかならないからである。[48]

人間の堕罪以後、地の国に属する者が人類世界を覆うことになった。その中から神の恵みを通して選び出されたものが、神の国の市民としてこの世の巡礼の群れとして存続することになった。

「地の国」の代表としてアウグスティヌスはアッシリア帝国とローマ帝国を挙げた。「アッシリア人の王たちを思い出さなければならない」のは、「そこにおいて、いわば最初のローマであるバビロニアが……どのようにその過程を進んできたのかを明らかにする必要があるのである」（一八・二）と言う。アウグスティヌスの目には時代的にも地理的にも区別されるこの二つの国の歴史的プロセスがある意味で共通していることが重大であった。しかしそれは歴史の循環理論を掲げたわけではない。「その共通の目的がこの世的な利益や欲望におかれている社会」つまり「地の国」である共通性を語ったのである。[49]アウグスティヌスの歴史神学によるローマ帝国理解の是非については当然議論があるであろう。ラインホールド・ニーバーはアウグスティヌスのキリスト教的現実主義は「世界の平和の罪深い堕落」を「徹底的に強調している」が、それは「地の国」を没落期のローマとの類推においたからであって、「ローマの平和」期の創造的な功績を説明できていないと語った。[50]

③　二つの国の終局と現在

アウグスティヌスの解釈によれば、創造による自然的本性は元来、死を避けることができた。しかし堕罪によって死を免れることができなくなった。人間の「魂的な身体」（animalia corpora）は、堕罪の後、「第一の死」を避けることができない。しかし問題はそれだけでなく、最後の審判による「第二の死」があることである。

「地の国」の人々には「第一の死」だけでなく、「第二の死」が回避不可能である。「第二の死」は、終わりとしての死ではなく、もはやそれ以後終わりのない永遠の破滅と言われる。それこそ最高善の対極に当たる最高悪である。「人類は、さまざまな悲惨と結び付いて、ついには終局を持たない『第二の死』の破滅にまで導かれていくのである。ただ神の恩寵をとおして解き放たれる者だけを例外として」（一三・一四）と言われている通りである。従って、アウグスティヌスにとって世界史は、一面において救済史を例外史として持った破滅史ということになる。しかし神の摂理の面から言うと世界史は、破滅からの救済史である。「神の国」の市民はこの世を「巡礼」の性格をもって経過し、「第一の死」を避けることはできないが、しかし「第二の死」を免れることはできる。ただ「魂的な体」でなく、「霊的な体」（spiritalia corpora）を与えられ、「永遠の生命」に至ると言う。二つの国の終局は、従って一方は「終わりなき滅び」であり、他方は「終わりなき永遠の命」である。その分岐点には最後の審判が位置し、そこで決定的な分離が起きる。しかもそれは、いつでも、どこでものことではなく、将来に起きるとされている。それが第七の時代の到来である。

　最後の審判において、神の国と地の国、二つの国の現在的な「混在」は終わり、神の国は永遠の至福へ、地の国は永遠の破滅へと「分離」される。さらに言えば、「最後の審判」という以上、最後でない審判もあるとアウグスティヌスは語った。原初の堕罪においても神の審判があったと言う。それで堕罪の結果、人間は楽園を追放され、命の樹を去らせられ、「第一の死」を免れることができなくなった。それは堕罪に対する神の審判の結果である。同じようにその後の歴史の中でも、つまり中間の過程においても神の審きがあるとアウグスティヌスは言う。その中間の過程における審判によって、「多くのばあい、邪な人びとは不幸となり、善き人びとは幸運を得る」（二〇・二）。しかし中間の過程における神の審判は隠されている。しばしば悪人が幸いを得、善なる人が悲惨を経験するのも歴史の現実である。アウグスティヌスは、神の摂理を信じていたが、それが一義的な明白さをもって善なる人々の勝利や幸福として第六の時代に現れるとは考えていなかった。

歴史としての中間期に審判があるとの視点から、例えば二十世紀の歴史を顧みれば、ナチスの崩壊は神の審判の結果であり、第二次世界大戦の皇国主義日本の敗戦にも神の審判が現れていると言い得るであろう。しかしそれでは、その時のホロコーストの犠牲者や日本の国内・国外の犠牲者はいかなる意味で審判を受けなければならなかったのかとも問い返されることになる。アウグスティヌスの言う中間期の審判は「隠れた審判」であり、彼の目にも善き人々が悪しき状況にあり、逆に邪な人々が順境にあると見えた。従って、歴史の中間の過程における神の審判は「いよいよ究めがたく、その道はいよいよ測りがたい」（二〇・二）と言わなければならない。そのすべてが明らかにされるのは、最後の審判においてであるとアウグスティヌスは言う。「その日に下されるすべての審きのみならず、はじめの時から下されたすべての審きやそれ以後のかの審きの日に至るまでに下されるすべての審きも」（二〇・二）、最後の審判において明らかにされる。そしてその日には、二つの国の混在が終わり、永遠の救いと永遠の滅びの分離が最終的に決定される、と言う。

それでは、二つの国の今、現在はどのようであろうか。現在は救済史的な時代区分で言えば、すでに述べたように第六の時代である。この第六の時代はすでに「キリストの王国」の時代であり、すでにキリストの支配する「千年王国」になっているともアウグスティヌスは語った。以下のような記述である。

「ところで、一千年間、悪魔が拘禁されているのであるが、そのしばらくのあいだ、聖徒たちはキリストと共にこの一千年間支配する。それは、同じ意味において、そして、同じ時――すなわちキリストの最初の到来によって現実にはじまった時――を示すものとして解されるべきである。……世の終わりに語られるものとされているあの王国は除外して、それとは別の、そしてある意味でそれよりはるかに劣った王国ではあるけれども、そこにおいて聖徒たちはいまもキリストと共に支配している……。そうでなければ『教会』がいまもキリストの王国とよばれたり、天の王国とよばれたりすることはまったくありえないであろう……」

（二〇・九）。

教会とキリストの国、そして「千年王国」が現在のこととして同一視されている。しかしそれは「終わりの時の神の国」とは区別され、「はるかに劣った王国」と言われる。これによってアウグスティヌスにおいては現在の「千年王国」は教会とともに「隠された審判」の下に置かれることが明らかである。しかし後年、特に三九七年に初「千年王国」を字義通り、また物質主義的に受け取る千年王国主義者であった。アウグスティヌスは当ドナティストの神学者テュコニウスの文書に触れて変化したと言われる。『神の国』においては、既述のように千年王国を「キリストの最初の到来によって現実にはじまった時」とし、第六の時代の教会と同一視する立場に立った。このアウグスティヌスの一種の「実現した千年王国」[51]の説を通常「無千年王国」と呼ぶが、それは千年王国が将来の一時期であることが前提されるからである。後世の神学者や神学史家によって、アウグスティヌスは千年王国の期待を「売り渡した」とも言われ、あるいは「彼の見解が、幾世紀にもわたって、中世やローマ・カトリック教会だけでなく、宗教改革の間も、千年王国の期待に対する反対を決した」と言われる[52]。いずれにしてもアウグスティヌス以降になると、将来的、終末論的な千年王国の思想は社会の底流に潜むようになり、十二世紀のヨアキム主義者たちや宗教改革期の再洗礼派、そしてそれ以後のプロテスタンティズム、とりわけ十七世紀のピューリタニズムまで、教会の表面からは消えた。

アウグスティヌスの理解によれば、「神の国」と「地の国」は対立しながら「混在」する。混在の中で神の国は地の国の中を「巡礼」している。「神の国」は終わりの時には、「見神」によって神とともにあり、永遠の平和にあるが、今、現在にあってはただ「信仰」によって神とともにあるのみで、永遠の真の平和でなく「善き者にも悪しき者にも共通するしばらくの時間的な平和」、「バビロンの平和」にあるほかはない。「神の民は、信仰によってバビロンから自由にされてはいるけれども、しばらくのあいだ、バビロンのもとで遍歴の旅をつづける」

（一九・二六）と言われる通りである。

アウグスティヌスが記す「地の国」と「神の国」の関係は、中世におけるコルプスクリスティアヌムの中での教会と国家、教権と帝権との均衡的統一とはきわめて異なるものであった。それは依然として、時としてキリスト教迫害が公然化する古代世界における関係形態であった。[53] しかしそれにもかかわらず、千年王国を終末論的な将来として、近いキリストの再臨後に置いたエイレナイオスのプレミレニアリズムと、アウグスティヌスの現在的千年王国説との相違は大きい。それだけアウグスティヌスは、ヨハネの黙示録の字義的解釈から解放されていたとも言えるし、また教会の存在が異教社会の中にあって迫害に晒されながらもより堅固になった時代、しかも中世ほどには教会が盤石でない時代を背景にしていると言い得るであろう。

神の国が巡礼の形を終えて、確固とした形態を取るのは、終末の最後の審判を経た後のこととされる。その際、アウグスティヌスの構想する終末は、単なる創造の回復ではない。神の国の人々は「魂的な体」に戻るのでなく、「霊的な体」による永遠の命、そして永遠の浄福に至る。創造から始まり、堕罪による二つの国の起源を経て、またその後の「地の国」の中の「神の国」の巡礼の時を経て、終末における永遠の命、永遠の浄福に至る。終末において救済史的発展は明らかである。それは「魂的な体」としての創造から「霊的な体」における完成への発展である。それはまた「死を避けることのできる」ものとして創造された段階から、「死ぬことのできない」ものへと完成し、「罪を犯さないことのできる自由意志」から「罪を犯すことのできない自由意志」（二二・三〇）への発展とも言い表される。もちろんその発展は、人間的努力の成果ではなく、もっぱら神の摂理の業によるる。神は堕罪を予知しながら、そこから善を引き出し、救済史的発展を遂行することを意志したと言われる。

④　摂理の神学

アウグスティヌスの歴史神学は、いくつかの明確な性格によって古代の世界観を変更させた。プラトン的ならびにストア的な思想の根底にあった「同一物の永遠回帰」や「循環論的世界観」との明確な相違がその一つである。アウグスティヌスによれば、世界は時間とともにその開始を持ち、また最後の審判を経て、永遠の命と第二の死に分別されることで終末に達する。この開始から終局までは、二度と繰り返されることのない一回的な歴史的過程として認識された。「つねに同一の反復をおこなう周期的循環というものが場所を占めることはない」（一二・二〇）。その根拠としてアウグスティヌスは「キリストはわたしたちの罪のためにただ一度死なれ、……復活」（一二・一四）したことを挙げ、また「聖徒たちの永遠の生がそれ〔循環説〕の誤りであることを明証している」（一二・二〇）と語った。堕罪から開始された悪しきものから「新しいもの」「善」が引き出され、一方では永遠の滅びに至るが、他方はより高次の次元へと到達する。その意味で救済史的な発展の思想が打ち出されているわけである。

救済史的発展の根底には「摂理」の思想がある。人間の諸王国を打ち立て、あるいは滅ぼすのは「運命」でも「偶然」でもない。「人間の支配権が神の摂理によってうちたてられたことはまったく疑いがない」（五・一）と言われる。「神の国」に属する人々が「地の国」から選び出されるのは、恵みによる選びによる。それも摂理である。神の摂理は、「地の国」をも支配している。ローマ人があのように大きな支配権の栄誉を得たのは、アウグスティヌスの歴史解釈によれば、「唯一の真実で義である神」が「地の国のある基準」に従って善であったローマ人を助けて行ったことである。さらにはネロのように残酷な皇帝にも支配力が与えられたのは「最高の神の摂理によって、人間界の事情がそのような支配者をもつにふさわしいと判定されるときにのみである」（五・一九）とも言われる。

循環、運命、偶然ではなく、神の摂理がアウグスティヌスの神学的歴史解釈の根本的概念であった。救済史に終わりがあり、一方に第二の死、他方に永遠の浄福、そしてその終わりは「終わりなき終わり」である。神の摂理はそうした終わりを目指し、終局を目指している（二二・五）。「神は悪しき意志をも善き目的のために用い」（二二・一七）、摂理は悪からでさえ善を生ぜしめる。この摂理理解が救済史的発展思想の根本にあった。そうだとすると、この神の摂理がイエス・キリストとどのような関係にあるかという問題が重要問題としてあるであろう。救済史的発展におけるキリストの位置と意味はどう理解されていたであろうか。キリストは神の国の「王」と言われ、神の国の「創設者」とも言われる。そこでエノク、ノア、セム、アブラハム、ヤコブなどキリストの到来以前に神の国に属する人々は、キリストを予告し、予示している。予示されたキリストが受肉した。それは秘かな到来と言われ、やがて最後の審判に公然と到来する。キリストはまた愛の基準でもあり、「キリストのために他者を愛している」（二二・二六）なら、その愛は神を享受する愛であるとされる。しかしアウグスティヌスの予定や摂理の理解をどこまでキリスト論的と言い得るかという問いはなお残るであろう。彼はキリスト論的であるよりも、むしろ忠実な聖書解釈に努めた。その聖書解釈を方向づけたのは、すでにそれなりに確立されていたカトリック的信仰の基準であった。神の予定、選び、摂理の理解は、アウグスティヌスにおいて聖書への従順を示したものと言い得るであろう。しかしそれは、キリスト論的摂理とも、三位一体論的摂理とも言い得なかったのではないか。この問いはなお残り続ける。

⑤　「肉体」の神学

アウグスティヌスの歴史神学において彼の「肉体の神学」は重大な位置と意味を持っている。初期の『ソリロキア』には、神と魂との、それ以外を排除するいわば無世界的な垂直的対話が語られた。この対話の思想はその後もアウグスティヌスの中に見られた。『告白』における魂が神の御許でのみ休息を得るとの表現も、これに通じるであろう。この垂直線的関係は『神の国』の最後の第七日における休息にも関連している。しかしアウグスティヌスの歴史神学は、この無世界的な神と魂の対話や垂直線的関係では理解されていない。『神の国』においては神と魂の無世界的垂直関係とは異なる「神の国」への所属性の規定が現れている。それは、魂は肉体との不可分な結合において理解され、終末の復活において不滅的、不朽的な身体、「霊的な体」に復活すると言われる。「第一の復活」は悔い改める魂の事柄であるが、「第二の復活」は肉体に関係する。「キリストが可死性においてわたしたちに似たものとなられたように、わたしたちは不死性においてかれに似たものとなるということである。これは明らかに身体の復活に関連している」（二二・一六）とアウグスティヌスは語る。この「第二の復活」によってアウグスティヌスは「わたしたちは不死の身体をもって永遠に生きる」と言う。それはまた「身体においてさえも霊的になる」とも言われる。肉を離れた不滅の霊の世界が語られるのではない。「神の国」はあくまで永遠に不滅とされた肉体の国である。アウグスティヌスのこの「肉体の神学」のゆえに、肉を離れた霊の世界に彼の思想の到達点を置いてはならない。これによってまた無からの創造による死ぬ可能性をもった被造的な自然本性、それが堕罪によって死と腐敗が不可避となった状態から、より高次な完成へ、死ぬことのできない「霊的な体」への上昇的救済史が示されている。悪を用いてより一層の善をなす摂理の働きが「肉体の神学」によって語られているわけである。

アウグスティヌスの救済と歴史、あるいは摂理と歴史の関係は、単純な同一性ではないが、また単純な二元論的分離でもない。神の国と地の国の進展が世界史であり、神の国は地の国と混在し、その中を巡礼する。神の国のまったき成就は、第二の復活によって「霊的な体」にある永遠の至福に至り、最後の審判によって永遠の滅びに至る地の国と分離される。このことは、アウグスティヌスは時間的に経過する歴史の「彼岸」に単純に救済を主張したのでなく、時間の「最後」に到来することとして語った。永遠の至福は確かに時間の中に一定の時間幅をもって実現するとは語られていない。永遠の至福において時間は終わっているからである。しかしその終わりは、あらゆる時間の彼方に超歴史的にあるのではなく、将来にある。永遠の至福に選ばれた者たちはいま神の国に属するものとして時間の中では「地の国」と混在し、その中を巡礼する。それは隠された審判の中の巡礼であり、隠された摂理の中の巡礼である。しかし時間の中に隠された仕方で、つまり教会の勝利主義的解釈や信仰者の幸福主義的解釈から離れて、摂理も審判もある。救済と歴史の関係は、超歴史的ではない。隠された関係というほかはない。救済と歴史の関係は、いまは混在と巡礼によって表現され、やがて最後の審判の分離において「霊的な体」にある永遠の至福として表現される。アウグスティヌスによれば、時間は被造物とともに始まったが、時間の終わりは被造物そのものの終わりではない。被造物のうち神の国に属するものには永遠の至福があり、地の国に属するものには永遠の滅びがある。

カール・レーヴィットは、アウグスティヌスにおける救済と歴史の微妙な関係を認識せず、後のフィオーレのヨアキムの「神学的歴史主義」[54]との区別を強調した。フィオーレのヨアキムの歴史神学を「神学的歴史主義」と呼んでよいかという問題もあるが、アウグスティヌスをそこから隔たらせるにも細心の注意が必要であろう。アウグスティヌスの歴史神学を「アンチヒストリスムス」の方に押しやるのは誤解になるからである。この誤解かられーヴィットは、アウグスティヌスにとっては「すべては過ぎ去るものであり[55]」、「罪ある人間の国に対する神の国の最後の勝利は歴史的時間の彼岸に横たわっている[56]」と一方的な偏りをもって解釈した。さらにアウグスティヌスにおいて救済と歴史、救済史と世界史の間に「正確に規定し得る相互関係」が「欠如」していると言い、それを彼の「長所」とも語った。救済と歴史、摂理と歴史の関係はアウグスティヌスにおいて決して「欠如」しているのではない。ただそこに究めがたく、測りがたい関係が歴然とあることが認識されている。それはやがて最後の審判において明らかになるものとして希望のうちに受けとめられていた。

アウグスティヌスの歴史神学を「超歴史的」に解釈するのは、一方的な偏りである。「神の国」が超歴史的であれば、時間的には常に彼岸的に完全に存在することにもなり、神の国に属する共同体が時間における地の国と混在し、その中を巡礼することを語る意味はほとんどなくなる。さらに将来に第二の復活と最後の審判を語る意味もまったくなくなると言ってよい。審判についても、アウグスティヌスは時間的な経過の中での審判を語り、それとの関連によって「最後の審判」が成り立つと語った。この最後は、時間の最後であって、時間内のいつでもあり得る、超歴史的な最後として考えられてはいなかった。アウグスティヌスにとって時間の終わりは、将来に、時間的に到来するものであった。それゆえ、アウグスティヌスの中に非歴史主義、超歴史主義の意味での「アンチヒストリスムス」を見ることはできない。もしそれができるとすると、彼の異教的世界観との戦いはまったく希薄なものになったであろう。

この点でアウグスティヌスが肉体を離れた魂の不滅や、肉体なき魂の救済を考えようとしなかった、その「肉体の神学」に注目する意味がある。アウグスティヌスはキリストの「肉体の復活」と「肉体を持った昇天」を重視し、最後の審判における人間の復活も神の国に属する人々の場合「不滅の身体」を持つと語った。逆に滅びに至る者は終わりなき滅びを身体的に受けるとも言う。アウグスティヌスは、この主張によって意識的にプラトン主義に対抗し、新プラトン主義者ポルフュリオスの「肉体からの逃避」の説を拒否した。古代思想におけるこの対立を無視して古代のキリスト教歴史神学の本質を理解することはできないであろう。

アウグスティヌスにおける「世界」の存在の肯定も重大な要素である。世界の存在はアウグスティヌスによれば「最大の奇跡」であり、その中に起きるあらゆる奇跡にまさった奇跡である（二一・七、九）。「霊的な体」は新しい天と新しい地の到来において「新しい世界の身体」（二二・二九）として憧憬された。そもそも世界なしに、ということは「諸元素の秩序」（二二・二五）を欠いて、無世界的な身体をアウグスティヌスは構想しなかった。アウグスティヌスの歴史神学は、非世界的な神と魂の垂直的関係に没入しない。彼の終末論は、超越的ではあるが、非世界的でなく、また現在的垂直線の上方への超越でなく、将来的終末論的超越であり、救済史的終末論的な超越であった。彼の思想に「非世界性」や「無世界性」を見るのは、見る人自身がキリスト教信仰の本質を非世界性に見た実存主義やアンチヒストリスムスに規定された時代的制約の中にいたことを意味するであろう。

一九二九年に出版されたハンナ・アーレントのアウグスティヌス解釈もその世界理解の点でまさしくその例外ではなかったと思われる[57]。

後の中世キリスト教においてアウグスティヌスの歴史神学は、黙示文学的千年王国追求や接近した黙示的終末論の熱狂に駆り立てられた異端的歴史神学に対し、教会の立場を擁護する保守主義的で、なかばイデオロギー的な正統思想を擁護するように見られた。しかしアウグスティヌスと中世正統思想とは、両者の時代背景が異なり、とりわけ教会と帝国との関係が異なったように、一致するものではない。歴史と永遠の関係での相違点を挙げれば、第一にアウグスティヌスが洞察した「第二の復活」と「最後の審判」は、時間の終わり、従って歴史の終わりであるが、この歴史の終わりは歴史の彼方に、つまりはいつの世にもそれを超えていわば上方にあるものとして想定されてはいなかった。時間の「終わり」は、将来において時間の「中に」到来すると理解されていた。従って、確かにアウグスティヌスの中に歴史の中に一定期間持続する内在的な理想状態が実現するとの主張を見ることはできないが、同時にまた歴史の彼方に永遠の救済状態があるかのような超越主義や反歴史主義を見ることもできない。それがグノーシス主義やプラトン主義などの古代の世界観とアウグスティヌスが異なっていた点であった。アウグスティヌスの歴史神学は、この時間と歴史の中にあって忍耐を持ち、また将来への希望を持って、その意味では「前方へ」と目を注ぎ前進していくものであった。第二に神の国（Civitas Dei）と地上の教会、そしてさらにキリストの受肉による到来以後の第六の時代である「千年王国」とは基本的に同一視されている。しかし、それはただちに終末に到来する神の国（Regnum Dei）や永遠の至福と同一のものではない。最後の審判による二つの国への分離がその間を区別している。教会から神の国への線は連続的ではなく、終わりの時の審判を不可避としている。アウグスティヌスから終末論的な意味で現状の教会の擁護を引き出すことはできない。その意味で中世の正統主義的な教会と神の国との同一視との隔たりは大きい。第三にアウグスティヌスの救済史と終末論は「地の国」との関わりを不可欠とし、その中を巡礼し、そして最後の審判は「地の国」を含み、全被造物を包む。聖書の解釈に基づきつつ、世界史の救済史と終末論が展開されたと言うことができるであろう。彼にあって救済史の神学は、歴史内在主義と歴史超越主義の二者択一を超えたものであったと言うべきであろう。

第二章　救済史観の変遷と危機

前章において救済史観の聖書的起源と古代教会、特にエイレナイオスにおける救済史的歴史神学の成立、ならびにアウグスティヌスの歴史神学の特徴について記した。ここではその後の中世における救済史観の変遷について、なかでも際立って特徴的な一つの局面となったフィオーレのヨアキムに注目し、その歴史神学と、それに対するトマス・アクィナスの反論を検討し、最後にその後の救済史観、神の救済史の理解の希薄化の過程を一瞥し、十九世紀以降の救済史概念の復興の歴史的背景を記すことにしたい。

1　ヨーロッパ中世における救済史的歴史像

ヨーロッパ中世のキリスト教世界における歴史神学、とりわけ救済史的歴史像の変遷をめぐって注目しなければならないのは、十二世紀のイタリア南部カラブリアの修道院長ヨアキムの思想である。ヤロスラフ・ペリカンは、キリスト教の伝統を記した彼の大著の中で、中世キリスト教思想史を叙述した際、「救いの計画」という章の中で「歴史の主」について記した。しかしペリカンはそれによってクレルヴォーのベルナルドゥスの神学を指し示した。ペリカンによれば、ベルナルドゥスの神学の中に「キリストの業について考察する『妥協のないキリスト中心的な時代』のクライマックス」があった[1]と言う。そしてその神学の中で「王としてのロゴス」の祝祭が祝われ、キリストの支配が人類史の内部と、またそれを越えて、「救いの計画」そのもののクライマックスとして描かれたと記している。キリストは「あらゆる時代に先立つ王」であったが、「彼の受肉の歴史的性格は、彼の支配の主要な場が人間の歴史であることを意味していた」。ペリカンはそう指摘して、以下のように述べた。「キリストは『歴史の主』（dispositor saeculorum, 世の配剤者）であった。彼の導きによって人間の歴史の出来事と時代の全体的な配置が、人類の救済という一つの目的に向かって方向づけられた[2]」と。そのようにしてペリカンによれば、ベルナルドゥスはキリストが主権者である歴史の時代を、「創造」と「和解」と「天と地の修復」の時代の三つに区分したと言うのである。

しかしここでは、ペリカンがベルナルドゥスの影響の下にほんの二、三頁を当てたにすぎないフィオーレのヨアキムの方に注目したい。ヨアキムは独特な歴史神学によってベルナルドゥスの出現の意味をも歴史神学的に解釈し、「目前に迫った修道制の勝利の兆と考えた[3]」。ヨアキム研究の基準的な研究者であるバーナード・マッギンによれば、「『黙示録注解』をその中心とするヨアキムの著作群は一つの膨大な聖書註解をなすばかりでなく、その視野と体系においてアウグスティヌスの『神の国』のそれに比肩しうる壮大な歴史神学でもある[4]」。アウグスティヌスに比肩し得ると言い得るかどうかは別にして、中世における救済史理解の変遷を辿る意味で、ヨアキムを無視することは「西洋の伝統にある最も重要な歴史の理論家の一人[5]」を無視することになるであろう。そこでまずヨアキムの歴史神学に示された救済史の新しい強烈な解釈を明らかにしたい。それとともにヨアキムの救済史神学が及ぼした、時に危険な影響に対して、盛期スコラ主義の神学者たちがいかなる歴史神学的努力を試みたか、トマス・アクィナスやボナヴェントゥラの場合について言及する必要があるであろう。本章では特にトマス・アクィナスの場合について検討する。

2　フィオーレのヨアキムの歴史神学

中世キリスト教世界において救済史像がどのように変遷したかを叙述する際、フィオーレのヨアキム（一一三五頃―一二〇二年）を無視することはできない。ヨアキムは、イタリア南部カラブリアの富裕な公証人の息子として生まれたが、劇的な回心の後にベネディクト修道会の修道士になり、やがてコラッツォの修道院長になった。彼は修道士生活の最も完全な実現を生涯の課題として、シトー会に強い親近感を感じ、コラッツォ修道院をシトー会に編入しようと努力した。しかしより完全な修道生活を求める飽くなき追及によって、彼はシトー会をも超えて、さらに新しいより完全な修道生活の実現を目指し、彼自身の修道院フィオーレのサン・ジョバンニ修道院をカラブリアの高地に建設した。この修道院の実践は、シトー会との間に摩擦を生むことにもなったが、修道士とその修道生活の歴史神学的意味に注目した彼自身の救済史神学に切り離しがたく結びついた行動であった。

①　ヨアキムの著作と思想

ヨアキムの著作活動は盛んで、彼はそのためにコラッツォ修道院長の辞任を願い出たほどであったが、彼の多くの書物の中で『調和の書』『黙示録注解』『十弦琴』が主要な三部作と言われる。『調和の書』とは、『新約と旧約の調和の書』（Liber de Concordia Novi ac Veteris Testamenti）であり、ヨアキムの独自色の濃い聖書解釈、「調和（concordia）の解釈学」を提示している。『黙示録注解』（Expositio in Apocalypsin）は「ヨハネの黙示録の完全性」を承認し、ヨアキムの黙示録的終末論と黙示録的歴史神学を示している。聖書解釈は彼にとって同時に歴史解釈でもあった。『十弦琴』（Psalterium decem chordarum）は、第一部は御父に、第二部は御子に捧げられ、詩編の数である一五〇という数の神秘的重要性を記し、第三部は聖霊に捧げられ、詩編の唱え方を論じている。その他、ヨアキムの著作には未完の『四福音書注解』（Tractatus super quatuor Evangelia）や、多くの小著があり、表題を知られながら失われた論稿もある。例えばヨアキムの死後一三年を経て、一二一五年教皇インノケンティウス三世によって召集された第四ラテラノ会議において異端として論難された小冊子『三位一体の一性または本質について』（De unitate seu essential Trinitatis）は、その後失われてしまった。ヨアキムの生涯についてもそう

であるが、その著書についても未解明な部分が多く残され、その主著も十六世紀の初期にヴェニスで出版された形のままである。⑹

ロバート・レルナーはヨアキムの主要著書に関連しながら、ヨアキムの「三つの方法的根本命題」を指摘している。⑺それはヨアキムが終生かけた聖書の注解と、とりわけ彼が示したヨハネの黙示録に対する関心、そして彼独自の歴史神学の三つを言い、それらは相互に不可分な相互関連にあったと指摘している。彼の歴史神学は後に再度触れるが「三位一体論的な解釈図式」を救済史に適用したもので、「三位一体論的救済史」の神学と言ってよい。従って、ヨアキムの聖書注解に示された独自な「調和（concordia）の解釈学」と『黙示録注解』に示された「ヨハネの黙示録の完全性の承認」と、それに彼の歴史神学における「三位一体論的解釈図式の救済史への適用」、これら三者は相互に支持し補足し合う「三つの方法的根本命題」をなしていると解釈される。「調和（concordia）の解釈学」が「三位一体論的解釈図式」と相互関連にあることは、例えば次のようなヨアキムの文章で明らかであろう。

「私たちがここで調和（concordia）と言うのは、新約と旧約との比例的な相似のことであるが、それは数について言うのであって尊厳について言うのではない。すなわち、人間と人間、身分と身分、戦争と戦争がある種の等しさによって互いの相貌を照らし合うようなときである」。

問題は数であって尊厳の差ではないというのは、神の内なる三位の間に尊厳の差がないことと関係している。「比例的相似」として以下のように挙げられる。

「たとえば、アブラハムとザカリア、サラとエリサベト、イサクと洗礼者ヨハネ、ヤコブと人間キリスト・イエス、一二人の族長とそれと同数の使徒、……これらは寓意的意味に解されるべきではなく、新約と旧約の調和として解されるべきなのである[8]」。

この調和により、新約と旧約の両方から一つの霊的理解（spiritualis intellectus）が出てくるとされ、それが三位一体論と関連づけられる。「意味を表すものは二つだが、意味されるものは一つである」。つまり父なる神と結ばれた旧約と、子なる神と結ばれた新約の両方から発出する一つなる霊があり、これが新約と旧約の両方から出てくる「霊的理解」もしくは「神秘的理解」（mysticus intellectus）に特に関わると言われる。この三位一体論的解釈学によってヨアキムの三位一体論は、聖霊が父（旧約）から発出するだけでなく、子（新約）からも出る仕方で、明確に「フィリオクエ」に立っていることが明らかであろう。それとともにまた、聖霊による解釈が一種、統合的で、第三のより高次な位置に置かれていることも明らかであろう。

ヨアキムによる「調和」に基づく三位一体論的解釈学は、聖書の解釈方法であると同時に、そのまま彼における歴史の解釈方法でもあった。つまり霊的理解は聖書に適用されるだけでなく歴史の理解に適用され、ヨアキムの歴史神学の方法にもなったわけである。ここでは彼の歴史神学に限定して、それがどのような内容のものとして展開されたかを検討し、中世における救済史観の変遷の一つの重大な局面を記述したいと思う。

②　三つの時代区分と三位一体論

アウグスティヌスが聖書に忠実であることと、七日間の創造に関連させて歴史の七つの時代区分を語ったのに対し、ヨアキムは三位一体論的解釈を歴史理解に適用した。それによって歴史の時代区分は、父、子、聖霊による三つの時代、ないし三つの段階（status）を歩むものとして語られた。詳細を言えば、実際には「三位一体には別の神秘もあるのだから、世の段階を別の仕方で数えることも必要である」とヨアキムは語って、「二つの時代」を数えるとも言い、それぞれの時代の中に三、五、七といったパターンや世代数なども入れ込んで、複雑な時代区分を語ってもいた。しかし大枠としては、三つの時代（段階）の区分はそれぞれの段階が三位一体論と関係づけられ、各位格に結び合わされることによって、このうえなく明確な形を取った。それにまたその段階の固有性を担う「身分」の相違も結び合わされた。第一段階は「父」に帰せられ、アダムから始まり、その時代の固有な身分は父が子を生むように、子を生む「婚姻者」と言われる。第二段階は「子」に帰せられ、ユダの王ヨシヤから始まり、その身分は「聖職者」（祭司）であり、また「説教者」である。「子」に帰せられると言っても、「子と聖霊」に帰されると言われる場合もある。ただし「子」に帰せられる業のほうがより明らかにこの段階の固有性を規定しているとされる。第三段階は「聖霊」に帰せられ、その開始はある意味では預言者エリシャに始まるとも言われるが、特に聖ベネディクトゥスから開始するとされる。そしてその固有な身分は「修道士」である。第一段階がとりわけ旧約聖書の「文字」に、第二段階が新約聖書の「教え」に結び合わされるが、第三段階はその固有な担い手が修道士の身分とされたように、聖ベネディクトゥスの「修道会規則」に結び合わされた。ところで、第三段階の開始が預言者エリシャと聖ベネディクトゥスの「二重の開始」を持っていることは、聖霊が父と子とから発するという「フィリオクエ」の見方から説明される。そのようにして第二段階がすでに第一段階の中で開始されているように、第三段階は第一段階と第二段階の両方から発していると言うのである。

ヨアキムの時代区分は以上のように、三つの時代を画然と明確な境界線で区分されたものと解釈するのでなく、相互に重複した期間を持ち、次の時代が先の時代のただ中から発し、そこに萌芽期や準備期間を持つものであった。それは歴史の現実に合致した解釈とも言い得るが、しかしそれは歴史そのものの経験から来たというより、むしろ神の三位の相互浸透の関係理解から由来したものであった。

第一、第二、第三段階が、それぞれ父、子、聖霊に帰せられると言う仕方で、三位一体論が歴史に「適用」（Applicatio）され、三時代を規定する。その適用の中に御子の御父からの誕生と、聖霊のフィリオクエによる二重の発出が語られ、三つの時代のそれぞれの重複期が描かれた。しかしこの三位一体論的な歴史の解釈は、「外に向かっての三位の働きは分けられない」（Opera Trinitatis ad extra sunt indivisa）という原則からは逸脱していた。三位が常に一体として歴史の統治をするのでなく、父の時代に子と聖霊が作用している重複の時期もあるが、子と霊の不在の時期、あるいは逆に子と霊の時代に父の不在の時期が想定されている。

第四ラテラノ会議においてヨアキムが異端とされたのは、ペトルス・ロンバルドゥスの命題集中の三位一体論について、ロンバルドゥスが三位と別に一体を語ることで神性が四つになるという批判を行ったためと言われる。ヨアキムの三位一体論は一般には東方の三位一体論に接近したもので、三位の区別に重点が置かれ、それだけ一体性をそれ自体として語るのに困難を意識するものになった。それでも、三つの段階は一つの歴史であり、三つの身分もまた一つの神の民の一体性の中で理解されるとヨアキムは語った。しかし民の一体性というだけでは、いわゆる社会的三位一体論に近い集合的な一体性の理解になり、それは異端とされたと思われる。この位格の相違に強調が傾き、一体性の希薄な三位一体論は、彼の歴史神学にとって問題を結果的に引き起こすものであった。

それぞれの時代（段階）の開始だけでなく、終わりについても明確に表現すると、「第一の段階はアダムからキリストまでを数え、第二の段階はヨシヤ王から現在まで、第三段階は聖ベネディクトゥスからこの世の終わりまでを数えるべき(9)」と言われる。さらにこれを各段階に固有なものに注目して表現すると、第一の段階の固有性はアブラハム、イサク、ヤコブから、ザカリア、バプテスマのヨハネ、キリスト・イエスまでで、第二段階は後の三者から現在まで、そして第三段階は現在から終末までとすることができると言われる。固有なものとは、またその段階の盛んな期間と解釈できるから、第二段階はキリストの出現からその盛期に入り、現在に及ぶわけで、第三段階はすでに開始しているが、その盛期の開始を現代に近く望むことになる。ヨアキムはこの盛期を「結実」（fructificatio）とも表現した。

「世界の第一の段階はアダムから始まり、アブラハムから結実し、キリストにおいて完成した。第二段階はオキアから始まり、バプテスマのヨハネの父ザカリアから結実し、この時代に完成するであろう。第三段階は聖ベネディクトゥスから始まった。それは、ちょうどこの聖者から二一世代目に実を結び始め、世の完成においても同様に完成するはずである(10)」。

「二一世代」とあるのは、ヨアキムの歴史の構想にはアダムからキリストまでが四二世代、キリストから聖霊の結実開始までが四二世代という受け取り方があって、ベネディクトゥスから二一世代は、キリストからの四二世代に重なっていた。

ヨアキムの歴史神学の特徴は、三位一体論との関連で、相互の重なり合いを認めつつ、御父固有の段階と御子固有の段階とともに、聖霊固有の第三段階が主張されたことである。しかもその固有な結実の開始は現代に切迫して理解され、それが時間の中で、ある長期間（四二世代から二一世代を引いた分）にわたって継続されると考えられた。つまり歴史内在的な仕方で完成の時代が接近しているという思想であったわけである。アウグスティヌスであれば、われわれは第六の時代に生きているのであり、その時代は世の終わりまで続くと理解された。つまりキリスト以後、それに比肩し得る新しい事態は、時の終わりの到来のみであった。それに対し歴史内、時間内に新しい時代、あるいは段階が到来し、それが時間の中に持続されるという歴史観は、ヨアキムの独自なものであった。ここからいくつか確認しなければならない課題が生じてくる。これによって現在の歴史的位置をめぐって、また新しい第三段階の差し迫った到来を前にして緊迫した歴史意識が成立する。また第三段階の内容は何かという問いも回避されることができないであろう。それによって現代の歴史的対応をめぐる決断が左右されることになるからである。さらには第三段階の終わり、世の終末はどのように理解されたかという問題もある。一種の終末論の前倒しが起きたのではないかといった問題である。ヨアキムの歴史神学のこの構想は、緊迫した歴史意識をもたらし、歴史に向けて激しい関心と強烈なエネルギーを引き出さずにはおかなかった。その影響には激烈なものがあって、それがどのような結果をキリスト教的ヨーロッパとその後のキリスト教世界にもたらしたかということも明らかにされなければならない。

③　現在と終末論的将来の間――ヨアキムの歴史神学の歴史内在主義

ヨアキムの歴史神学の際立った特徴は、それがもたらした現在の歴史意識の際立った緊迫感にある。彼は自分自身が生きた時代を危機的な時代として意識した。アウグスティヌスの場合であれば、すでに述べた通り、キリストの出現以来世の終わりまで時代を画するような巨大な出来事、際立って新しいことはないとされた。しかしもちろん「神の国」に属する人々、そのように選ばれた人々の結集は重大なことであったに違いない。しかしアウグスティヌスはほとんどそのことを語っていない。それと異なり、ヨアキムは、自らの時代を第二段階の終焉近くに位置すると理解し、間もなく第三段階の結実の時を迎えると意識した。第三段階はすでに聖ベネディクトゥスの出現によって開始してはいるが、それが盛期を迎えるのは第二段階が終焉してからである。その際、ヨアキムの世代論によれば、今は四二世代で終わる第二段階の四〇世代目に当たると語られた。あと二世代で第二段階は終わり、すでに始まっている第三段階が最盛期を迎え始める。ヨアキムはそれ以上に限定的にその年を語ることはなかったが、しかしごく近い将来として意識させたことは明らかである。その時、反キリストが出現するとヨアキムは預言した。反キリストが打倒されることによって新しい修道士の時代が到来すると言う。この第三段階の新しい結実的出現が現在にこの上ない緊迫感を与える。しかもヨアキムは、反キリストはすでに生まれているとも語ったと言う(11)。決定的な時が、アウグスティヌスの言うような未知の、従って比較的遠い将来に来る世の終わりでなく、それ以前に、ごく近い将来に第三段階の盛期として到来する。この歴史内在的なごく身近に切迫した時代転換の意識がヨアキムの歴史神学のもたらした決定的特徴である。ヨアキムの死後間もなく、その年が紀元一二六〇年であると受け取られるようになった。

それでは、その第三段階の内容は何か。それはその段階固有の身分によって表現されている。それは、既述のように、第一段階の婚姻者（平信徒）とも第二段階の聖職者・祭司・説教者とも異なり、修道士の身分とされた。その内容は、古代、中世と広く共有された活動的生活（vita active）と観想的生活（vita contemplative）の区別に即して表現される。第一段階は活動的生活の段階であり、第二段階は活動と観想の入り混じった段階であり、第三段階は聖霊によって純粋に観想的生活に入るという。観想的生活は第二段階にすでに含まれ、第三段階の開始とともに純粋に開始されてもいる。しかし「第二段階は、部分的に観想的生活を与えられているが、なお活動的生活である」。それが一方の祭司や説教者と、他方の修道士の違いである。そこで観想は「現在に至るまで不毛のうち（in sterilitate）に留まっている」と批判的に語られる。それに対し観想の完成こそが聖霊の時代としての第三段階の内容である。「観想者の教会（ecclesia contemplantium）の中で、信仰の完成（perfectio religionis）が達成される」。「観想者たちの生活（vita contemplantium）が完全な霊的人間の形式である」[12]と語られた。ヨアキムにとって活動・業は律法の支配下の生を意味し、観想は恵みの支配下の生を意味する。第二段階はまだ業が混在し、その意味で律法の支配下の生が残っていた。この生と観想の理解は、ヨアキムの飽くことなき修道生活の理想の追求と重なっていた。業から観想へという上昇的移行は完成に向かう信仰の進歩と考えられ、それが修道士個人の生活の進歩だけでなく、歴史の進歩と重ねられて理解された。こうして使徒以来の説教活動（actio predicationis）もまた第三の時代には解消されなければならない。それはもはや誰も主を知れと言って教える必要のない終末時の到来のごとくである。

坂口昂吉が引用するヨアキムの『詩編講解』によれば、「第一段階の固有なものが業の奴隷であり、第二段階のそれが教えの研究であるように、第三段階の固有なものは人を神の観想に導く詩編の喜びであり、それは門口に来ている」[13]と言う。修道士はその観想の完成段階において労働はもちろん、説教も、研究も、著述もしない。

そうした観想の完成状態が歴史内在的な目標として、実現間近なことと考えられ、主張されたのである。

ここには歴史内在的な進歩史観が示されているとも言うことができよう。活動的、実践的生活の時代から観想的生活の時代へ、婚姻者から祭司、そして修道士へ、業から説教や研究や著述の業を経て、さらに純粋な修道へと、進歩が描かれている。律法に従った奴隷的服従の時代から、恵みの内にありながらも子の従順による信仰の時代、そこからさらに聖霊により満ち溢れる恵みの内に自由と愛と喜びの時代になる。この進歩によって第三の時代には、第二段階の聖職者・祭司・説教者の身分は解消されるものと見なされた。それゆえまた教会も、純粋に観想的生活を生きる「修道士の教会」へと進歩し、変化すると見られた。さらには第三段階そのものの中にも進歩が見られ、やがて始まる結実の開始から、世の完成と同様に観想も完成するという。完成した観想とは、「素朴な生であり、気高さ、思慮深さ、そして清い心と偽りのない信仰による愛である」[14]と言う。

この第三段階と終末の間はどう理解されていたであろうか。これについては観想の完成の達成という考え方が示している。世の終わりは完成であって、第三段階の固有性の実現である聖霊による観想の完成である。従って第三段階と世の終わりの間には、アウグスティヌスが第六の時代の終わりに待望した「最後の審判」は語られていない。歴史内在的な進歩の経過が完成によって世の終わりに至ると考えられている。

やがてヨアキムの死後、彼の思想はとりわけフランシスコ修道会の厳格派（心霊派）によって現状の教会や修道院に対する変革思想、革命思想として作用することになった。それには第三の時代が千年王国と重なって理解されたとも言い得るであろう。ノーマン・コーンはヨアキムの第三の時代は「新しいタイプの千年王国説」を提起したことになると言い、「さらには、最初は反教会的な意味において、後にははっきりと世俗的な意味において、後の人々が体系化するに至る新しいタイプのものを提起したことになる」[15]と語っている。ヨアキム自身にその意図がなかったことは明らかであるが、なぜ影響においてそうなったかという問題は十分に検討に値するであろう。そのように作用する原因は、すでにヨアキム自身の歴史神学の構想そのものの中にあったと言わなければならないであろう。

歴史内在的な進歩の思想と三段階の歴史解釈はやがて、ヘーゲル（一人の自由、数人の自由、万人の自由）、マルクス（原始共産主義社会、階級社会、国家の消滅した共産主義社会）、さらにはコント（神話的段階、形而上学的段階、科学的段階）の歴史哲学にも登場する。さらには第三段階の思想は、ナチス・ドイツに流布した「第三帝国」が容易に受け入れられる素地をも形成したとさえ言われるようになった(16)。

3　ヨアキムならびにヨアキム急進派に対するスコラ神学者の対応

ヨアキムの思想、特に彼の歴史神学の影響はかなり急速に中世ヨーロッパの中に伝播していったと思われる。ダンテはフランシスコ会の第三会士であったが、その『神曲』天国篇の第一二歌には、フランシスコ会士ボナヴェントゥラが天国の第一の輪を取り囲む第二の輪について歌い、その第二の輪を構成する一二人を紹介する場面が登場する。その場面でヨアキムは、ドミニクスやトマスと並んでその一二人に列する一人として謳われている。ボナヴェントゥラはそこで「私の脇で光っているのはカラーブルアの僧院長ジョバッキーノ（ヨアキムのこと）だ、預言者の霊感を彼は授かっていた」と謳っている。

ヨアキムの著書は、当初、フィオーレ修道会とシトー会の中で保持されていたが、やがて一二四〇年代フランシスコ会の厳格派（心霊派）の手によって広く知られるようになった。一二五〇年代になって、フランシスコ会士ボルゴ・サン・ドンニーノのゲラルドゥスによって『永遠の福音入門』が著されたが、これはヨアキムの三大主著の縮刷版であって、それに前書きと解説が加えられたものであったらしい。その中でゲラルドゥスはヨアキムの著作を「永遠の福音」（ヨハネの黙示録一四章六節に登場する表現）と呼び、一二六〇年に開始される第三の時代にあっては、それは「キリストの福音」を失効させ、旧約聖書と新約聖書を凌ぐと記した。「神の国の福音」

は「キリストの福音」でなく、「聖霊の福音」であり、それが「永遠の福音」であって、ヨアキムの著作がその内容を示していると言う。一二五五年、このゲラルドゥスの著作はアナーニにおいて教皇アレキサンデル四世により異端として断罪され、パリにおいて焚書処分にされた。ヨアキム思想は、フランシスコ修道会の心霊派との繋がりを介し、やがてさらに急進的な仕方で中世後半期の現状に対する批判的な宗教運動、異端運動などに繋がっていった。

一二五〇年代は、ゲラルドゥスの「永遠の福音」事件以後、托鉢修道会の急進派と、教皇ならびに在俗司祭の教会擁護派との間に、とりわけ激しい対立が見られた時代であった。この両極対立の中に、パリのスコラ神学者たちも巻き込まれないわけにはいかなかった。「永遠の福音」事件はパリを舞台にしたが、そこには教授就任後間もない二人の神学者が、それぞれの所属の托鉢修道会を背後に持って、両極端の対立とは違う姿勢で、事に対処しなければならなかった。トマスとボナヴェントゥラは、必ずしも教会擁護派であった在俗司祭と一致してヨアキムの対極に位置したわけではない。それにしても、トマスの『神学大全』問いの一〇六問には、ヨアキムおよび急進的ヨアキム派に対するトマスの批判と拒否の主張が見られる。エルンスト・ベンツによると、そこにはトマスが「永遠の福音」事件の調書（アナーニ調書）を読んでいたことが示されていると言う。またボナヴェントゥラは、ゲラルドゥスの事件のためにフランシスコ修道院長の職を追われたパルマのヨハネスに代わって、なりたての神学教授の席を去って修道院長となり、フランシスコ修道会の分裂の危機を乗り越えなければならなかった。ヨアキムの歴史神学にどう対するかという問題は、一方の急進派を抑える必要とともに、他方托鉢修道会の意味をどう認識し、教皇と司祭の教会の現状にどう対するかという現実問題と取り組むことでもあった。ここでは特にトマスの『神学大全』に現れた論争を手がかりにして、もう少し内容を検討してみたい。

4　トマス・アクィナスの反論

トマスがヨアキムの歴史神学をどう受け止めたかという問題は、『神学大全』第一〇六問第四項「新法は世の終わりまで持続するか」の箇所に注目するのが便利である。エルンスト・ベンツの表現によれば、そこには「カトリック教会がヨアキム主義に対し、また心霊主義的フランシスコ派に対して対決していった論争、教会の神学対キリスト教的救済史の神学の巨大な論争」が示されている。その中で「教会の歴史的自己解釈や教会の歴史的自己主張、その力と使命についての最も重大な諸決断が下された(17)」と言われる。以下、この箇所に限定してヨアキムの救済史の神学に対するトマスの反論を検討してみよう(18)。

『神学大全』第一〇六問第四項は、「新法は世の終わりまで持続するか」を問う。旧い法が終わり、新しい法が登場したが、その新しい法は世の終わりまで持続するかと問われる。この問いは、旧法、新法に対し、さらに「第三の法」の時代があるかとも問うわけで、ヨアキムの言う第三段階、第三の時代があるかと問うのと同一である。トマスはこの問題を四つの角度から扱った。そこにはまず、新法は世の終わりまでは持続しないというヨアキムの主張が四つの角度から記述される。これに対し、世界の段階（status mundi）はヨアキムが言うように三段階ではなく、二つであり得るのであり、「現世のいかなる状態も新法の状態よりもより完全なものではありえない」というトマス自身の立場が掲げられる。その際トマスが拠って立つのは、基本的に以下の二つの立場である。一つは「直接的に究極目的へと導き入れるところのものよりも究極目的により近いものは何もない」という「目的思想」であり、その目的思想のいわば形而上学的、超越的理解である。この思想によってトマスの視線は基本的に将来にでなく、上方に向けられる。もう一つは「使徒の権威」である。完全なもの、より完全なものなどの多様性の中にあって「聖霊の恩寵が……使徒たちよりも……より完全に授けられるであろうような、或る状態が到来することを期待すべきではない」という。この二つの基本的な立場からトマスは、四つの論点に即してヨアキム説の論駁を企てた。

①　第一の論点

第一の論点は、「完全なもの」（quod perfectum）の概念を取り上げ、それと「部分的なもの」（quod ex parte）との関係を論じる。ヨアキムの主張はトマスによって以下のように表現される。

「使徒パウロが『コリント人への第一書翰』第十三章（第十節）でのべているごとく、『完全なものが到来するときは、部分的なものは廃れ去る。』しかるに、新法は部分的なものである。というのも、使徒パウロは同じ箇所で『われわれが知るのは一部分、われわれが預言するのも一部分である』と語っているからである。それゆえ、新法は他のより完全な状態にひきつがれて、廃されるべきである[19]」。

「他のより完全な状態にひきつがれて」という仕方で、第三の段階が意味されていることは言うまでもない。聖霊の第三段階によってキリストによる新法は「廃されるべき」とヨアキム説が紹介された。これに対してトマス自身の回答の要点は以下の通りである。

「第三の状態は現世においてではなく、天国 patria においてその後に続く。……第一の状態が福音の状態との関係において予表的 figuralis であり、不完全であるごとく、現在の状態は天国の状態との関係において予表的であり、不完全である。そして、後者が到来すると、……現在の状態は廃されるであろう」。

トマスにおける完全なものの概念は、歴史的な到来の中にではなく、天の故郷にある。ヨアキムが第三の段階も歴史内在的に理解し、主張したのに対し、トマスは歴史には二つの時代だけがあると語り、完全なものは「現世でなく故郷において」(non in hac vita, sed in patria) ある、つまり天的、歴史超越的なものとしてあるとした。それは歴史的、到来的性格にある歴史概念ではなく、形而上学的な概念になっていると言うべきであろう。ベンツの言い方に従えば、ヨアキムが「歴史的な三つの時代の思想」を語ったのに対し、トマスは「形而上学的超越的目的思想」を語っていることになる。ヨアキムの第三時代と現代との対立に替えて、トマスには地上と天上の対立があることになる。歴史内在的な第三の時代ではなく、「直接的に究極目的へと導き入れるところのもの」によって、どの時代も究極目的に接触するとされているわけである。

②　第二の論点

第二の論点は、「真理の霊」としての「聖霊」に関する論点である。トマスによるヨアキム説の叙述は以下の通りである。

「主キリストは『ヨハネ福音書』第十六章（第十三節）において弟子たちに、真理の霊であるその方が来て『すべての真理の』認識を与えてくださる、と約束された。しかるに、新約の状態において教会は未だすべての真理を認識してはいない。それゆえに、そこにおいて聖霊によってすべての真理が明示されるであろう、別の状態を期待すべきである」。

これに対するトマスの回答と反論の要点は以下のようである。聖霊を遣わすとのキリストの約束は、使徒言行録一章、二章に示されている通り、使徒たちにおいて成就された。従って「キリストが復活と昇天において栄光を受けられたとき、直ちに聖霊が与えられたことが理解できる」のであり、それによって「別の、すなわち聖霊の時代を待望すべきであると主張する者共すべての空虚な考えもまた排除される」[20]。

以上によって、第一に、トマスは使徒性や使徒時代の権威を主張した。そこにおいて聖霊はすでに到来し、真理の認識は達成されていると主張したわけである。使徒の時代を超える時代を歴史の中に考えることは否定される。

この箇所でまたトマスはモンタヌス批判とマニ教批判を付け加えている。「モンタヌスおよびプリスキラは聖霊を与えてくださることに関する主キリストの約束は、使徒たちにおいてではなく、かれらにおいて成就されたのだ、と主張した。また同様に、マニ教徒たちはこの約束は、かれらが援助者なる霊（Spiritus Paracletus）であると称したマニケウスにおいて成就された、と主張した」。ヨアキムは自らを聖霊と同一化したことはないし、ヨアキムの修道士的心霊主義は、モンタヌス派やマニ教徒、さらにはマニ教と類似に考えられたカタリ派とも異なる。しかしトマスの目にはヨアキムとヨアキム急進主義者の危険は、モンタヌスやマニ教に比せられた。それらはいずれも、使徒性と聖霊の結びつきの視点から一括して否定された。ただしトマスが使徒の霊的な権威によってヨアキムを否定したことは、ただちに現状の教会や在俗司祭の保守主義的教会主義の線に立ってヨアキムを拒否したことにはならないであろう。使徒論的な権威に立った現状の教会批判も当然あり得るからである。

第二に、使徒論的権威の基準に加えて、トマスは聖霊について、聖霊は「救いのために必要なことがら、すなわち信ずべきことがらと為すべきことがらについてすべての真理について教え」たのであるが、「起るべきすべての出来事」を教えたのではないとも語った。終わりの到来の時期はトマスにとっては「救いのために必要なことがら」とはされていない。アウグスティヌスが引用した使徒言行録一章七節の御言葉「父が御自分の権威をもってお定めになった時や時期は、あなたがたの知るところではない」をトマスも引用している。しかしトマスとアウグスティヌスの引用の意味は異なっている。アウグスティヌスにとって終わりは、最後の審判についても第二の復活についても永遠の至福と終わりなき滅びを決する重大事である。その上でその到来の時期は父の権威に委ねられていると強調された。トマスにとっては、終わりの時の時期の認識は、救いに必要なことがらの外にあるとされた。トマスが救いの終末論でなく、使徒的権威論に立っていることが窺えるであろう。

③　第三の論点

第三の論点は、applicatio と appropriationes の視点である。神の働きを三位のそれぞれに帰する「適用」と歴史との関係づけ、ならびにその際各ペルソナの固有な性格をめぐる議論が付け加えられている。それがヨアキムの三つの時代区分と、それぞれの時代の固有性、ならびにそれを担う身分の理解と関わらせられる。トマスによるヨアキム説の叙述は以下の通りである。

「御父が御子とは異なった御方であり、御子が御父と異なった御方であるごとく、聖霊は御父および御子とは異なった御方である。しかるに御父のペルソナに適合する何らかの状態があったのであり、すなわち、そこにおいて人々が子供を生むことに専念した旧法の状態がそれである。同様にまた御子のペルソナに適合する別の状態が存在する。すなわち、そこにおいては知恵――これは御子に固有せしめられている appropriatur ――の追求に専念した聖職者たち clerici が主要な地位を占める新法の状態である。それゆえに、そこにおいては霊的人物 vir spiritualis が主要な地位を占めるであろうような、聖霊に属する第三の状態があるであろう」。

トマスはこの論点においてヨアキムの三つの時代区分の説を正面から取り上げ、それと三位一体の神の各ペルソナへの配分、その固有性との結びつき、そしてそれぞれの時代を担う身分の問題を取り上げた。三位一体論の適用と固有性によるヨアキムの歴史神学の根本問題に直面したと言ってよい。そしてこれに対するトマスの回答は以下のようである。

「旧法はたんに御父のみではなく、御子にも属するものであった。なぜなら、旧法においてキリストが予表されていたからである。同様にまた……新法はキリストのみではなく、聖霊にも属するのである。ここからして、聖霊のものであるところのもう一つの法を期待すべきではない[21]」。

この主張の典拠としてトマスはヨハネによる福音書五章四六節「あなたたちは、モーセを信じたのであれば、わたしをも信じたはずだ。モーセは、わたしについて書いているからである」を挙げ、またローマの信徒への手紙八章二節「キリスト・イエスによって命をもたらす霊の法則」を挙げている。この聖句を根拠として、トマスはヨアキムの提示した三位一体論的な三位の固有性を歴史神学的に適用する道を拒否した。またそれぞれのペルソナの appropriationes の理解を歴史に関連づけ、それによって各時代を担う身分を規定することを拒否した。第一の時代は御父とともに御子にも関係し、第二の時代は御子だけでなく御霊にも関係するからである。つまり、それぞれの位格はその区別において時代を持つわけではない。ここには「三位一体の神の外に向かう働きにおいて三位は分離されない」の原則が示されているとも言えるし、旧法にも、御子の働きを認め、聖霊の働きにおいてもキリストの働きを認めるわけで、一貫してキリスト中心的な見方が表現されているとも言い得るであろう。

④　第四の論点

第四の論点は、「永遠の福音」を問題にする。この論点は、ヨアキム自身に理由があるにしても、問題としてクローズアップされたのは、ゲラルドゥスによる「永遠の福音」事件によってであり、ヨアキムの主著が旧約、新約の後に来た「永遠の福音」として称えられたことによる。トマスはこの主張を以下のように表現する。

「主キリストは『マタイによる福音書』第二十四章（第十四節）において『神の国のこの福音が全世界に宣べ伝えられるであろう。それから終りが来るのである』と告げられた。しかるに、キリストの福音が全世界に宣教されてからすでに久しいのに、まだ世の終りは来ていない。それゆえに、キリストの福音は神の国の福音ではなく、もう一つの福音、つまり聖霊の福音がいわばもう一つの法として来るはずである[22]」。

終末の到来に際して福音が全世界に宣べ伝えられるということは、救済史的現在が伝道の時であることを意味する重大な論点である。しかしヨアキムは「福音の説教」に終末論的意味を見出さない。むしろそれは終末以前において消去されるべき「業」と見なされる。もう一つの福音は、福音の説教の業でなく、観照としての修道と結びつく。ヨアキムは「修道士の観照」の中に終わりの準備を見た。これに対するトマスの反論は以下の通りである。

「……キリストの福音は神の国の福音ではないと言うのは最も愚かなことである。……〔一つには〕福音は使徒たちの時代においても全世界に宣教されたのである。……『それから終りが来るであろう』……という付加された言葉はエルサレムの破壊についてのべているものと理解される。……第二に全世界に福音が宣教されるということは十全なる効果 plenus effectus すなわちすべての民において教会が建設されるであろう、ということをふくめて理解されうるのであって、……福音は未だ全世界に宣教されてはいないのであり、むしろこのことが為されたときに、世の終りが到来するであろう」。

トマスの論点は二つある。一つはすでに言及している使徒の権威である。これによると福音はすでに使徒によって全世界に伝えられたとされ、終わりの到来の記述はユダヤ戦争におけるエルサレム破壊の問題に矮小化される。つまり使徒論とともに脱終末論的思惟が働いている。もう一つは、使徒的使命の遂行として「すべての民における教会の建設」を重視し、それをもって福音の全世界への説教の意味を把握する見方である。使徒論的な教会的立場が打ち出されている。

『神学大全』第一〇六問に示されたヨアキムに対するトマスの対論について、一般には、トマス・アクィナス対フィオーレのヨアキムを、「中世の正統神学対ヨアキム」の対決と見なすことが多い。エルンスト・ベンツもそのように見た。B・マッギンも、中世の正統主義神学とトマスを同一視し、同時にトマス神学とアウグスティヌスの歴史神学をもほぼ同一と見ている。坂口昻吉も同様である。しかしアウグスティヌス、中世正統主義、トマスの間にはそれなりの相違がある。アウグスティヌスの歴史神学とトマス神学とを同一視するのは何とも粗く、不正確な解釈と言わなければならない。「第七の時代は第六の時代と同時に経過する（septima aetas currit cum sexta）」という中世的な原則[23]は、完全なものを天上に見たトマスには妥当しても、最後の審判と第二の復活の後に永遠の至福としての第七の時代を望み見たアウグスティヌスには当てはまらない。アウグスティヌスにとって最後の審判と完全な神の国は「時の終わり」として「時の中」に到来すると考えられた。そこにアウグスティヌスの歴史神学を語り得る理由もあった。また、完全な神の国と現状の教会との相違もアウグスティヌスには明白に理解されていた。帝国に対してもローマ・カトリック教会に対しても、アウグスティヌスは熱狂的対立には立たなかったものの、一貫して批判的な距離を持っていた。中世正統主義の教会主義的姿勢はアウグスティヌスにはない。アウグスティヌスの歴史神学的立場は、その点でトマスの使徒論的で、同時に歴史超越的な立場とは異なると言わなければならない[24]。終わりの時の到来がいつであるかは確定することができないという立場は、ヨアキム急進派に対して、トマスとアウグスティヌスに共通していると見える。しかし現実には両者の間に差異があったことはすでに触れた。アウグスティヌスは、到来の時期を確定できないままに、ヨアキムのように切迫した激しい緊張ではなく、別な仕方で終末への希望に生き続けたからである。これに対し、トマスの使徒論的な超越的立場は、終末の希望を減殺したと言わなければならないであろう。

エルンスト・ベンツは、この最後の点についてトマスにおける「目標思想」の形而上学的性格を考慮に入れ、次のように記している。「(トマスにおいて) 救済史の究極目標は歴史的状態ではあり得ず、むしろどの歴史的状態もただより低い状態から歴史の最高の超越的目標への移行形態にすぎない。……完全な神の国に向かう教会の歩みは、歴史から超越への一歩である。それとともに、超越主義的に把握された目標思想によって終末論全体とキリスト教的約束の終わりの時の緊張全体は減殺（amortisieren）されている。近き完成を待つ燃えるような待望に代わって、歴史における揺るぎなき教会の安定性に対する信頼が登場している」[(25)]と。ベンツはこの時、トマスの使徒論的な立場がなお教会批判的にも機能し得る点に注目しなかった。そこでトマス対ヨアキムの論争を正統主義対異端の論争と見なしながら、その論争の不幸をベンツは指摘した。その際、彼は次のように語った。「聖霊」という同一の言葉で、両者は反対のものを理解し、一方は「教会とこの世の律法や秩序を破る霊」を理解し、他方は「教義、教会秩序、カノン法、種々の教会的生活規則の律法の中に取り込まれた霊」を理解した。そのためにトマスと正統主義は「福音の宣教とキリスト教的生活の拡充の働きをもっと激しく、真剣に、妥協なく、精神的に実現することに取りかかる一切のものを排除しなければならなかった」[(26)]。この見方は、当時のトマスが托鉢修道会を背景に持ち、それゆえ在俗司祭の教会現状主義とも微妙な一線を画していた立場を読み解くことをしなかったということである。

ユルゲン・モルトマンは、ヨアキムの歴史神学における第三の聖霊の時代を「心霊主義的」に理解するよりは、むしろ「メシア的」な千年王国と見なし、歴史内在的なメシアニズムの真理契機を表現したものとして捉えている。彼はそれによってヨアキムの歴史神学にある真理契機を認め、それを積極的に受け入れようと試みた。しかしヨアキムの「聖霊の第三の時代」を「メシア時代」と見る見方が、ヨアキム理解として正当かどうかには疑問があろう。ヨアキムにおいて第三時代の聖霊がキリストの固有なものとの相違にあることは明らかであったから、むしろ成り立たない解釈とも言い得る。しかしそれを別にして、歴史内在的な将来を終末論との結合において意味あらしめようとすることは、トマスの形而上学的超越的歴史観とヨアキムの歴史内在主義が二者択一に置かれたのを不幸と見たベンツの見方と結びつく。モルトマンも基本的にエルンスト・ベンツの論文を継承し、歴史内在的契機と歴史超越的契機の二者択一を超えようとしているからである。その際、トマスに対する批判という点では、モルトマンの方が一層強い。それだけモルトマンはヨアキムの方に傾斜の度合いが強いことになる。本章注24に引用したベンツの文章をモルトマンも引用し、その後にモルトマンはこう付け加えた。「トマスは聖書的な終末論を他の言語、あるいは他の思惟方法に翻訳したのではない、それを根本において抹殺（loquidieren）したのである」[27]と。モルトマンは、メシアニズムと超歴史主義の対立を回避して、メシアニズムは終末論の内在的次元であり、終末論はメシアニズムの超越的次元であると言う。「希望のメシアニズムなしには約束の終末論はなく、終末論のないメシアニズムもない。メシア的時代の展望において千年王国主義のない終末論はなく、また永遠の視点において黙示録のない終末論はない。この関連から離れた終末論の近代的抽象化は、終末論を破壊した。ないしは終末論を超越的形而上学の一つの表現たらしめた」[28]と。モルトマンの意図は、歴史と終末論とを再び結びつけるためにメシアニズムや千年王国主義の契機を回復することにある。この観点からヨアキムの歴史神学に再度光が当てられたわけである。

以上の文脈において、ヨアキムともまたトマスとも距離を持っていたアウグスティヌスの位置がさらに究明されるべきであろう。アウグスティヌスは最後の審判と真の神の国を歴史の将来に、しかも時間的・歴史内在的な到来において見ていた。少なくとも『神の国』におけるアウグスティヌスの終末論を、形而上学的抽象的終末論と見なすことはできない。歴史の終わりは、終わりなき終わりとして歴史の将来に到来する。それまでの救済史的現在はキリストの国として、すでに千年王国として、しかもローマ・カトリック教会に対する連続と不連続の二重の関係において理解されていた。ただし、そこにおいて救済史的な伝道の位置は決して明確であったとは言いがたい。終わりに先立ってあるべきは伝道であると聖書が語っていることからすると、ヨアキムが第三段階を修道士と重ね、伝道を業と見なして、その業の廃止を語ったことも聖書的ではなかったが、アウグスティヌスにおいても、救済史における伝道の業の意味はそれに相応しい仕方で、明確に主張されてはいなかった。救済史的な現在に固有な意味の確認はなお残されたままであった。

5　その後の歴史神学

ヨアキムに現れた歴史内在的な第三時代の思想は、その後錯綜した系譜を辿って、「黙示録」や「千年王国」の思想と絡まりながら、西洋キリスト教社会の底流に生き続けた。ノーマン・コーン『千年王国の追求』(The Pursuit of the Millenium. Revolutionary Millenarians and Mystical Anarchists of the Middle Ages, 1961) はこの流れを「千年王国」思想を中心にして探究したものである。それによると、一四二〇年南ボヘミアに無政府主義・共産主義体制を樹立しようとして活動したタボル派の急進主義の中にヨハネの黙示録とともにフィオーレのヨアキムの預言の影響が見られたと言う。また十六世紀には、そのタボル派との接触によってトマス・ミュンツァーが「選ばれた者たちが立ち上がり、神を信ぜぬ者たちを皆殺しにし、再臨と千年王国のはじまりに備えるであろう」という熱狂主義に身を投じた。コーンのこの著作の最後の章は、宗教改革期における再洗礼派の「千年王国」思想とその実践を扱っている。[29] 歴史神学は宗教改革期における重大な隠れたテーマであったのである。コーンによれば「ルターも終りの日は近いという信念にもとづいてすべての行動を行なっていた。しかし彼の考えでは、唯一の敵は教皇制であり、教皇制の中に反キリスト、偽預言者を見ていた。真の福音を伝えることによってこの教皇制は覆される。この仕事が成就したとき、キリストが再臨し、教皇とそれに従う者たちに永遠の断罪を宣告し、そして王国を築く――それもこの世のものではない王国を築く、という考えであった」[30]と言う。これに対し、黙示録的歴史神学と千年王国説は、宗教改革期の急進派の人々、トマス・ミュンツァーや再洗礼派の人々をしばしば武装蜂起にまで突き進ませた。ミュンスター事件はその種の最大のケースであったが、それ以外にも類似の現象は見られたのである。これら暴力的破壊を伴う熱狂主義的行動は、宗教改革を責任的に遂行する側からすると、神の言葉を伝えることを支える社会秩序を破壊し、宗教改革の信用を著しく傷つけるものであった。ルターはミュンツァーの影響を阻止することに尽力し、また再洗礼派を激しく攻撃した。逆に、後にマルクス主義によって評価され、エルンスト・ブロッホによって親近感を持って歓迎されたのは、トマス・ミュンツァーであった。

十七世紀には、「千年王国」説はピューリタン革命を大きく動かす思想的要因となった。[31]ランターズや第五王国派のような急進派の人々だけでなく、ピューリタン革命当初の長期議会において灰の水曜日の説教を行った牧師のほぼ七〇％が千年王国論者であったと言われる。独立派の代表的な神学的リーダーであったトマス・グッドウィンやその他ウィリアム・ブリッジなども千年王国説を懐いた神学者であった。革命の闘士となった詩人ジョン・ミルトンの中にも千年王国思想は見られ、そこにはさらに興味津々たる摂理の歴史神学が見られた。ピューリタン革命がその意図において「宗教改革の宗教改革」を試みたものであったことを考えると、原動力としての歴史神学の意義深さが考えさせられる。イェリネックやトレルチによれば、十七世紀の人権や自由の思想、その法制化の展開の中に、ルター派よりむしろ改革派の意義が発揮され、さらには宗教改革の中心的系譜よりむしろ「宗教改革の鬼子たちの世界史的な意義」が発揮されたと言う。そうであればピューリタン革命における歴史神学や千年王国説も評価の対象とされなければならないであろう。ピューリタン歴史神学の系譜は、十八世紀のジョナサン・エドワーズ『救済の歴史』（History of Redemption）にまで注いでいる。

同じ十七世紀、ドイツの改革派神学者ヨハネス・コッツェーユス（一六〇三―一六六九年）を代表とする敬虔主義的な改革派契約神学があり、その中に「救済史神学」の「最初の形態」[32]が示されたと言われる。聖書に描かれた諸契約の締結や一連の神の命令が組織的に編成され、叙述された。これは啓蒙主義による世俗主義的歴史記述や近代歴史哲学の時代思潮に抗して、敬虔主義運動の中で保持された。ヘーゲルの歴史哲学の背後にもシュヴァーベンのピエティスムスの救済史観があったと指摘される。コッツェーユスを代表とする敬虔主義的な改革派契約神学の聖書主義の影響は、ライン河地域に残り続け、アルブレヒト・ベンゲルに影響を与え、さらに十九世紀のヨハン・クリスティアン・コンラート・ホフマンの「救済史神学」にまで注いでいった。

6　啓蒙主義と救済史観の危機

敬虔主義的思潮の他方で、キリスト教的救済史観が「深い危機」[33]に陥ったのは、十八世紀の啓蒙主義においてであった。十八世紀は、近代歴史哲学の誕生の時期である。啓蒙主義的歴史観とその哲学的表現の台頭の中で、キリスト教救済史観は近代歴史哲学に場を譲り、その影響範囲を敬虔主義的生活範囲の中に狭く限定しなければならなくなった。

①　新しい世界観としての近代歴史哲学の出現

近代歴史哲学の興隆について、エルンスト・トレルチは次のように語っている。「歴史哲学は一つの近代的創作物であり、他の多くのものがそうであるように十八世紀の子供である」[34]。同様の見解は、トレルチ以前にすでにヴィルヘルム・ディルタイのもとに見出すことができる。歴史哲学は歴史記述を基盤にしながら、それを結び合わせ、歴史全体の意味を認識する。ディルタイによれば、「歴史の諸経過を結び合わせ、それらに生を伝達し、また心情から由来する内的力を伝達する関連」が重大であって、「歴史記述の技量は、この関連を見通す一つの精神的直観を必要としている。十六、十七世紀は歴史の膨大な資料を扱うための学問的道具を造り出した。しかしこれらの資料を支配することのできる巨大な指導理念が初めてもたらされたのは十八世紀であった」[35]。近代の歴史哲学の成立に関するこの思想史的、文化史的考察は比較的一般的なものであると言い得るであろう。

歴史哲学は単に歴史叙述や歴史研究の事柄ではない。それは歴史的な事象の意味や目標に関する考察であり、その意味では世界観的な作業である。従って歴史哲学の成立には、歴史学のように限定された範囲内の出来事の記述だけでなく、歴史全体の統一や目標、あるいは意味についての問いを抱くことが先行しなければならない。それにはまた、およそ人類的な目的や意味の考察が歴史の知識を不可欠とする「歴史的意識」の成長がなければならない。歴史の知識が新しい世界観を求め、新しい世界観が歴史の知識を必要とする。この歴史学と世界観の出会いが、歴史神学として遂行されることなく、歴史哲学として遂行された。十八世紀はすでにコルプス・クリスティアヌムの解体以後であって、近代の文化や倫理の世界観的探求は、信仰に代わった理性や精神に求められ、その主体は教会に代わって国家や社会に求められたと言うべきであろう。

②　新しい歴史記述の出現

近代の歴史哲学の興隆の前提には、歴史の知識の膨大な拡充が先行した。十七世紀においてすでに、それ以前の神学的記述から自然的、もしくは世俗的な記述への変化が遂行され、「歴史批判的な方法」による教会史や王朝史、国家史の知識が蓄積された。救済史観にとって危機的に働いたのは、この歴史批判的方法による歴史記述が「教会史」に適用されたことであるが、やがて十八世紀には「聖書的伝承」や「原始キリスト教の成立史」にもこの方法による記述が行われるようになった。十八世紀の歴史学は、自然科学が自然的世界から神を追放したように、歴史的世界から神を追放した。歴史を神の計画実現の場と見る救済史的歴史観は、啓蒙主義的歴史記述の中で危機に直面した。聖書的伝承史もその環境世界の中の文脈に置かれ、相対的に理解されることになり、復活の事実性は否定され、キリスト教成立史も一般宗教史の枠の中に置かれた。やがて十九世紀には、史的イエスをめぐる諸説の奔流が巻き起こり、その中でキリスト教の絶対性は動揺を免れることができなかった。

さらにまた歴史の偶然的事実と理性の普遍的真理の間の「醜い大きな溝」（レッシング）が問題になった。真理は理性の普遍的事柄であって、歴史の偶然的事柄ではないとされた。理性と歴史の分離は、「原理と人格」の分離となり、「歴史と形而上学の分離」ともなった。キリスト教的真理は原理化され、理念的世界のこととされた。キリスト教の思想化や形而上学化が起きたわけである。他方人格としてのナザレのイエスは歴史的方法のもとに非神学的に取り扱われた。これは「歴史的啓示」の認識が崩壊したことを意味したが、神学的にはイエス・キリストの神性をめぐるキリスト論の崩壊であり、また御子の神性をめぐって内在的三位一体論の崩壊でもあった。十九世紀のキリスト教神学は歴史的にはイエスと神性との分離、組織的にはユニテリアン的神論に陥った。近代の歴史的方法のもとで「歴史的啓示」についていかなる認識が可能かの問いは、二十世紀にまで引き継がれた。「神の言葉の神学」が啓示の歴史的次元を解消させたことは、この文脈で見れば理解し得ることであるが、しかし何らこの問題の真の解決にはならない。歴史的啓示を非歴史化する仕方で捉えるならば、救済史は非歴史化され、救済史の神学は歴史的拠点を喪失する以外にない。「歴史的啓示」の歴史的認識と神学的認識を統合する問題は、今日になお課題として残されている。

それにしても歴史批判的な方法は、本来的には歴史的個性の記述方法として一回的な歴史的事実の記述に向けられることが承認されるであろう。従って、それ自体として無神論的な意味で世俗的、もしくは世俗主義的な方法であると言うことはできない。やはりその方法を駆使する世界観や信仰、神学との関わり方が問われることになる。

③　キリスト教歴史神学の世俗化

カール・レーヴィットは、近代の歴史哲学が十八世紀の「新しい創作」であるとの説に反対する。彼の議論は、社会史やそれを包括した文化史的な方法によってはいない。比較的狭い哲学史的な分析や遡及的比較といった思想史的方法によっている。彼は哲学史的に近代の歴史哲学の淵源をキリスト教歴史神学へと遡り、近代の歴史哲学はキリスト教歴史神学の世俗化したものにほかならないと語る。レーヴィットの言い方では「近代の歴史哲学はある成就に対する聖書的な信仰に発し、その終末論的な原型を世俗化したものにゆきつく(36)」。

近代の歴史哲学が十八世紀の「近代的創作物」か、それともキリスト教歴史神学の「世俗化」かという問題は、歴史の真相においては一見そう考えられるほど対立的な見方ではないであろう。むしろ両者は相互補完的に理解されるべきと思われる。なぜなら、近代の歴史哲学が十八世紀の新しい創作物であるにしても、ちょうど十七世紀の自然科学の成立がその背景にキリスト教自然観を持ったように、キリスト教歴史神学との関係を皆無とすることはできないからである。十八世紀の歴史哲学の誕生は、歴史の意味を重視する歴史観を前提にしており、それは歴史的啓示による歴史的宗教との繋がりを背景に持っていた。また、キリスト教歴史神学の世俗化という現象自体が、中世的な教会とドグマの支配の終わりを示す大きな文化史的変化によることであり、近代における新しい現象を意味した。世俗化自体が近代の創作物であったのである。

もう一つ既存の歴史神学の「世俗化」だけで説明できないこととして、歴史的素材の飛躍的な拡大があったことはすでに言及した。十六世紀と十七世紀の歴史記述には変化があり、ディルタイはそれを「神学的記述から自然的記述へ」の変化として記している。この変化した歴史記述による膨大な蓄積が近代的歴史哲学の出現には前提されていた。その意味でキリスト教歴史神学そのものの世俗化という仕方で、ただちに近代の歴史哲学の成立を説明することはできないであろう。さらに加えれば、トレルチは中世の神学の主流の中に、近代で言えば歴史と形而上学の対立に近い、歴史とドグマの対立があるのを見ていた。中世的なドグマは歴史的世界の意味を十分的確に捉えてはいなかった。その中世の統一文化の崩壊があって、近代の歴史哲学が誕生したと言わなければならないのである。

以上の見方は、レーヴィットの言う近代の歴史哲学は聖書的信仰に発し、終末論的原型の世俗化に行き着いたものという見方の不足を指摘したことになろう。それにしても、歴史の有意味性の認識が、キリスト教歴史神学から由来したことは明らかと思われる。レーヴィットはヨアキムの三位一体論的歴史神学の中に「神学的歴史主義」を見た。そしてこの神学的歴史主義の世俗化により、非神学的な歴史主義の出現を説明した。しかし他方でレーヴィットは、本来のキリスト教は歴史の中に積極的な意味を見ないという「非歴史的キリスト教」の見方に立った。元来のキリスト教神学は非歴史的であったと言う。キリスト教歴史神学が世俗化して近代歴史哲学の成立になったというレーヴィットの仮説は、本来のキリスト教は非歴史的であったという彼自身のキリスト教理解と両立できない。レーヴィットは本来のキリスト教神学を非歴史的なものと捉えることで、世俗化による説明という彼自身の仮説の根を断ち切ってしまっている。非歴史的宗教や非歴史的形而上学が世俗化したとしても、歴史哲学にはなりようがないからである。キリスト教歴史観がすでに本質からの頽落として、さらに世俗化を加え、近代の歴史哲学はキリスト教からの二重の頽落を意味するとレーヴィットは言うのであろう。

近代歴史哲学の成立には、むしろキリスト教歴史神学による歴史への注目が根底にあって、その根底の世俗化が起こり、神に代わり、人類あるいは歴史そのものが疑似宗教的世界観によって歴史の主体とされ、歴史の意味や統一、目的や救済を支えることになったと思われる。それがキリスト教歴史神学に対して「深い危機」を意味したことは言うまでもない。確かに歴史における救済の探求は歴史哲学の中で継承された。しかし歴史はその形成主体である神を喪失し、イエス・キリストにおける神の出来事に根拠を置く歴史的啓示の見方を失い、歴史そのものを主体とするにせよ、人間を主体とするにせよ、歴史の意味の認識、歴史的苦難からの解放、歴史的世界の始めと終わりの認識、その普遍的統一性などをめぐって理解も説明も不可能になるという困難な状況に陥った。特に十九世紀から二十世紀にかけて、いくつもの戦争による膨大な破壊や大量殺戮を経験し、歴史の意味喪失の危機に直面し、技術発達の無倫理性に直面し、グローバルな価値や民族や宗教の多元性と秩序崩壊に晒されている。「進歩」や「発展」といった概念による歴史そのものの論理のオプティミスティックな表明は、説得力を喪失している。同時に「歴史の主体」として人間を想定することも不可能である。一方で「類」としての人間といった生物学的規定が歴史に統一性を与える行動主体を意味しないことは明らかであり、他方で実存主義的な個としての人間がその決断の歴史性にあっても、本来の歴史である歴史的世界を扱い得ないことも明らかである。近代の歴史哲学はその世俗化による成立によって、歴史形成の主体を初めから喪失し、それ自体の中に「挫折の危機」を抱えていた。十八世紀に近代歴史哲学の成立がキリスト教歴史神学の危機となったのに対応して、二十世紀の近代歴史哲学の危機は、キリスト教歴史神学への回帰を促し、キリスト教神学に対し歴史的責任を喚起していると言い得るであろう。歴史哲学はただ神学として、つまり歴史の神学として初めて可能なのではないか(37)。キリスト教歴史神学は二十一世紀の神学の回避し得ない課題となって、「救済史」、「終末論」、あるいは「摂理論」の再考を迫られている。

第三章　救済史の神学史

これまでの二つの章において、キリスト教救済史観の起源と成立、変遷と危機の歴史的経過について概観してきた。その経過を受けて、本章では十九世紀における「救済史」概念の成立と、その後に見られた「救済史」をめぐる賛否の主要な議論について神学史的回顧を試みたい。

1　神学的救済史概念の出現

神学における救済史概念の使用は、ヨハン・クリスティアン・コンラート・フォン・ホフマン（一八一〇―一八七七年）に遡る。ただしフォン・ホフマンは、「救済史」という用語のみを使用したのでなく、他にも「聖なる歴史」「聖なる御業の歴史」「神と人間の間の歴史」「救いの諸事実」といった用語も併用した(1)。彼は、十九世紀前半の信仰復興運動を背景にして、シュライアーマッハー以降の近代神学右派を形成したエアランゲン学派に属した。エアランゲン学派は、信条主義神学によって知られるが、同時に信仰復興運動から由来する再生の経験という個人的経験を起点に据え、そこから教会の信条や聖書の研究といった客観的側面を統合的に捉える試みを行った。ホフマンの「救済史」は、再生経験そのものからだけでなく、「救済史」に関連づけられる聖書箇所の集積と統合から来た面があり、この聖書主義的側面には、ライン河の下流地域に影響力を持ち、信仰復興運動に影響を及ぼしたヨハネス・コッツェーユス（一六〇三―一六六九年）の「契約神学」によって準備された改革派敬虔主義の聖書主義的影響があったと言われる。この系譜にはホフマン以前に、J・アルブレヒト・ベンゲル

（一六八七―一七五二年）やゴットフリート・メンケン（一七六八―一八三一年）が属していたが、ホフマンと同時代にはヨハン・トビアス・ベック（一八〇四―一八七八年）やカール・アウグスト・アウバーレン（一八二四―一八六四年）などがいた。(2) ホフマン自身はルター派の復興神学に属するが、この改革派敬虔主義の聖書主義の影響を受けたわけである。

ホフマンによれば、キリスト教の本質は、「イエスの人格によって伝達される神と人との個人的、現在的な関係の事実」(3) であり、この事実は、「三位一体の神の永遠の愛の意志に根拠を持ち」、「救済史」を通して罪の人類史の地平に実現するとされた。この救済史の中心がイエスであり、救済史の目標は神と人類、創造者と被造物の関係を再建することにあるとされた。

ホフマンの二大主著は『預言と成就』（Weissagung und Erfüllung im Alten und im Neuen Testamente, 1841）ならびにその一〇年後に著された『聖書の証明』（Der Schriftbeweis: ein theologischer Versuch, 1852-60）であるが、前著は聖書の伝承に含まれた救済史的次元を扱い、後の著作は信仰者の個人的経験を出発点とし、結語においてホフマンが採用した組織神学的パースペクティヴを描いている。両著あいまって、ホフマンが救済史の構想を展開するにあたって辿った二つの道、聖書主義的な道と個人的経験の道を取り扱っている。(4) それはまた救済史の聖書的伝承に対する歴史的な方法と、再生の経験を拠点にした組織的な方法を示しているが、これら二つの方法によって「彼は特別な意味において歴史の神学者（Geschichtstheologe）になった」(5) と言われる。再生の経験を起点にする彼の組織神学の方法は、「キリスト者である私は、神学者である私に対し私の学問のきわめて特有な資料である」(6) という言葉に示される。信仰経験を資料とするのはシュライアーマッハー以来十九世紀神学の敬虔主義的背景を持った流れに共通のことであるが、シュライアーマッハーが一層教会的であったのに対し、ホフマンには個人的敬虔の色彩が濃い。ホフマンにとってもキリスト者は教会の中にいるのであるが、彼は特に神との個人的交わりの根拠を「現在的キリスト」の中に持ち、現在的キリストは教会にも聖書にも依存せず、「それ自身に基づき、直接的に確実な真理である[7]」と語った。この主張はまさに敬虔主義的なもので、マルティン・ケーラーの「史的イエス」と区別された「聖書的歴史的キリスト」に通じるものであり、信仰の根拠は信仰のキリストにあって、歴史のイエスにあるのではないことになろう。ホフマンにおいては、キリストによる再生の経験から展開される教理的認識と聖書からの歴史的知見とが相互に検証し合う関係に置かれている。しかしその結果、「組織的神学と歴史的神学の関係についても、また『歴史』『事実』『発展』『組織』『経験』『確かさ』といった非常に重要な意味を持つ事柄についてもなお鋭く考え抜かれているとは言えない。その実り豊かさもその危険性もともに明白に引き出されていない[8]」と批判される。

それにしてもホフマンの救済史の思想をM・ケーラーは評価し、アドルフ・シュラッターも高く評価した。特にシュラッターは、十八世紀の敬虔主義が神学を「救済史の知」として、つまり「神の諸活動の体系の認識」として把握したことは、それまで「オリゲネスからカントに至るまで、神学がギリシア的神思想に依存して神的諸理念、つまり永遠で必然的な諸真理の体系に関わった」のに対し、神の理念でなく神の活動を真剣に問題にした点で「一つの大きな神学的進歩[9]」であったと記した。しかし、エマヌエル・ヒルシュのようにホフマンの聖書解釈を「十九世紀の暴力的な解釈者の一人」と呼んで否認する例も見られた。

ホフマンの救済史神学はこれまでのところ究明され尽くしたとは言えない。明らかに彼を継承しているクルマンも十分な扱いをしてはいない。ホフマンの救済史神学を究明し、その評価を検討する作業は、依然として一つの神学史的課題をなす。しかし「救済史」の問題そのものはホフマンを越えて進んだ。それは聖書神学と歴史神学の対象としてキリスト教史の全貌に関係し、また組織神学における大きな課題となった。初代教会や古代教会においてと同様、紀元二〇〇〇年を越して、第三ミレニアムに生きる教会にとっても救済史概念は大きな約束をもった神学的課題であり続けている。

2　エルンスト・トレルチの歴史主義的神学のプログラム

ホフマンの「救済史」は敬虔主義的背景を持った経験の神学によって聖書的歴史叙述を統合的に把握する試みであったことは、歴史的研究を回避するという意味において、反歴史主義的な試みでもあった。これに対し近代人の歴史意識を不可避なものと認識したエルンスト・トレルチの歴史主義的神学は、十九世紀神学のエアランゲン学派や調停神学とは対極的な位置に立ったと言ってよい。トレルチがホフマンの救済史の神学と真剣に対局した痕跡はない。しかしホフマンを継承したマルティン・ケーラーに対してトレルチの「史的イエス」に対する扱いは、明らかに対立的である。ケーラーが「聖書的信仰のキリスト」を「歴史的キリスト」として重視し、ホフマンの「現在的キリスト」を継承したのに対し、トレルチは歴史的方法によって理解可能な「歴史のイエス」を信仰共同体の祭儀に不可欠な中心として保持するように努めた。ホフマンの救済史はやがて初期バルトの弁証法神学からも、ブルトマンの実存論的解釈学からも拒否された。そのためホフマン流の救済史概念を拒否することは「（トレルチの）神学的歴史主義と、神の言葉の神学や実存弁証法という反歴史主義的な神学的構想との類まれな一致点」[10]をなす。つまりトレルチ、バルト、ブルトマンは、ホフマンの救済史概念に対立する点では同一戦線にあったことになる。もちろんその対立の出発点はほとんど正反対の方向からであって、トレルチは歴史主義的神学に立って、ホフマンの救済史の神学をその非歴史学的性格のゆえに受け入れることができなかった。

ヴォルフハルト・パネンベルクは、彼自身の神学の出発点において「歴史が神学の最も包括的な地平である」と宣言し、「歴史の神学」の歩みを開始したが、その際十九世紀以来の神学史上の「二つの陣営」との対決を鮮明に語った。その一つは、ブルトマンやゴーガルテンの実存の神学であり、歴史を「実存の歴史性」に解消させる陣営であった。もう一つは、ホフマンと彼を評価的に継承したマルティン・ケーラーの「救済史的伝統」であった。パネンベルクはこの流れが、さらに、受肉を「原歴史」として解釈したバルトの中にも生き続けていると批判的に語った。そしてそれらは「歴史学に対して境界線を画し」、「本来の歴史を無価値にせざるを得ない」(11)と批判した。パネンベルクはそのときトレルチの立場に近く立って、ホフマン的救済史とブルトマン的実存史とに対する批判を明らかにしたわけである。そのパネンベルクが「救済史」概念にどう向き合ったかは、本章の後半で明らかにしたい。ここではトレルチ自身において、それでは彼の神学的プログラムの中で歴史的な救済の問題はどのように理解されたか短く言及しておきたい。

エルンスト・トレルチは、啓蒙主義以後の近代人として近代的歴史意識を持ち、従って歴史学的方法に立ち、しかも同時にキリスト教信仰を保持し、キリスト教と教会の歴史内的位置を再確立しながら歴史的な救いの問題に取り組んだ。彼の歴史主義的神学は、歴史的方法によってキリスト教の本質を規定しながら、信仰の所与性を尊重し、「信仰論」としての教義学を学の体系の中に位置づけ、展開するものであった。それは直ちに聖書解釈による神学遂行ではなく、宗教心理学や宗教史を踏まえて宗教としてのキリスト教の位置を確認し、さらに歴史学的方法によるキリスト教史の認識とキリスト教の本質規定を試み、そのうえでキリスト教の本質の概念的展開を信仰論として企てたものである。そこに教会と個人のキリスト教的敬虔意識が資料として前提されるという構成であった。

こうしたトレルチの神学的歴史主義において「歴史と救済」の問題はどう扱われたであろうか。ホフマンのように再生の経験を直ちに聖書主義的な「救済史」に直結させる方法ではなく、宗教哲学やキリスト教の本質規定を踏まえたうえでの「救済」概念の展開による試みである。この構成によりキリスト教的理念の集約と再活性化を図り、すべてを破壊し押し流すと見えた歴史の悲劇と取り組んだ。その際重大であったのはトレルチの歴史哲学であり、それによって彼は歴史の問題の克服という仕方で、歴史哲学の隠れた主題として文明史的な救済問題に取り組んだと言うことができよう。神学的に抑制され、規定され、方向づけられたその歴史主義は、歴史主義的形態におけるトレルチの「歴史の神学」の提示であり、その点で救済史の神学との、間接的で隠された併行現象にあったと言うことができる。この関連で重大と思われる幾つかの点をもう少し述べておきたい。

まずトレルチの「歴史学的方法」についてである。周知のようにそれはパネンベルクによって特に「類比」概念が「方法的人間中心主義」を前提にして適用されていると批判された。しかしトレルチは歴史学的方法によって人間中心主義を排他的に遂行することを容認したわけではなかった。重要なのは「歴史的個性」の認識であり、個性的な出来事の中に宗教的現実が現出する。それゆえ宗教史もキリスト教史も歴史学的認識の対象として扱われた。歴史的方法は直ちに無神論的方法ではなかったのである。トレルチは実際「復活」の出来事も世界観的に排除したわけではない。イエスの人格の歴史的個性は、祭儀共同体としてのキリスト教と教会の中心に位置し、その歴史的認識は不可欠なものとされた。復活の事実についてもトレルチは歴史学的に肯定も、否定もしていない。歴史学的な明言を避けたと言うべきであろう。

トレルチの宗教的な歴史概念はやがて『歴史主義とその諸問題』（一九二二年）において「価値相対性」の思想によって表現された。「価値相対性」とは相対的な歴史的出来事の中に「相対的なものと絶対的なものとの出会い」を認識する思想であって、歴史は超歴史的なものの到来の場、相対的なものと神との出会いの場として認識された。相対的なものの中で相対的なものと出会う神概念は、「エネルギシュな有神論的思想」として認識されたが、この神概念はまたその『信仰論』の中で本質と意志の区別をもった神概念として展開された。こうしてトレルチの歴史概念は神と人との出会いの宗教的な歴史概念であり、人間中心主義や世俗的内在主義の歴史概念ではなかった。「神学的な歴史主義」と言い得るゆえんである。しかし神と人との出会いの思想も、ナザレの人イエスにおける神性問題や受肉思想として語られることはなかった。トレルチの歴史的方法はキリスト神性の認識には至らなかった。彼はイエス・キリストにおける啓示を語り、啓示の三位一体、つまり経綸的三位一体を語りはしたが、キリストは啓示の場や担い手ではあっても、啓示そのものの内容にはならなかった。つまり彼の啓示の三位一体は、キリストを三位の中の一つとして認識する内在的三位一体論には進まなかったわけである。

歴史はまた人間主体の決断的な行為（Tat）の場としても理解された。少なくともトレルチの自覚においては、彼自身はキェルケゴールの対極にいたわけではない。むしろトレルチにおけるキェルケゴール的契機について語ることが可能である。このことは歴史的な本質規定における主体的、決断的な行為の側面によく表れている。歴史において行為はまた理想と関連する。トレルチの言う理想は、もちろん抽象的、観念的な理想ではなく、歴史的過去から実現の可能性を限定的に規定された具体的理想である。理想はしかし確定的に過去からのみ決定されるわけではない。もしそうなら主体的行為の入る場所もないことになる。理想は将来から来る面があり、この点でトレルチの理想の思想は前方にある終末論、将来的終末論の契機を含んでいた。

トレルチの終末論はもとより一筋縄のものではない。しかし前方的、将来的終末論の契機があることは、『キリスト教の絶対性と宗教史』（一九〇二年）において明らかであり、それは『歴史主義とその諸問題』（一九二二年）にまで継続した。その点で彼自身がその組織神学的代表者であった宗教史学派の終末論の発見は、彼自身の終末論の内容に決して無関係ではなかった。宗教史学派による黙示文学的終末論の再発見は、トレルチの終末論と理想概念における将来的契機の中にその影響を残したと言い得る。しかし彼の終末論がそれだけでない事実は、後に本書の「終末論史の概観」において語ることにしたい。トレルチの中に同じく影響を与えた神秘主義思想が、「神秘主義的終末論」として特に個人の魂の死における神への没入の終末論として表現されたのである。

トレルチの歴史神学は、聖書的救済史の解釈を遂行したものではなく、歴史学的認識を踏まえて価値相対性の思想と将来的終末論の契機によって主体的形成行為を遂行する「歴史形成の神学」として展開された。トレルチはそのようにして歴史からの歴史的救済を探究したが、結論は「歴史を歴史によって克服し、新しい創造の広場を平らかにする」という「建設」の理念によって表現され、文化史的な歴史神学的救済の永続的探究を試みたものと言ってよいであろう。その遂行の標語は、「現代的なヨーロッパ文化総合」であり、その文化総合には宗教的価値の中心的、そして不可欠的な位置が確認され、キリスト教に示された宗教的活力の集約と活性化を中心にした文化総合であった。カントは「世界市民的な意向における一般的歴史の理念」を尋ねて、人類の歴史を国内外における完全な国家を設定しようとする計画の遂行と見なし、それをもって哲学は「哲学なりに千年期説」を持つことができると語った(12)。トレルチの「現代的なヨーロッパ文化総合」はキリスト教的理念の集約的活性化と個人的自由の契機を重視することによって「柔軟にされた教会」を不可欠な構成要素としたが、この教会はまた、イエスの歴史的人格を中心にしたキリスト教的宗教共同体であった。従って「現代的なヨーロッパ文化総合」はイエスの人格を中核とした文化総合の試みであったことになる。かくしてトレルチが試みたことは、「哲学的千年王国説」というよりは、むしろより一層歴史神学的であり、「聖書的な救済史の神学」に代わる「歴史学的・歴史哲学的な救済神学」の遂行であったと言うことができよう。それを世界史のスケールを目指しながらも、「ヨーロッパ文化史の神学」として遂行したわけである。この歴史哲学的な苦闘の中で時にトレルチは挫折感に打たれ、「世界の不幸からの出口を知らない」と語る時があったと伝えられている。しかしその時にも彼は「魂の救済はあります」と語り続けた(13)。

3　カール・バルトにおける「救済史」批判

カール・バルトが「救済史」をどう見ていたかという問題は単純ではない。しかし『ロマ書』第二版（一九二二年）においてバルトが「救済史」を冷淡に扱ったことは、比較的明らかである。神の活動が「上から垂直に」であることを強調することによって、また神と人との「断絶」を強調することによって、一九二〇年代のバルトは「救済史」に積極的な意味を見出そうとはしなかった。そのことは救済史的な意味での将来的終末論やキリストの再臨の問題を真剣なものと考えなかったことに具体的に現れている。バルトの当時の終末論は、宗教史学派の黙示録的な将来的神の国の発見以後に属するものであるが、それとはおよそ異なり、徹底して現在的な終末論であって、救済史的な終末論ではなかった。この点は後に「終末論史の概観」においてもう一度言及したい。バルトは、救済と歴史とを一括りにする「救済史」にも、またそれが神の働きを垂直にでなく、水平的な連続において見ようとすることにも理解を示さなかった。『ロマ書』第二版には、そもそも「救済史」という用語はほとんど見出されない。それが見出されるわずかな箇所では、以下のように語られるのみであった。

「一般的な歴史の部分として、あるいはある一定の量として、特別な神の歴史が存在するということはない。あらゆる宗教史も教会史も徹頭徹尾この世界の中で演じ切られる。いわゆる『救済史』はあらゆる歴史のまさに継続的な危機であるにすぎず、歴史の中の、あるいは歴史と並ぶ一つの歴史ではない。聖ならざる者たちの間にいる聖者というようなものは存在しない[14]」。

ここでは「救済史」は、それを語るとすれば、歴史のトータルな危機として、また非歴史的な歴史として語られるほかはないと言う。また次のように語られる。

「イスラエルの歴史は、まさしくそれがある非歴史的な事象の単なる歴史的な限定であり、神の呼びかけの聞きとり得ない声に対する人間の聞きとれる応答である限りにおいて、救済史であるのではないか[15]」。

ここでは、神の救済そのものは非歴史的な事象であり、声にならない声とされている。さらにはまた次のような言葉が記されている。

「肉において起きること、つまり人間から神に向かって企てられることは、それ自体として『無力』である。宗教史や教会史は絶対的な意味において『無力』である。それが無力なのは、神と人間との無限な質的相違のためである。それは人間的、徹頭徹尾人間的な歴史として肉である。それがたとい『救済史』として飾られるとしても、それはやはり肉である。そして、すべての肉は草のようなものである[16]」。

「救済史」はただ肉の装いにすぎず、その実体は肉、すなわち人間的な歴史であって、「神と人間との無限な質的相違」を越えることはできない、とバルトは語った。『ロマ書』第二版における「救済史」についての言及は、以上で尽きている。つまり、『ロマ書』第二版においてバルトは「救済史」との積極的な関係を持つことはなかった。「人間との無限な質的相違」を踏み越えて、神が肉をとられ、歴史をとられたことは、バルトには真剣に受けとることができなかった。ましてその「上から垂直に」が歴史学的認識の問題になることなど考えられなかった。「(この世界と神の世界との間の)切断線上のあの一点そのものは、それがあると告げているあの知れざる地平全体と同様、われわれに知られた地平の上に何らの延長も持ちはしない[17]」。切断線上の一点であるイエス・キリストは「時間の終わり」であり、歴史学的対象とはならない。『ロマ書』第二版のバルトは明らかに「反歴史主義」(Anti-Historismus)の時代の風潮の中にいた。切断線上の一点はオーファーベックの用語で「原歴史」(Urgeschichte)と言われ、それは教会史にならないとされ、救済史にもならなかった。バルトによれば、肉の中ではただ人間が虚しく神を目指すだけで、神が人間を目指して企てる事実を真剣に受け取ることはできなかった。キリストは現在的な意味で終末論的であって、それゆえにまさに歴史的ではなく、救済史は肉の装いであって、神の出来事そのものとして認識されることはなかった。

『教会教義学』においても、バルトは少なくとも当初、『ロマ書』第二版の「上から垂直に」に留まり続けた。「神の言葉」すなわちキリストは「原歴史」であって、「啓示」とも裏表の一線を画し、ましてや「聖書や教会の宣教」とは明らかな区別の一線を画した。神と人間との間の無限な質的区別は越えることができず、歴史は教会史としても、救済史としても肉に属するとされた。『教会教義学』の執筆開始の時期と重なるボン大学での講義（『十九世紀のプロテスタント神学』）において、バルトは「ホフマンの救済史」を次のように批判した。「彼によってルター派神学が、よりによって古改革派の教理発展のこのきわめて疑わしい成果、つまり予定や摂理の思想とキリスト教的歴史哲学との親和性の教理を用いて、祝福され、装われた」と。そしてその背景にホフマンの「再生の経験」や「聖書の証明」があるにしても、彼の「経験の証明」は「聖書の証明」であり、またその逆でもあって、結局においてそこにおいては「近代的な人間」が発言していると語った。その近代的な人間は、「なるほどキリスト教的人間であるが、あるときは自分自身を意のままにしようとし、またあるときは歴史を意のままにしようとする人間である(18)」と。

しかし「救済史」に関するこの態度はバルトの中でやがて変化を見せ、「救済史」について積極的に語る場面も出現した。おそらくは『教会教義学』Ⅱ／1がその最初であろうと思われる。それは『教会教義学』第六章、「神論」における「神の現実性」に関する章で、その中の「神の自由の完全性」について、とりわけ「神の持続性と全能」について語られた文脈である。そこにおいてバルトは、今や、「この場所で救済史のあらゆる特徴について語らなければならない(19)」と述べ、世界の創造や保持とともに、神が「救済史の主体であり主語である」と語った。また「救済史はそれ自体としてははじめから、そしてあらゆる段階において選びに基礎づけられている」とも語り、「神は救済史を構成する選びの行為の中で、まさに特別な形態において罪と死からの救済者である神と同一の神であって、それ以外の他のものになることはなく、他のものであることもない」と述べた。創造と保持、そして選びについて語る文脈で、バルトは「救済史の主体」である神について語ったわけである。

しかしこれによってバルトが救済史を主題的に語ったかと問えば、そうではないと答えなければならない。この文脈でバルトはすでに以下のようにも述べている。

「和解と啓示の働きの中に他のすべては総括されるのであるが、その働きが創造のこの展望的な深さを開示し、それゆえわれわれにとっては肉の復活への視界の開示、永遠の生命、新しい天と新しい地への視界への開示をする。和解と啓示の働きはそのようにしながら、創造の働きに対して決定的に新しい働きである。この展望を持たなければならないということは、創造それ自体の本質にも概念にもない。和解と啓示の働きとともに恵みの本来の深さ（Untiefe）がどれほどのものか明らかに開けてくる。……そのように神は最初のことの後に第二のことをなす中で、別のお方になったのではない。神はこの第二のこととともに、あの最初のことに対し、それゆえ自己自身に対し不真実になったのでなく、まさしく真実であり続けた」。

バルトによれば「和解と啓示」という第二の働きが、創造の展望とともに、肉の復活、永遠の生命、新しい天と新しい地への展望を開く。そしてそれがすべてを総括していると言う。ということは、「和解と啓示の働き」が救済史の展望を開くとともに、それだけでなく「総括」しているということでもある。バルトにおいて「和解と啓示」という第二の働きに対する救済史の関係は、救済史が前者によって総括される関係にある。同じように、「世界の創造と保持の意味、ならびにその秘義は、救済史の中で啓示される。しかし救済史そのものの意味と秘義とはイエス・キリストである」と言われる。ここでバルトは「救済史そのものは最初にも最後にも、その中心においても起源においても、イエス・キリストの歴史である[20]」と語った。

こうしてバルトは、世界史ではなく、そうかといってまた実存の歴史性でもない「イエス・キリストの歴史」について語ったわけである。そのようにして救済史の開示と総括をキリスト論的に語った。この開示と総括は、救済の歴史性を語ったものでも、神の救済行為の水平的経過を語ったものでもない。救済史はキリスト論の中に包括されたのである。『教会教義学』のバルトの神学の特徴を「キリスト中心主義」と言うことがある。しかしそれだけでなく「キリスト包括主義」とも言わなければならないであろう。救済史はキリスト論によって開示されるとともに、包括されている。

オスカー・クルマンはバルトのこの面を批判した。「『すでに』と『いまだ』に対する背景を異論の余地なく表明しているのは、直線的な時間性、水平線であるが、それが（バルトにおいては）まったく真剣に受け取られていない(21)」とクルマンは語った。クルマンによれば「すでに」というのは、「神の救済史全体を潜在的に含んでいる垂直的な突破であるにしても、それ自体が水平線的な出来事の列に加わっている(22)」ことである。包括関係を言えば、クルマンによれば、救済史がイエス・キリストの出来事を包括しているという逆の関係である。基礎づけ関係と包括関係は別である。われわれは啓示からの救済史の認識を語るとともに、その啓示が救済史の中に位置づけられていることも明らかにしなければならない。もちろん規定的に働き続けるキリストは同一のキリストである。従って救済史に対するキリストの包括性を語ることはまったく不可能ということではない。しかしバルトの言うように「和解と啓示」の包括性を言うことはできない。それではキリストの贖罪と和解の差異、和解と完成の差異、受肉と再臨の差異は明らかにならず、贖罪と完成の間の現在の位置も、その前後との相違においてそれ固有の意味を明らかにすることができないであろう(23)。

バルトにおいてはまた、キリスト論的な包括性の主張のゆえに、救済史の継続的な過程を三位一体論的な働きによって理解することも不十分になる。そうならないためには同時に神の包括性、聖霊の包括性についても語らなければならない。クルマンが指摘した「すでに」と「いまだ」の間の時間性とその中での「救済史的現在」の固有な質をどう理解するか、「キリストの歴史」によって包括することで救済史的現在の固有性は理解されるのかという問題がある。また、聖霊の働きを欠いて現在の固有の意味を理解することは不適切な結果になるであろう。こうした諸論点がバルトの救済史概念にはなお残されていた。しかしそれにしても、カール・バルトの神学的な歩みにおいて、「救済史」の概念が次第に神学的な意味をもって使用される方向に変化した事実は否定され得ないであろう。[24]

4　オスカー・クルマンの救済史理解とその問題点

オスカー・クルマンは二つの著作によって彼の救済史理解を提示した。『キリストと時』（一九四六年）と、それをさらに補足した『歴史としての救済』（一九六五年）である。前著には「原始キリスト教的な時間と歴史の理解」という副題が付され、後著には「新約聖書における救済史的実存」という副題が付されている。これらの副題が示すようにクルマンは、新約学者として新約聖書に見出される時間や歴史の理解を提示し、それを救済史として描いたわけである。救済史とは従って、クルマンにとっては「新約聖書的救済史」であり、「聖書的歴史」とも言われる。その認識は新約聖書の使信から、従って新約文書の中から読み取られたものであった。救済史は「使信そのものの研究からその主要な特徴に従って間接的に明らかにされる」[25]と言われる通りである。従って、クルマンの言う救済史は新約聖書の諸文書の中から読み取られる原始キリスト教によって認識された歴史のことである。

それではその内容は何か。以下のように概略を語ることができよう。救済史はイエス・キリストを「中心」として理解された一筋の時間の流れであり、創造からイスラエルを経て、中心であるキリストの出来事に至り、そこからさらに教会の時を経て世の終わりにまで至る。その特徴は「一回的な連続する線」である。それが初代教会の時間理解とされ、またクルマン自身の時間理解でもあった。連続する線とは、ギリシア的な円環の線でなく、また実在的な永遠の世界が時間的な線の彼方にあるという時間観でもない。そこで永遠は時間の彼方にある実在ではなく、「長い時間」にほかならないとされる。それはまた「永遠の今」において上から垂直に hic et nunc の時間へと交差してくるものでもない。また、救済史的時間の特徴として「唯一回性」が語られる。キリストを時間の中心として、その前には創造からキリストへ、後にはキリストから世の終わりへと救済史的諸段階が成立する。それら救済史的諸段階のどれもが唯一回的であるとされる。この救済史の全体を規定するのは、中心であるイエス・キリストにおける出来事であって、この出来事により神に敵対的な勢力は克服され、キリストの支配がすでに開始しているとされる。そのことは救済史の終わりであるキリストの再臨において明らかになるが、信仰者にはすでに示されている。「救済史的な現在」は、すでに勝敗を決するキリストの大勝利があった後になお残っている戦いの時、残的掃討戦の時とされる。そこで、すでに生起した救済史の中心であるキリストの出来事といまだ生起していない救済史の終わりとの間の救済史的中間時は「伝道」にその固有な意義を持っているとされる。クルマンが「救済史的な現在」の固有な意義を伝道の時として明言したことは、聖書の証言からして当然のことであるが、救済史概念との関連で当然語られるべきこのことが他にはほとんど語られない異常事態の中にあって、なされるべき正当な指摘であったと言わなければならないであろう。

クルマンにおける救済史と世界史の関係を言えば、救済史は世界史の中にあって世界史から区別された。救済史は創造からキリストに向かって次第に狭く、細くなり、ついに中心においてはキリストという一点に狭まり、キリスト以後今度は次第に終末に向かって幅を広くすると言われる。そのようにして救済史は世界史の中にある特別な領域である。この救済史の構成をクルマンは、ただ一つの救済史の構想として『キリストと時』の中で描き解説した。後の著書『歴史としての救済』においては、新約聖書における主要な類型を区別して、イエスにおける端緒、原始キリスト教の場合、パウロの場合、さらにブルトマンが力を込めて救済史を否定したヨハネの場合と、それぞれの場合の救済史の構想に強調の差があることを示しながら、しかし一つの救済史を提示した。

クルマンの救済史の神学の問題点や疑問点をいくつか指摘しておこう。一つは、救済史の「認識根拠」は何かという問題がある。クルマンの手法は聖書神学的で、それぞれの聖書箇所における救済史の記述から出発する。聖書的証言はもちろん神学的認識の決定的資料であるが、神学的認識は聖書文書からの直接的な抽出作業によって獲得されるものではない。抽出作業はむしろ多様であり得るし、内容的には矛盾や対立をも含むであろう。フォン・ラートが旧約聖書における救済史の端緒に示されたいくつかの傾向を指摘した通りである。聖書の諸文書の各箇所からの抽出の寄せ集めで一つの救済史を構想することは神学的な認識としては不十分と言わなければならないであろう。この方法論は疑問とされなければならない。むしろ救済史の神学的基礎づけは、啓示から、つまりイエス・キリストの出来事における啓示の認識を明らかにして、そこから神認識に至り、その神の意志決定の認識を経て、神の経綸的行為の認識に至るべきではないか。それが救済史を理解する神学的認識の筋道であろう。

クルマンの救済史の認識に関するこの疑問はブルトマンによっても提示された。ただしブルトマンの啓示概念と信仰概念では、人間実存の新しい理解は取り上げられるが、歴史が救済史であることは取り上げられない。ブルトマンからすると、クルマンの救済史は、ただ新約聖書の諸文書を使用して「歴史哲学」を作り出しただけと見られた。信仰の認識という点については、クルマンも救済史としての歴史の認識がキリストを歴史の中心として理解する信仰の認識であることを認めている。あるいはまた歴史を救済史として信じることは、歴史を「預言」として理解することとも言う。いずれにせよ救済史の認識は信仰的な認識であることは前提されている。しかしそれによって啓示そのものの内容は語られていない。彼の著書『歴史としての救済』の中には次のような発言が見られる。「神の計画にある救済史全体はイエス・キリストの十字架と復活という一つの出来事に潜在的に含まれている」(26)。そしてイエス・キリストという救済史の中心に対し救済史の過去も現在も将来も関係づけられ、その関係の中で規定されていると言う。これは救済史のキリスト論的な基礎づけを語り、認識の根拠としてはイエス・キリストにおける神の啓示の認識を主張したようにも思われる。しかし実際には、クルマンの聖書的手法は啓示神学的方法とは別であったと言わなければならないであろう。

クルマンは次のように語った。

「救済史全体が、その歴史的な部分及びその歴史的でない部分にわたって、前進する同一の線上に行われる一つの関連した出来事をなしていること、そしてこの関連が、原始キリスト教において、神学的な諸理由から破られないということ、それが本質的な点である」。

このためには、創造から終末までを一つの関連した出来事に総合することができなくてはならない。それが可能とされるのは、「時の中心」からの光によってであるとされる。

「いまやこの中心は、それ自身預言的に解釈された歴史である。即ちイエスの死と復活が、我々を義とし、罪から贖うための贖罪の死として把握されるのである。この故に線全体が預言的な性格を帯びねばならない[27]」。そして「一方歴史的に把握しがたい始源及び終末の歴史と、他方歴史的に把握出来る救済史との間の相違が重要でなくなり、神学的にみれば両者の場合とも結局は、預言、即ち信仰に訴えて、歴史的な検索には訴えない啓示が問題である[28]」。

しかしこれでは「歴史的啓示」は真に歴史的に理解されているとは言えないし、歴史的啓示の認識から救済史に進むということもクルマンの場合は言えないことになる。

啓示の認識は、本来、歴史学的な事実認識を伴いつつ、その意味に関する使徒たちの証言を霊的に受け入れる信仰の次元をもった認識である。キリスト教が歴史的宗教であることは、その最深の意味を含めてこの啓示認識の中に示される。キリストの出来事において理解される啓示認識において、同時に神の三位一体性が重大な認識内容になる。この啓示認識によれば、神の経綸の秘義的計画としての救済史は三位一体の神の救済史である。神が創造や被造物との経綸に踏み出し、その救済の御業に及ぶのは、神ご自身の御計画によることであって、神の外に向かう内なる神の意志決定が働いており、そのことが啓示の内容として取り上げられなければならなかったはずである。救済史の実在的な根拠は、この神の意志決定にあると言わなければならない。

しかしクルマンにおいてこうしたことはほとんど問題にならなかった。啓示が問題であるとは言われたものの、クルマンにおいては救済史の基礎づけ連関は歴史的啓示でなく、原始キリスト教の聖書的証言のみによったからである。啓示認識による救済史の基礎づけは、クルマンの聖書神学的手法では欠如したままである。クルマンが「歴史的でない部分」と語ったのは、歴史と区別された創造や終末のことであるが、彼は歴史的部分と非歴史的部分の総合を啓示の認識として真剣に扱うことをしなかった。啓示の認識は、歴史学的認識と聖書証言に基づく霊的信仰的認識の総合による啓示認識であり、そのような啓示として神とその経綸の意志、およびその活動を示すことで、上記の総合問題は解決されなければならなかったはずである。

クルマンは、キリストとその出来事を「時の中心」と呼ぶ。しかしイエス・キリストにおける神の出来事における啓示の内容に「時の中心」という規定があるわけではない。むしろ聖書の証言と啓示の最後究極性に従って理解するなら、イエス・キリストの出来事は「終わりの出来事」として終末論的な性格において理解されなければならない。歴史の中に終末論的な出来事が生起した。これによってキリストを救済史、つまり神の経綸における「中心」と位置づけることは、クルマンのようにはいかないであろう。キリストにおける出来事はその事柄の重大性から言って中心的とも言い得るが、その時間性や歴史性から言えば終末論的である。十字架の意味も、復活の意味も終末論的であり、キリストと神の国との関係も終末論的と言わなければならない。歴史のイエス・キリストにおける出来事は、すでに過去の出来事であるが、その実在性は過去化されない。その効力は終末論的であり、それ以後の時間と歴史を規定し続ける。キリストは救済史の時間的中心ではなく、むしろ救済史の終わりの始まりとして理解されるべきである。そもそも「時間的な中心」という概念は、平均化され、計量化された時間、もしくは空間化された時間を前提にして初めて成り立つ概念であって、救済史的な質的時間の理解には適合しない。救済史的現在も現在のキリストによって終末論的な意味を持つ。その意味ではキリストの出現以後、救済史的現在は終末論的な段階に入れられている。「すでに」と「いまだ」の緊張そのものが終末論的であり、同時になお将来的な救済史的終末を待望している。救済史の中の契機として現在的終末論と将来的終末論は、矛盾・対立するものではない。いわゆる中間時はそれ自体が終末論的な中間時である。

新約学者としてのクルマンに対しては、新約聖書の諸文書の中にキリストを中心とし創造から終末までの一つの線としての救済史を一体どの程度まで指摘できるのかという問題があるであろう。救済史はどういう仕方で聖書文書の中にあると言い得るのかという問いである。完成した救済史の像を見ることはどの聖書文書にも不可能ではなかったか。フォン・カンペンハウゼンは「救済史の神学」の最初の形成をエイレナイオスに見たが、そのことは新約聖書の中に「救済史の神学」の完成された表象を見出すことはできなかったということでもある。確かに、旧約聖書がすでに歴史的な出来事の中に神の救いと啓示を見、新約聖書はナザレのイエスの歴史的出来事の中に神の終末論的な救いを見た。その点で救済史の決定的な聖書的起源は明らかである。救済史の重大な萌芽や契機を聖書文書の随所に見ることができる。しかしそのことと聖書の中に救済史の「一つの統合的な構成」が語られていると見ることとは区別されなければならない。

5　ルドルフ・ブルトマンの救済史批判

クルマンの著作『キリストと時』が出版された二年後、ルドルフ・ブルトマンの批評的反論がThLZ誌（一九四八年）に掲載された。それはブルトマン自身の神学に基づいた「救済史」に関する批判的見解を表明したもので、その視点からクルマンの著作に対する批評を述べたものである。この小さな批評論稿を参考にし、ブルトマンのギフォード講演『歴史と終末論』（一九五五年）や論文「新約聖書における歴史と終末論」（一九五四年）などによって補いながら、ブルトマンの救済史批判を明らかにしたいと思う。(29)

ブルトマンは、まず、「救済史の理念」が新約聖書の諸文書の中に見出される事実は承認する。それがまた「ある役割」を果たし、ときには「ある本質的な役割」を果たしていることも認める。このことはパウロ書簡において、ヘブライ人への手紙において、マタイによる福音書において、ある意味ではルカによる福音書や使徒言行録においてもそうであると語られる。ただし、ブルトマンはヨハネ文書においては「救済史の理念」の役割を認めない。このことは「救済史の理念」をユダヤ教的黙示文学の影響下にあるものと理解することと関連している。さらに「救済史の理念」は新約聖書の諸文書に見られるとしても、その役割や意味は各書において「さまざまな仕方」であると言う。従って「新約聖書全体が一つの統一的な救済史理解を前提している」というクルマンの主張は、ブルトマンによれば「甚だしく誇張された主張(30)」でしかない。さまざまな救済史的な理念を調和させ、組織的に統合し、「統一的な救済史の理念」に仕上げる作業は新約聖書の中には見出されないとブルトマンは言う。

ブルトマンによれば、「救済史の像」は宗教史的に言ってユダヤ教的な像である。ユダヤ教は救済者の出現を未来に期待した。それがナザレのイエスにおいてすでに出現したとして、救済史の「中心」が未来から過去へと時の線上を移動したとしても、救済史の像そのものがユダヤ教的な像であることはいささかも変わりがないとブルトマンは言う。それゆえクルマンのように救済史像を構想することは、ブルトマンには「中心」を背後に移した「ユダヤ教的黙示録的思弁(31)」であり、そのようなものとして「キリスト教的歴史哲学」を描いたにすぎないと思われる。

クルマンが「救済史的な聖書解釈」を打ち出したのに対し、ブルトマンは「非神話化の聖書解釈」を提示した。両者は新約聖書の諸文書における黙示録的表象や救済史的表象をめぐって際立った対立を見せた。この二つの聖書解釈は、それが基づいている啓示理解、それが関連している信仰概念、歴史概念、終末概念などにおいて明白に相違している。ブルトマンは、彼の啓示、信仰、終末の理解から、聖書文書の中に見られる明らかに救済史的な箇所の持っている意味を積極的に評価することができない。むしろそれらの箇所は非神話化され、実存論的に解釈されなければならないと見なされた。マルティン・ヘンゲルは救済史をめぐるこのクルマンとブルトマンの対立を論じた際、クルマンの方は信仰の内容、また信仰の対象として、客観的に描かれた救済史像を問題にしたのに対し、ブルトマンの方は説教による御言葉との出会いに生きる信仰的実存の主体的信仰を問題にしたとして、「『福音の真理』のためには両者、信仰的服従の内容と信仰的行為との両方を放棄することはできない」と語った。その上でヘンゲルは、クルマンの fides quae creditur（客観的信仰）とブルトマンの fides qua creditur（主体的信仰）、これら両者が相互に不可欠な真理契機を持っていると述べた。このように言うことは一般論としてはよいであろう。しかしブルトマンの「信仰の主体的行為」によってクルマンの「客観的信仰」を受け入れることができないことは明らかである。ブルトマンの信仰概念は非救済史的な信仰概念であって、その終末論概念も非救済史的な終末論概念だからである。ブルトマンの救済史批判、さらには救済史の否定は、表面的なところから由来しているのでなく、彼の神学の中心的なところから帰結していると言わなければならない。

黙示録が世の終わりについて描いている際の神話的表現を、ブルトマンは非神話化し、実存論的に解釈した。そこへと推し進めた重大な契機の一つは、「再臨遅延」の問題であった。ブルトマンは「再臨の遅延から、原始キリスト教、特にユダヤ教的伝統によって養われた原始キリスト教にとっては重苦しい問題が生じた」[32]と語り、この問題を重大視した。他方、クルマンは救済史的な聖書解釈の立場から「再臨遅延」をさほど重要な問題とは考えなかった。ブルトマンによれば、この問題の解決はパウロによって準備され、ヨハネによってもたらされた。その際重大な役割を果たしたのが、新しい形の終末論の出現であった。しかし救済史的な解釈によれば終末論は将来的な終わりの事柄、つまり救済史的終末の事柄である。クルマンは終末の到来が当初切迫していると思われながらいつまでも遅延した問題を、救済史的解釈によってさほど重大問題とせずに済まし得たと考えた。それは決定的な出来事がキリスト、すなわち「時の中心」においてすでに起きていたからである。クルマンの比喩的説明によれば、大戦の運命を決定する決定的戦闘がすでに勝利のうちに決着した以上、ただ残的掃討戦が残っているだけであって、その継続期間が数年であるか、それともさらに長く続くかはさほど問題ではないことになる。しかしブルトマンによれば、パウロにとって自分の存命中に来ると期待されていた再臨が今ではすでに一九〇〇年も遅れたままなのであって、この事実の前にクルマンの語る比喩は有効ではない。残された解決は、そもそも将来的な再臨、将来的な終末論は文字通りには本来あるはずのないことであって、そのように描かれた終末の表象は「非神話化」されるべきで、宇宙的、世界史的にでなく、人間学的、実存論的に解釈されるべきことになる。そこからブルトマンにとっては、終末論の意味も、終末論と救済史の関係もまったく変化したものになった。同様の理由により、信仰概念もまた、救済史的信仰から実存的信仰へと変化しなければならないと言う。

このようにしてブルトマンにとっては、歴史における神の救済活動は、もはや世界を舞台とする人類と全被造物に関わる神の救済計画の実現ではない。そうでなく、実存の歴史性における御言葉による決断の可能性であって、神の救済計画の表現は実存論的な解釈によって非神話化される。救済史は放棄され、信仰も啓示もそして聖書解釈も、実存論的に狭められるほかはなかった。「いまからは、歴史はもはや救済史として理解されることはできず、ただなお世俗史として理解されるだけである[33]」とブルトマンは語った。

6　マルティン・ヘンゲルにおける「救済史の不可欠性」

マルティン・ヘンゲルは二〇〇二年ケンブリッジにおいて「救済史——聖書の真理と現代神学」という講演を行ったが、これがD・F・フォードとS・スタントンの編集による Reading Texts, Seeking Wisdom, Scripture and Theology, London 2003 に収録された[34]。彼は同一の内容を、二〇〇七年、チュービンゲンにおける「救済と歴史」に関するシンポジウムにおいてドイツ語で講演した。これがJ・フライ、G・クラウター、H・リヒテンバーガーの編集による Heil und Geschichte. Die Geschichtsbezogenheit des Heils und das Problem der

Heilsgeschichte in der biblischen Tradition und in der theologischen Deutung, Tübingen 2009 の巻頭論文として掲載された。この中でヘンゲルは、救済史概念に関する現代の見解を、コンラート・フォン・ホフマンから神学事典ＲＧＧ第三版におけるハインリヒ・オットの見解、同じく第四版におけるフリードリヒ・ミルデンバーガーの論述、ＴＲＥにおけるクラウス・コッホやウルリヒ・ルツ、さらにヴォルフハルト・パネンベルクの論評に至るまで検討した。そのうえで救済史の思想史について記し、カール・バルト、オスカー・クルマン、ルドルフ・ブルトマンのそれぞれの説に検討を加えた。その講演は、新約聖書学者の領域を越えて、旧約聖書を含み、救済史をめぐる歴史神学に及び、さらに組織神学的研究に深く踏み込んだ。ヘンゲルならではの労作と言ってよいであろう。

ここでとりわけ注目したいのは、それだけの検討を踏まえながら、最後に一〇頁余にわたって「救済史の不可欠性」についてヘンゲル自身がその見解を記した結語部分である。マルティン・ヘンゲルは何をもって救済史は「なくてはならない」(Unverzichtbarkeit) と語ったのであろうか。この結語部分は明確な分節を施して記されてはいない。むしろ種々の論題が入り混じった形で叙述されて、理解するに多少困難な箇所であるが、以下のように整理することができるであろう。

まず記されるのは、キリスト教信仰から「歴史を理解する」という視点である。世界の創造者にして保持者である神は「歴史の主」である。ということは、歴史はそれ自身の深遠な意味をそれ自身からは知らせていない。むしろ神への信仰なしには不明瞭な偶然が歴史全体を覆っている。従って今日の人間のように「内在的な因果関係」によって歴史を理解しようとするなら、歴史は根本的に偶然が支配する意味のない出来事になってしまう。それだけでなく、歴史における神の活動の可能性を否定し、歴史を「唯物論的・生物学的内在主義」の見方に委ねるならば、その人自身の人格的実存もそれに服従することにならざるを得ない。人間は全体を見渡すことのできない限界の中にいる。このことを誤りなく認識するならば、「一つの現実としての歴史」を語ることが許されるのは、「神の相のもと」(sub specie Dei) においてということになるであろう。従って、歴史理解のうえから言って、歴史における神の活動を語る「救済史の視点」を欠くことはできないとヘンゲルは言う。

同時に問題になるのは、「啓示の問題」で、啓示の視点から救済史は不可欠になる。歴史を通しての、また歴史の中での神の活動はさしあたり「隠された活動」である。神の全能の働きは、われわれ人間にとっては「謎」であり続ける。すでに述べたように、歴史はそれ自体からは深い意味を知らせず、人間の目に証明可能な救いに満ちた目標を運んでいるわけでもない。とすれば、「歴史の意味と目標がわれわれに明らかになるのは、ただ、神ご自身がその主権的な自由において、さらに詳しくはそれ以上に深い根拠づけを持つことのない神の救済意志において、聖書の言葉によれば不従順な被造物に対する父の愛からして、歴史の中で、つまり時間と空間の中の具体的でまったく『客観化可能な』場所で、御自身を啓示したからである[35]」。この神の救済意志から出た歴史における啓示に基づいて、ヘンゲルは「それゆえわれわれは『救済史』について語ることができるし、私としてはさらに語らなければならないと考えている[36]」と記した。単純に言えば「歴史的啓示」が救済史の主張を不可欠にしているという主張である。

第三点は「信仰の認識の観点」である。救済史の出来事がまさしく神の活動として見られるのは、ただ「信仰」にとってだけである。「信仰にとって見える」ということは、ヘンゲルによれば「語りかけの言葉の中で聞かれる」ということである。信仰にとってでなければ同じ出来事も「単なる世界内的な歴史的出来事として両義的で、怪しげで、誤解され得るものであり続ける」。「信仰だけが、それらは神の行為であると認識する[37]」。救済史と世界史の関わりも、同じく信仰によって認識される。外から見れば、救済史は見渡すことのできない世界史の中の「小さな断片」として描かれる。しかしそれは、すべてを規定する一点、つまり「人間ナザレのイエスにおける神の受肉の秘義」に向かって進む。「原始キリスト教の証言に従えば、旧約聖書の神の語りの歴史はイエスに向かって導き、イエスから、またイエスを通して神の救済意志が全世界を捉える[38]」。信仰の認識は救済史を不可欠にしているというわけである。

第四に、人類を視野に入れつつ「神の救済活動」を言い表すには、「神の言葉の歴史」「証言史」「選びの歴史」「信仰史」などの用語によっても可能である。その中で「救済史」の用語をよしとする理由は何か。ヘンゲルはクルマンに大きな影響を与えたマルティン・ケーラーが「歴史と超歴史の関連」を語ったことも勘案しながら、「救済史」という用語の長所を語る。「なぜならば、この用語において結局のところ常に、罪に落ちた被造物に対する神の救済意志が重きをなしているからである。つまりは、創造者の自己自身に対する真実が重要とされているのである」[39]と。これによって人間の拒否、堕罪、不真実、その結果としての神の審判も語られ、イエスが「神の僕」として世の罪を代理的に担うことも語られる。こうして救済史という用語の不可欠性が指摘される。

第五に、それでは救済史の「像」、もしくは「表象」はどのように描かれるであろうか。この問題は聖書のテキストをどう理解するかという問題と関係する。ヘンゲルは「歴史的・文献学的方法」を当然必要なものとしながら「旧・新約聖書のテキストの事実」と取り組む。逐語霊感説や聖書無謬説に訴える根本主義的聖書主義は否定される。「テキストの事実」には、神話、伝説、詩文、つまりはフィクションが常にそれなりの歴史的連関の中にありつつ含まれている。それら多様なテキストを早まって調和させてはならないと、ヘンゲルは言う。ヨブ記の詩文とともに神と言い争うエレミヤのような人がおり、コヘレトのような懐疑的な「啓蒙人」も発言し、一方のルツ記やヨナ書と他方のエズラ記やネヘミヤ記の間にも溝がある。そこでヘンゲルは、十九世紀の聖書神学者が描いたような「技巧的に再構成された神の救済計画」の歴史を閉鎖的な「体系」として思い描くべきではないと言う。救済史には、むしろ多くの対立、矛盾、そして時には真理を求める激しい戦いがあり、時には試みと絶望が刻まれる。この文脈でヘンゲルは、ケーゼマンがパウロにおける救済史について語った、救済史概念には「緊張に満ちた弁証法」や「逆説」や「断絶」が含まれるという言葉に共感を示している。

ヘンゲルが「旧・新約聖書のテキストの事実」の多様性に忠実であろうとするのは、旧約聖書の伝承史研究においてフォン・ラートが救済史について記した内容と親近性を持つ。フォン・ラートは、救済史を単一的に理解せず、少なからざる線が併行し、あるいは混入し、対立していると見た。彼は、六書の伝承史のほか、預言者、黙示文学、知恵文学などが断絶や新しい端緒、対立を示しながら、しかも旧約聖書のテキストの時間的系列において、選ばれた民への集中をもちつつ人類全体への視野の広がりへと向かっていると見た。ただしフォン・ラートの示したユダヤ教的黙示文学に対する判断に、ヘンゲルは同意を示さなかった。フォン・ラートがユダヤ教的黙示文学を「一面的な仕方で消極的に判断したのは正しくなかった」とヘンゲルは言う。ユダヤ教的黙示文学は、決してフォン・ラートが語ったようにイスラエルの知恵文学と対立するものではないとヘンゲルは言う。

第六に、救済史には「集中」と「包括性」とがともになければならない。キリスト教的救済史は、イエス・キリストの人格とその十字架の死に向かう「集中」と、そこから歴史全体の救済を視野に置く「包括性」とを認識する。この意味で、イエス・キリストの人格と出来事が、救済史の成立根拠とされる。ヘンゲルの言葉によれば、「この歴史（救済史）は、キリスト教神学者としてのわれわれにとっては、その中心であり、その目標であるイエス・キリストの人格から、その統一性と根拠づけを得る」[40]。ヘンゲルによるとイエスの人格の中に救済史の「中心」があるだけでなく、その「目標」がある。「目標」はまた「完成」とも言い換えられる。「イエス・キリストにおいて『神の言葉の歴史』『信仰の歴史』あるいは『救済史』はその完成に達している」[41]。しかもこの「完成」は「単純にまだその終わりではない」。「というのは、救済史は新しい、普遍的な仕方で、つまりあらゆる人間に向けられた仕方でさらに進行するからである」。キリストは「律法の終わり」ではあるが、「歴史の終わり」ではない。そこで救済史は、その中心であり、完成であるイエス・キリストの後もさらに新しい仕方で「進行する」（weitergehen）。この新しい進行が続くことが救済史を不可欠にする。また、救済史のさらなる進行の「新しい仕方」は、万人に向けてイエス・キリストを伝道し、証言する仕方であって、ヘンゲルは救済史における「中間時の意味」を伝道にあると語る。この主張はクルマンの主張と共通である。

第七に、ヘンゲルはイエス・キリストにおける完成はまだ終わりではないという救済史の見方によって、ヨハネによる福音書の解釈も試みる。「言葉は肉体となった」との御言葉は、十字架における「成し遂げられた」に至るまでの受肉者の時間・空間における全実存を包括し、さらに「わたしを見た者は、父を見た」（ヨハ一四・九）とあるように、イエスにおける「成就の歴史」によって、古い契約の歴史が初めてより広くまったき意味においてすべての人間にとって「救済史」になると言う。この救済史的なヨハネ解釈によって、ヘンゲルは、ブルトマンの実存論的解釈による救済史の信仰の個人的決断への還元に反対する。救済史の「完成」は非世界化する信仰の実存的決断にあるわけではない。ヘンゲルは「完成」はイエス・キリストの人格と出来事にあると言い、メランヒトンの「罪ノ赦シガ歴史ノ目的因デアル」という主張を肯定的に引用した。

ここから一方で救済史の不可欠性を語りながら、他方でヘンゲルがルター派的な信仰概念に密着していることが示され、ブルトマン学派の神学に必ずしも対立的でないことが浮かび上がってくる。そしてヘンゲルの中に救済史とルター派的信仰との関係の曖昧さが残ることが顕わになる。エルンスト・ケーゼマンは「義認と救済史を相互に争わせることはできない」と語ったが、これにヘンゲルは接近する。キリストは救済史の「中心」という理解ではヘンゲルはクルマンに結びつくが、同時に「罪ノ赦シガ歴史ノ目的」であり、キリストはその目標であり完成であるという点ではブルトマン学派に接近する。この点にマルティン・ヘンゲルの「救済史の不可欠性」の主張には曖昧さが残ったと言わなければならない。この問題については後にもう一度言及したい。

以上の考察を踏まえて、ヘンゲルは、神学が救済史概念を放棄するなら、相当の損害を被ることになると語った。ドイツでは何十年もの間、ルカだけが「救済史の神学者」として低く扱われてきたが、教会は初代教会の初めから救済史的考察方法に対し神学における「中心的位置」を正当にも与えてきた。それゆえ「われわれは今日も『福音の真理』のために救済史的考察方法から単純に身を引くことはできない[42]」とヘンゲルは言う。彼は特にパウロに注目し、パウロが、キリストは「時満ちて」到来したと語ったのは、「古い契約の歴史」の中で父祖たちや預言者たちに与えられた約束が「成就」したことを意味したと言い、しかもそれは「歴史の終わり」を意味したわけではないと述べた。パウロはまた、御子は創造に伴い、世に遣わされ、ダビデの裔であり、ユダヤ人の女から律法のもとに、律法に従順に、神の真実を現すため、先祖たちに対する約束が確証されるために、割礼ある者たちに仕える者となった、と語る。これらはみな救済史的な認識の表現であるとヘンゲルは言う。パウロによれば、とりわけキリストは神の審判を私たちに代わって負われたが、この方の運命の中で神の「救済史」が全人類のために開かれた。さらにヘンゲルが特筆するのは、パウロによれば、キリストの復活の出来事とキリストの再臨の間に、信仰者たちにとって「まったく新しい歴史」が開かれたことである。つまりパウロと原始教会は「中間時の意味」を知っていた。パウロは再臨がいつ起きるか、その時期についての判断では誤ったが、その時期は誰も知り得ない。しかし「中間時」の中に開かれた新しい歴史の意味は、「キリストにあって」明らかになった救済が宣べ伝えられることであり、それがまた生きられることである。この期間は必要な期間であって、決して終わっていない。復活した主御自身がそのために使者たちを召したのであり、彼らは決して覆されることのない新しい終末論的な使信を地の果てまで、すべての民に宣べ伝える。そこで、ヘンゲルは「アブラハムへの約束の道、神なき者を義とする神の約束の道と、もろもろの民への十字架の使信の道がパウロにとっての『救済史』である[43]」と語った。

以上でヘンゲルの言う「救済史の不可欠性」について、一通りその主張を辿ったことになる。彼のこの講演論稿は、新約神学者としてのみならず、広く歴史神学や組織神学にも精通した力量ある論稿であり、救済史の不可欠性を語る貴重な試みであると言ってよいであろう。なお不足があると思われる点を挙げれば、「罪ノ赦シ」を救済史の目標と語って、「神の国」概念を欠いた点である。それによって救済史の「目標」を曖昧にしたことと、それが救済史における義認の位置の問題を生じさせたことである。この関連でヘンゲルはエルンスト・ケーゼマンの救済史理解に対していささか肯定的に語りすぎている。ケーゼマンは確かに一方でパウロの中に救済史があることを認めた。しかしそれはブルトマンも認めていたのと同様である。ケーゼマンは、救済史の記述のあることを認めながら、それと義認論との関係を問題にし、義認論の方が救済史を吸収する仕方で見ていた。「義認論が救済史の鍵であり、逆に救済史は義認の出来事の歴史的深みと宇宙的広がりである」[44]とケーゼマンは語った。これは救済史と義認論を両立させたというより、むしろ救済史を義認論に吸収させたにほかならないであろう。ケーゼマンは「救済史が義認の上位に位置づけられてはならない」と明言し、「救済史は義認の地平であるが、義認は救済史の中心、開始にして終わりであり続ける」[45]と語った。こうしてケーゼマンは救済史における義認の中心性を主張しただけでなく、義認の包括性を主張し、救済史の終わりを義認の中に見たわけである。しかし義認はむしろ救済史の一段階として見られるべきである。救済史との関係を語るには、元来、義認という救済論的表現によるよりも、むしろキリストの受肉と十字架の出来事、つまり贖罪論と救済史の関係を語るほうが適切である。それによってキリストの十字架の出来事と救済史的終末との中間時、ないし救済史的現在が固有の意味を持って認識されるようにもなる。ケーゼマンの義認論においてはこの中間時の意味は相応しい仕方で取り上げられない。いずれにせよ、救済史の評価をめぐって、ヘンゲルがケーゼマンとの相違を明確に語らなかったことは、ヘンゲルの全体の論旨を曇らせている。キリストの出来事における新しい時の出現が、義認論に伴う逆説性の中に呑み込まれれば、救済史的考察は後退せざるを得ないからである。この問題はさらに「パウロかルターか」という問題にも関係していく[46]。パウロがキリストの出来事を救済史における終末論的、一回的な転換的出来事として語ったのに対し、ルターは律法による日ごとに繰り返す悔い改めと、義にして同時に罪人の逆説的義認論を語った。「反復と逆説」は、「救済史的転換」とは別のものである。反復と逆説が救済史の中に一つの過程としてあるのか、それとも全救済史が義認の反復と逆説に包括されるのか、その違いは明確にされなければならない。ヘンゲルは既述の「罪ノ赦シガ目的」というメランヒトンの言葉の引用に見られるように、パウロ的救済史の立場とルター派的義認論の立場の間で、救済史をめぐるはっきりした位置表明を欠如させた。彼が、クルマンの表現した救済史の記述内容を fides quae creditur（客観的信仰内容）と見なし、ブルトマンの信仰概念を fides qua creditur（主体的信仰）として、福音の真理のために「どちらも放棄され得ない」[47]と語ったのも、ヘンゲルの同一の曖昧さを示したものである。

7　ヴォルフハルト・パネンベルクの「歴史の神学」における救済史

ヴォルフハルト・パネンベルクがその「歴史の神学」によって「救済史」をどう受け止めたかという問題は検討に値する。パネンベルクが神学の中に「歴史の地平」を回復しようとしたこと、また彼の神概念が何よりもまず「歴史の神」であることは周知のことである。「歴史」と「神」の密接な関係の理解は、パネンベルクの初期のハイデルベルク時代の同僚たちとの共同論文集『歴史としての啓示』（一九六一年）に収められた啓示概念を扱った彼自身の論文の中に明らかに示されている。そこでは啓示は、言葉による啓示ではなく、歴史全体からの神の間接的な自己啓示として理解されている。その際の歴史は、実存論的歴史性ではなく、「全体としての歴史」であり、歴史学的対象としての世界史・人類史・全現実史である。従ってパネンベルクの言う歴史は、ホフマンやケーラーの場合のように歴史学的対象世界と区別されたものではない。パネンベルクはホフマンやケーラーの救済史的伝統を歴史学的歴史との二元論的な区別に立つものとして、バルトの言う「原歴史」もそれに加えて批判した[48]。パネンベルクは、啓示は理性による歴史学的方法によって認識され得ると主張し続けた。

ただしその歴史的方法は、トレルチが認識した歴史学的方法の規定、とりわけ類比概念を批判的に修正し、それによって「復活」の事実性も歴史的方法によって認識可能なものと論じられた。トレルチの歴史的方法の規定に対するその批判は必ずしも適切ではなかった[49]。また、歴史的方法のみによってイエスの人格の神性認識にまで届くわけではないというアルトハウスが提出した疑問もあり、この点でのパネンベルクの曖昧さはすでに拙著

『啓示と三位一体』の中で扱っている。[50] 歴史学的方法に対し、それだけではキリストの神性認識に至らず、啓示の認識には届かないという問題は、さらに「使徒的な証言」に従う聖霊による「信仰的認識」の必要について語らなければならない。これを加えてでなければ、神認識やキリストの神性認識に至ることは不可能である。敬虔主義が強調する「現在のキリスト」について歴史学的方法は反論することも、肯定することもできないであろう。「現在のキリスト」が「歴史のイエス」と同一のキリストであるというキリスト論的問題は、歴史学的認識を越えているからである。

いずれにせよ、歴史的対象としての歴史的世界と区別され、それと二元論的に分離して構想された「救済史」概念に当初パネンベルクは賛成しなかった。この二元論的区別に従えば、信仰内容は超歴史的なものとされ、本来の歴史は無価値にされると考えたからである。このことはオスカー・クルマンが「救済史と一般史の二元性」を語るのに対しても、パネンベルクが批判し続けたことにも示されている。[51] パネンベルク自身は、その「歴史神学」(Geschichtstheologie) において、歴史的現実における神の行為を語り、歴史的経過の全体を神の啓示として受け止めながら、本来の歴史と区別された特別の歴史を意味する「救済史」の用語を積極的に使用することを躊躇せざるを得なかったのである。[52]

『歴史としての啓示』から一〇年後、パネンベルクはフォン・ラート七〇歳記念論文集の中で「世界史と救済史」について記した。そこで彼は、まず「救済」概念の全体性を論じ、一種の「全体性」の哲学から歴史との結びつきを語った。全体としての救済を非歴史的な構造理論によって理解してしまうと、救済は具体的な内容のない抽象論に陥ることになる。そこで救済と歴史の結合が問われる。そもそもキリスト教の中で伝統化されてきた「魂の救済」では、救済の全体性の本来的な理解が失われ、「救済の狭隘化」が起きているとパネンベルクは言う。魂の救済によっては、人間の身体性や個人の地上的人生史の諸次元が欠けるだけでなく、社会的次元が欠ける。そこで全体的な救済が結びつく歴史は、啓示がそうであったように「全体としての歴史」であり、その中の特別な救済史ではないとされた。

「救済の全体性」の文脈からすると、クルマンの救済史概念にも「救済史の狭隘化」が起きていると言わなければならないであろう。クルマンは、信仰の決断によってある「特定の一連の出来事」を救済史として「選別」することを前提にし、その特定の細い救済史の線と歴史一般との間に区別を画したからである。この区別は救済の全体論の立場から歴史全体を視野に置くパネンベルクには「問題的」[53]に見えた。パネンベルクによれば、歴史全体が宗教的な歴史として救済問題に関係している。「神は（救済史の）細い線においてだけ働くのか、それ以外の歴史の出来事においても働くのではないか」[54]とパネンベルクは反論した。その上、クルマンが神話的な出来事も救済史に属させたことは、「一種、波乱なきゾーンを聖書的伝承内容のために設定しようとするもので、それは世界史のプロセスの中に特別な救済史の線を考える行き方をもっぱら信用できないものにするだけである」[55]と語った。波乱のない特別な救済史の線でなく、歴史全体の波乱に満ちた論争の中で全体的歴史を神の活動の場として主張する道をパネンベルクは選んだ。

それではパネンベルクは「救済史」概念をまったく使用しなかったのであろうか。彼の主著『組織神学』全三巻（一九八八―一九九三年）の中で「救済史」概念がどのように使用されたか、各巻末の事項索引を手がかりとして概略を述べれば、以下のようである。第一巻には「救済史」概念は使用されていない。第二巻において十数箇所に「救済史」の用語が使用され、第三巻では三〇箇所以上にわたって使用されている。巻を追うごとに「救済史」の用語使用は頻度を増している。

その中の一つの用いられ方は、聖書における救済史・契約史、あるいは神の救済の経綸や神の計画について言及するケースである。あるいはフォン・ラートなどの救済史的見方に言及する場合もある。もう一つのケースは、神学史上の記述、例えばクレメンスやオリゲネスにおける「神の人類教育としての救済史の解釈」、アウグスティヌスに見られる「悪を許容する際の救済史的目標の規定」、その他エイレナイオスの人類史の見方や、トマス・アクィナスが神の像の諸形態の伝統的な相違を「救済史的な段階の継続」の意味で解釈したといった、教理史的解釈による記述である。

そうした紹介的記述でなく、パネンベルク自身の神学的主張として「救済史」が積極的に用いられた一つの箇所は、人間の終末論的規定が救済史的に考えられている箇所である[56]。もう一つ重大なのは、律法と福音をめぐるパウロとルターの相違について語り、パウロの救済史的理解をエーベリンクに対抗して擁護した箇所である[57]。イエス・キリストの出来事について、「終末論的転換の後に人類史が続く以上、救済史的に解釈されるほかはない[58]」とパネンベルクは語った。終末論的転換が持っている救済史的に現実的な性格を、繰り返し起こるべきものに変えてしまうことはできないと彼は言う。パネンベルクは実存論的な救済や終末論の解釈でなく、歴史神学的理解に立ってキリストの出来事を解釈し、それは時には救済史的とも言い換えられたわけである。「選び」の教説や「予定」の教説についても、それらの救済史的連関が積極的に語られている。「キリストの死と復活でクライマックスに到達する救済史」「人類の救済史におけるキリストの死と復活の一回性」といった表現も見られる。「終末論的完成が、創造と救済史における神の愛の啓示を、あらゆる疑いを越えて高める[59]」と言われるとき、パネンベルクが「創造」、「救済史」、「終末論的完成」の三つのエポックを記し、歴史としての啓示が終末論的完成によってもたらされると語っていることが明らかである。

以上のことは、パネンベルクは「神の（被造物との）歴史」「神の活動の歴史的継続」について語るが、同時に神の活動の経綸を時に「創造と救済史」としても語ったということである。歴史全体の完成については、最後に、終末論的完成として語ったが、同時に救済史の中に救済史のクライマックスがあり、それがイエス・キリストにおける終末論的な神の活動であるとも語っている。総じて『組織神学』第三巻においては、パネンベルクは戸惑いなく「救済史」の用語を多用していると言ってよいであろう。

問題は、救済史の基礎づけの問題である。一方で救済史のクライマックスがイエス・キリストにおける歴史の終末論的転換にあると語るが、他方でパネンベルクは元来、歴史としての啓示は歴史の終わりにおいて可能と語り続けてきた。そこでキリストに生起した復活は「終わりの先取り」として終末論的な出来事とされた。救済史の「クライマックス」が終わりの「先取り」であるということは、実質的な救済史のクライマックスは終わりにあるのであって、まだ実現していないと言うほかはない。そうなると救済史がまさに救済史であるか否かは、終わりに決定されることになり、今はただ暫定的に受け取られ得るのみであろう。パネンベルクの救済史の基礎づけ構造は、徹底的終末論の色彩を帯びてくる。ただ「先取り」によってその徹底性が緩和されているのみである。

救済史としての細い線でなく、その外でも神は働くとパネンベルクは言う。しかしその外でも神は働くと理解し、歴史全体を神の働きと解釈するのは、救済史としての細い線からでなければ不可能であろう。神の働きとしての普遍的世界史とその解釈の場としての救済史の関係についてパネンベルクは詳細には語らなかった。

8　救済史の神学の課題

クルマンは、ホフマンの「再生の経験」や「現在的キリスト」の強調は別にして、その聖書主義的傾向を継承した。彼は特に新約聖書の証言に従って救済史を語ったが、それは新約聖書の証言を決断的に選んでいることにもなるであろう。これに対しパネンベルクの場合、救済史の基礎づけ構造は、救いの全体性をめぐる一種の哲学的考察から出発し、その上で理性主義的全体論が陥る抽象性を脱して歴史的関連において救済の具体的内容を得るという筋道を辿った。救済史の基礎づけをめぐっては、パネンベルクの全体性の哲学か、それともホフマンやクルマンの聖書主義かという二者択一だけがあるわけではない。むしろマルティン・ヘンゲルも語ったように、「歴史的啓示」の認識から救済史の認識に向かう道がある。歴史的な啓示の認識としてイエスがキリスト（旧約のメシア）であり、主なる神を父と呼ぶ御子であることは、救済史的な関連性へと導いていく。「キリスト」や

「神の愛する子」とともに、「神の心に適う僕」や、負われた「審判」も、旧・新約聖書が証言する救済史的関連に立っている。このキリストにおける啓示から、三位一体の神とその神の外に向かっての内なる救済意志、神の経綸的活動への意志決定へと認識を辿り、それが救済史を形成していることを認識することができよう。そのように、全体性の哲学からでも聖書主義からでもなく、歴史的啓示から救済史を基礎づける道を辿ることができる。

救済史の基礎づけ問題とともにもう一つ重大な問題として、イエス・キリストのすでに生起した出来事と救済史的終末との関係をどう理解するかという問題がある。クルマンのようにイエス・キリストの出来事を「救済史の中心」と呼ぶことは正しいとは言えない。救済史の基礎づけ、あるいは歴史を救済史として規定する根拠が、イエス・キリストとその出来事にあることは確かである。しかしすでに起きたキリストの到来とその出来事は、聖書の証言によれば「終わりの時代」（ヘブ一・二、一ペト一・二〇）の出来事であった。「時の中心」という概念は聖書の証言にはない。イエス・キリストにおいて生起した出来事の質から言っても、それは決定的な「終末論的出来事」であった。キリストの到来とその出来事は、現在から言えば過去の歴史的出来事であるが、それは決して過去化されることなく、終末論的出来事として現在と将来を救済史的に規定し続け、また救済史的終末の将来的到来をも根拠づけている。キリストの再臨が救済史的終末の到来をもたらすが、再臨のキリストは受肉し十字架にかかり復活した歴史のイエスと同一のキリストである。また現在のキリストも歴史のイエスと同一であるが、歴史のイエスの復活と昇天、つまり神との一体性が現在のキリスト、再臨のキリストとの同一性の根拠をなす。従ってイエス・キリストのすでに起きた到来は、時の中心というより、むしろ時の終わりの終末論的出来事として救済史を根拠づけ、救済史の現在と将来的終末とをキリスト論的・贖罪論的に規定している。

イエス・キリストの出来事において「すでに」神の国の力が発揮され、歴史の終わりのことが生起している。キリストの臨在するところで、神の国は開始している。その意味でキリストにおける「すでに」が語られる。しかし同時に、キリストは神の国のまったき到来を終わりの成就として御自分の再臨とともに約束している。こうして終わりの完成は希望のうちに待たれている。終末はすでにキリストにおいて到来を開始しながら、いまだなお待たれている。キリストの到来以後、救済史は終末論的な緊張と希望の中にあると言うべきである。つまり救済史の中に、終末論的に性格づけられた中間時がある。クルマンの「中心」概念は、より一層終末論的な方向に修正されなければならないであろう。

「救済史的中間時」すなわち「救済史的現在」はどう理解されるべきであろうか。その固有の意義は何か。クルマンはそれを「伝道の時」と見た。それは正当な指摘であって、救済史的中間時は、神の国のまったき到来に備える伝道の時として神の意志決定のうちに固有の意義を与えられている。

パネンベルクによれば、世界史の中に狭く選別された特別の救済史を語ることは救済と救済史の狭隘化を意味した。それゆえ彼は、オスカー・クルマンの救済史と一般史の区別を二元的な区別として批判した。救済史は聖書的な歴史だけでなく、教会史に及び、さらには世界史と重なるとされる。カトリックの教会史・教理史家であるジャン・ダニエルーは、プロテスタント神学における救済史の狭さを批判して、「救済史の概念を聖書に証言された出来事だけに限定し、教会史におけるその継続を知らないのはプロテスタントに典型的な誤りである」と語った。パネンベルクはこれに反論して、「エリック・クリスティアン・ラスト、ラインホールド・ニーバー、ヘンドリクス・ベルコフなど少数の人々ながら、一般に教会史の神学的解釈に向かう端緒を展開させたプロテスタント神学者たちがいる(60)」と語った。しかし問題は、「教会史の神学的解釈」だけでなく、さらにその外の「世界史の神学的解釈」である。実際、Ｒ・ニーバーもＨ・ベルコフも「教会史の神学的解釈」を試みたわけではない。彼らは世界史のキリスト教的解釈を問い、世界史と神学的に取り組んだ。パネンベルクにも神学的な世界史解釈を展開する意図が明らかにあった。そうでなければ彼の「歴史の神学」の主張は一貫性を欠いたと言わなければならないであろう。それではパネンベルク自身にそうした神学的世界史解釈が本格的、また積極的に展開された部分があるかと言えば、それはわずかに『組織神学』第三巻第五章「教会と神の民」の最後の部分である。

第一四章「選びと歴史」の最後の節（五節）「選びの目的と歴史過程における神の世界統治」はわずか数頁であるが、それに当たる。決して十分なものと言うことはできない。彼自身の構想は普遍史の神学であったが、事実としては細い線としての救済史の扱いに留まったのではないかと思われる。

神学が世界史の解釈を企てるならば、二元論的な区分としてでない仕方で、世界史の内部に「救済史とその周辺史」の区分を考えることは認識の道として回避し得ないであろう。神は世界史のすべてに働くが、それを理解し解釈できるのは救済史の中の啓示からのみである。救済史に世界史の意味の認識がかかっている。また世界史とその中なる救済史との区別なしには、世界史、国々や民族史の中にキリストの受肉が起こり、伝道と教会の歴史が形成され、非キリスト者の間にキリスト者が立てられた区別の成立が意味のないものになるであろう。世界史は、この区別を含んで「救済史とその周辺史」になる。伝道を通して救済史は周辺史に侵入し、周辺史は救済史に組み入れられていく。

そうなると、啓示から成立する救済史の契機を本質的な基盤や枠組みとし、つまりは伝道を歴史の構成的な筋道として、神学がどこまで世界史の解釈を提示し、世界史の神学として歴史神学を展開できるかという課題が浮かび上がってくる。ミヒャエル・トイニッセンは、フランクフルト学派の批判理論を論じながら、「歴史哲学はただ神学から派生してきただけでなく、その後にも先にも神学としてこそ可能である」[61]と主張した。それは歴史哲学の秘密を暴露した言葉であるだけでなく、同時に神学に対して歴史神学の遂行を避けがたい課題として提示した言葉とも解釈される。救済史や終末論を基盤としながら、キリスト教神学は歴史神学としてどこまで歴史哲学的課題を遂行することができるであろうか。歴史的現実としての現実の規定や、歴史の意味、あるいは歴史的可能性の意味などが、歴史神学的に改めて問い直されなくてはならない[62]。エルンスト・トレルチが取り組んだ問題は、もう一度神学的基盤を一層鮮明にしながら取り組み直されなければならないであろう。

［附論］山本和『救済史の神学』について

救済史の神学史に関する本章の関連で、日本における企てについても一言しておく必要があるであろう。山本和『救済史の神学』（一九七二年）は、全七〇〇頁に及ぶ大作である。[63] 談論風発の趣きがあって、その反面緻密な検討を妨げているように思われるが、全体の趣旨はほぼ明らかである。「聖書の原証言」（と著者は言う）から、創造、和解、完成の三段階を経て進む救済史を認識しようとする。「原証言」が「聖書の証言」なのか「啓示」なのかは定かではない。聖書の証言とすれば、クルマンの構想に近いと思われるが、著者はクルマンに従ってはいないと語る。むしろバルトの契約の概念に即しているとの自覚である。

バルトに対する本書の親近性は、特に「救済史の構造」がキリスト論的であるという主張に見られる。そこで明言されているのは、「世界史と救済史の関係構造」の理解である。著者はそれをバルトのキリスト論における神性・人性の関係（「アン・ウント・エンヒュポスタジー」の関係）によって理解する。それゆえ「世界史はその主題をそれ自身のうちに持たず」、「世界史はそれぞれの救済史の中に構成的な中心をもつ」[64] と言われ、世界史は救済史の「比喩」とも言われる。つまり世界史と救済史の間にはキリストにおける人性と神性の区別があって、同一性も相互浸透の関係も認められない。その関係は当然、不可逆な仕方で神から人へ、つまり救済史から世界史への関係となり、救済史はキリストの神性と同じく歴史学的認識の対象でなくなるであろう。しかし著者は、それが両者の「必然的かつ積極的関係」と言い、「著者はまたここで永遠の救いに至る人間の道を《時の相の下で》省察した。したがって本書では……歴史的に思考されている」[65] とも語った。しかしカール・バルトのキリスト論において神性と人性の関係は神の恵みの自由な選びに基づくものであって、「必然的」ではないし、「異郷に赴く神の子の道」が根本であって、「永遠の救いに至る人間の道」が根本でも、第一でもない。またそれは「歴史的に思考されて」もいないのではないか。本書の肝心な点において、読者はその筋道を追いがたくなると言わなければならないであろう。

それにしても本書が救済史の構造をカール・バルトのキリスト論によって理解するという点に基本的特徴を置いているとすれば、本書の意味がどこにあるかは自ずと明らかになる。それは、バルト神学を救済史的に読む試みをしたという点にある。あるいは救済史神学にバルト神学を適用したという点にある。従って本書の評価がどう下されるかも明らかであろう。それは、一つには、この試みの適否をめぐる評価であり、もう一つはバルト神学の解釈が正確に、また深くなされているかをめぐる評価である。バルト神学を救済史の神学として読むことにどのような意味があるかという問題と、ここで提示されたバルト神学の解釈はバルト神学の核心を突いているかという問題である。バルトのキリスト論的包括性と山本が想定している三段階を取って進行する救済史との関係は、突き詰めて究明されてはいない。「世界史と救済史」の関係をバルトが「キリストにおける神と人間との区別と関係性」に「類似」のものとして捉えた点は、本書第五章五節「カール・バルトの摂理論の問題」において言及される。山本和『救済史の神学』のとったカール・バルトによる「世界史と救済史」の関係理解の評価は、この点に関する限り、本書がそこにおいて下そうとする評価とは逆の立場のものである。

第四章　創造と時間

「創造」と「時間」はどのような関係にあるのであろうか。キリスト教信仰における真理認識は、その「無からの創造」の信仰によって創造者なる神と被造物との区別を厳密かつ明確にする。すべての被造物は、決して神と不可分な始めも終わりもない永遠の存在ではない。キリスト教神学は、汎神論や新プラトン主義的流出論とは異なり、すべての被造物に時間的な開始があることを認識する。そうだとすると、創造は永遠の中で決意されるとしても、その「遂行」は永遠の中での「永遠の創造」ではなく、「時間的開始をもった創造」であるはずである。しかしその時間とは何か。被造物の属性もしくは存在形式なのか、あるいは被造物の創造がその中で起きる場なのか。時間理解は、哲学的試みとしてもすでに古代ギリシアにおいて試みられていたが、それはさらに創造信仰を通してキリスト教神学史を貫く問題になっている。近代においては「時間の哲学」と関連しつつ「時間の物理学」がこれを扱い、それがまた神学的考察と相互影響の関係にあった。

時間理解をめぐる二十世紀の神学的努力は、一九六〇年代以降、特に永遠と時間の質的断絶に止まるいわば「二元論的な思惟」からの脱却を図り、神と自然的世界、あるいは神と歴史的世界との峻厳な区別とともに、相互の関係をも理解しようとする試みとなった。ここでは特に「時間」の理解をめぐってであるが、必要に応じて空間理解にも触れながら、「創造と時間」についての二十世紀の主要な神学的努力を検討してみたい。それによって救済史の時間論に光を当てたいと思う。手がかりとするのはアウグスティヌスの時間論に対するカール・バルトの批判であり、アイザック・ニュートンの時間論に対するトマス・トランスの批判である。さらにはまたニュートンとライプニッツの時間・空間論争を媒介しようとするユルゲン・モルトマンやヴォルフハルト・パネンベルクの試みを参照する。それらを批判的に検討しながら救済史の始源である「創造と時間」の適切な理解を深める努力を傾けたい。

１　アウグスティヌスの時間論に対するカール・バルトの批判

アウグスティヌスが『告白』第一一巻において「創造と時間」の関係を考察し、同じく『神の国』第一一巻においてもこの問題に言及したことはよく知られている。彼はマニ教やストア派、さらには新プラトン主義における時間理解に囲まれながら、キリスト教的創造信仰の真理に即した時間理解を提示しようと努力した。その際、アウグスティヌスの主要な関心は、一方で時間の中での創造を語ることの危険を克服するとともに、他方で時間と分離した永遠の創造の主張を回避することでもあった。時間の中での創造を語れば、それではそれ以前の時間に神は何をしておられたか、あるいは時間の中のなぜそのときに神は世界を創造したのかという問いに巻き込まれる。このことはまた空間の議論とも対応し、世界の外に及ぶ無限の空間の中で、神はなぜこの場所に世界を創造したかという問いになる。アウグスティヌスの結論は、「被造物なしにはどんな時間も存在し得ない」(1)というものであった。従って創造以前に時間はなく、「世界が時間のうちにつくられたのではなく、時間とともにつくられたのであることは疑いをいれない」(2)というものであった。世界と万物の創造は時間とともにであって、世界が存在する以前に時間はない。これはまた世界以外に空間はないという主張にもなる。他方、これによって時間を超えた永遠における創造、時間の彼方の無時間的な創造も否定された。そのような創造の主張は、結局は時間的な始めのない世界を語ることになり、創造の信仰を否定することになるからである。

アウグスティヌスの創造に伴うこの時間理解に対し、カール・バルトは「そのもともとの正しい意図を承認しつつ」(3)であるが、「反対する」と語った。その反対は、アウグスティヌスが「世界は時間とともに造られた、それゆえ時間の中で造られたという表現に反対する」と言う点にかかっていた。このアウグスティヌスの主張に対し、バルトは「時間とともに」ということは「時間の中で」ということでもあると語った。アウグスティヌスにとって、「時間の中の創造」を語ることは、「創造以前の時間」があることを意味し、なぜそれ以前でなく「そのとき」神は世界を創造したかという問いを誘発するとされた。従って彼は「創造の時間に先行する過去」を否定しなければならないと考えたわけである。これに対しバルトは、アウグスティヌスが創造の時間に先行する過去は考えられないとするのは、正しいと認める。「しかし創造は時間の中で起こったという命題は、この考えられないことを主張しているのではない」[4]と言う。つまり「中で」は「ともに」とともに開始すると考え得ると見なす。しかしこの主張で、バルトはアウグスティヌスの「正しい意図」を本当に「承認した」ことになるであろうか。

「時間の中で」を鮮明に言うことで、バルトが明らかにしようと試みたのは、「創造の歴史性」を語ることであった。「創造の歴史性」とは、一つには「神の具体的な行為」であるということであり、もう一つには「その後に続くこととの関連性」にあるということである。つまり創造は、「契約の歴史」に関連しそれに属するという主張である。創造と契約の関係はバルトの創造理解の根本をなすが、そのこととバルトの言う「創造の歴史性」は関連していた。創造は最初の業であって、契約史に属している。従って「一連の時間を満たすもろもろの出来事に属している」[5]と言う。「最初の業」としては他の業と区別されながら、契約をめざす点で、契約史に属する。創造の歴史性には、「はじめ」として他の出来事との区別とともに、歴史に属する出来事として他の出来事に属する面がある。創造は、神と被造物との無時間的な関係ではない。神の「具体的な行為」であり、従って歴史的な「時間を満たす出来事」である。ただそうである場合にイエス・キリストの実在との関連に立つ。そうであるゆえに、聖書が「恵みの契約の歴史との関連性」の中で創造の歴史を語ることに意味がある。バルトはこの契約史、つまり救済史こそが本来的な歴史であって、「一般的な歴史」の脈絡の一つではなく、「歴史そのもの」であるとも付け加えた[6]。

この「創造の歴史性」の主張の観点から、バルトはアウグスティヌスにおいては神の「永遠の中で」と「時間の中で」の違いがまだ十分鮮明になっていないと判断した。神の創造行為を、神のうちなる永遠の意志決定と区別された行為として鮮明にすることで「創造の歴史性」つまりは「創造の時間性」は明らかにされる。アウグスティヌスにおいては「時間とともに」である創造が、なお「永遠の中で」起こると理解され得る可能性があった。アウグスティヌスが「創造の言葉」は時間の中に鳴り響かず、永遠の中の言葉としているのもその一つの理由になる。これに対して神の意志決定と神の出来事との区別が、バルトにおいてはより鮮明である。しかしアウグスティヌスも「永遠の創造」を語ったわけではなかった。「時間と共なる創造」を語ったのであるから、説明が十分か、なお不十分かの違いはあるにしても、永遠の創造とは異なる時間と共なる創造の主張そのものは、相違していない。

ただ、アウグスティヌスの意図には「弁証学的な戦い」があった。と言うのは、創造の主張に対して、それ以前の時間を取り上げて創造のキリスト教的教説に反対する異教があったからである。バルトが簡単に「考えられないことを主張しているのではない」ですました問題は、「時間の中の創造なら当然、その前の時間には何があったか」と問う異教の力強い反論があった時代の文脈を無視している。バルトはアウグスティヌスの弁証学的文脈に沿って、その「正しい意図」を必ずしも承認してはいないと思われる。バルトの語り方で「創造が時間の中で起きたのであったら、それ以前の時間には何があったか」の問いに答えていることになるであろうか。つまり「時間とともに起きた創造は時間の中で起きた」と語るだけで解決するのであろうか。創造は「神の純粋な内的な本質の場」では起きない。そこに根拠と可能性を持ち、そこで意志され計画されながら、しかしそれが起きたのは「新しい場において」であるとバルトは言う。[7] それが「時間の中で」ということである。この「新しい場」は「創造を通して措定される新しい場」であるから、創造以前にある場ではない。しかしこれによって、創造は、「新しい場」の措定を伴うことになり、世界の創造は、新しく措定された場の中で起きることになる。バルトのこの表現は、時間、空間の「新しい場」の創造と世界の創造を同一の創造の中で分けることにならないであろうか。分けることによって「ともに」ではなくなるのではないか。バルトの語り方の中にもなお疑問は残る。いくつかの問題を挙げてみよう。(1)アウグスティヌスはもっぱら「はじめの創造」のみについて、創世記一章一、二節に即しながら考察したのであって、継続的な創造の問題についてはまた別に扱うべきであろう。(2)バルトは「はじめの創造」について「時間の中で」を言うが、「時間の中で」ということはアウグスティヌスには「世界以前の時間」をも意味することであり、キリスト教的創造信仰の真理を異教や古代哲学に対して弁証する必要から不可能なことであった。バルトはこのアウグスティヌスの弁証学的位置を十分に考慮していない。(3)バルトが「はじめの創造」について「時間の中で」と言い、「新しい場」を語ったが、それは「はじめの創造」はまず場としての時間の創造、続いて世界の創造の二段階を語ることにならないであろうか。(4)バルトは「時間の中」での創造を語ったにしても、それは次に扱うトランスが問題にしたゲシヒテとヒストリエの二元論を克服したわけではなかった。「一般的な歴史」と「歴史そのもの」の二元的な区別がバルトには残り続けた。

2　アイザック・ニュートンの時間論に対するトマス・トランスの批判

エディンバラの神学者トマス・トランスは、一九三七年にバーゼルに留学してバルトから学び、その示唆を受けてニカイア神学の教父の実在理解を研究した。彼の関心にあったのは、二元論的な実在理解を克服して「統一的な実在論」を展開すること、それによって神学と自然科学の二元論的断絶を克服することであった。それは端的にはバルト神学とアインシュタインの物理学を統一的に理解する企てであって、その手がかりを古代教父の実在論に見出すというものであった。この実在論の中で時間・空間と神との関係が問題になる。

トランスの神学主張には統一的実在論を探求するという基本姿勢からして、二元論の克服のモティーフが基本的な基調になる。具体的に言うと、彼は神学と自然科学をほとんど無関係にさせた神と機械論的世界の二元論、「神なき自然」と「自然なき神」、あるいは「科学なき神学」と「神学なき科学」の二元論を克服しようとする。トランスは「神と世界、天と地、永遠的なものと時間的なものの鋭い分離」を、プラトン、新プラトン主義、そしてアウグスティヌス主義の中に見ている。中世はこれをアリストテレスによって総合しようと試みたが、宗教改革でそれが再び退けられ、分離が著しくなったとも言う。この西方キリスト教思想の二元論は、トランスの表現では「分裂した文化」をもたらした。アウグスティヌスからニュートンまで批判の対象にされたわけである。「アウグスティヌス的二元論」「ニュートン的二元論」という仕方で、ニュートンの科学思想は西洋文明の「二元論的分裂」の代表とみなされ、レッシングの理性的必然的真理と歴史的偶然的真理の分裂も、ヴィルヘルム・ヘルマンのヒストリエとゲシヒテの二元論的区別も、その文脈にはいると見なされた。

しかしそれにしても「神なき科学」つまり「知の世俗化」と「科学なき神学」つまり「神学の自己閉鎖」が、「禍をもたらす二元論[8]」であるとの指摘は無視できない重大な意味を持つ。聖書解釈や信仰における「事実と意味の分離」もまた根を同じくする問題である。この二元論的区別によっては、キリスト教信仰は意味解釈の主観主義に止まるほかなくなるであろう。トランスはこの分裂を「一九六〇年代にその尖鋭なピークに達した」と言い、「今や着実にその難局から脱出しつつある[9]」と語った。

トランスによれば、この二元論的な見方に対してニカイア神学は統一的実在論を示している。そこでは神の御子の受肉によって、空間・時間の世界が神的世界と現実的に交差され、重ね合わされて理解されていると言う。キリストは神的実在の永遠の世界と偶然的諸事実の歴史的世界の両方に属することになる。

もう少しトランスの主張に即しながら、彼のニュートン批判と時間論とを検討してみよう。トランスが問題にするのは、ニュートンがその著書『プリンキピア』の初めの定理に続けて語った注解における「絶対的時間」「絶対的空間」と「相対的時間」「相対的空間」の区別である。トランスはこれを「絶対的で数学的な時間・空間」と「相対的で見かけ上の時間・空間」の区別と言い、後者の時間・空間は現象的世界として、観察者に対して相対的、それゆえ可変的な世界に関わり、前者は観察者に関わりなく世界を理解しようとする際に参照される固定された枠組みと言う。そして「ニュートンは、この固定的な参照枠、つまり絶対的で数学的な時間・空間を、客観的秩序を包含しそれを宇宙に強いる神の精神と同一視した。しかしながら神は、宇宙によって影響されることなしに、不可受苦的かつ不可変的な仕方で宇宙を包含する。……それは聖書的かつ教父的な意味での神と世界の間の相互作用が存在しないことである(10)」。これがニュートンの「絶対的」という意味であるとトランスは言う。トランスにとって問題なのは「宇宙に影響されることなしに、不可受苦的かつ不可変的に宇宙を包含する」神の観念である。トランスはこの神観念に反対する。神と宇宙との間には、聖書的、あるいはニカイアの教父神学の意味において、相互作用が存在するはずだからである。トランスはニュートンの解釈によって、「ニュートンは自分がいつのまにか受肉を拒否し、さらにアタナシオスに反対してアレイオスを支持していたことに気づいた(11)」と診断した。「受肉」こそは「神と宇宙との相互作用」を意味すると理解される。

しかしながら実際のニュートンはトランスが見た一面性に完全に偏っていたわけではない。思想史と科学史の文脈において、ニュートンはむしろ両義的な面を持っていた。トランスは彼と同時代のニュートンの科学史研究家であったアレクサンドル・コイレ（Alexandre Koyre）の業績からは何も汲み取っていなかった。コイレが注目したのは、ニュートンがトランスの指摘と対極の面、つまりデカルト主義的な神と世界の二元論に対しその対決者として立ち向かった面があったという事実である(12)。トランスはニュートンのこの面をまったく無視し、ニュートン以後、結果として帰結した機械的世界観の方向にニュートンを引き寄せて、彼を二元論者として批判したことになる。「ニュートンの神は、世界ときわめて超越的に関わるので、その不可変性と不可受苦性を通して宇宙から理神論的に分離された」とトランスは言う。「神と宇宙の理神論的分離」と「創造者の側からのいかなる相互作用に対しても宇宙を閉ざす機械的な宇宙概念」がニュートンから結果したと見たわけで、トランスが同時代のコイレの主張を無視したことは明らかである。

しかしコイレによれば、デカルトの機械的世界像が世界におけるあらゆる変化をもっぱら諸物体の機械的な相互作用に起因するものと見たのに対し、ニュートンは深い不信を懐き、それに対立したと言う。「ニュートン対デカルト」のこの対立に注目すると、ニュートンはむしろ神と世界の関係を理解しようとしたのであって、機械的世界像をニュートン自身から引き出すことは適切でなくなる。コイレのこのニュートン理解は、やがてモルトマンやパネンベルクのニュートン解釈を強く規定するようになった。この点は後に触れることになるが、ここではトランスのニュートン理解がまったく問題のないものではなかったことを示唆しておくに止めておく。

ニュートンの時間理解の中にトランスが「壮大な二元論」[13]を見たことは、時間理解について何を意味するであろうか。トランスによれば、時間も空間も創造において無から創造された。彼によれば、この「無からの創造」の信仰が、宇宙の「偶然的知解可能性」の観念をもたらすと言う。[14]さらに、時間・空間が無からの創造によってもたらされたということは、プラトン、アリストテレス、ストアなどによってさまざまに使用された「容器」(container) としての時間・空間という概念を破壊し、それを「関係概念」(relational concept) に置き換えた[15]とトランスは主張する。それにもかかわらずニュートンの時間理解は、トランスによれば再び「容器的概念」に立ち戻っている。トランスはこの容器的な時間・空間概念に反対して、時間・空間を「関係概念」として取り戻そうと試みたわけである。これがトランスの時間概念の主張である。この問題は、ニュートンの信奉者サムエル・クラークとライプニッツの間の有名な時間・空間論争に関連して言えば、トランスはライプニッツの時間理解に接近したと言い得るであろう。

ただしトランスは、ライプニッツについては、その事物の関係概念としての時間・空間の理解では一致しつつ、またライプニッツが教父思想に近づいていることも承認しながら、ライプニッツは特にプラトンの『ティマイオス』に根差しているとして否定的に語るにとどまった。[16]コイレによればプラトン的立場に立ったヘンリ・モアやその継承者であったニュートンに対し、ライプニッツはデカルトを継承して、基本的にアリストテレス的な立場に立ったのであるが、この点のライプニッツ解釈についても、トランスとコイレはかなりの相違を見せていると言わなければならない。

それにしてもトランスが問題にしたのは、「容器的な時間・空間概念」であった。ニュートンの神理解においても「無限なる神」が「容器」としてあって、その中にわれわれは生き、動き、われわれの存在を持つと見られた。「無限な時間が永遠と同一視され、無限な時間と空間は事実神の属性」とされた。しかしトランスによれば、この無限の容器の見方は、時間・空間と物質の二元論を意味する。なぜなら、「もし神御自身が万物を容れる無限のコンテナ（容器）であったなら、神は、ちょうど箱がそれに収められている幾つかの物体の一つになり得ないように、受肉できない[17]」からと言われる。絶対的な時間・空間が被造物の世界に対して「容器的関係」にあると、それは「神の隔たり」（the detachment of God）を意味する主張となり、「神と自然との間のいかなるリアルな相互関係も疑問視[18]」されることになると言う。

トランスはこの容器的で、対世界的に二元論に立つ時間・空間理解に反対して、創造と受肉の視点から「神と世界の相互関係」を主張し、それを「関係概念としての時間・空間」として語った。彼はさらに「場」（field）の概念を用いながら、場を聖霊論的にも語った。つまりマイケル・ファラディ以来の「場」の理論を用いて、ニュートンの時間・空間概念を批判したわけである。時間論の文脈で「新しい場」の措定については、バルトがすでに語っていた。しかしトランスはこの「場」の概念と聖霊論とを結合させて主張した。バルトの場合は「新しい場」の措定にたまたま触れはしたが、「聖霊論的な場」までは語らなかった。トランスは言う。「われわれが関心を向ける場は、創造と受肉を軸として理解される神と歴史の相互作用である。それゆえニュートン物理学と理神論的自然神学から帰結したヒストリエとゲシヒテの間の宿命的な分裂のないものである。異なった用語の混乱をもったこの二元論に代えて、われわれは二つの対立方向に向けて同時に問うことを学ばなければならない。

つまり神の本性と行為に従い、また人間の本性と行為に従い、空間と時間の関係的並びに区別的な理解を展開しながら問うことを学ばなければならない。この場についてのわれわれの理解は、それを構成している力ないしエネルギー、つまり神の聖にしてまた創造者である霊によって規定される[19]」と。聖霊の働きの「場」の主張によって時間・空間の「関係」的理解を神学的に受け止め、神と世界の相互関係を提示することで、神と世界の理神論的二元論を克服しようとしたわけである。これは聖霊論的な関係的時間・空間の解釈と言ってよいであろう。しかし無からの創造による「諸事物の関係としての時間・空間」と「聖霊の働きの場」とがどのように結び付くのか、たとえば被造物の「関係」としての時間・空間が先行し、それが聖霊の働きの「場」として採用されるのかといった問題は、トランスにおいてはまだ十分に説明されているとは思われない。

聖霊の働きの「場」の理解によって時間・空間を理解する道は、やがてパネンベルクによって継承された。ただしパネンベルクは、その場合にもトランスのニュートン批判には与しなかった。彼はトランスのニュートン批判を削除しながら、聖霊論的な場の理解を展開した。しかしそこでも無からの創造による諸事物の「関係」としての時間・空間と聖霊の働きが構成する「場」との関係は問題にならざるを得ないであろう。

3　ユルゲン・モルトマンの三つの時間概念

ユルゲン・モルトマンにおける時間論は、彼の後期の組織神学的著作群の中でも、『創造における神』（一九八五年）の第五章「創造の時」と、『神の到来』（一九九五年）の第六章「新しい天、新しい地」の第三節「神の永遠性における時間の終わり」の二箇所に記されている。創造論の方ではその後に「創造の空間」の記述が続き、終末論の方では「神の現在における空間の終わり」という節が続く。まず創造論における時間の考察に注目し、続いて終末論における時間理解を検討してみたい。

モルトマンの創造論の文脈での時間理解は、特に第五章「創造の時」の中の同じ表題の第三節の中に記されている。彼はアウグスティヌスの『告白』第一一巻の時間論を挙げ、アウグスティヌスが時間を「創造された時間」としてのみ理解するのに対し、それでは「あの初めの創造行為における時間と永遠との同時点（Koinzidenzpunkt）はどのように理解されるか[20]」と問う。「時間の開始点は時間に属するのか、それとも永遠に属するのか」と問うたわけである。彼の解釈によれば、「アウグスティヌスは時間の開始点は絶対的な点であるから、時間でなく、永遠に属していると考えている」。創造なしには時間がないのであれば、神は「あらゆる時間に先立ってすべての時間の永遠の創造者」でなければならない。「しかし創造が時間的であるとすると、どうして創造者は永遠に創造者であり得るか」。神が「永遠の創造者」であれば、その神による創造も「永遠の創造」でなければならないのではないか。この問いを解決するには、神の永遠の本質における決意とその経綸的実行の区別を考え、その両者の関係を問うほかはない。モルトマンは改革派の聖定論（decreta dei）の伝統に沿ってそのように考えた。

それでは神の永遠の意志決定において、永遠と時間の対立を超える意志決定がどうなされるのであろうか。そこでモルトマンは「永遠の自己変化がはじめて被造的な時間を可能にし、それに場所を空けたということから出発しなければならない[21]」と言う。時間の創造の前に神は何をしておられたか。この問いにモルトマンは「世界の創造の前に神はその創造者となる決意をされた。その御国において御自身に栄光あらしめるために[22]」と答える。つまり神の自己決定の中に永遠から時間への比類のない移行がある。この主張は神の永遠の意志決定の主張であって、すでに述べたように、決してモルトマン固有の考え方ではない。しかしモルトマンはここからもう一歩進んで次のように言う。「神はこの本質的な決意において彼の永遠性をご自身へと撤収（zurückziehen）させた。彼の創造のために自ら時間を取り、彼の創造にそれ特有の時間を与えるために[23]」と。つまりモルトマンは神の意志決定の内容を「神の自己撤収」と同一視する。そして永遠性の自己収縮によって、神が自ら時間を取るという「神の時間」の主張をした。なぜ、神は彼の被造物にそれ特有な時間を与えるために、まず自分で時間を取らなければならないのか。モルトマンにそれ以上の説明があるわけではない。ただ、モルトマンの創造の理解が二段階で語られていることは明らかである。第一段階においては、神の本質的な意志決定の主張で、それをカバラ神秘主義の神の自己撤収の思想と同一視して主張した。そして第二段階として、神の永遠性の自己撤収はその後に空白を生じさせ、その中に「神の時間」が成立するとした。そこで結論的にこう言われる。「神の本質的永遠と創造の時間との間に創造の決意によって規定された神の時間（Zeit des Gottes）が創造のためにある[24]」と。従ってモルトマンはこの理解により、三つの時間概念を区別したことになる。「神の永遠」と「創造ならびに被造物の時間」、そして両者の間の「神の時間」である。モルトマンの独自性はこの「神の時間」という第三の概念を構想したところにある。

この時間の構想は当然「空間」についても同じように遂行され、三つの空間概念が語られる。それによってモルトマンは、ライプニッツとニュートンの論争を媒介することが可能と考える。つまり「相対的な事物の空間」と「無限な神の永遠の遍在」との間を媒介する「神の空間」を考えるとき解決があると言う。彼によると「被造物は、創造の決意において神によって空けられた空虚の中に造られる[25]」。従って「創造のための空間」は「創造とその中で造られた被造的空間」に先行するが、「創造されない神の永遠の遍在」とは同一ではない。「創造された世界は、神の本質の絶対空間の中にではなく、創造された世界のために創造の決意を通して空けられた神の空間の中に実存する[26]」。こうしてモルトマンは神の本質の空間（永遠の遍在ないし絶対空間）と区別して、創造の決意による「神の空間」を想定し、これを「創造のための空間」と呼ぶ。こうして三つの空間概念が区別された。一つは「神の本質的遍在あるいは絶対空間」であり、もう一つは創造された世界における相対的な場所、関係、運動の空間である。そして第三に、神の遍在と区別されるが、しかし創造と被造的世界に対しては先行する「創造のための神の空間」である。この第三の空間概念、「創造の決意において開けられた神の空間」は、あの永遠性の自己撤収によって神が自ら取った「神の時間」に対応している。

以上の創造論における時間の考察に対し、それに対応しつつ、しかも逆転的に、終末論における「時間の終わり」が語られる。神の創造の意志決定における永遠性の自己撤収とそれによって成立した「神の時間」は終末においてどうなるであろうか。モルトマンは「終末論的瞬間」を、歴史の終わりと完成を飛び越え、初めにある創造の完成として「時間から永遠への出発」として考えなければならないと語る。「起源的瞬間」に逆対応的な仕方で「終末論的瞬間」があるという主張である。そこでモルトマンは「時間の終わりは、時間の始めの逆転（Umkehr）である」[27]と語る。時間とともに、時間の中での創造があれば、当然時間の中への神の国の到来と、それとともに時間の終わりがあると考えるのが筋道であろう。しかしモルトマンはそうは考えない。そうでなく時間の初めと時間の終わりには「逆転」があると言う。それはいかなる意味であろうか。

モルトマンは言う。「起源的瞬間が創造の決意とそこで決意された神の自己制限から出てくるように、終末論的瞬間は救済の決意とそこで決意された神の自己制限解除（Selbstentschränkung Gottes）から出てくる[28]」と。「神の自己撤収」に対称的に対応する「逆転」として、つまり逆対応として「神の自己制限解除」が語られる。「神はその被造物を無にし、その場所とその時間に御自分を置くために御自身の制限を解除するのではない。そうでなく被造物の中に住み、その中で『すべてにあってすべてとなる』ために制限を解除する[29]」とモルトマンは言う。『万物の復興』において、あらゆる時間が再び帰って来て、変貌させられ、輝かされ、新しい創造のアイオーンの中に受け入れられる[30]」。つまり「起源的瞬間」から「時間の開始的瞬間」が出たように、「最後的瞬間」において時間は永遠へと移行する。こうして「時間的創造は永遠の創造への変容を経験する」。「被造物が神の永遠のシェキーナの神殿となるとき、創造の原時間と原空間は終わる。そのとき時間的創造は永遠的な創造になる。全被造物が神の永遠に参与するからである。空間的創造は遍在的創造になる。そのとき全被造物が神の遍在に参与するからである[31]」。こうして「アイオーン的時間」「永遠によって満たされた時間」「永遠的な時間」になる。「その時、逆転不可能な歴史的時間に代わって、逆転可能な時間（reversible Zeit）が出てくる[32]」とも言われる。歴史の目的方向的時間は、神の遍在の絶えざる賛美における永遠的な存在の喜びの循環的運動へと完成する。目的方向的時間は途上のもので、「自然の循環的な再生のリズム」が究極の類比になる。「あの新しいアイオーンの中で永遠と時間の相互的な内在が成立する」と言われる。時間は「永遠的な時間」となり、永遠は「時間の充満した永遠」となる。ここにはもはや三つの時間概念は存在しない。起源的にあった神の永遠の決意における三つの時間概念の区別は失われ、相互に内在する永遠と時間の関係だけになる。時間の始まりは、神の永遠の自己撤収による「神の時間」とその中での時間の創造であったが、時間の終わりは永遠的な時間と時間に満ちた永遠との相互内在とされる。

モルトマンの言うところは比較的明瞭である。しかしこの思惟の運びに神学的真理の筋道があるであろうか。むしろこの思惟には恣意的な思弁の色合いが濃いのではないか。本書第一〇章においてモルトマンの「時間の神学」を再論するので、ここでは概略的な批判に止めておくことにするが、疑問点や問題点は一つ二つではない。創造の決意が神の永遠の意志決定でありながら、その中で創造の決意と救済の決意とは逆方向を取るという主張は、神の意志決定の一貫性を失う思弁と思われる。「神の自己撤収」の主張と「自己制限解除」の主張、両者とも啓示的根拠もキリスト論的な根拠も三位一体論的な根拠も欠いている。そもそもモルトマンは創造とその被造物における聖霊の内住を語り、神と世界の相互浸透を語っていたのであるから、なぜ神と被造物との相互浸透のために改めて自己制限解除を行う必要があるのであろうか。

パネンベルクもまた「神の遍在」や「神の永遠性」と、「被造物の時間・空間」の間に第三の時間・空間概念を構想するモルトマンのテーゼに反対している。ユダヤ教的なツィムツム論（カバラの自己撤収論）の意味でモルトマンが掲げたこのテーゼに従うことはできないと彼も言う。パネンベルクはさらに、「神の臨在の絶対空間」と「被造物の現存在とともに成立する具体的な関係空間」との間にモルトマンが想定した「空虚な空間」は、「抽象的空間表象を実体化させている」もので、それはすでに相対性理論によって片の付けられた問題であると言う。[33] パネンベルクによると「創造のための空間」は、モルトマンの第三の空間のように被造物の世界から実在的に区別されるものではない。それでは一体、パネンベルクの場合、神と被造物の時間・空間とは、モルトマンの第三の概念の構想なしにどのように関係づけられるであろうか。

4　ヴォルフハルト・パネンベルクの時間論

ヴォルフハルト・パネンベルクが時間理解について主題的に取り上げているのは、彼の『組織神学』第二巻[34]においてである。その文脈を語れば、すでにパネンベルクの時間論の内容的な特徴を概略において示すことになるであろう。それは、彼の『組織神学』全体の中の第七章「創造の世界」の、さらにその中の第二項「被造物の世界」において扱われている。さらに言えば、時間・空間が語られる箇所は、その項の第二目「神の霊と自然の出来事のダイナミズム」においてであり、さらにその第三節「聖霊の働きの局面としての空間と時間」においてである。つまりこの文脈からして、パネンベルクの時間理解が、「被造物の時間」として問題にされ、しかも諸被造物の「世界」の統一性において捉えられ、さらにそれが「聖霊の働きの局面」として語られていることがわかる。

以上のような文脈において、時間は「被造物の現存在の形式」と言われる。「創造者の活動は、その被造物の自立的な現存在を目指すゆえに、その現存在の形式として時間をも意志した」[35]とパネンベルクは語る。プラトンをはじめグノーシス主義なども、永遠から時間への移行を「飛躍」として、また「堕落」として考えた。しかしキリスト教的創造信仰と神学的創造論は永遠から時間への飛躍的意向を直ちに堕落として消極的に考えることはしない。創造において被造物の現存在は、一方で「自立」したものとして理解される。この関連で時間的なものは、将来、現在、過去の区分の中に置かれる。パネンベルクの創造論において「自立」(Selbstständigkeit) は一つの鍵概念である。しかしパネンベルクは他方で「自立」とともに、被造物の現存在が時間を包括した現在としての「持続」（Dauer）を持つことに注目する。この「持続」によって被造物は相互に同時的存在をも持つ。ここに注目すると、「被造物はその持続においてその全体的存在の将来の先取りとして実存している」[36]とされ、将来を持つものとして創造されたことになる。「持続」を通して、現存在の形式としての時間に将来が関係してくる。被造物は「自立」によって永遠から分離した現存在を持つが、「持続」によって将来を持つとされる。

永遠と時間の関係については、パネンベルクは時間をその測定から規定する見方の限界を示唆する。永遠は時間の測定からは語られず、また時間の総計を意味するわけでもない。むしろ永遠の方が時間に先立ち、時間を構成する。この点では、時間に対する永遠の優位や先行性を語ったプラトンやプロティノスの思想の方に、アリストテレスの思想に比して、キリスト教的創造信仰の時間論との親近性がより一層あるとされる。さらにはパネンベルクによると、近代の物理学も時間の測定を基本に据えた時間理解を持っており、それは相対性理論の場合のように光速を時間・空間の尺度にしようとも、アリストテレス的な時間理解の伝統に立った思想として肯定されがたい面を持つとされる。時間はむしろその統一としての永遠を前提にしているとパネンベルクは言う。永遠こそが「時間の統一」として継続的な諸契機に区分された時間に対し「構成的」であると言われる。従って、時間は諸事物とともに創造され、同時に永遠によって構成されていると言うのである。

同様の議論が空間をめぐってもなされる。パネンベルクは、被造物との関係における空間について次のように述べた。「神は創造しながら、被造物に対し御自分のかたわらに、御自分に対向して空間を与える。しかしこの対向は、神の現在によって包まれている。初期の教父が語ったように、神はすべてを包み、御自身は何物によってもまた誰によっても包まれない」[37]。空間は、創造に際しての神からの被造物への供与による。被造物の創造とともに初めて「場所の多様性」が、時間の区別と同様に成立し、「相互に境界づけられた部分空間」[38]が成立すると言う。その際、パネンベルクは創造に関わる「神の永遠の意志決定」を主題的に語らない。それゆえ彼の創造理解は、神の三位一体性との関係に対応させて理解される。諸事物とその場所や時間・空間の多様性についても、「神ご自身の中にある多様性が先行している、つまり神の三位一体的な生の多様性が先行している[39]」と言う。しかし三位一体の神と被造物との直接的関係を言うことは当然できない。そこで被造物は御父からの御子の「自己区別」から、「ただ間接的に[40]」出てくると言われる。「同様に、被造物は御父から、御父の御子からの自己区別において肯定され、御父が御子を愛する神的愛の充溢の表現として合わせ意志される[41]」。創造を神の自己区別から語ることには疑問がないとは言えない[42]。しかしここではこの問題を追及するつもりはない。ただ、モルトマンの場合のように神の自己撤収、自己収縮による場合とは異なり、創造がパネンベルクにおいては「愛の充溢」と関連させて理解されていることは注意されてよいであろう。

　こうした時間・空間の扱いによってパネンベルクは、ライプニッツとニュートンの論争をも媒介し得ると考えた。ライプニッツの時間・空間の理解は、ライプニッツの晩年一七一五年から翌年にかけて、ドイツのハノーファーからイングランド王になったジョージ一世の皇太子妃シャルロッテを媒介者として成立した論争によって示された。この論争は、ライプニッツとハノーファー家の宮廷聖職者サムエル・クラークとの五回にわたる論争で、有名な「ライプニッツ－クラーク往復書簡[43]」によって示されている。クラークはニュートンの熱心な支持者であり、ニュートンの著書『光学』のラテン語翻訳者であった。クラークは親密にニュートンと連携しながらライプニッツとの往復書簡を記したと言われる。それゆえこの往復書簡は事実上ライプニッツとニュートンの論争と解釈されて差支えないであろう。その中でライプニッツは、ニュートンが想定する「絶対空間」は「諸事物の容器」（receptaculum rerum）とされているとして反対し、それに対し「事物相互の関係」としての時間・空間を主張した。これは後にアルベルト・アインシュタインの相対性理論によって基本的に確証された主張と言ってもよいであろう。

　しかしパネンベルクは、アインシュタインの一般相対性理論によって特徴づけられた議論においても、「部分空間や場の関係」という表象が、いずれもすでに「空間の統一性」を前提にしていると語って、部分に対する「全体」や「統一」の先行という一種の「全体性優位の存在論」を語り、それと神の不可測性や遍在、そして永遠性とを同一視した。そこで、サムエル・クラークが主張し、カントがさらに継承した議論において、あらゆる空間の区分や部分空間の関係は、いつでもあらかじめ「限りのない所与的な大きさ」としての「空間の統一性」を条件としていると語っているのに接近する。カントの場合その統一性が客観的実在の方向でなく、人間主観の直観形式の問題として扱われただけとされる。

こうした仕方でパネンベルクによる一種のライプニッツとニュートンの媒介の試みが語られる。一方の「物体の諸関係の総合」あるいは「部分空間やいろいろな場の関係の総合」としての空間という理解（ライプニッツ）と、「あらゆる区分や区分された物のあらゆる関係よりも先に存在しているもの」としての空間という理解（ニュートン＝クラーク）とは、相互に排除し合う必要はないという主張である。この二つの理解は結び合わされ得るとパネンベルクは言う。一方は「被造的な世界の空間」を記述し、他方は「この空間を構成する神の不可測性」を記述していると主張する。被造的世界空間に先行し、それを構成する神の不可測性・無限性は、相対性理論によっても否定され得ないとパネンベルクは考える。こうしてニュートンの「絶対的な時間・空間」の概念は、相対性理論によって克服される側面とそうでない側面とがあることになる。これから創造されるべき事物のための、それ自体としては空虚な容器として絶対的空間を表象することは否定される。しかし神がその無限性によってあらゆる事物に対して現在的であり、それゆえ「その遍在によって創造の空間を構成する（konstituieren）」こと、それだけでなく「その無限性は、事物が相互に区別され、また相互に結び合わされる空間的な諸関係について人間が理解する、そのあらゆる理解の条件でもある」[44]ことは否定されない。パネンベルクによれば、「神はその遍在によってあらゆる被造物に対しそれらの固有の場において現在的であるから、情報の媒体として光や光速など何ら必要としない」[45]。時間について言うと、永遠は「時間包括的な現在」であり、「時間の経験や概念にとって永遠が構成的である」。というのは、「時間が統一性として、つまり永遠としてすでに根本にある時にのみ、時間の連続の中で分かたれたものの連関が理解可能になるからである」[46]。パネンベルクが被造物の「世界」というとき、この統一性が意味されている。被造物の「世界」は、被造物の諸関係の総合として、無限な神の臨在によってその被造物のもとに構成されており、無限な神の臨在の中にその統一性の保証を持っているとパネンベルクは考える。これによって「被造的な世界の空間」が「神の遍在の空間」に関係づけられる。モルトマンの言う永遠における神の自己撤収による「空虚な空間」ではなく、「被造物の世界」としての時間・空間があり、その「統一性」が神の永遠性と不可測性とによる臨在によって保証されると言うのである。

パネンベルクの時間論においてさらに強調されるのは、「可能性の場（Feld）」としての将来の理解である。将来には可能性の場として創造的な力があるとされ、創造における聖霊のダイナミズムはこの将来の創造的な力を発揮しているとされる。創造における聖霊の働きは、その将来の力の表現である。この将来の力の表現としての聖霊のダイナミズムによってパネンベルクは、物理学の場の理論に新しい神学的な息吹を吹き込もうとした。諸物体と場の相互関係が語られるだけでなく、「場の創造的な作用」が理解され、「場の優位」が主張される。「聖霊の働きは、……その諸被造物に聖霊の働きの場の構造を目指して作用するために、空間をも与えることができる」[47]。

こうして時間・空間は、被造物の現存在形式として被造物とともに無から創造されたが、しかし他方それは神の永遠性や不可測性・遍在によって構成され、聖霊の創造的な働きの場でもある。

以上の時間論によって、時間の被造性とともに、永遠による時間の構成、さらに聖霊の創造的働きの場としての時間の理解などが示された。パネンベルクの記述は、決して理解容易な記述とは言えないであろう。パネンベルクの創造論そのものの問題は別にして、以下に時間論に限って問題点を挙げて本章の一応の結語としたい。(1)「時間の哲学」や「時間の物理学」と対話し、格闘するパネンベルクの神学的時間論は、神学の現代的可能性を示そうとしている一つの試みとして、評価し得るであろう。⑵しかし個物としての諸事物の「自立」と「持続」における「現存在形式」を語るのでは、まだライプニッツの契機を包含したことにはならない。諸事物の間での「関係的存在」を加えなければならないであろう。それは聖霊の規定による「場」と同一と言えるのであろうか。⑶その上で時間をめぐるいくつかの概念相互の差異が併存するだけで未調整のままのように思われる。「諸事物の現存在形式」「永遠による構成」「将来の力の場」は相互に排除的でないと言われるが、それ以上にそれら相互の関係や統一性が明確化されてはいない。現存在形式は「関係的存在」も加えて、個物としての諸事物を離れることはできないであろう。しかし「場」は諸事物に先行しているとされる。それらをどうして同一の「時間概念」に包括し得るであろうか。被造物に与えられている時間・空間と聖霊が場として被造物に先行して与える時間・空間とはまだ未調整のように思われる。ライプニッツ的契機とニュートン的契機はパネンベルクにおいてもなお未調整の問題を残しているのではないか。

第五章　世界史と救済史

「世界史と救済史」という問題は、神と世界歴史の関係を問う問題であるが、そのような問題として神学の全体に関係する。この問題に特に集中的な関心が向けられたのは、近年では一九六〇年前後であったと言ってよいであろう。それ以前の神学の多くは、一九二〇年代の「アンチヒストリスムス革命」(1)の後遺症によって世界史問題を神学的に扱う能力を欠如させたからである。一九六〇年代は神学において歴史意識を回復する面で一つの転換期であったと言うことができよう。ヘンドリクス・ベルコフもこの転換の必要を訴えた神学者の一人であるが、その著書『歴史の意味・キリスト』（一九六二年）において次のように語った。「二十世紀のキリスト教会がそれを取り巻いて生起している急激な変動に霊的に対抗できないでいるのは、教会がキリストの支配のパースペクティヴから歴史を見ることを学ばなかったからである」(2)。ベルコフはこの「神学的歴史理解」という課題を「未開拓な神学的分野」(3)として認識し、「歴史におけるキリストの支配」を語ろうとした。同様の問題意識は、歴史を「神学の最も包括的な地平」として認識したヴォルフハルト・パネンベルクにも、歴史的世界を神学の中に回復し、やがて自然的世界を神の働きの世界として語ったユルゲン・モルトマンにも通じている。パネンベルクとモルトマンについてはすでに多く論じられており、また幾つかの拙論においても論じてきているので、本章では後ほど、比較的無視されてきたベルコフの著作について評価を加えておきたい。

1　カール・レーヴィットの禍

「世界史と救済史」という主題は、哲学史家カール・レーヴィットの著作『世界史と救済の出来事』（Weltgeschichte und Heiksgeschehen, 1953）を思い起こさせる。レーヴィットのこの書は哲学史家のみならず、神学者間においても広く読まれてきた。しかしそれは、キリスト教神学から歴史解釈を削除させるもので、むしろその後に長く禍となったと言うべきであろう。レーヴィットの主張は、この著書の前面に打ち出された思想史的分析命題として「近代の歴史哲学はキリスト教的歴史解釈の世俗化である」というテーゼによって示されるが、実はこれだけではない。それとともにもう一つの主張が根本にあって、「本来のキリスト教は歴史に対して無関心なものだった」と言う。このことをレーヴィットはその著書の冒頭で次のような言葉によって表現した。「われわれの歴史哲学的な思惟の神学的意味が証明されることにより、結局においてわれわれは単に歴史的な思考の一切を越えたところへと導かれていく(4)」。ヘーゲルやマルクスなど近代の歴史哲学的思惟は、実は神学的な意味を含意している。つまり近代の歴史哲学は、キリスト教的歴史観を前提にし、そこに淵源を持ち、神学的意味を隠している。レーヴィットは、これをブルクハルトからマルクス、ヘーゲル、ヴォルテールへと遡り、レッシングとヘルダーを欠いてはいるが、さらにヴィコ、ボシュエを経て、フィオーレのヨアキム、アウグスティヌスに遡り、オロシウスに至りながら検討した。しかしこの歴史解釈史の遡及的検討にはさらにさきほどの引用文の後半が付け加わる。つまり、この遡及的検討は結局のところ単に歴史的な思惟の一切を越えたところに導く。レーヴィットの理解に従えば、近代歴史哲学はキリスト教的歴史観に遡る、しかしそのキリスト教は元来の起源において決して歴史的でなく、「単に歴史的な思考の一切を越え」ている。一方では近代の歴史哲学がその淵源をキリスト教、つまり聖書的信仰に持っており、それを世俗化したものと言いながら、他方では聖書信仰そのものには歴史哲学を示唆する何ものもなかったと言う。近代歴史哲学はただ単にキリスト教信仰の世俗化ではなく、元来はなかった歴史への関心、そして歴史の解釈を加えたものと言う。つまり、近代の歴史哲学は二重の意味でキリスト教からの「頽落」を意味することになる。「福音書の中には、歴史哲学を示唆するごくわずかなものも見出されない。ただキリストによる救済、しかもあらゆる地上的な出来事からの（von allem irdischen Geschehen）救済の福音が見出されるだけである」[5]。レーヴィットによれば、「世界は依然としてアラリックの時代にそうであったのと同じ世界である」[6]。レーヴィットの近代歴史哲学から古代キリスト教歴史解釈への遡及史の中に、カエサリアのエウセビオスの位置がないことはすでにレーヴィット自身の「歴史に対する嫌悪」を雄弁に物語っていた。ここには思想史的分析の客観性よりは、彼自身の世界史に対する無意味感が現れていると言うべきであろう。彼にとって歴史は苦難と災害の歴史であり、「救済」や「永遠のコスモス」との二元論的対極に位置していた。「キリスト教の伝統における顕著な特徴こそは、（歴史と救済の）この二元論にほかならない」[7]。この二元論的分裂の中にパウロもアウグスティヌスもいたとレーヴィットは言う。「アウグスティヌスの『告白』には、世界の出来事に対する真剣な参与をほのめかすごくわずかな言葉も含まれていない」[8]と彼は語り、「キリスト教が世界史の渦中に巻き込まれたのは、ただいや応なく（nolens volens）であった」[9]と言う。歴史に対してはただ「成熟した諦念」[10]（mature resignation）によって臨むほかはない。キリスト教信仰にとっては、古代の知恵にとってと同様、歴史の過大評価は無縁であったとレーヴィットは言う。しかしこの判断は、永遠のコスモスの観照に生きた古代ギリシア的な生き方に対してレーヴィットが懐いた憧憬を表してはいるが、その歴史的姿勢は出エジプトに神の救済を見た旧約聖書からも、アウグストゥスの治世に生まれ、ポンテオ・ピラトのもとにゴルゴタの十字架に死に、墓を空にして復活したナザレのイエスを神の御子・キリストと信じた新約聖書の信仰からも、甚だ遠いものであった。レーヴィットは結局のところ、キリスト教的歴史解釈を葬り去ろうとした。しかしそれはキリスト教にとって、また世界史にとって、思想的な禍になるものであったと言わなければならない。

レーヴィットはその立場からライホールド・ニーバーを批判し、他方でカール・バルトに共感した。キリスト教は「元来」歴史の彼岸にある成就を信じていたはずであるが、「ついには」(eventually) 歴史の中にある成就を主張するように変質したと言う。「救いの物語は歴史的な帝国や国々や文明には関係せず、個々人の魂に関係するので、キリストへの信仰であるキリスト教は本質的に世界史的な差異に対しては無関心であると言う考えを斥けることはできない」[11]。それなのにニーバーは信仰と歴史（世界の出来事の諸段階）の関係に関心を向け、両者の「対応」や「相関関係」を主著する方向に向かったと言う。レーヴィットの目にはニーバーはキリスト教的であるよりはむしろ「ヘーゲル主義者」[12]に見える。これに対し、パスカル、キェルケゴール、そしてカール・バルトに見られるキリスト教理解、歴史と二元論的に区別された信仰の理解には一致し得るとレーヴィットは言う。バルトが「救済の物語」を唯一真正な歴史として、他の歴史、世界史などとの関係にはただ「暗示」(hint) や「ほのめかし」(intimation) を指摘するのみであることにレーヴィットは共感した。[13]

2　一九二〇年代の「アンチヒトリスムス革命」とその問題

カール・レーヴィットが歴史に対するペシミズムと、歴史から乖離したキリスト教理解を懐きつつ、それをカール・バルトの中にも見たことは、歴史的に根拠のないことではなかった。その背後には一九二〇年代の「アンチヒストリスム革命」があり、他の多くの同時代の神学者と同様、その後にその後遺症が残った事実を指摘することができるであろう。十九世紀神学の主流においては、「歴史的神学」ないし「歴史主義的神学」がむしろ主要な位置を占めていた。「フェルディナント・クリスティアン・バウアーからアドルフ・フォン・ハルナックとエルンスト・トレルチまでの神学の歴史は、主として歴史学的な思惟の勝利の行進と神学的歴史主義の貫徹として記述される」[14]。しかし神学の自己理解における変化がすでに一八七〇年代に生じ、一九二〇年代には顕著なものになった。いわゆる「アンチヒストリスムス革命」である。従来から、「事実と理念の分裂」や「人格と原理の分裂」の中で、歴史と神学の溝は決して双方から埋められてきたわけではなかった。しかし今や、思惟と学問の歴史主義化からの離脱が起きた。フリードリヒ・ヴィルヘルム・グラーフによれば、その内容は、文化の全面的危機、ワイマール時代の価値と生活の転換、二十世紀初頭の前衛（アヴァンギャルド）による文芸活動・思想活動、芸術における表現主義、さらには十九世紀の市民（ブルジョア）文化に対する政治的批判などが関係し、その転換には「一種の文化闘争的性格」[15]があった。

「アンチヒストリスムス」という用語は、一九五〇年代のヘルマン・ハインペルのエルンスト・トレルチ研究に由来するが、クルト・ノーヴァクがそれを一九八〇年代に一般化させた[16]。それをさらにF・W・グラーフが神学史の出来事として比較的詳細に裏づけ、ヴォルフハルト・パネンベルクもこの用語を採用した。しかし事柄としては、既述のように第一次世界大戦以前に予感され、トレルチの一九一二三年の文章や『歴史主義とその諸問題』（一九二二年）の中に類似の表現が見られた。

「アンチヒトリスムス革命」は広範な文化史的転換を意味したが、とりわけ神学に決定的な影響を及ぼした。バルト、ゴーガルテン、ブルンナー、ブルトマン、ティリッヒ、その他多くの神学者が主張内容を異にしながらも、「歴史主義の放棄」という点では共通の性格を示した。これはその後も影響を残し、神と歴史、永遠と時間、世界史と救済史の関係を解釈する言葉が「逆説」や「原歴史」、あるいはそれが「しるし」「類比」「反射」に代わっても、なおそこに乗り越えられない断絶が残り続けたと言わなければならないであろう。

グラーフは神学におけるアンチヒストリスムスの現象を、特に三位一体論（神の内的歴史へと歴史を止揚する試み）、キリスト論（神学からの歴史的個性の追放）、そして終末論（絶対的に支配可能な世界）の三点にわたって指摘している。しかしそもそも「歴史的啓示」の理解にこれが作用し、さらには「摂理」の理解に重大な影響を及ぼしたと言うべきであろう。

アンチヒストリスムスによる三位一体論について、グラーフは歴史主義的神学が「神の超越を世界史的内在の中に解消した」と見えたのに対し、一九二〇年代以降の新しい神学では「神の超歴史性や世界超越」が神論の支配的要因になったと指摘する。神の超歴史性を徹底させた試みはとりわけカール・バルトに見られた。しかしこの問題は「三位一体論」そのものというよりは、「歴史的啓示」の問題と見るべきであろう。グラーフの言い方では、アンチヒストリスムス的な神学は「神御自身を基礎づける超歴史的な神の言葉」によってなされ、「一切の歴史学的制約を排除した打ち勝ちがたい啓示神学」が樹立されたと言う。しかしこの啓示概念は歴史的啓示とは言えないものであった。むしろ神のトートロジーの主張、神は神だから神であるの同語反復的主張になった。「歴史学なき神学」は、「歴史のない啓示」の主張と同伴した。

十九世紀の「神学なき歴史」から、一九二〇年代の「歴史なき神学」へと転換したことは真の解決にはならなかった。それをまた再度「神学なき歴史」へと再逆転を図ったとしても真の解決にならないのと同様である。「アンチヒストリスムス革命」の問題の検討は、「プロヒストリスムスの再革命」を構想し、再度「歴史主義的神学」に回帰することを狙うべきではない。むしろアンチヒストリスムス革命の限界を克服し、「歴史のある神学」、そして「神学のある歴史」を明らかにし、神学的かつ歴史的な思惟、「歴史的・神学的な思惟」を遂行することである。歴史的宗教としてのキリスト教の成立要件にある「歴史的啓示」を踏まえ、つまりは歴史のイエスとその出来事に基づいたキリスト論を展開し、「ナザレのイエスが神の子キリストである」との啓示の認識に立って、神と歴史の理解を深めることである。そこから世界史を摂理の視点において理解することも試みられなければならない。

キリスト論についても一言しておこう。キリスト教信仰にとって中心的な位置にあるナザレのイエスにおける神の受肉という表象は、有限的・歴史的な世界への神の境界線踏破を主題としている。キリスト論は歴史的啓示概念とともに、教義学の中で具体的個別的な歴史に入る入口である。しかしグラーフによれば、「キリスト論のこの歴史的内実は二十世紀の神学的アンチヒストリスムスによって意図的に中性化されている」[17]。十九世紀神学では教義学的キリスト論が「史的イエス」の背後に退いた。その際特に、史的イエスは倫理的なカテゴリーによって規定される傾向にあった。イエス・キリストの神性についての伝統的な教義学的表現は、このイエスの倫理的模範の第二義的な神話的叙述として解読されるべきと考えられた。三位一体の第二位格は「ナザレの人」に場所を譲り、神論は概してユニテリアン的になった。これに対し一九二〇年代のドイツ語圏のプロテスタント神学は「キリスト論からの史的イエスの排除[18]」を遂行した。パウル・ティリッヒが表現主義絵画の解釈との類比によって、ナザレのイエスもその十字架も透視ガラスのように非実体化させ、いわば「イエスなき神学[19]」、さらには「イエスなきキリスト教」を表現したのはその典型的現れであった。また、「カール・バルトのキリストも個人ではなく、模範的一般主体である[20]」と指摘される。イエスという歴史的個人でなく、個人に代わって人間、あるいはイエス・キリストの人性が登場している。歴史的具体的個性と教義学的キリスト論が決別し、信仰の遂行は歴史から「下車」することと考えられた。ゴーガルテンの言葉で言うと、「宗教がわれわれに与えるべきことは、われわれをヒストリエから、時間・空間的に拘束されていることから、その狭さや限定された状態から取り出し、われわれにただ現在である生を感じさせることである[21]」。この教義学的キリスト論の非歴史化という問題の克服も、再度、教義学的キリスト論のない史的イエス研究、神性なきイエスに戻ることではない。イエスの歴史の事実との関連の中でイエスが御子にいます神であることを認識するのでなければならない。

一九二〇年代の神学的転換は、通常、神学やキリスト教の終末論的性格が強調された時代と見なされている。しかしそこで起きたのは、終末論の脱歴史化による一種の非神話化であり、伝統的終末論の徹底した非未来化、直接的現在化の遂行であった。終末史的意義は未来にではなくもっぱら現在に置かれ、現在にこそ究極的な決断の情熱がかけられ、現在は歴史的連続の中の相対的な場ではなく、「絶対的状況」として「疑似宗教的な質」を付与された。グラーフによると、トレルチの弟子ヴァルター・ケーラーはこれを批判し、「結局存在するのは唯一つの時間、今、此処である」ことになると述べ、弁証法神学者たちによる「直接性のテロ」を批判したと言う[22]。グラーフはこの現在主義の中で歴史が解消されるとともに、「実践的自律が絶対的な自己貫徹へと急進化され」、かえって「具体的な責任からの逃避へと向かう傾向[23]」を宿したと語っている。しかし疑似宗教的なこの現在主義から転じるとき、一九六〇年代以降、今度は一種熱狂主義的な将来主義へと転じる傾向が見られたのではないか。それもまた「具体的な責任からの逃避」に陥る危険を宿していたと言わなければならない。

3　世界史と救済史の関係問題の鍵としての「歴史的啓示」

キリスト教は、歴史的宗教であるが、その意味は他の宗教より一層特別な意味においてのことである。それは、ハーバート・バターフィールドの表現で言えば、「ある歴史的な出来事がこの宗教そのものの一部であるとみなされるから」であるが、同時に「この歴史的出来事が霊的な内容を持ち、歴史の中に突出している神的なものを表していると考えられるから」である。「この神的なものの出現を啓示として受け取る人、つまり真の実在に対する真正な洞察を与えるものと受け取る人には、宗教そのものの全体的性格がこの事実によって厳粛に影響されることは明らかである[24]」。レーヴィットの言い方にある「歴史的啓示」は「近代人の錯誤」であるといった判断で片づくものではない。「キリスト教信仰におけるキリストの受肉、十字架、復活は、ある特定の時間の中で、ある特定の場所において生起した出来事であって、しかもそれらの出来事は『特別な次元』(extra dimension)を持っている。それらは『意味の充満』(fullness of meaning) を運んでおり、この運ばれたものはそれを入れている器をほとんど破りかねないと考えられる[25]」。この意味でキリスト教は「コスモスの永遠回帰」や「祖形の反復」を指し示す象徴・神話・物語・イデア・形而上学による宗教とは本質を異にする。レーヴィットの原始キリスト教理解はこの点ではキリスト教とグノーシス的二元論とをほとんど同一視する誤りに陥った。

しかし問題はこれだけでは済まない。キリスト教が歴史的事実を不可欠な「信仰の根拠」としているゆえに、キリスト教神学は歴史的事実に対する学的検討から離脱することはできない。歴史的宗教としてのキリスト教が、「歴史のイエス」に対する熱心な関心を持たなくなったなら、その根拠は不安定なものにならざるを得ない。ハーバート・バターフィールドが次のように語ったのには正当な理由がある。「神学者たちのキリストが歴史のイエスと絶縁したとしても歴史的宗教の特質は維持されると想像するならば、それは危険な誤りであろう(26)」。「空の墓」についても同様のことが言われなければならない。神学者たちのキリストが「空の墓」の事実と絶縁しても維持されると想像するならば、危険な誤りと言わなければならない。

この問題のキリスト教神学的な特別な意味は、啓示の担い手であるナザレのイエスにおいて神的実在が啓示されているというだけではない。そうでなく、啓示の担い手が同時に啓示される神的実在と一体であることまで含まれている。啓示の三位一体から内在的三位一体に至る筋道が、キリスト教が歴史的宗教であることの意味を比類ない仕方で真剣なものにしていると言わなければならないであろう。

この点において啓示の出来事の認識は、歴史学的な認識でなければならないが、同時にまたそれだけに終始することはできないことにもなる。啓示の認識は神的実在の認識として、信仰的、霊的、神学的な認識でなければならないからである。もっぱら歴史学的な認識は、神的実在についての認識条件を何ら知らない。「空の墓」は歴史学的認識の事柄である。イエスも十字架も復活の出来事も時間・空間内の歴史的出来事として歴史学的認識の事柄である。しかしイエスが三位一体の第二位格である御子にいます神であることは歴史学的認識の及ぶところではない。イエスの復活の事実に関する歴史学的認識からも、イエスが神であることを認識することはできない。もしそれができると強弁するならば、今日臨在するキリストも歴史学的認識の対象として認識可能になることを認めなければならなくなるであろう。

啓示の認識は従って、歴史学的でありかつ神学的である二重の認識の統合を必要とする。それが啓示の担い手である方が同時に啓示された神と一つであるというキリスト教に独特な特質に対応することである。ヴォルフハルト・パネンベルクはかつて歴史学的認識のみによる啓示認識を主張し、歴史学的認識とともに信仰的認識をあわせて主張したパウル・アルトハウスからの批判に対して、それをかえって「異質な思想の組み合わせ」[27]として逆に批判した。しかしやがてパネンベルク自身が純然たる歴史学的認識のみの主張を徐々に、しかも中途半端に修正せざるを得なかった[28]。われわれは歴史的啓示の歴史的出来事に対する歴史学的認識の権利を尊重するとともに、「聖霊によらなければ、だれも『イエスは主である』とは言えないのです」（一コリ一二・三）という使徒的証言を否定することはできない。歴史学的認識と信仰的・霊的認識の秩序を持った連携・統合によって、神的実在の境界線踏破に即応した神学的認識を追及しなければならないであろう。

４　歴史的・神学的な摂理論の再考

世界史と救済史の問題をめぐってもう一つ重要な論点は摂理の教説である。歴史はただ人間の自由意志のみによって形成されるわけではなく、またある種の法則が支配して歴史が自動的に進行しているのでもない。世界史はいわゆる世俗史の自動的運動として了解されるわけではない。歴史学はその成立と遂行のために「歴史の意味」を前提するが、歴史の意味の探求は、神の摂理に対する信仰を完璧に排除することはできないであろう。「われわれ自身を歴史の主権的な製作者と見なすのでなく、摂理と協働するために生まれたと考える」[29]と語る歴史家の言葉は、謙遜で知恵深い言葉と思われる。この歴史家はまた、「神ご自身を歴史における一つのファクターとして信じることを禁じるほどに自己内包的な知的システムは存在しない」[30]とも語っている。「一つのファクター」という表現の適否は別にして、神的な働きへの信仰を禁じることは学問概念としては「内包的知的システム」への転落であり、その当然の結果を伴わざるを得ないであろう。それは学問対象と学的営みそのものの意味の喪失である。

ところで「摂理の問題」は今日、「それ以上に緊急な問題はほとんどない」とまで言われる[31]。バターフィールドは摂理の信仰が希薄になったことがもたらした文明史的な影響を語っている。「過去四十年、恐怖や過度の不安に原因が帰せられる重大な政治的誤りが一国から他の国へと次々に起きたが、それは摂理に対する不信によった[32]」。それゆえこの歴史家は言う。「われわれは神の摂理の感覚と意識を回復すべきである。今日の宗教の問題でこれ以上重要なことは何一つない[33]」。「神の摂理」つまりは「被造物との関わりにおける神の保持、協働、統治」の理解を歴史解釈との関連の中でいかに再建するかが、文明史的射程を持った今日の重大な神学的課題であると言うのである。神と世界の理神論的な二元論的分裂を克服して摂理論を展開しなければならない[34]。

その際、摂理論を内容的に三位一体論との不可欠な結合において理解することが必須である。カール・バルトの指摘によれば、啓蒙主義以前の古プロテスタント正統主義においても摂理信仰はすでにキリストから離れ、キリスト教的実体を欠いたものとなり、それ自体すでに「無力な物」になり果てていた。もはやキリスト論的でなく、キリスト教的実体を喪失した摂理論は、「リスボン大地震にも耐えられず、いわんや十九世紀、二十世紀の外的および内的な震撼に対してなおのこと太刀打ちできない物」になり果て、やがては「神の摂理」に代わって「デーモンの摂理」の信仰が入り込み、「アドルフ・ヒトラーの口から出るお気に入りの言葉にさえなることが可能であった[35]」と言う。キリスト教信仰の実体から離れた摂理信仰は悪魔的になる。キリスト教教義学は、キリスト論的、さらに三位一体論的な神の統治による摂理を理解しなければならない。歴史的、かつ神学的な三位一体論的神の摂理論によって、世界史と救済史の関連を神学的に理解し、形成する課題が現代の神学の文明史的な一大課題として存在している。

5　カール・バルトの摂理論の問題点

「世界史と救済史」さらには「神と歴史」の問題をめぐって、禍となってきたのは理神論による神と世界の二元論的分離の思想であった。世界は「神のない機械」と見なされ、神は「世界に働かない神」とされた。カール・バルトはこの理神論をその「神概念」と「被造物の本質の理解」の両方の観点から斥け、さらにそれを第三点として創造者と被造物の「関係」の理解からも拒否している。周知のように、理神論はこの神と世界の関係を「時計製作者」と「その作品」の関係と混同する。しかし真の神は単なる時計製作者ではなく、世界はまた「神なき機械」であることにその栄光を持つわけではない。さらにバルトは「契約」概念に注目し、契約の神は世界との二元論的分離にある神ではなく、被造物に参与する神であると認識した。問題はしかし、バルトがこれによってアンチヒストリスムスの後遺症を克服し、歴史学が対象とする歴史的世界との関連の中で神の救いの歴史を理解し、神の被造物支配を歴史的、神学的に理解したかどうかである。実際にはそうは言い得ないのではないか。バルトの摂理理解には二元論が依然として存在した。バルトによれば、摂理の信仰は信仰であって、体験ではない。摂理論においてバルトは「世界史」という用語を用いないわけではないが、それは歴史学的な認識の対象としての世界史ではなく、神の言葉に基づく「被造物的存在の歴史」と言い換えられる。ここにはすでに体験と信仰、歴史学と神学、世界観と神の言葉の二元的区別があり、摂理論は「御言葉の中に御自身を啓示した神の世界支配」[36]を語るのみである。「摂理信仰に特有な認識は、その決定的な内実について、ただ神ご自身を知る認識から成り立つことができるだけである」[37]とバルトは言う。「神の摂理を信じる信仰においては、歴史の現実についてて受け取ることができ、多分そうらしいと思える認識が問題ではなく、むしろこの現実の真の認識が問題である」と言い、この「現実の真の認識」とは、バルトの啓示理解がそうであったように「歴史学的認識」を何ら必要とせず、ただ神の言葉だけに基づくとされる。摂理の信仰は、人間によって見てとられ、知られ、解明されることができず、ただ神の言葉に基づいて信じることができるだけである。そこで摂理の信仰にとって「われわれが見、知るところのことは不適当なものでしかない」と強調される。カール・バルトの摂理論においては、神の支配の領域である世界は歴史学的認識対象としての世界ではない。従って摂理論は、歴史の具体的な経験に特別に寄り添うことはしない。ここには依然として二元論が残っていることが意味されるのではないか。歴史家が期待する摂理の信仰の文明史的射程は、無視されたままである。

これに加えてもう一つの区別があることも指摘しておく必要があるであろう。それは「世界史」（被造物的存在の歴史）と「イエス・キリストの歴史」（契約の歴史）の並行線的な区別である。その際、「被造物的存在の歴史」はその認識根拠とともに実在根拠も「契約の歴史」の中に持っているとされる。従って「被造物的存在の歴史」は「契約の歴史」に「奉仕し、徹頭徹尾、その反射と反映（またその影）の中にある」。この区別は、「創造は契約の外的根拠であり、契約は創造の内的根拠である」というバルトの創造論のテーゼに対応している。被造物的存在の歴史と契約の歴史、従って神の言葉に基づいて認識される世界史と救済史の関係は、認識的にも実在的にも救済史に根拠を持ち、世界史は単に「添えて加えられたもの」にすぎない。「被造物的存在の歴史が契約の歴史に対して添えて与えられている（zugeordenet）ことがここでは重大である[38]」とバルトは言う。「添えて与えられたもの」はまた「付け加えられたもの」（hinzufügt）とも言われる。

世界史の存在を副次的に付加されたものと見るバルトの見方は、彼の得意の方法で「鏡」の譬えをもって表現される。「第一義的に神的な働きが原像であり、それは神によって支配された契約の歴史である。それに対して鏡は何も付け加えるべきものをもたない。契約の歴史の中で被造物の歴史はそれとして何の役割も演じることができない。……ただの反射鏡としてしか立っていない」。「被造物の歴史がそれ自体として真の救済史であるかのように、非本来的なものを本来的なものと取り違えないよう注意するように[39]」と言われる。世界史はせいぜい模写であり、反響である。さらに言えば、「鏡というものは少々むなしい用具にすぎず、必要とあれば、それを用いることを断念することもできる」[40]。こうしたバルトの主張が、世界史に対する思想的無関心や諦念を主張したカール・レーヴィットのような人物の共感を得たことはすでに記した通りである。

しかしこの主張によってはバターフィールドのような歴史家によって期待された摂理論の今日的意味の回復にはならないであろう。それだけでなく、このアンチヒストリスムス的摂理論が、果たしてどれだけ聖書的根拠を持っているかということも疑問とされる。「神は独り子を賜るほどに世を愛された」という御言葉とそれは一致するのであろうか。主イエスが「皇帝アウグストゥス」の時代に生まれ、「皇帝ティベリウスの治世の第十五年」に公の活動に入り、「ポンテオ・ピラトのもとに苦しみを受けた」こととどう一致するのか。少なくとも、自明ではない。あの「添えて与えられる」という表現をバルトは「何よりもまず、神の国と神の義を求めなさい。そうすれば、これらのものはみな加えて与えられる」（マタ六・三三）から引き出した。しかしこの聖書の言葉の適用も適切とは言えないであろう。この言葉は、世界史と救済史の関係を表現した言葉ではないからである。神の国と神の義は、むしろ創造と救済を包括し、世界史はこの神の国と神の義の中で完成にもたらされ、決して鏡にすぎないと言われているわけではないであろう。

世界史に対するバルトの消極的扱いは、時代史的に言えば「アンチヒストリスムス革命」の後遺症と思われる。しかし神学的主張としては、その説明だけで済ますことはできない。そこには当然のことながら教義学的根拠が働いていると思われるからである。その教義学的根拠をどこに見出すべきか、バルト神学の解釈問題にとって重大な鍵をバルト自身が暗示的に示している。彼は、被造物的存在の歴史（世界史）と契約の歴史（救済史）の区別と関係を「キリストにおける神と人間との区別と関係」に「類似」[41]していると語っているからである。「類似」という表現は曖昧である。しかしここに語られた「キリストにおける神と人間との区別と関係」はバルト神学の基本構造であるキリスト論を指している。バルトは彼なりのキリスト論によって「聖書の見方」を理解した。彼によれば「宇宙の出来事、自然の歴史、世界の歴史についての聖書の見方」が重大である。しかしその聖書の見方は、「キリストにおける神と人間の区別と関係」のバルト的理解によって規定され、「被造物的な出来事はもっぱら契約の歴史の中にその意味、その実体、その中心を持っている」と見られることになる。つまり「聖書は被造物的な出来事をこの中心（契約の歴史）の周辺として見ている」[42]。何の問題もないように見える記述であるが、ここには被造物的な出来事がその意味と実体と中心を、それ自体の中にではなく、他の中に持つという仕方で、区別と関係が理解されている。それが「聖書の見方」とされているが、これは「キリストにおける神と人間の区別と関係」に「類似」のもの、あるいはそれに対応するものであって、バルト神学の根本に横たわるキリストの人性の「アン・ウント・エンヒュポスタジー」への対応を意味している。バルト神学が人間を消極的な位置に留めたと同じ神学的根拠が[43]、世界史に対する消極的判断の際にも働いていると言わなければならない。受肉における神の境界線踏破の出来事は、バルトのキリスト論におけるこの「アン・ウント・エンヒュポスタジー」のキリスト論をそれ以外にも適用したように、つまり人間論に適用したように、世界史と救済史の関係にも適用することによって、十分に思惟されないままに止まったのではないか。神の受肉が神と人との二元論的分離の境界線を踏破したにもかかわらず、キリストにおける人性の「アン・ウント・エンヒュポシタジー」を強調することによって、依然として神と世界の分離のままに留まる仕方で、適用され続けたことになるのではないかと思われる。

バルトは確かに、その摂理論で「被造物の出来事の中に働く神的な世界支配[44]」を指し示すと語った。しかしそれは被造物の出来事そのものの歴史の積極的な意味、目的、形成を語ることにはならなかった。神の国は創造やその歴史と区別された契約の歴史の中に見られ、被造物的存在の歴史にはないと見られた。神の摂理によって世界の歴史にいかなる意味が与えられ、それがどのように経過し、形成され、完成されるかは真剣な意味で扱われない表現を取ったと言わなければならないであろう。

6　世界関係性における神の相対化——一九六〇年代以降の神学の問題

①　フォン・バルタザールとカール・ラーナー

一九六〇年前後に、比較的多くの神学者たちが「世界史と救済史」の問題に取り組み、「歴史の神学」を示唆した。その中にはフォン・バルタザールやカール・ラーナーもいる。前者はその『歴史の神学』（一九五九年）において世界史が救済史の「乗り物」あるいは「容器」(45)という理解を示した。バルトの言う鏡、反映、反射、あるいは舞台よりもさらに積極的なかかわりを追及したとも言えるが、しかし「世界史と救済史」の何らかの積極的関係が示されたとは言いがたい。ほとんど大差はないと言うべきであろう。さらに言えば「容器」という考え方は、トマス・トランスのこの表象に対する批判が示しているように、二つの歴史の並行性、さらには二元論を克服できていない(46)。

もう一人のカール・ラーナーによる論文「世界史と救済史(47)」も基本的にほとんど変わりがない。彼は三つの命題を挙げたが、第一には救済史は世界史の中に起きると言う。第二命題は、救済史は世俗史から区別される。神の言葉が救済史の構成要素であり、神はその言葉によって、それなしには両義的であり続ける世俗史のまったく特定の部分をその救いの性格、あるいは禍の性格にむけて解釈したと言う。第三の命題は、救済史が世俗史を解釈し、それ自身から世界史を除外し、非神話化し、非ヌミノーゼ化すると言う。救済史は世界史を対抗的なもの、覆われたものとして解釈し、世界史はキリスト教の解釈によって非力化されたもの（depotenziert）となる。ラーナーは総括として「世界史はキリスト教にとってはキリスト中心的に解釈されるものである」と言い、すべての世界史は、神が救済史のために、その可能性の条件として創造された前提であると語る。これはカール・バルトとほとんど同一の主張に止まっている。救済史による世界史の解釈だけでなく、救済史による世界史の批判、変革、形成についても語るべきであろう。神の国への待望の歴史が世界史を変えないはずはないであろう。

②　ファン・リューラーの場合

バルトと真っ向から異なったのは、ファン・リューラーの主張である。ファン・リューラーは一方でバルトのアンチヒストリスムを批判し、歴史学や文化史を尊重した。そして「アポストラートの神学」によって神学と歴史哲学の合流の試みも示唆した。「イエス・キリストの犠牲によってわれわれに与えられた救いは、魂の救いや、あるいは人間全体の時間からの救いとしてグノーシス的に理解されるべきではなく、この時間的な（！）実存の養いと救いとしてイスラエル的に理解されるべきである。救いは歴史的に、世紀から世紀へ、民から民へ、キリスト教化の使徒的プロセスの中で実現される[48]。こうして「キリスト教化」の歴史的プロセスが意味あることとして積極的に語られた。しかしそれでいて、もう一方で彼は、このキリスト教化の意味を終末論的に貫くことをしなかった。彼によれば、キリスト教化の意味は中間時のものにすぎない。その理由としては、キリストの受肉そのものを堕罪という創造の頓挫に対する「応急処置」にすぎないと見なしたことがある。こうして「あらゆるキリスト教化は、神の特別な啓示、イスラエルに対し、イエス・キリストにおける特別な啓示と同じように、もっぱら緊急措置としてのみ理解されうる。そこで重要なのは、刻みつけられるべきキリスト教的刻印ではなく、人間性と創造と栄光の御国である[49]」と言われる。表現を変えると次のようにもなる。「われわれは、キリスト者たりうるために人間なのではなく、人間たりうるためにキリスト者なのである」。「神にとってはキリスト者ではなく、世の諸々の民が問題である[50]」。カール・バルトの場合とはまったく逆に、契約の意味も目的も創造のためであり、神の国は創造の回復とされた。

ファン・リューラーが「キリスト教化」の意味を中間時に限定して主張したことは、根本においてキリストの受肉の中間時的性格を主張したことから帰結した。それはまた終末におけるキリストの人性の放棄を主張したことでもあった。しかしそうなると、最終的には経綸的三位一体が受肉のない内在的三位一体へと回帰し、解消すると語ることになる。それは啓示から離れた一種の思弁に帰着するのではないか。ファン・リューラーとしては、こうした思想の聖書的根拠をコリントの信徒への手紙Ｉ一五章二四節に見ている。キリストが「父である神に国を引き渡される」という御言葉である。しかし果たしてこの御言葉は、そのように解釈されるべきであろうか。受肉が応急処置として、栄光の国の到来において解消されるとすれば、回復された創造は、再び堕罪に陥る可能性を理論的に免れがたい。かくして一回的な神の歴史ではなく、永遠回帰に陥ることにもなるであろう。むしろ、単なる創造の回復としての原初への復帰ではなく、二度と繰り返されることのない完成がキリストと聖霊における経綸的三位一体の神の働きにおいてもたらされると理解されるべきであろう。

バルトの言う契約こそが実体で、被造物の存在の歴史は非実体化された「鏡」であるという理解と、ファン・リューラーの創造と栄光の国こそが主題で、キリストの受肉は「応急処置」であるという理解は、二者択一としてどちらを選んだところで、どちらも不十分と言わなければならないであろう。栄光の国は、創造の完成であるとともに、キリストの十字架の御国である。「キリストが父である神に国を引き渡される」ことは、受肉に基づくことであって、それを解消することではない。「御子自身も、すべてを御自分に服従させてくださった方に服従されます」という御言葉は、十字架におかかりになった御子の服従が三位一体の神のうちの父と子の関係の中に永遠の服従があることを意味し、十字架の解消を意味するわけではない。栄光の国は創造と契約の両方の完成を意味し、キリストの受肉と十字架は栄光の国の根底であり続ける。栄光の国の玉座には父とともに「小羊」（黙二二・二二以下）が座す。

③　ユルゲン・モルトマンとヴォルフハルト・パネンベルク

一九六〇年代に神学的関心の転換が起こり、それ以後の神学においては、神と歴史、あるいは神と世界の分離よりも、両者の「関係性」が強調されるようになった。神は優勢的に「関係における神」として理解されるようになった。ユルゲン・モルトマンはバルトに反対し「神の支配」に替えて「神と被造物との交わり」を基本に据え、内在的三位一体の用語である「ペリコレーシス」（相互交流）を神と世界、神と被造物、そして被造物相互の関係にまで及ぼして理解した[51]。カール・バルトの神学的思考の根本に「アン・ウント・エンヒュポスタジー」のキリスト論があるとすれば、六〇年代以降の神学の代表的な潮流の中には「ペリコレーシス」の三位一体論、それによる神の世界支配に替わる、神と世界、ならびに被造物相互の交わり・関係の強調を見ることができる。

ヴォルフハルト・パネンベルクの「歴史の神」の主張においては、「歴史の終わりにおける神の国の到来に神の神たることが賭けられる」とされ、また、終末以前的には神は本質的に「論争可能性」を保持しているとされた。ここでは、神と歴史の主語・術語的な関係が逆転されていると言わなければならないであろう[52]。

こうした六〇年代以降の神学の問題は、「神の相対化」への傾斜ではないであろうか。しかし神が境界線を踏破して歴史的世界へと到来されたことは、神の関係性における相対化ではなく、神の超越性・絶対性における関係性の樹立によることである。神と世界の関係や神の世界統治は、神の超越性における意志決定による三位一体論的な歴史の神学として理解され、展開されるべきであろう。

④　ヘンドリクス・ベルコフの試み

一九六〇年代のヘンドリクス・ベルコフ『歴史の意味・キリスト』（オランダ語による出版は一九六二年、英訳は一九六六年）は神学的な関心の転換期にあって、相応しい評価を十分に得てこなかった著作のように思われる。この書における彼の貴重な神学的貢献は二点にわたって評価されてよい。第一点は、彼が「伝道的努力」(missionary endeavour) の持っている「歴史形成的な力」(history-making force) について語った点である。この問題は、事柄としては当然の歴史的事実を語ったことであったが、二十世紀の神学はそれを適切に主張してこなかった。それだけに、意味ある指摘として今日改めて評価されてよい。「伝道的な宣教の仕事は、神の国の最初にして根本的な形態である」[53]と彼は言い、それが「自由」へと招き入れ、「歴史」へと導いたと語った。「伝道的努力」は、「人間の人格」への尊重をもたらし、「内面性」を深化させ、「結婚」の意味や形態を変え、「労働」の意味を変え、「一つである世界」を教え、「自然観」を変え、「目的」を教え、「寛容」を教えたと言う。

しかしまた歴史には両面的性格がある。「伝道的宣教の結果は、キリストの出来事の十字架と復活とに対する類比が全地を貫いて実現することである」[54]。そこでこの点が評価すべき第二の点であるが、ベルコフは続いて「歴史における十字架のキリスト」と「歴史における復活のキリスト」のそれぞれの「類比」について語った。「類比」という以上は実体とそれに対する類比の二つの世界、歴史とキリストの二元的区別が依然として前提されている。しかしベルコフが挙げた類比は形式的ではなく、歴史の具体的な経過や関連をひと際鮮烈に表現する内容を持っていた。世界史の中には「十字架のキリスト」の類比として「迫害」があり、また「異なる救済」の主張があり、キリスト教会における「背信」の事実があると指摘された。さらに現在における「無関心」という形態の迫害についても語られ、歴史における「反キリスト」についても語られた。「教会はこれらのしるしを見ることのない世界にその場所を見出すことはできない」[55]。

「歴史における復活のキリスト」については、「現代史の出来事の中に甦ったキリストの跡を探し、見出すことが許され、命じられさえしている」と語られた。「歴史における復活のキリスト」の跡を、「エウセビオスはコンスタンティヌスの回心と、その結果としてのキリスト者迫害の終焉の中に見た」。「そのしるしは後にはゲルマン民族のキリスト教化の中に、シャルマーニュの王国の中に、中世時代の統一文化の中に、宗教改革期の聖霊の強力な働きの中に、過去二世紀の信仰復興運動と伝道的企ての中に見られた」[56]とも主張された。

それにしても十字架と復活のキリストの「類比」や「しるし」が語られたのであって、歴史におけるキリストの臨在そのものが主題として語られたわけではない。また、歴史とキリストの関わりは語られてはいるが、三位一体論的な神の歴史支配は語られていない。こうした問題は、彼の後の主著『キリスト教信仰』（一九七三年）が顕わにした神学的諸問題、つまりベルコフのキリスト論における位格的一致の喪失や彼の三位一体論の一体性の希薄さなどと関係があるのではないかと思われるが、ここでは断定的な判断は差し控えておきたい。彼の著作もまた「未開拓な分野」を埋める課題を将来に残したということであろう。

結び

以上の結びとしていくつかのことを述べておきたい。第一は、アンチヒストリムス革命後の神学的後遺症（神と歴史、ヒストリエとゲシヒテの分離）を克服する課題がなお残されているとともに、一九六〇年代以降の神学に見られる世界関係、歴史関係における「神の相対化」もまた克服されなければならないという点である。併せて、歴史学なき神学から、神学なき歴史学に戻るべきでもない。信仰の認識と歴史学的認識が共通の現実に関係していることを否定するなら、ことは初めから認識上の二元論から出発することになる。これに対して、歴史的啓示の認識における歴史学と神学との連携を必要としていると言わなければならないであろう。この連携は摂理の理解にも関係する。「神の相対化」を回避するという課題については歴史的啓示に基づきながら、三位一体の神の内にあって外に向かう自由な意志決定を認識し、三位一体の神の経綸の働きを語ることである。歴史的啓示から神の意志決定を認識する点では、啓示の出来事に限定した意味ではあるが、経綸的三位一体から内在的三位一体へと至る。そしてそこから再び神の世界支配、そして神の世界関係を認識する。この歩みによって、神の超越的主権性を明確に認識し表現することができるであろう。神が歴史を規定するのであって、神が歴史によって神とされるのではない。

第二に、神の歴史支配を語るとき、歴史的啓示に基づき、キリスト教的実質を持って語られなければならない。

キリスト教的実質とはキリスト論的でなければならないが、しかしただキリスト論的であるだけではない。十字架にかかり復活したキリストの歴史における臨在が信じられ、語られ、伝えられなければならない。それとまた同時に聖霊の注ぎと内住も信じられ、語られ、伝えられなければならない。三位一体の神の世界支配が語られなければならないであろう。世界史を三位一体論的救済史の視点で解釈する課題はなお残されている。

第三に、救済史による世界史の「解釈」のみならず、救済史による世界史の「形成」が語られなければならないであろう。ベルコフが試みた「歴史形成の力」として「伝道的努力」を語る道は、その具体的な試みを示した。復活した十字架のキリストの臨在や聖霊の注ぎが、礼拝、サクラメント、教会を通して世界史を生きる力であることを明らかに示す必要があり、さらには救済史と近代社会の「自由と人格」の関わりも明示されるべきで、そうしたキリスト教的救済史的歴史解釈の道を鮮明にする試みがなお必要である。

歴史的、神学的な摂理論について、本章では取り組みの必要を示すに留まった。神学的摂理論は、歴史的な巨大な挫折と悲嘆の時が、三位一体の神の統治によって、約束と使命を明らかにする創造的な時となる可能性を認識するであろう。「摂理はわれわれの過去の罪を将来の約束に仕えるために用いることさえできる」。しかしまた「キリスト者は、摂理が信仰のために殉教しないですむような保障を与えるものでないことを知っている。新約聖書において摂理が勝ち誇るように守っているのは、世界における伝道であり、明らかな敗北からやってくるかもしれない勝利、悪からもぎ取り得るような善である」[57]。しかしそれにしても、イエス・キリストにおける三位一体の神の啓示なしに、人生における神の配慮に満ちた支配を信じることはできないし、同時に歴史における神の摂理を語ることもできない。歴史の神学はそうした三位一体の神の摂理を理解する試みである。

第六章　神の世界統治

救済史としての歴史の中に神の働きがどのようにあるかという問題は、今日のキリスト教神学が語るべき緊急課題の一つである。到来する神の国の希望に生きる救済史の中にあって、教会と世界に対して、神の主権的統治をどのように語ることができるであろうか。近代文化史について言えば、神は世界に対し、またその中で働く方として真剣に理解されてこなかった。理神論は「巧みな時計製作者」としての神の譬えによって、神は精巧にこの世界を創造したからには、その後の世界で活動する理由はないとし、極端に言えば、神は世界から追放された。近代自然科学もまた、「慣性の原理」により、あるいは「自然選択による進化」の概念によって、神の世界内的働きを排除した。近代歴史哲学も「進歩」や「弁証法」の理論によって、あるいはまた歴史そのものの閉鎖的で完結的な概念によって、歴史内での神の働きを排除した。しかし近代文化史のこうした歩みは決して問題のないものではなかった。むしろ歴史や自然的世界の自己論理や内在主義を徹底していくならば、歴史や世界そのものを神格化する以外には、歴史も自然もその無意味性に耐えるほかはなくなる。神を追放した歩みはいかに大胆であっても、それが真理であるとの確証を得られるわけではない。他方、キリスト教神学の側から言えば、被造物を創造したのみで、それ以後被造物とその世界に働きかけることなく、ただ放置するだけの神を真実に神と呼ぶことはできないであろう。聖書の証言とイエス・キリストによる啓示の認識に従うならば、神は「創造の神」であるとともに、「救済の神」であり、また世の終わりにその御国をまったき仕方で到来させ、「すべてにおいてすべてとなられる」神である。その神の世界統治、神の国のまったき到来に先立つ歴史の中での神の働きをどう認識し、言い表すことができるであろうか。本章はその意味での「神の世界統治(1)」について検討したい。

1　摂理論の再考

①　摂理と統治

「神の世界統治」の教説は、キリスト教神学の伝統によれば摂理論に含まれてきた。「摂理」(providentia)の用語は、元来キリスト教用語と言うより、ギリシア的地盤に成立し、後期ユダヤ教に取り入れられた用語で、「キリスト教神学はただ特別な注意深さをもって取り入れることができる」ものと言われる。[2] 正統主義神学の伝統は、この摂理概念に種々の内部区分を加えながら使用してきた。摂理はまず創造論の文脈で論じられ、通常は保持(conservatio)、協働(concursus)、統治(gubernatio)に区分された。「保持」は、継続的創造(continuata creatio)とも言われ、摂理の中でも創造の業に準じる側面として理解された。今日でもヴィルフリート・ヘルレが神の「存在構成的な働き」の中に創造と保持を位置づけ、「歴史的な働き」の中に協働と統治とを配して区別しているのは、この線を継承していることを意味する。[3]「協働」は被造物に与えられた固有の存在や活動を用いてなされる神の働きを意味し、特に「神の同労者(スネルゴス)」(一コリ三・九)としての信仰者の活動が考慮に入れられた。「統治」は、さらに許可(permissio)、阻止(impeditio)、制限(determinatio)、指導(directio)などに区分されて論じられた。[4]「神の世界統治」は、こうした摂理論の伝統的区分に従えば、摂理の中でも「統治」(gubernatio)に属し、それが人間や被造物の働きを用いてなされる意味において「協働」とも重なる。本章においては、創造論的な保持の摂理論でなく、歴史的な変化の中での神の統治の摂理論として「神の世界統治」(gubernatio mundi)が主題である。

伝統的な摂理論の中にはまた「一般的」「特殊的」「特に特殊的」の三義を区別する場合があった。それは摂理の対象や領域に従った区別であり、「一般的摂理」は全被造物を対象領域とし、「特殊的摂理」は人類を対象とする。「特に特殊な摂理」はとりわけキリスト者を対象とすると考えられた。このほか「正常な摂理」(providentia ordinaria) と「特異な摂理」(providentia extraordinaria) の区別もなされた。神が第一原因として被造物の第二原因を道具的に使用し、法則的に働くのは正常な摂理であり、それに対して第二原因の関連にある法則的可能性を越えて神が絶対的な力をもって奇跡を働かせるのは特異な摂理と考えられた。こうした区別のうちあるものは、今日でも改めて取り上げる意味を持つであろう。しかしそれらによって議論の枠組みや内容を決定される必要はないと思われる。

摂理論における一般的摂理と特殊的摂理を区別しても、摂理の対象と領域に関して固定された区別があるわけではない。被造物としての人間と他の被造物との間には、確かに神の似像に従った被造物とそうでない他の被造物との区別がある。しかしそれらはまたともに被造性に属するものとして「連帯」の中にある。自然に対する神の働きは、人間に対する神の働きでもある。信仰者と未信仰者の区別はさらに流動的である。信仰者とその群れは、キリストにおける神との交わりによってアブラハムの契約と祝福にあずかり、未信仰者もその契約と祝福にあずかるよう導き入れられる。聖書が証言する選びは、選ばれた者の派遣を伴い、祝福はすべての民へと伝達され、契約共同体は包括的に働く。特定の者たちの選びはすべての民への普遍的な働きかけを本質的に含んでいる。それがアブラハムの祝福の意味であり、福音伝道の理由でもある。救済史的現在の意味は世界伝道にこそあり、それゆえ特殊なもの（信仰者とその群れ）が普遍化していくプロセスにあるとも言うべきで、神の救済は特殊的なものに閉鎖されてはいない。

ただしそれは特殊から普遍への過程が、「進歩」「発展」、あるいは単純な「拡大」であるという意味ではない。摂理の経過は進歩、発展、拡大とは別である。祝福は常に信仰によって受け止められなければならず、しばしば拒絶もされる。伝道はときに停滞し、低迷し、迫害され、中断される。救済史はもっぱら進歩・発展の歴史ではなく、戦いの歴史であり、危機の歴史でもある。神の世界統治は両義的で謎に満ちた歴史の中を進行する。

②　摂理認識の根拠としてのイエス・キリストにおける三位一体の神の啓示

神の摂理や世界統治が両義的な歴史を貫いて遂行されるということは、摂理は単純に認識される事柄ではないということである。歴史としての現実全体は善と悪、正と不正、幸運と悲惨の両義的領域で、どこにも純粋に善あるいは正である人も事態も存在しない。「善の背に乗って悪が入り込み」（R・ニーバー）、善と悪とは切り離しがたく混入している。こうした歴史の非合理に直面して神の摂理の信仰は常に試練の中に立たされてきた。非合理な歴史の経験の中で神の世界統治をどのように語ることができるであろうか。不合理な経験の中で「人は絶え間なく言う、『お前の神はどこにいる』と」（詩四二・四）。それが歴史の経験であり、二十世紀、二十一世紀の人類の現実でもある。

この境遇の中で歴史の両義的現実を無視してどこか歴史の枠外に抜け出し、あるいは歴史の遥か高みに立ち、神の摂理とその世界統治を楽観的に語るとしたら、それは歴史の現実から乖離するだけでなく、キリスト教信仰と聖書の証言にも従っていないことになる。歴史における神の摂理、そして歴史の全体に対する神の統治を認識する道は、歴史の経験に直面しつつ、またそれに抗いながら、歴史的啓示に基づく聖霊による信仰以外にない。信仰なしに神の摂理を語ることはできず、神の世界統治を賛美することもできない。摂理の認識は信仰の認識である。このことは神の世界統治は、根本的にただ啓示の認識に基づいて知り得るのみということである。摂理認識は、歴史的啓示による信仰的認識であり、それによって経験的歴史の現実に関わりながら、その深層として神の統治の実在を洞察する。

この意味で摂理はキリスト者を対象とする「特に特殊な摂理」の認識から始まると言ってもよい。「万事が益となるように共に働く」との認識は「御計画に従って召された者たち」（ロマ八・二八）に与えられる。イエス・キリストにおける啓示は歴史的啓示であり、この歴史的啓示によって神の救済史的な意志決定が認識され、選びと召しが知られる。神の摂理と主権的な世界統治は、そこから初めて認識される。まず摂理の認識があって、そこから神の意志決定と選びが導き出されるのでなく、逆に啓示による神の意志決定と選びの認識が与えられて、そこから神の摂理と世界統治は知られる。(5)

キリスト教信仰を成立させる歴史的啓示は、歴史のイエスの人格とその言葉、行為、遭遇した出来事によって生起した啓示である。イエスの出来事は、十字架に血を流し、苦難を負い、死に、そして死人の中から甦らされた出来事である。この出来事は歴史的であるとともに、使徒的証言によってその意味を告げられ、聖霊による信仰によって受け入れられる。その際イエスはただ単に啓示の媒介であるだけでなく、御子なる神・キリストとして、啓示された神でもある。聖霊もまた啓示の伝達に関係するだけでなく、同時に啓示された神であり、啓示の神は三位一体の神である。啓示された神の御旨とその御業は、三位一体の神の永遠の意志決定による神の救済史的御業である。この啓示の認識の中に三位一体の神の救済史的な摂理、そして神の世界統治が示される。

従って神の摂理や世界統治の働きは、歴史的経験からいわば「自然神学的」に獲得される認識ではない。それは歴史的経験の両義性がそれを阻み、歴史の謎がその道を塞ぐからではなく、神認識そのものが常に神の憐れみによる恵みの認識のほかになく、その摂理と世界統治の認識も信仰の認識として聖霊の導きによって獲得される啓示認識によるほかないからである。キリスト教的摂理は常に歴史のイエスにおける啓示の認識として、キリスト論的、聖霊論的な三位一体の神の摂理である。

カール・バルトが摂理の認識を啓示の認識として、しかもイエス・キリストの啓示の認識として強調して語ったのは正当であった。(6)そうでなければ、摂理は非聖書的な見知らぬ神の運命的力のように構想されるか、あるいは人間の幸運を保障するだけの浅薄な願望表現に終わるであろう。バルトは「摂理は神の自由な恵み以外の何ものでもなく、キリストにおける神の自由な恵みが摂理である」(7)と語った。ただしバルトの問題は、さしあたり二点にわたって指摘される。一つは、その啓示の理解が、「歴史的啓示」の理解として徹底して貫かれたかという疑問である。彼の啓示認識が、「神は御自身を啓示する」という命題の分析から出発し、啓示が受肉として「言葉が人となった」という表現で、真実に「歴史のイエス」から出発していることになるかといった問題がある。これらは「アンチヒストリスムとその後遺症」として本書の第五章ですでに触れたので、これ以上再論しない。もう一つは、キリストにおける神とその御業の啓示が、「キリスト論的集中」によって理解されたが、それでよいかという問題である。「歴史のイエス」における啓示は、同時にキリストから相対的に独立した意味での聖霊の御業でもある。啓示の出来事は、独占的にキリスト論的であるのではなく、同時に聖霊論的な出来事でもあろう。従って、歴史のイエスにおける啓示は、排他的に「キリスト論的な神」を啓示しているのでなく、キリスト論的であり、聖霊論的でもあって、「三位一体の神」を啓示している。果たしてバルトの啓示理解がその歴史性について、またその三位一体の神の啓示として十分適切であったのか、少なくとも疑問を残していると言わなければならない。

摂理の神の証言は、摂理（providentia）の用語使用の問題とは別に、[8] 聖書の証言の中に聴くことができる。「御計画に従って召された者たちには、万事が益となるように共に働く」（ロマ八・二八）と語られ、「父は悪人にも善人にも太陽を昇らせ、正しい者にも正しくない者にも雨を降らせてくださる」（マタ五・四五）と言われ、「その一羽さえ、あなたがたの父のお許しがなければ、地に落ちることはない」（マタ一〇・二九）とも言われる。これらの御言葉は間接的に神の摂理や世界統治を語っている。しかしその真意は、キリストにあって聖霊を通して知られる神の選びと、神の義と憐れみなしには理解されないものである。聖書が「摂理の神」として証言している神の主権的全能は、抽象的な意味での絶対的全能ではない。具体的に歴史のイエスにあって啓示され、聖霊によって認識される「三位一体の神の主権的全能」である。神の摂理と世界統治の認識は、キリストと聖霊による父、子、聖霊である三位一体の神の啓示認識として理解される。「歴史のイエス」という具体的な歴史的啓示による摂理や世界統治として、その認識は歴史を無視することなく、歴史の両義性やその謎のただ中にあって摂理や統治として認識される。

③　摂理と歴史

歴史における生ける神の摂理とその世界統治を認識することは、キリスト者の単純な幸福主義や勝利主義によって歴史を解釈することではない。歴史のイエスにおける歴史的啓示は十字架の苦難と死を通しての啓示である。歴史はまた、キリスト教に対する迫害の歴史を含み、伝道の伸展とともにその停滞や後退を示す。教会の成長とともにその分裂と衰退がある。さらに歴史には非合理なことがあり、暗闇があり、謎がある。歴史には恐怖も襲う。歴史においては、不正なものの勝利が少なくとも一時的、ときにはかなりの長期間にわたって継続する。しかも一度起きた非合理な出来事は、不可逆的また持続的に影響を残し続ける。歴史は矛盾に満ちている。不合理な苦難が人を襲うのも歴史の現実である。二十世紀の人類も不合理な悲惨を幾度も経験した。二度の世界大戦、ホロコースト、民族主義的侵略と虐殺、長崎と広島での原爆被害、世界大戦以後も各地の内乱や戦乱による殺戮、旱魃による難民、地震や津波の大災害、そして巨大な船舶や航空機の事故、テロリズムによる残虐な死とその報復に伴う子供や女性たちの犠牲が続いている。

歴史の矛盾は十九世紀に考えられたように、弁証法的に克服されるものではない。進歩主義にせよ、史的弁証法にせよ、歴史の運動の自律的論理を歴史そのものから引き出す試みは歴史そのものによって裏切られる。歴史哲学の前提にキリスト教的歴史神学があったと言われ、進歩史観も弁証法史観もしばしば摂理観の世俗化と見なされてきた。しかしそのことはキリスト教的摂理論が、進歩主義や弁証法で歴史と摂理を理解してきたことを意味するわけではない。三位一体の神の救済史は、進歩史観や発展史観によっても、また弁証法によっても描かれることはできない。

現代は歴史哲学の衰退の中にある。人々は歴史の混乱に翻弄されながら、さまざまな今日の世界的凋落の危険

（地球温暖化、核拡散や数多くの原発による核の危険、国際テロリズム、グローバルな経済危機）に直面しつつ、歴史的な回避努力や形成努力に邁進しなければならない。そこには精神的力づけや希望を支える目標指示が求められている。「歴史哲学はただ神学から出たのみでなく、後にも先にもただ神学としてのみ可能である」[9]と言われる。そうであれば、キリスト教神学は、今日の歴史の混乱と危険の中で歴史における神の摂理に対する信頼を回復させ、神の終末論的な世界統治に対する希望を回復させるために、果たすべき責任があるであろう。今日の歴史の現実のゆえに神学的摂理論が新しく試みられ、歴史における神の世界統治が改めて認識され、語られなければならない。

④　悪から善を引き出す神

摂理論は、楽観的な歴史理解とは無関係である。すでに述べたように、善の背に乗って悪が入り込む歴史の現実がある。それでもなお、歴史において悪から善が引き出されることが摂理の理解にはある。二十世紀の歴史家ハーバート・バターフィールドは、十九世紀のケンブリッジにおける彼の前任者アクトン卿の、宗教的立場が一層明白であった初期の見解と結びつきながら、「摂理は悪から善を引き出すことができる」[10]と語った。具体的にロンドンの大火がよりすぐれた都市計画によるロンドンの再建に導き、一大破局を経験したことはまるで善きことのようであったと述べる。あるいは中世の教会が宗教改革によって分裂し、プロテスタントの宗教戦争はまさに両陣営に恐怖をもたらしたが、社会条件はリセットされ、見方によっては一層すぐれた近代世界を導き出し、その上に「寛容」が基礎づけられたと記している。後者の事例は、ほとんどそのままパネンベルクによっても、悪から善がもたらされた具体例として挙げられている。パネンベルクはその際「悪から善を生じさせ、そのようにして悪を善によって克服するのは、神の世界統治の高度な技能である」[11]と記した。歴史的な破局と崩壊の中で新しい出発のチャンスが与えられたことは、第二次世界大戦における敗戦国の経験でもあった。

悪から善を引き出す神の摂理、そこにある神の歴史的世界統治を語る聖書箇所として引き合いに出される代表的な聖書箇所は、創世記五〇章二〇節のヨセフが兄弟たちに語った言葉である。「あなたがたはわたしに悪をたくらみましたが、神はそれを善に変え、多くの民の命を救うために、今日のようにしてくださったのです」。さらには、摂理的な神の世界統治の中で主イエスの「悪人に手向かってはならない」（マタ五・三九）という言葉も理解される。あるいはパウロの勧めである「悪に負けることなく、善をもって悪に勝ちなさい」（ロマ一二・二一）という言葉も理解されるであろう。

悪から善を引き出す神の摂理の働きを特に主題的に取り上げたのは、アウグスティヌス『神の国』であった。この点はすでに本書の第一章でアウグスティヌスの「摂理の神学」において言及した。悪から善を引き出すという摂理の理解について、アウグスティヌスは善と悪の問題の根本に人間の本性と意志の区別を据えた。それによれば、人間の本性はそれ自体としては善なるもので、悪は人間の本性からでなく意志の転倒から生じたと言う。しかし「神は悪しき意志をも善き目的のために用いる[12]」とアウグスティヌスは語った。悪しき意志によって生じた悪から善が引き出されるという摂理の見方が『神の国』による救済史全体の構造をなしている。意志の転倒によって被造物の世界に死が登場した。しかしそこから神はもはや死ぬことのできない永遠の命という最高善を導き出すと言う。アウグスティヌスによれば、「悪の許容」も「創造者の正義がほかならぬこの諸々の悪をさえいかに善用なさるのであるかということを証明するため[13]」であり、「神は悪の存在を閉め出すよりも悪しきものからさえ善きものをつくることのほうが、より強力でより善いことだと判断されたからである[14]」と主張した。悪を克服して最高善へ、すなわち「罪を犯したひとりの人をとおしてわたしたちがかくも重いこの悪に陥ったように、わたしたちを義とするひとりの人――かれはまた神である――をとおしてかの最高の善に至る[15]」。そこに摂理の下にある歴史の意味も見出されるわけである。

これらの事例すべては、キリスト教神学の認識としては、イエス・キリストにおける神の啓示により、その光の中で理解される。イエス・キリストの十字架の苦難と死、その中からの復活という出来事が神の出来事であることが、神の摂理の認識、また神の世界統治の認識にとって決定的である。そうでなければ、それはキリスト教的な三位一体の神の摂理であり、世界統治であると言えず、幻想やイデオロギーに終わるであろう。あらゆる人間の罪の企みを用いて神の救済行為は遂行された。あの贖罪の出来事に基づいて、神の世界統治はその深層において理解されるであろう。神の世界統治の認識はその意味で贖罪論的であり、それに基づいて、それが目標としている神の国のまったき到来に方向づけられた終末論的な認識でもある。

2　神の世界統治

①　キリスト教的世界史解釈と神の主権

神の統治は、摂理論の内部区分が示したように、教会とキリスト者に対する神の統治だけでなく、人類とその歴史に対する神の統治であり、また全被造物に対する神の統治である。創造の主であり、救済と完成の主である神の統治は、個々の出来事、特殊な出来事の主であるとともに、すべての出来事の主であると信じられる。そうでなければ、創造者にして、救済者であり、また完成者である神の信仰は貫かれないであろう。神の世界統治の信仰は、歴史の主としての神の信仰と同一である。

ところで「歴史の主」としての神の信仰は、近代においてその歴史哲学の伸展とともに希薄化した。近代歴史哲学は、「歴史の主」として神に換えて人類を想定する場合もあり、あるいはまた歴史そのものが独自の運動をもっていると想定する場合もある。いずれにせよ近代歴史哲学は「歴史の主としての神」や「神の世界統治」を希薄化させ、それに取って代わる運動の構想や主体概念を据えた。そのため、もともとのキリスト教歴史神学が世俗化して、近代的歴史哲学になったという命題が一般的になった。それには特にカール・レーヴィットの哲学史的な命題があるが、同じ頃にラインホールド・ニーバーも類似のことを指摘した。ニーバーによれば、循環する自然的時間と違って、ある未来に向かって動いている秘義的な歴史的時間を知ったキリスト教信仰が、「近代的歴史意識が生い育った土壌である」[16]。しかしレーヴィットにはニーバーと異なり、元来のキリスト教は本質的に非歴史的であったという理解があった。レーヴィットのこの説は本書で既述したように、キリスト教の本質に関わる重大な誤解である。キリスト教信仰が本質的に歴史的でないのであれば、そもそも歴史における神の統治を問題にすることはできない。端的に言ってキリスト教の本質の非歴史性を語るレーヴィットの思想は、一九二〇年代の「アンチヒストリムス」の中にいたハイデガーやブルトマンなどの影響を受けた誤謬と思われる。それによって、キリスト教信仰と、非歴史的な古代ギリシアの思惟やグノーシス主義との本質的相違は無視された。実際には、聖書的信仰は旧約聖書における出エジプトの出来事にせよ、新約聖書におけるナザレのイエスの出来事にせよ、「歴史的啓示」によることを本質的にしている。特にキリスト教信仰は、キリスト論や三位一体論に刻まれているように、神の本質の構成契機の中に歴史（御子なる神の受肉、十字架、復活として）が刻まれ、決定的な意味において歴史的である。神の主権的統治は、脱歴史的なグノーシス主義や仮現論に対抗し、個々の現実的な歴史的出来事や現実としての歴史全体に対する神の主権的統治として理解されなければならない。キリスト教信仰における神とその御業をグノーシス主義的、あるいは仮現論的に理解することは致命的な誤りである。

このキリスト教信仰の特質にとって、旧約聖書ならびに新約聖書のテキストの中で、神が歴史的世界とその中の事象に対し支配的に関わることが証言されていることは重大である。そうした証言は非歴史的、神話的なものとして解釈的に消去されてはならない。例えば、預言者アモスは世界史的事象を指して、神がイスラエルをエジプトの地から導き上ったのみならず、ペリシテ人をカフトルから、アラム人をキルから導き上ったと語った（アモ九・七）。第二イザヤは主の僕が「国々の裁き」（イザ四二・一）をなすと言い、神がペルシャ王キュロスを王位に着け、国々を彼に従わせたと言い、キュロスに向かって「わたしはあなたの名を呼び、称号を与えたが、あなたは知らなかった」（イザ四五・四）という神の言葉を伝えている。こうした箇所において旧約聖書は、神が万物を創造するとともにその歴史の中で働き、創造者なる神が世界史の主なる神でもあると証言している。同じく新約聖書も、神の救済の出来事が世界歴史のただ中に起きたことを伝える。イエスの誕生は「昔々あるところで」ではなく、アウグストゥスがローマ皇帝であったときの出来事であり（ルカ二・一）、イエスが十字架にかけられたのはティベリウスがローマ皇帝、ポンテオ・ピラトがユダヤの総督であったとき（ルカ三・一）である。またその場所はエルサレムのはずれのゴルゴタにおいてであった。このことは神の救済史が「歴史のイエス」において世界史の中で起きたとともに、世界史が「歴史のイエス」において歴史の主との関わりの中にあり、信仰の洞察によって認識される仕方で、神の世界統治に服していることを、聖書は証言しているということである。「歴史のイエス」を啓示から排除するならば、キリスト教信仰は本質的に歪曲され、精神主義化され、原理化され、思想化されるであろう。救済は歴史との結びつきを喪失し、救済史について語ることは不可能になる。

神の歴史的な世界統治が隠れた仕方で、世界史の個々の出来事と全体にわたってあるということは、歴史の主体は人類でも、民族でも、国家でもないことを意味する。創造の信仰は、すでに自然そのものを神の被造物としてその神格性を否定し、自然の非神聖化、非偶像化を行っているが、それはまた人類、民族、国家をも非神聖化している。同様に神の世界統治の認識は、歴史形成的主体としての人類、民族、国家を相対化、非神聖化し、人間と文明の非偶像化を行い、神以外のあらゆる歴史形成主体に神への応答的責任を求める。それはまた人間や民族、時代や社会、技術や文明に、そのもの自体以上に装う高慢を戒め、自己達成の幻想的欺瞞からの回心を求める。神の世界統治は歴史的現状が固定的に居座ることを排除し、人間とその文明の革新を鼓舞する。神の世界統治は歴史そのものの非神聖化も遂行する。歴史は歴史の中で神の国の到来を迎え、審判に服し、完成や成就を経験する。しかし神の国の到来における「歴史の成就」は、「歴史の終わり」でなければならない。歴史はその中に成就を迎えた時、同時に終わる。

②　歴史的経過を背景にもった神の世界統治の多様な教説

神の世界統治は、いかなる統治の形態において理解されるであろうか。この形態はキリスト教史上、時代史的に、また理論形態としても多様な仕方で構想されてきた。ここではそのうち特に主要な教説を瞥見するだけに止めなければならない。東方キリスト教世界にあって後代に大きな影響を残したのは、ビザンチン帝国の「皇帝教皇主義」（Cäsaropapismus）であった。これは神の統治とキリスト教的な皇帝による帝国支配とを同一視した。西方キリスト教世界に影響を残したアウグスティヌスの「神の国」と「地の国」の「二つの国」の思想はこれと明らかに対立した。アウグスティヌス『神の国』の統治理解は、ビザンチンの帝国神学と異なり、「神の国」と「地の国」との対立を明確にし、神の国を教会と、そして地の国をローマ帝国と緊密に結びつけた。それだけにまたそれは、地の国の中に働く罪を明らかにして神の審判を語った。つまり神の統治は、地上の帝国に換えて、キリスト教会と同一視される方向に傾いたと言い得る。そこでW・パネンベルクのように神の国を本来、教会でなく、国家や政治と結びつけて考える立場から見ると、アウグスティヌス『神の国』は「エウセビオスの帝国神学に比してほとんど劣ることなく（逆の方向で）一面的に留まった」[17]と見える。

中世ヨーロッパにおけるコルプス・クリスチアヌムの形成下において、神の統治の下に「神の二つの剣の支配」として「教権」と「帝権」の併存が考えられた。この思想は上記古代の二つの教説とは歴史的背景を異にするもう一つの異なった教説である。この教説もまたコルプス・クリスチアヌムの崩壊とともに基盤喪失に陥った。宗教改革において領邦国家が教皇の教会から独立することが重要課題になったとき、それを意図したルターの「二世界統治説」が登場した。この教説は、アウグスティヌスの「二つの国」の説や中世の「唯一の神の二つの剣による支配」の説を継承しながらも、やはりどちらとも異なるもう一つの教説であった。「二世界統治説」におけるこの世の統治は、ルターの律法理解とも関連して、一般に悪の防御とこの世の秩序維持に重きを置き、結果として保守主義的な統治理解に傾斜した。

十九世紀末オランダのＡ・カイパーは改革派的な一般恩恵の理解に基づきながら、国家と社会の区別を明確に立て、文化や政治に関する新カルヴィニズムの理論を形成し、その政治的、文化的な遂行を試みた。そこでは神の世界統治は、国家主権を根拠づけるとともに、その限界づけを明確にし、国家主権の及ばぬ教会を据え、そのほかに家族、科学、芸術などの諸領域を一般恩恵の中の侵すべからざる領域として根拠づけた。いずれの領域においても、神の主権の下それぞれの相対的な主権が相互独立的に承認され、その活動を介して神の主権的支配が表現された。いわゆる「領域主権論」[18]（Sphere Sovereignty）の主張である。これは国家や社会、文化の形成に関して、ルター派の「二世界統治説」との相違を示したが、意図としてはそれ以上に十九世紀以降の西ヨーロッパに緊張を及ぼしたフランス革命の反キリスト教的影響に対抗したものであった。

南原繁は西南学派のカント主義の影響のもとに、真・善・美に聖と正義の価値を加え、宗教的価値と政治的価値の相互の独立性を明確にする「価値併行論」を主張した[19]。これによって彼は、国家的、政治的な宗教を否定するとともに、宗教的、あるいは疑似宗教的な絶対主義国家の正当性を否定し、第二次世界大戦前夜と戦時において、天皇神格化による神聖国家日本にあって類まれな抵抗の姿勢を表明した。しかしそれは戦後、依然として宗教的色彩を色濃く残した日本において、新しい国家と社会の建設理論としては十分に適切であったとは言い切れない。カント主義的価値論における価値の相互区別の主張は、宗教の主観主義化、私事化、無世界化（akosmism）に赴かざるを得なかったと思われる。

カール・バルトは、第二次世界大戦のヨーロッパにおいて「スイスからの一つの声」として、ルターの「二世界統治説」の影響がナチスのドイツ支配を可能にした要因の一つであったと批判した。「ルター派はドイツ的異教にある意味で息吹を送り込み、それに（創造と律法を福音から区別することによって）何か固有な聖なる空間のようなものを割り当てた。ドイツ的異教は国家の権威についてのルター派の教説を国家社会主義のキリスト教的義認として利用することができ、キリスト者であるドイツ人はこの同じ教説によって国家社会主義を承認するよう招かれていると感じることができる」[20]。バルトは「世界統治」(regnum mundi)と「キリストの王的支配」(regnum Christi)を「律法と福音」のように並列させる危険に対抗し、福音の下に律法（第三用法）を理解し、国家もまた「キリストの王的支配」のもとに理解することを主張した。彼によれば、キリストの王的支配こそ神の世界統治であった。それ以来ルター派の「二世界統治説」とバルト的な「キリストの王的支配」との間の論争や、両者を調整する試みが繰り返し試みられた[21]。

パネンベルクはルターの「二世界統治説」がバルトの批判が下されたナチス時代とはまったく異なる歴史的背景にあって展開された教説であることをまず指摘した。しかし彼は、結果として「二世界統治説」が、バルト批判の妥当する問題性を帯びていたことを承認する。その原因はパネンベルクによれば、ルターの教説が「来たるべき神の国への希望が政治生活に対して持っている積極的な本質的関連[22]」を考慮しなかったためと言う。この世の政治生活はただ罪に対する応急的秩序に止まらず、神の国に対する積極的な関連を持って理解されなければならない。これは「終末論的な世界統治説」の主張である。しかし彼の説にも疑問がないわけではない。彼の言う「将来の力」の存在論的優位の説は、徹底的終末論の一つの変形のように見える。「神の愛の真実」によって現在的なものに対し「保持」の契機を語って幾分穏やかにされてはいるが、基本的には現代に対する否定の論理になると思われる。そもそも「愛の真実」は必ずしも継続性や現状に対する維持的姿勢を根拠づけるものではない。愛の真実はまた不連続性や変革の根拠にもなる。それと別に、神の国が世の全体、あるいは被造物の全体との関連でなく、優位的に国家との関連で理解されるべきという彼の判断は、聖書的と言うより、むしろヘーゲル主義的と言わなければならないであろう。神の世界統治は優先的に国家の文脈で理解されるべきものではないであろう。教会があり、また社会があり、文化・文明があり、国家関係を含みそれを越えた世界がある。その全体が神の国の到来と関わり、神の世界統治の領域である。

神の救済史的な世界統治は、神の国のまったき到来における神の支配から区別されるとともに、それとの関連の中にある。それによって世界の現状は神の国の影響下に置かれる。神が世界を統治しておられるということは、現状を維持しながら、同時に神の国のまったき到来に向けて世を備えているにほかならない。この認識は、われわれの際限のない政治的順応主義や無気力な諦念から抜け出させ、神の国に対する希望に基づいて、達成された現状に対する耐えざる批判的吟味と改善の努力に向かわせるであろう。しかし同時に神の世界統治は、解放の神学にときとして見られるような現状に対する全面否定的急進主義に赴かせるわけではない。今現にある救済史的な神の世界統治は、キリストの贖罪の行為に基づいてすでに開始されている神の国の影響の中に世界を置いている。その意味で救済史的な神の世界統治は、贖罪論的と終末論的の両規定の関連の中にある。神の世界統治への信頼は、闇雲な現状否定、トータルな現状脱出の行為とは異なり、感謝して現実を受け止め、落ち着いて生活する態度をもたらすであろう。それは保守の論理に終始することはないが、急進的行動に終始することもない。神の世界統治は贖罪論的規定の基盤にあって、終末論的方向づけにおいて働く。

摂理の信仰は、この神の主権的な働きへの信頼によって、人間に神への応答の責任意識を喚起する。それは現実を受けとめる忍耐を支持するとともに、目標に向かっての希望を喚起し、現状を変革する勇気の精神的な拠り所となる。神の世界統治の信仰は、人間自身が歴史的運命を統御する存在であるかのような驕りを諫めるとともに、同時に無条件に現状を放任し、怠慢に陥り、無力に甘んじることを正当化しない。神の世界統治に信頼しつつ応答して歩む道は、謙遜にして勤勉な勇気の道であり、人間の行為と現実に対する不断に柔軟な批判的吟味の道である。

③　歴史の恐怖や謎と神の統治の秘義

ミルチャ・エリアーデは、「歴史の恐怖」（the terror of history）を語った。彼の祖国ルーマニアが幾世紀にもわたって苦難を経験しなければならなかった歴史的事実を挙げて、その苦難が何によって正当化されるかとも問うた。エリアーデの祖国はアジアからのヨーロッパ侵略の要路に当たり、またオットマン帝国に隣接し、長期にわたって歴史の恐怖にさらされ続けた。そして今日、「集団的な追放と殺戮から原子爆弾攻撃に至るまで、歴史の破局と恐怖がある。しかも歴史のプレッシャーによって歴史からのいかなる逃避も赦されないとき、これにどう耐えることができるか[23]」と問うた。現代人はもはや古代の伝承文化人のように形而上学的な祖型の反復や神話的永遠回帰の実在感を抱いていない。現代人は歴史や進歩という「堕罪」に取り返しようなく落ちており、「祖型や反復」といった「楽園」を最終的に放棄してしまっていると彼は言う。現代人がそのように歴史意識や進歩観の罪に堕ちた人間であってみれば、罪人の宗教であるキリスト教こそ現代人の宗教である、とエリアーデは言う。「祖型と反復の地平を後にした人間はもはや神の観念による以外には歴史の恐怖に対して自己を守ることはできない。……他のいかなる現代人の立場も結局は絶望に導く[24]」。その際エリアーデは、その神観念によって、一方では法によって支配された宇宙の中で人間に自律を与える神、他方さまざまな歴史的悲劇が歴史を越えた意義を持つ確かさを与える神、そうした神観念を想定している。歴史の恐怖に対抗する神の主権的な統治は、その神観念の理解によれば、人間の創造的自由を支持し、歴史的悲劇を無意味にしない神の恵みの統治である。

歴史を構成する概念として、パネンベルクは「偶然性」を強調し、モルトマンは「新しいもの」を強調した。彼らに時代的に先立ってラインホールド・ニーバーは、むしろ人間の「道徳的自由」に注目し、その道徳的不完全性の問題を挙げて、歴史的な悪と歴史の道徳的曖昧さの「謎」(enigma) を鋭く問題にした[25]。ニーバーが注目したのは、一般的な意味で人間が道徳的自由によってさまざまな歴史的悪を克服しようとして努めるといった単純な自由と悪との相克ではなかった。アウグスティヌスが見たように、彼もまた歴史的悪と道徳的曖昧さが人間の自由から生じていると見た。しかも歴史的悪との戦いにおいて悪を克服した側の人間に、繰り返し道徳的善の見せかけ (pretention) が生じ、一層邪悪な結果が生じると彼は語った。「既存の歴史的勢力に対する審判を執行する者たちの間に利害関係や私心はないといった見せかけの主張が増大し、悪を滅ぼそうとする努力を通してさらに途方もない悪が起きる可能性が造られる[26]」。ニーバーによれば「歴史は最後まで道徳的に曖昧なままである[27]」。ニーバーがそれでも歴史的ペシミズムに終わらなかったと言い得るのは、罪なき者の苦難の中に「世の罪を担って克服する神の苦難の啓示」を見たことによってであった。「キリスト教信仰は、信仰によって神の力と憐れみを理解したと主張する。この神の力と憐れみが人生の曖昧さを究極的に解決し、人間が死に物狂いで打ち勝とうと努力するゆえにかえって落ち込む悪から人間を清めるだろう[28]」。従ってニーバーにとっては、歴史は人間の歴史であり、それに対する「神の主権」は単純な力そのものでなく、キリストのアガペーつまり「苦難の愛」（suffering love）の中に表現され、それが歴史の紛糾の解決を示すと見られた。ニーバーはさらに「キリストの苦難の愛」と区別して、復活の「シンボル[29]」によって時間的プロセスを廃棄せず変容させる永遠への希望が示されているとも語った。歴史に関するニーバーの最後の言葉は、歴史の中でのユートピア的な成就でも、仮現論的な非歴史的成就でもなく、歴史の終わりにおける歴史の終末論的「変容」（transfiguration; transformation）による成就であった。そこに至るまで罪なき者の苦難が「神ご自身の苦難の啓示」として「歴史の究極的解答[30]」とされた。

それにしてもニーバーの「復活のシンボル」という表現は、聖書的信仰の文字的直解主義（literalism）を回避しようとしてのことであるが、それはまたニーバーが歴史における実在や事実を論じるより、解釈を強調する傾向を示していて、依然としてなお事実的な歴史に対し「非歴史的」な傾向の残余を持っていることを示しているのではないかと思われる。神学はむしろ歴史を統治する神の秘義、「復活した十字架のキリスト」が歴史の中に臨在する秘義的実在を語る努力をしなければならないであろう。神の世界統治は啓示された恵みの神の秘義的実在であり、信仰は認識的に究め尽くすことのできない神の世界統治の実在性に信頼するのである。

神の主権的な世界統治は、終末以前の歴史的過程の中で単純な勝利主義や幸福主義によって描かれるわけではない。そうした単純なイデオロギー的な見方は、歴史の現実の経験からあまりに隔たり、その現実に耐え得るものではない。それはまた、歴史的啓示に基づくキリスト教的信仰の神の認識に合致しない。幸福主義や勝利主義の摂理の理解は、啓示に基づくキリスト教信仰の深遠な神理解から離れて、幻想的な虚偽の非現実性に閉じ籠ることになる。神の統治は救済史的な終末以前においては、なお神の苦難の中の統治であり、悲嘆の中の慰めである。神の統治は十字架のキリストに示された神の忍耐と憐れみの統治である。啓示の神の憐れみと力の秘義が歴史の恐怖や謎を越えている。

ヘンドリクス・ベルコフは、この「歴史における十字架のキリスト」による歴史解釈を語った。ゴルゴタの十字架の苦難の中で決定的な贖罪の業が起きたが、ベルコフは「贖罪の業でこの世における神の国の苦難の限りが尽くされたわけではなかった[31]」とも語った。贖罪論的な苦難と死の後になお救済史的中間時における終末論的な苦難がある。それは神の国のまったき到来に備える苦難であって、教会はみずから苦難を経験することによって教会の主を表現すると言う。歴史の中に継続する救済史的中間時のキリストの苦難としてベルコフはとりわけ「迫害」「対抗的な救済の教理」「背教」の三つの形態を挙げ、それらとの関連で「世俗化」や「イスラムの興隆」についても語った。そして最後にはそれら三つの形態の集約として「反キリスト」の出現を語った。「反キリスト」は宗教的な形象によって描かれながら、徹底的に無神論的なものである。しかし「反キリスト」は異教主義に起源を持つのでなく、「非キリスト教化されたキリスト教的世界」に起源を持つとベルコフは言う。しかしそのようなものとして「反キリスト」はキリストの陰にすぎず、「彼がなすことはすべてキリストの勝利を指し示す」と言う。「反キリストはキリストの王国によって生へと呼ばれた諸々の敵の連合であって、彼らはキリストの王国に打ち勝つことはできず、彼ら自身の意志に反し、彼らの否定性を通してキリストの王国を証言し、肯定し、結果的に彼らは間もなくキリストの王国によって永遠に打倒される[32]」とベルコフは言う。この世における神の国の苦難と言う仕方で、神の支配が苦難を取る仕方で語られたが、苦難はキリストの勝利が歴史に落とす陰にすぎない。

渡辺一夫『渡辺一夫　敗戦日記』は、一九四五年三月一〇日の東京大空襲の経験を記すところから書き始められた。渡辺がその日の焼夷弾による空襲の惨禍をどの程度把握していたかはわからない。「懐かしきわが『本郷』界隈は壊滅した」と記した後で、渡辺はこう記した。「思い出も夢も、すべては無惨に粉砕された。試練につぐ試練を耐えぬかねばならぬ。カルヴァリオの丘における『かの人』の絶望に、常に思いを致すこと。かの人に比すれば、僕なぞは低俗にして怯懦、名もなき匹夫にすぎぬ。かの人の苦悩に比すれば、今の試練なぞ無に等しい。耐えぬくこと！」[33]。このフランス文学者の文章は、ゲッセマネのイエスの祈りを記したパスカルの言葉（『パンセ』五五三）を思い起こさせる。「イエスは世の終わりまで苦悶の中におられるであろう。その間汝ら眠るべからず」。ひとりの日本人が歴史的な大惨禍の中でゴルゴタのイエスに思いを向け、その試練の中で十字架のイエスから忍耐の支持を得た事実は重大である。類似のことは東日本大震災の時もあり得たし、あったであろうと確実に思われる。十字架のイエスが歴史を耐えぬく力の源であることは、神の歴史統治の重大な形態である。

神の世界統治は、神の国のまったき到来までなおしばらくは苦難の中を行く。歴史の謎と恐怖の中で経験される苦難は、ベルコフが言うようにただ十字架のキリストの苦難を「表現する」（represent）だけでなく、キリストの苦難に「参与する」（participate）と言うべきであろう。十字架のキリストの臨在に実在性があると、復活のゆえに言うことができる。十字架のキリストの臨在の実在性はまた、三位のうちの一つの位格の実在として三位一体論的に理解されるべきである。それに聖書が「聖霊のうめき」を証言していることも神の実在性にとって決定的なことを語っている。歴史における神の世界統治は、歴史の恐怖と謎の中を苦難における三位一体の神の世界支配として貫かれる。キリストの苦難による神の世界統治は、キリスト教的ヨーロッパを越えている。アジアにおける歴史の恐怖の中にも十字架のキリストは臨在する。もちろん、それを信じ認識するのは、キリスト教的人間であるが、キリストの臨在は信仰的認識の主観を越えて外的な秘義的実在である。キリストと聖霊の派遣による三位一体の神の現在的統治は、歴史の恐怖と謎を貫いている。

④ 暫定的な秩序と目標

神の摂理や世界統治の信仰を証言する新約聖書の箇所は少なくない。「思い悩むな」（マタ六・二五―三四）との主の言葉、「キリストを……すべての支配、権威、勢力、主権の上に置き」（エフェ一・二一）、「御父は、わたしたちを闇の力から救い出して、その愛する御子の支配下に移してくださいました」（コロ一・一三）といった箇所などが挙げられよう。さらにキリストの支配や聖霊の働きが語られる多くの箇所も三位一体の神の世界統治の箇所にほかならない。その他、ローマの信徒への手紙一三章一―七節、ペトロの手紙Ⅰ二章一三―一七節など「上に立つ権威」や「人間の立てた制度」を通して神の統治がなされることを記した箇所も注目される。同様の箇所としてテサロニケの信徒への手紙Ⅱ二章六節の「ト・カテコン」（阻止するもの）も神の世界統治に関わる興味深い聖書の用語である。

a 「ト・カテコンあるいはホ・カテコーン」

世の終わりに反キリストが出現し、最後の審判が来るとの黙示録的表象を背景にしながら、「今、彼を抑えているものがある」（二テサ二・六）と聖書は語る。終末以前の救済史的現在にあって神の世界統治は、「阻止するもの」（ト・カテコン）により反キリストの出現を抑えていると言う。「ト・カテコン」とは何か。聖書の長い解釈史の中で、古代から中世、宗教改革期にわたり、さらに近代においても、「ト・カテコン」はローマ帝国を意味すると解釈されてきた。そうするとローマの信徒への手紙一三章やペトロの手紙Ⅰ二章と同様、神の世界統治が国家による世の支配を用いる意味になる。神の統治の問題に関連しながらこの箇所に注目したH・ベルコフは、「ト・カテコン」はその他にも例えば天使的な力を意味するという解釈もあると述べながら、彼自身はカルヴァンやオスカー・クルマンの解釈を示唆しつつ、「福音の宣教」を意味すると解釈した。[34] 世の終わりに先立ってまず「福音があらゆる民に宣べ伝えられねばならない」（マコ一三・一〇以下、マタ二八・一八、使一・七）のであり、それが反キリストを阻止していると言うのである。神の世界統治の形として福音伝道を挙げることは、それ自体としては有意義な指摘である。しかし「ト・カテコン」を福音伝道と解釈するのは、伝道についてこの文脈の後の方（三章一節）で語られるだけに無理があるのではないか。

ヴォルフガンク・トゥリリンクによると「阻止するもの」をローマ帝国に関係づけることは釈義的に的外れである。パウロは、ユダヤ教的終末論の中に神御自身が神に逆らう諸勢力のまったき出現を抑えるという見方があるのを知っていて、その知識を「人々の感情を落ち着かせ信頼を強化させるために」投入したと言う。中性名詞のト・カテコン（六節）を男性名詞のホ・カテコーン（七節）に変える語り口は、この教説が教理的に確立していなかったことを示しているとも言う。「パウロは恐らく彼の時代の特定の現象を目前にしていたのではない。むしろ『物事の進み方について』ある確かな確信を心に抱いていた。彼にとって確かだったのは、彼の時代とその教会の中に起きていたさまざまな動揺は、神の真実とキリストの勝利を知ることを何ら妨げるものではないという信念であった。彼が言いたかったのはまさに、神は神御自身のやり方で現在し、活動しているということであった」。[35] この解釈によれば、「ト・カテコン」は特定の事象を指すよりは、何を用いるにせよ神は現在し、活動し、世を統治しておられることを語っていることになる。「ト・カテコン」は背後に神の世界統治があることの表現である。

それにしても神の世界統治が福音伝道によって示されることも聖書的証言に従い、また救済史的神学の認識から言って重大な真実である。これについては節を改めて「伝道と教会を通しての神の統治」の中で論じたい。

ｂ　神の国待望の動向

神の世界統治はいかなる国家や社会のあり様を用いて遂行されるかという問いは今日にも切実な問題である。神の世界統治は国家の主権的支配を制約し、その権威を非神聖化する。「皇帝のものは皇帝に、神のものは神に返しなさい」（マタ二二・二一）とのイエスの言葉は、「比較的高い蓋然性をもってイエス自身の口から出た真正な言辞[36]」と認められる。アーネスト・バーカーはこのイエスの言葉の中に「ダイナマイト」が含まれていて、「究極的には、それは《国家》の領域からの《社会》の領域の分離を意味した[37]」と語った。イエスの言葉は、第一義的に政治的な言葉ではなく、政治的権力を神の支配に対して暫定的なものの側に置こうとしたもので、決定的なのは「何よりもまず、神の国と神の義を求めなさい」（マタ六・三三）という終末論的な根本姿勢であった。しかしそこから発生したのは国家と社会の分離であるだけでなく、国家の非神聖化、権力の分散、国家主権による人権侵害の禁止など、およそ民主主義的な仕方で国家を規定した近代憲法の精神と諸価値である。近代憲法は信教の自由を承認した人権規定のゆえに、直接的に特定の宗教的国家形成を提示しないのが通常であるが、それ自体はキリスト教的基盤に発生したことは明らかである。信教の自由は、結社・表現の自由とともに、自由な国家における自由な宗教行為（礼拝・伝道・教会形成）を承認している。「真に民主的な価値体系は、政治過程そのものを裁定できる超越的な拠り所を持っていなければならない[38]」が、神の世界統治が「上に立つ権威」や「人間の立てた制度」に対し、非絶対化や非神聖化の働きを通して規定的な影響を与えてきた。神の世界統治は、まさしくその民主主義的な価値体系や近代憲法の精神の「拠り所」として働いてきた。神の世界統治は、絶対主義的国家や異教的支配の宗教的国家から「自由な国家と自由な社会」へと変革し、デモクラシーと人権、寛容の国家や社会へと変える政治動向の超越的拠点として作用してきた。それらの憲法的諸価値が、神の国に方向づけられた神の世界統治によりよく対応しているからである。

カール・バルトの「義認と法」（一九三八年）は、救済史的な神の世界統治の働きが歴史的変革をもたらすという視点からの論述ではない。彼はキリスト論的権威の視点で、その王的支配が教会を内円として有し、国家を外円として持つと語った。しかしその中でも国家などのような国家でも同じ国家であると語ったのでなく、その論述の構造には必ずしも合致しなかったにもかかわらず、歴史的変化の相の視点を挿入して、「時代が経過する間に、キリスト教会の領域においてこそ、『民主主義的』国家、すなわちすべての国民の責任をもってする関与の上に建てられる国家が生じたのは、偶然だろうか」と問うた。そして「真剣な祈りが、いつまでもそれにふさわしい働きを欠いていているということが、ありうるだろうか[39]」とも語って、新約聖書と民主主義的国家の関連に言及した。世界を統治する三位一体の神が歴史に働かないままでいることは考えられない。暴力的で酷薄な国家でなく、愛と正義、命と平和、そして自由を重んじる国家が、神の祝福に一層対応し、神の国への方向づけに適っていることは明らかである。この意味では、自由や人権、デモクラシーの成立が開始された十七世紀は、神の世界統治の観点から有意義な世紀であった。福音的自由を守る自由の要求から政治的な自由が発し、（もちろんそこにも問題が一切ないわけではないが）新しい形態を取ったのである。

神の祝福の内容と神の国の到来の視点から見て、神の世界統治の中で「近代憲法の動向」とともに、「命」の擁護と「平和」の確立はなお重大な課題の中にあり続けている。二十世紀と二十一世紀は命と平和の観点から歴史の恐怖を経験してきた。二十世紀において「総力戦」（前線と銃後の区別の解消）や「核兵器の出現」は、キリスト教史に長く続いた「正当な戦争」の理論が抽象的で不十分な理論にすぎないことを明らかにした。どのような「正当な戦争」も事実として「不当な戦闘」に陥ることに悩まされている。だからと言って「非暴力・非武装」のパシフィズムが、国家間、また暴力的な対立の瀬戸際にある民族間にあっても、かえって戦争を誘発する可能性があることも明らかである。神の世界統治は、命と平和をめぐる困難の克服を忍耐強く探り続けることを鼓舞する。

神の救済史的な世界統治と神の国のまったき到来における神の支配との関連をどう理解するかという問題が

ある。神の世界統治は「終末以前的な神の活動」であるが、それは贖罪論的根拠に基づき神の国のまったき到来における完成に方向づけられた「終末論的な神の活動」である。W・クレトゥケは「終末以前的な神の活動」と「終末論的な神の活動」とを区別し、「終末論的完成と区別して被造物的現存在の成就という有り難さがあってよい」と語った[40]。これに対しG・クラインは、その区別を正当化することは聖書解釈上困難であると主張した[41]。「終末以前的な神の活動」は、「協働」を含むことで、終末時の神の独占的な活動（死人の復活、最後の審判、万物の変容、神がすべてにあってすべてとなる）とは異なる。しかしそれは、現状を神の国の到来へと方向づける終末論的活動である。救済史的な神の世界統治は、「終末以前的な神の活動」であるが、「終末時の神の活動」へと向かい、世をそこに方向づける「終末論的な神の活動」と言うべきであろう。神の世界統治は神の国の完成を目指している。この終末論的な関連は、救済史における世界伝道の指示についても、また自由で平和な世界に向けての改善努力の鼓舞についても決定的な意味を持つ。神の世界統治は神の国の到来に備えて「自由な世界」の「自由な伝道」を鼓舞するからである。それゆえ神の世界統治は、臆病や怠惰による現状肯定主義を諌めて、「自由な世界」の形成に努める「勇気の拠点[42]」である。救済史的現在は終末論的な方向づけを受けて、忍耐と希望の時であり、変革への勇気の時である。

c「不可能な可能性」と不断の吟味

それにしても誰も、歴史の進歩や発展の楽観主義に立つことはできない。世界伝道が難局を経験するように、憲法的諸価値の遂行もまた時代や社会の腐敗や逆行を免れるものではない。この現実の中でR・ニーバーが「不可能な可能性」（impossible possibility）や「未決の可能性」（indeterminate possibility）について語ったことが思い起こされてよいであろう。現実的であることは、決して敗北主義に陥ることではない。ニーバーは、ルターの二世界統治説の中に「恵みの領域」と「市民的政治の領域」との「厳格な分離」を見て、その中に社会生活に関する「敗北主義」(defeatism)が隠されていたと語った。[43] しかし人間にはできないが、神にはできる。従って「あらゆる社会的構造や制度に道徳的な曖昧さが含まれているが、だからといってそれはそれら社会構造や制度における未決の改良の可能性を破壊するわけではない[44]」。

「不可能な可能性」を単純な可能性と見ることは、人間の努力の高慢と欺瞞の装い(pretention)を表すであろう。しかしまた単純な不可能性と見ることは、怠惰か諦念の正当化という、形を変えた高慢と欺瞞に陥ることになる。神の世界統治への信頼は、神の恵みの働きがあることを信じることであって、不可能な可能性が開かれていることに信頼する。R・ニーバーは「不可能な可能性」に対応して「不断の自己吟味」を提唱した。自己達成を主張する高慢と、完全を装う欺瞞の素振りを吟味しなければならない。その意味では神の世界統治への信頼は、憲法的諸価値の動向についても安易な自己満足に陥ることを戒めるであろう。

3　伝道と教会を通しての神の統治

①　伝道を通しての神の世界統治

救済史的中間時は、世界伝道の時である。聖書の証言によれば、神の国のまったき到来には福音伝道が先立つ。「御国のこの福音はあらゆる民への証しとして、全世界に宣べ伝えられる。それから、終わりが来る」(マタ二四・一四、マコ一三・一〇、ルカ二一・一三)と言われている。福音書はどれもイエスの復活の記述で終わっているわけではない。復活のキリストによる世界伝道への派遣で終わっている。復活のキリストの全権獲得が世界伝道への派遣の根拠となり、世界伝道は復活のキリストの権威のもとに聖霊の力の注ぎによって開始される。そのようにして福音の世界伝道は、三位一体の神の世界統治を表している。十字架の言葉は神の力であり、罪と悪に対するキリストの贖いの勝利を伝え、父と子と聖霊の名による洗礼を通して、失われた人々を神の子、神の民として回復する。福音伝道が神の世界統治の遂行であることは、「キリストの勝利の行進」（二コリ二・一四）と言われていることにも示されている。「キリストはすべての支配や権威の頭です」と言われ、「もろもろの支配と権威の武装を解除し、キリストの勝利の列に従えて、公然とさらしものになさいました」（コロ二・一〇、一五）とも言われる。

福音の世界伝道は、イエス・キリストとその贖罪の出来事を伝えることで、神との和解を伝え、神の国の到来を伝える。それは到来する神の国のすでに現在に及ぶ力として神の世界統治を証言する。伝道の進行が神の世界統治の遂行である。福音の告知は「世の諸力」（ストイケイア）に支配された奴隷状態からの解放をもたらす。人々はキリストの贖罪の業によってストイケイアから解放され、「神の子」とされる。神の御子の派遣とともに、霊の派遣が伝道に関係している。「あなたがたが子であることは、神が『アッバ、父よ』と叫ぶ御子の霊を、わたしたちの心に送ってくださった事実から分かります」（ガラ四・六）と言われる。霊の派遣は「洗礼」と結びついている。従って福音伝道は、洗礼へと導き、洗礼によって聖霊の注ぎに導き、その人をキリストの贖いの勝利にあずからせ、ストイケイアの奴隷状態から神の子へと回復する。そのような仕方で伝道は「支配の転換」をもたらし、神の世界統治の遂行を表現する。伝道の進むところキリストの贖罪の業が伝えられ、神の世界統治が前進する。従って神の世界統治は「伝道のカテゴリー」において理解されなければならない。伝道は、復活のキリストの臨在と聖霊の働きの現実によって推進され、到来する神の国の影響力にすでにあずかり、「支配の転換」によって人々を神の国の力の圏内に入れる。キリストによる贖罪に基づいて神の国のまったき到来に向かう三位一体の神の世界統治が伝道を通して遂行されている。

②　世界における教会

教会は三位一体の神の経綸の働きの中で、キリストの贖いによって立てられた新しい契約の共同体である。教会は「神の民」「キリストのからだ」「聖霊の宮」と言われる。それらは三位一体の神の支配と結びついた表象である。神の選び（「神の民」）と、キリストの受肉による贖罪（「キリストのからだ」）、そして聖霊の注ぎ（「聖霊の宮」）によって、教会は神の国の到来に向けて召集され、育成され、派遣されている。教会は神の国ではない。しかしパネンベルクによれば、教会教父も、またその後のスコラ神学も、さらにルターもまた教会の現在の中に天上の神の国を見る傾向にあったと言う。(45) しかし救済史的に言えば、重大なのは教会と神の国の同一視でなく、教会と神の国との相違の中にある関連性である。教会は勝利主義的に自らに栄光を帰すことはできない。自己目的になった教会は、教会でなくなる。教会はただキリストの贖罪による共同体であり、その根拠から神の国の近き到来に向けられた終末論的共同体である。

教会の使命は、神の世界統治に服し、何よりもまず神の国と神の義を求め、そのまったき到来に備える。そのようにして真に教会であることによって、教会はキリストの臨在にあって発揮される神の国の影響力にすでにあずかり、それを証しする。「証し」はそれ自身を越えて事柄を指し示すが、その事柄はすでに「証し」の中に力を発揮している。

教会における神の支配は、祈りと賛美と交わりにおいて、また信仰告白と献身と証しにおいても働きを示す。しかし何よりもそれは、洗礼と説教と聖餐を通して働く。教会は神の統治を指し示す「証言」の共同体であるが、洗礼と説教と聖餐を通して教会の歩みそのものが同時に三位一体の神の憐れみの統治の「遂行」にあずかっている。神の世界統治にあずかりながら、教会は世界に神の統治を告げ知らせる。教会が真に教会であるのは、神とその御国のためであり、そのことを通して世界のためでもある。教会は世界に対し、キリストの贖いと神の国の到来を告げている。

ペーター・ブルンナーは、教会における三位一体の神の統治を「霊的統治」（das geistliche Regiment）と呼び、家族や労働や国家や学問・芸術における「この世的統治」（das weltliche Regiment）と区別した。(46) それはルター的な二世界統治説を継承したもので、教会の霊的統治のみが神の国の到来に向けられた終末論的統治であると言う。Ｐ・ブルンナーは他方、この世的統治はこの世の存在や秩序の保持として働き、福音とは区別された律法の働きと言う。しかし三位一体の神の統治を二つに区別し、それらを無関係に配列することは不可能であろう。教会において告知され、証しされる神の統治は終末論的統治であって、この世界を神の国へと方向づける。神の国のまったき到来は、教会に関係するとともに、この世界にも関係する。

教会が神の主権的な統治のもとにあって、他の何ものにも服さず、毅然として神のみを神とする教会であり続けるとき、他のいかなる共同体もなすことのできないことをしている。教会を除いて、キリストの贖罪の業に参与し、神の主権的統治のもとに身を置き、神の国を待望しつつ指し示すことのできる共同体は他にはない。教会は、まさに教会であることによって、神の国の近き到来を証言し、他の共同体（国家、民族、国際社会、家族、企業、学校など）を非神聖化し、非絶対化し、非中心化する。つまり他の共同体が自己欺瞞に陥らず、まさしくそれ自体としてあることができるように奉仕する。教会が教会としてあり続けることは決して虚しいことではない。神の世界統治を証言し、それに用いられ、到来する神の国の力にあずかることによって、教会は周囲の世界に非熱狂的で誠実な自己理解を与え、終末論的方向を提示する。

それにしても教会にそぐわない事態が教会の中に起きることがある。実際、教会史の中で種々の破局が経験された。教会内の分争、宗派的ならびに教派的分裂、不寛容で排他的な外部との争いなど、教会の土台であるキリストの贖罪の恵みと、証言すべく召された神の国の到来の秘義を教会自身が覆い隠してしまう事態が繰り返し起きた。それはいまもなお起きている。「教会が誘惑される悪の形式」には、「キリストの名もしくは神の名を利己的な目的のために主張すること」[47]がある。教会が自己目的化することも教会にそぐわない。しかしどのような破局や挫折の中でも「我は教会を信ず」に動揺はない。父、子、聖霊の三位一体の神を信じる信仰は、教会が教会であることの確かさについて揺らぐことはない。教会の存在の理由は、教会の外に、神の決意とキリストによる贖いと聖霊の働きにある。それによって教会は常に真実に教会であることに招かれ続けている。新しい契約の共同体として神の国と神の義を求める教会は、神の国の到来に向けて不断に終末論的なあり方へと回心し、改革することへと招かれている。教会の回心と改革を通して神の世界統治は進行する。

③　礼拝を通しての神の世界統治

教会の贖罪論的根拠と神の国に向けられた終末論的規定とは、その礼拝の中に際立って現れる。教会が真に教会として神の御前に立ち、それによって世界に対するのは、洗礼によって結ばれ、説教に聴き、聖餐にあずかることによってである。世界に対して真の教会として立つために礼拝は、ただ密かな礼拝としてでなく、「公の礼拝」（パブリック・アッセンブリーによる礼拝(48)）として営まれることを求める。教会はまた教会規則・制度・教会政治によっても前進する。それもまた贖罪論的基盤、終末論的方向づけによる歩みに含まれる。しかし礼拝における終末論的な生起こそが一層根本的である。教会政治は繰り返し挫折する。その挫折は礼拝によって立ち直されなければならない。もちろん礼拝もまた挫折にさらされる。しかしそこからの立ち直りは、神により、従って礼拝による以外にない。

礼拝は説教を通して神の恵みの支配に触れる機会である。しかし教会を「説教の教会(49)」と言うべきではないであろう。説教のみで神の民、キリストのからだ、聖霊の宮であることはできないからである。教会は「洗礼の教会」であることによって、神の民であり、キリストのからだである。洗礼において聖霊の注ぎを受ける。洗礼を受け、説教に聴き、聖餐にあずかりながら、神の国と神の義を求め、神の名をほめたたえることが礼拝の本質である。「聖餐」にあずかることによって、キリストの贖罪の恵みにあずかるとともに、神の国へと方向づけられる。礼拝が行われるところ、御言葉が告げられ、聖礼典を通して神の国への参与が起き、神の世界統治が遂行し、救済史が進行する。

説教はまさしく説教の本来の形において、聖書の証言に服する仕方で神とその御旨と御業の言葉を聴き、それを告げる。それによって神の国の近い到来を告げ、神の世界統治を伝える。真実の説教は神の統治を告げる意味で、真に政治的である。それは神の主権的御業の告知により、歴史の意味と目標を告げ、罪と悪を明らかにし、神の審判を伝え、贖いの神の憐れみを伝える。それに比して、いわゆるジャーナリスティックな主題に即した政治的説教は、真の説教になりがたく、その意味と効力において深い意味で政治的とは言いがたい。教会が真に教会であること、そのために礼拝が真実に礼拝とされ続けること、そのことが持っている神の救済史的統治に対する証言は他の何ものによっても替えられない。神の国のためになされる教会の礼拝は、世界にとってなくてならない偉大な神の賜物である。洗礼を受け、説教に聴き、聖餐にあずかる教会の礼拝において、礼拝者は三位一体の神の「平和」(50)と「義」(51)、「自由」(52)と「命」(53)にあずかる。教会の礼拝は、贖罪論的根拠に基づき、神の国への終末論的方向づけを受けて、神の平和と義、神による自由と命を伝え、神の世界統治を世界に伝える。

第七章　法の神的根拠

人間の共同生活はさまざまな形態の法によって維持されている。一人と一人の関係から国家の共同生活に至るまで法の支えが決定的と言わなければならない。さらには国家を越え、諸国家を含む国際社会もまた、なお未確定的な要素を残すとは言え、法的規定を予想している。各種の法人や共同体、教会もまた法の規定によっている。しかしながらいかなる法も歴史的変化、時代の変化と無関係ではない。法もまた歴史的に変化する。本章はそうした歴史的変化の中にある人間の法がどこに根拠を持っているかを問い、人類史におけるもろもろの法の成立根拠、そして法の歴史的変化を支える規範的根拠がどこにあるかを問う。歴史的変化にある法の規範的根拠の所在をキリスト教的、神学的に探求しようと思う。キリスト教的、神学的に探究すると言っても、その法の規範的根拠がキリスト者だけに通用する特殊な真理であると言うのではない。法の規範的根拠を問うことは人類的な問いであって、法の根拠をめぐる人類普遍的な問いに対する真理の解答を求め、それが神学的な作業になる以外にないと指摘したいと思う。

「神学的に問う」場合、本章は言うまでもなくプロテスタント神学の議論を遂行する。すると直ちに「法のプロテスタント的神学」が存在するかという疑問が生じるであろう。すでに五〇年前、エルンスト・ヴォルフは「プロテスタント的な法の思考について」という論文の中で、「プロテスタント的な法の教説は存在しない。もっと適切に言うと、いまだ存在していない。さらに正確に言えば、いまだ再び存在していない[1]」と語った。「再び」と言ったのは、ルターとカルヴァンが法の思想家であって、この宗教改革者たちによって「法の神学的教説に向かうきわめて注目に値する端緒」が与えられていたことを意味する。しかしそれがなお未解決なままに残っていると語ったわけである。「プロテスタント神学の法の教説はおそらく生成途上にある」とヴォルフは言う。「法の神学」の事態がそのようであることは、五〇年後の今日においても同様に認めなければならないであろう。

まずは「法の根拠」を問うことが、現代、特に日本の精神状況において、どのような意味を持つかについて一言して、本章の内容に入ることにしたい。その際、ある面日本の精神状況と類似の面を有した第二次世界大戦前後のドイツにおける法の混乱とそれ以後、いかなる視点から法の根拠をめぐるプロテスタント神学の主張がなされてきたかを概観する。そのうえで本章の主張を語り、その主張の意味射程、法の歴史的、規範的な考察、救済史的考察について語ることにしたい。

1　今日の問題状況

法は、立法機関において、国家の法であれば国会において審議され制定される。改正作業も同様の筋道で遂行される。地方行政の条例も、あるいは諸団体の規則も、それなりの最高の意志決定機関（議会、理事会、総会など）の決議によって制定され、改訂される。法はそのようにして、その団体の成員の決定と修正に委ねられているように見える。その時の人間、あるいは人間を動かすその時々の種々の必要や力、それらが有する趨勢によって法が制定され、改正されるということは、法が歴史的、時代的、さらにまたその集団の特質に規定され、国家の法でいえば民族的でもあり得るということである。この意味で法の根拠は、各時代ごとの国家の力、あるいは社会の関心、国民的利害の中にあるとも見られる。しかしその際、法の「規範性」や「権威」はどこに認められることになるのであろうか。すべてが国家や団体の利害による決定に委ねられているのであろうか。

国家の意志決定が「恣意的な力」に蹂躙される場合がある。ヒトラーの第三帝国時代のドイツとともに、ある面類似した恣意的な力による法の蹂躙や法の逸脱と無力化とを、戦前・戦時の日本も経験してきた。その意味で時代の人間の恣意による勝手気ままな法の扱いをどのように規制し、国家の恣意性によって措定される実定法を超えて、「法の規範性」をどのように確立し、保持するかという問題は、今日の日本人の法意識一般にとっても重大な課題である。法を国家や時代精神の恣意性に委ねず、それに抗して維持し、またいかなるイデオロギーによる法の扱いにも抵抗して、その改正努力を方向づけ鼓舞する法の根拠を、われわれは一体どこに求めることができるであろうか。法の根拠を一つの国家やその成員である国民の利害を超えたところに認識することは、今日のグローバル社会にあって、また規範喪失社会の傾向の中で、不可欠な人類的課題と言わなければならないであろう。

実定法のみを法として考える「法実証主義」に立つか、それとも法の規範性を「自然法」によって確立するかといった議論が、二者択一の形で論じられた時代があった。ナチス時代のドイツにおける法の恣意的な制定と運用は、それ以前に歴史主義によって自然法が無力化されていたことに思想的な原因があったとも言われ、もしドイツのカトリック教徒が本気で自然法を信じていたら、第三帝国の不法や不正は未然に防ぐことができたかもしれないとさえ言われたことがある。しかし事実は、自然法思想そのものもそれなりに時代性を帯びることを免れてきたわけではない。自然法は時にはフランス革命期のように、革命的な思想として登場したが、一般には現状維持の保守主義的理論を形成した。トレルチは自然法を自由、平等、共有財産制をもった「絶対的自然法」と、人間の堕罪に即応した「相対的自然法」に区分し、教会の倫理は後者の相対的自然法に拠ったと指摘した。それによって国家や家族、私有財産や裁判制度、さらには戦争に至るまで、その現実を肯定し、法の秩序の中で扱うことができた。これに対して「絶対的自然法」の方は、トレルチによれば教会から区別されたゼクテの中に噴出するほかなかったと見られる。(2) ラインホールド・ニーバーはトレルチによる自然法のこの区別を継承し、再臨待望が消失した後の、世界に適応した教会においては、「相対的自然法に対する過度の強調(3)」が見られたと主張し、その保守主義的性格を批判した。中世の教会は階層的社会構造を受け入れ、自然法によってそれを基礎づけたが、それによって「不平等を聖化することで自己の諸悪を強化した」(4)とニーバーは批判的に記した。自然法をまったく否定したか否かは別にして、自然法の理論は、聖書が持っている歴史に対する動的な理解におよそ及ばず、また預言者の倫理的洞察力に及ばないとニーバーは語った。しかし日本社会には、自然法思想も希薄であり、聖書による歴史の理解も、また預言者的な洞察も欠如している。実定法を批判し方向づけ、また維持し改正する力を持った「法の根拠」は一体どこに求められるであろうか。

実定法を規制する規範的な法として具体的には「憲法」がある。憲法も一般の法と同様に国民による改正に委ねられているが、しかしその改正は決して容易でなく、手続き上きわめて慎重な扱いを課せられているのが通常である。そのようにして、限定的であるにせよ規範性が強く保持される。さらに日本国憲法で言えば、第一〇章「最高法規」第九七条に「基本的人権」に関して次のような表現が見られる。「この憲法が日本国民に保障する基本的人権は、人類の多年にわたる自由獲得の努力の成果であって、これらの権利は、過去幾多の試練に堪え、現在及び将来の国民に対し、侵すことのできない永久の権利として信託されたものである」。この表現は基本的人権を自然法によって確立しているわけではない。むしろその獲得の歴史性を明確にし、しかもそれが何ものかから現在及び将来の国民に対し「信託」されたと表現している。法の神的根拠を神学的に語ることは、カトリック神学の一般的な方法である自然法を指し示すのとは異なった仕方で、この基本的人権の歴史的達成を支える「信託」の起源を明らかにすることと関係する。法の根拠は、そのようにして正しい法の権威により、種々の法の達成や維持を支持し、現状のなお不十分な法についてはその改正努力を鼓舞するものである。法を時代の恣意性、あるいは国家や民族の特殊な恣意性の手中に委ねてしまわないために、そうした法の根拠の探求はきわめて重大な意味を持っていると言わなければならないであろう。

問題状況としてもう一つの事態にも言及しておく必要がある。それは日本のキリスト教会の問題として「法意識の脆弱さ」があるという事実である。これを克服して、確かな法意識を確立することは、教会としての共同体形成を支えるうえで不可欠なことである。信仰の共同体は人格的な共同体であるが、同時にそれは日本においては自発的共同体（ヴォランタリー・アソシエーション）の形態を取り、さらには一つの「制度」としての側面を基礎的に持っている。人格と制度は、両者間に緊張関係がないわけではない。しかしそれらは二者択一的なものでは決してない。人格を支えるアソシエーションや制度があり、それによって人格は異質な環境の中でも守られ、支えられる。またそれを可能にするアソシエーションや制度がなければ、人格的な共同体形成は不可能であろう。

法意識の脆弱さは、もちろんキリスト教界に一般的なものではない。日本のキリスト教会の場合、敬虔主義や信仰復興運動によって刺激された福音主義として、個人主義的、主観主義的、あるいは心情的、情緒的な傾向を強く帯びた経緯があり、そのことと法意識の脆弱さは関係があるであろう。日本の福音主義にはこの経緯からの弱点があって、「教理」や「聖礼典」とともに「職制」や「教会法」が軽視され、心情的、情緒的傾向に流される場合が多い。共感や同情といった心理、あるいは内的動機の忖度といったことを理由として法や規則に対する違反を軽視し、結果的には教会共同体を混乱に陥れる傾向がある。日本基督教団にかつて現出した「教会会議の混乱」はその著しい現象であったが、その後問題になった「聖餐式の混乱」の中にもこの弱点が大きく作用した。この文脈では、「法の神的根拠」を明らかにすることは、敬虔主義が残した弱点を克服し、教会が真に教会として建てられるために不可欠な修正を行うことと関係していると言わなければならない。

2　二十世紀ドイツ語圏における法の根拠をめぐる神学的議論

既述したように、国家の恣意的な力の発動による法の制定や運用に悩まされた歴史を持つ点で、日本とドイツはある面共通性を持つ。もちろんナチズムと日本の皇国主義とでは議会、国民、軍部との関係など、隔たりを大きくする面も多々あり、同一に論じることはできない。同じく「人道に対する罪」によって裁かれたと言っても、ニュルンベルク裁判と東京裁判とでは裁かれた人物の側に大きな相違があることも無視できない。しかしここでの問題は、実定法がきわめて恣意的に制定され、運用され、あるいは無視され、違反された経験を踏まえて、「法の規範的根拠」を改めて求める必要に直面したという共通性である。戦後、その著書『国家と宗教』の改版の序に南原繁が記した次の言葉は、問題の所在を端的に言い表している。「或る時代または或る国民が、いかなる神を神とし、何を神性と考えるかということは、その時代の文化や国民の運命を決定するものである。……真の神が発見されないかぎり、人間や民族ないし国家の神聖化は跡を絶たないであろう」[5]。しかし日本における神学が国家や法の問題をどう扱ってきたか、法の神学的考察について見るべきものがあったとは思われない。そこで第二次世界大戦中と戦後におけるドイツ語圏での法の根拠をめぐる神学的議論に注目し[6]、それを介在させることによって議論を豊かにしながら、ここでの提案に進んでいくことにしたい。

①　法の創造論的根拠づけについて

二十世紀のプロテスタント的な法の神学は、一九三八年のカール・バルトの論文「義認と法」から大きな刺激を受けたと言ってよい。これは法、あるいは国家の神学的根拠をキリスト論によって見たもので、以後、二十世紀における「法の神学」の試みの一つの有力な系譜を形成した。しかしプロテスタント神学の法の議論はこのキリスト論的視点からのみ企てられたわけではなく、むしろそれ以前に別の流れがあった。ヴォルフハルト・パネンベルクは、それらに対して自らはさらに第三の視点を提示したのであるが、それ以前の議論を概観して、「多かれ少なかれ互いに鋭く対立する二つのグループにまとめることができる」[7]と語った。キリスト論に根拠を置く法の神学と対立したグループは、「創造の秩序」あるいは「保持の秩序」によって法を理解した立場であって、神学史的に言えば、この方がむしろ時代的に先行していた。これにはルター派の多くの神学者たちが属し、ルターの「三つの身分」、つまり「政治」（status politicus）「経済」（status economics）「教会」（status ecclesiasticus）

の区別に遡った議論が背景にあった。「正しい法」の根拠には、神によって措定された人間生活の創造の秩序があるという主張であり、この主張の代表者としては十九世紀にエアランゲンのルター派倫理学の基礎を形成したA・ハーレス（Harless）がおり、二十世紀にはヴェルナー・エラート、パウル・アルトハウスなどがいる。アルトハウスによれば、「法は人類の生活を保持するためになくてはならないものであるから、われわれはそれを神の創造の意志と保持の意志に対する信仰の中で、神によって意志され、措定されたものとして、神の秩序として認識する。そのようなものとして法に特有なものとして聖性がある(8)」と主張された。

改革派の流れの中でもエーミル・ブルンナーは「自然法」の思想と結びつきながら、「創造の秩序」に法の根拠を見出した。その際ブルンナーは「秩序」と「人格」の「本質的対立」も語って、「創造の秩序」は愛でなく正義を規範とすると語った。愛は人格そのものに向かっていくが、正義は秩序の世界に属すると言う。彼によれば、あらゆる秩序の中で最も人格的なものとして「結婚」があるが、それにも秩序があり、従って正義の要素があると言う。結婚との両極端に位置している秩序はブルンナーによれば「国家」である。従って国家の秩序、そして法の秩序は正義を規範とする。人格に向かう愛は、常に正義を前提とし、それを越えていかなければならない。つまり「愛は正義以上である」と言われる。しかしなお無視すべきでないことは、ブルンナーが愛と正義、従って人格と秩序の本質的対立を語りながら、それだけでなく同時に両者の「結合」についても語ったことである。「本質の対立は結合を廃棄せず、また結合は少しも対立を廃棄しない(9)」と彼は述べた。正義と愛、秩序と人格の本質的区別とともに、両者の結合を把握しなければ、人間も共同体も抽象的に扱われることになる。しかしブルンナーの人格主義的神学では、せいぜい秩序と秩序の行間に愛を認めるに止まり、共同体そのものの人格的な面と秩序的な面を本質的な相互浸透によって語ることはできなかった。

「創造の秩序」によって「正しい法」を根拠づけ、時代の悪法と戦う行き方は、理論としてはいくつかの困難を含んでいたと言わなければならない。一つの問題は、人間の堕罪を無視して純粋な人間の被造性によって法の根拠を語ったが、それではその正しい法が現実の罪の人間とその人間の共同体にどう関係するかという問題が残った。創造の秩序に属する不変の法によって、罪ある人間とそれに即した実定法にどう関わっていけるのか。「創造の秩序」を語ることは、罪の現実をまだ十分徹底的に理解したことにはならないのではないか。「創造の秩序」による法の根拠づけは、トレルチが二つの自然法の区別を語った事実を十分考慮していないと言わなければならない。もちろん「創造の秩序」を語ったことは、人間の罪の現実をまったく無視したわけではなかった。例えばアルトハウスは人間が罪のゆえに秩序を「誤用する」(missbrauchen)と語った。(10) しかし「創造の秩序」そのものは不変的で、神の国を象徴し続けると言う。罪の現実に対しても神の国に対しても創造の秩序は不変の規準であり続けた。罪の現実による秩序崩壊、従って秩序の救済の必要、さらにはその完成については語られなかったわけである。

ヘルムート・ティーリケやヴァルター・キューネットが、「創造の秩序」と区別して、罪の現実下において与えられた神の秩序として「保持の秩序」を語り、ルターの「二世界統治説」に結びつきながら、この「保持の秩序」の部分として「法」を理解したのは「創造の秩序」の神学が適切に取り扱わなかった罪の現実に対する考慮からであったと言われる。(11)

この問題と区別してもう一つの問題がある。それは「創造の秩序」による法の思想は、いわば「永遠の祖型」(M・エリアーデ)を提示することによって、歴史に生じる驚愕的現実からあたかも神話や形而上学の世界に逃避する思惟構造を含んでいるという問題である。不変の基本構造を主張することは、歴史意識を考慮し、それと格闘しているとは言えない。自然法の観念を解消させ、いかなる絶対的規範をも変化する時代性の中に巻き込んで相対化させた歴史主義的意識の問題は、ただそれを無視するだけで解決され得るものではない。歴史主義の帰結として現出した法実証主義を再び非歴史的な思想によって克服するというのは、実定法が恣意性を顕に示した危機的時代の直後には、その心理的反動として有効であったとしても、一過性の形でのみ通用する時代的にきわめて限定された企てでしかない。人間の罪深さと、現実の法の徹底した歴史性に直面するなら、「創造の秩序」による不変の法の神学による解決、少なくともそれだけによることは不可能であろう。

②　法のキリスト論的な根拠づけについて

「創造の秩序」による法の根拠づけに対決した「法のキリスト論的根拠づけ」は、カール・バルトに発し、エーリク・ヴォルフ、さらにエルンスト・ヴォルフへと継承された。バルトはその「義認と法」（一九三八年）において、法ないし法を持つ国家の根拠をキリストの支配のもとに置いて理解した。「国家そのものが、根源的かつ究極的にイエス・キリストに属している」(12)と彼は語った。キリスト論的領域の中に、神の恵みによる義認と義認の言葉を語る教会を内円とし、その外にいわば「第二次的なキリスト論的領域」(13)があると述べた。その際バルトのキリスト論的思惟は、神概念の理解にも及んでいる。つまり、三位一体的な強調よりはむしろキリスト論的な神理解が打ち出された。従って、何か一般的な神概念をキリストから離れて想定し、その一般的神によって国家や法がいわば自然的、民族的なものとして設定されたという考えは退けられる。キリストから離れた一般的な神による設定は、バルトには自然神学に接近したものに見える。それに対し、創造にも、終末にもキリスト論が及ぶとされた。「義認の説教は、神の国の説教として、すでに今ここで、真の法、真の国家を基礎づける」(14)とバルトは語った。

バルトの「義認と法」における主要な議論は、テモテへの手紙Ｉ二章一節に記された「王たちのためにもささげられる執り成しの祈り」の線上で、ローマの信徒への手紙一三章一節の「人は皆、上に立つ権威に従うべき」を解釈するという聖書解釈である。それによってバルトは、内円（義認、教会）と外円（法、国家）の区別とともに両者の相互関係を語った。「執り成し」という仕方で、本質的国家に対する本質的教会の関係が語られ、「執り成し」に基づいて「従う」ことが時に「抵抗」になる場合があると語られた。人間は神的な義認を必要とする罪人として理解されたから、バルトの法の理解には現実主義的な契機も見られ、国家秩序が過度に国家になる現実も、あるいは過少に国家になる現実も認識された。「人間的な法は人間的な力（Gewalt）による保証を必要とする」[15]ことも弁えられ、国家は力による脅かしに対しては力を持ってそれを追い払う必要があるとも語られた。バルトのこの議論は、あの第一の類型である創造論的な根拠づけと比較すれば、人間の罪の現実とともに法の歴史性に対する理解をも示したと受け取られるかもしれない。たとえばモルトマンはバルトの特殊倫理学の中に「垂直的なものと水平的なものとの交差点」が見られると指摘している[16]。

バルトの「義認と法」が、「人間の法」と「国家」について特殊な具体的時代意識の中で記されたことには疑いがない。国家が自己絶対化の方向に本質を逸脱するだけでなく、自己弱体化の方向に逸脱する場合があることをバルトは強調した。それは、ナチスにおける国家のデーモン化を問題にしているよりも、むしろそれ以上に、それを迎え撃つ国家としてのスイスが「あまりに少なく国家であるような国家」に陥らないよう警告する意識において、きわめて時代的であった。この線上でバルトは、「時の経過の中で、まさにキリスト教会の領域において民主主義的国家、すなわちあらゆる市民の責任的な関与の上に建てられる国家が成立したのは、偶然かどうか」[17]と問い、新約聖書の訓戒の正しい解釈の線は民主主義国家の方に伸びているとさえ語った。

しかしこれによって法を神的根拠によって理解しつつ、法の歴史的変遷の現実に即して思惟する法の神学が出現したと言うことができるか否かはなお疑問である。民主主義的国家理解が聖書解釈の方向線にあると突如発言されはしたが、それは神の言葉の聖書解釈として「執り成し」のあり様をめぐって言われたのであって、法のキリスト論的な根拠が具体的な内容をもって歴史の中に発現するとか、民主主義国家がキリスト論的な歴史解釈の具現化であると言われたわけではなかった。執り成しの祈りが真剣な祈りであるとき、いつまでもそれにふさわしい働きを欠いたままであり得るであろうか、と語られただけである。例えば法形成の歴史的連関を認識して、法のキリスト論的根拠が十七世紀のプロテスタント的諸革命や近代的な憲法の成立に内容的に関連すると語られたわけではない。「歴史的連関」の神学的意味に注目して、抵抗権の伸展について、国家を制限する社会の出現について、あるいは人権の制定について、中間団体の意味や自発的共同体の成立について語られたわけではなかった。一体いかなる法の形成の歴史的過程が祈りの結果であると語られたことになるのであろうか。要するに議論は偶発的で形式的なものに止まり、内容的には聖書解釈に基づく実存的決断に止まった。バルトの「原歴史」の思想による神と歴史との交差は、神学と歴史のそれ以上の相互浸透に至ることはできなかった。神の言葉が到達する実存における決断によって、かろうじて歴史との交差が語られるに止まったのであって、歴史から何らかの資源や方向づけを得るとか、歴史学的に認識される歴史の過程の神学的解釈が企てられたというのではない。法や国家に関わる決断の具体的方向線を支持する資産を、歴史の解釈に求めたわけでもなかった。法をめぐって神学と歴史は依然として乖離したままであったのである。

エルンスト・ヴォルフは法の根拠づけのためのキリスト論的端緒を現実の法の批判的吟味と形成のための統制原理として実り豊かな仕方でさらに一層推し進めたと評価されている[18]。しかし彼の論文「プロテスタント的な法の思考」（一九五六年）では、プロテスタント的な法の思考が、法をイデオロギーによる捉われから解き放つとか、法の暫定性を認識する批判的思考であるとか、あるいは自然法と実定法の間に立つとか、要するに形式的な議論に終始しているのみである。ただ一つ、「法の平等」の認識原理を義認論的な人間論の中に認めて、それがあらゆる現実的不平等に対抗して平等を確立したと指摘した。そして「キリスト教的文化の領域にあっては、法の平等を求める戦いはきわめて深い仕方でそれによって生きている[19]」と語った。しかしこれは一体どの歴史的具体性を指しながら語られたのか、不明と言わなければならないであろう。

③　法の人間学的ならびに終末論的な根拠づけ

法の神的根拠を提示しようとする神学的試みとして、創造論的根拠づけとキリスト論的根拠づけ以外に、プロテスタント神学の「法の神学」として第三の試みを挙げることができる。ヴォルフハルト・パネンベルクの「法の神学のために」（一九六三年）はその第三の試みを示している。彼は、ある種不変の神学的原理から法の基本的内容を演繹する非歴史的な道を拒否した。自然法にせよ何らかの神学的観念にせよ、神話的な祖型や永遠の法のイデアを思い描くような非歴史的思惟によっては実定法を超えて支持や批判を与える歴史的規範を示すことはできないと彼は考えた。そこで人間学による暫定的な人間の規定、すなわち「人間の世界開放性」を指摘し、それが「神開放性」であると語って、神とその将来に関心を向ける。彼の人間学によれば、人間は自然にせよ文化にせよあらゆる環境を越えて問い、それを変革していく。あらゆるものを超えて人間の世界開放性は、自己の規定を神の将来に待望する「神開放性」であると言う。パネンベルクにとっても「国家の強制力が到達する範囲を超えて、人間に対し共同体を守るようにこのうえない真剣さをもって義務づける現実は、神以外に存在しない」[20]。また法の神学的基礎づけによってこそ「人間の共同体の存続は人間の恣意による脅かしから逃れ得る」[21]。その際パネンベルクは、神から来る人間の将来の規定から、法の成就が与えられると考えた。法の諸形態の歴史的変化の中にあって、法秩序の規範性や拘束力は「神の将来」からくると考えたわけである。これはパネンベルクの歴史の神学による「終末論的な法の根拠づけ」の試みと言ってよいであろう。こうした人間の歴史性と神の将来からのその規定に基づいて、パネンベルクは法の諸形態の歴史性に取り組むことができると考えた。ここでは法の神的根拠は、「創造の秩序」の場合とは逆転して、「神の将来」にある。「人間の共同生活を法秩序として形成するようにとの戒めは、神の将来から生じてくる」と言われ、「神の将来から法が生起する」[22]と語られた。

しかしこの考えでは当然のことながらすでに達成された法形態については、その「暫定性」が強調されるのみである。「将来のよりよい法共同体への終末論的見通しが、現在における法の存在の条件をなす」[23]と言われる。将来における法の実現が初めて神の意志に完全に対応するであろう。しかし、この見方では、もっぱら既存の法の伝統からの「解放」が強調されざるを得ないであろう。パネンベルクは他方で、神の「真実」によって法の継続的なものを支持する面も語りはする。しかし強調はやはり出来事の偶然性や変化に置かれ、法の議論としては成立の偶然性が強調され、法の変化、法改正の有意味性が強調される。「法はあらゆる状況に対して繰り返し新たに神の将来から獲得されなくてはならない[24]」と言われる通りである。法の常態は実定法にあるより、むしろその絶えざる改正にこそあることになる。

もう一つ指摘すべきは、パネンベルクが人間の規定として相互の「承認」や「愛」を強調した点である。彼はヘーゲルの思想に結びついてこれを主張した。人間は他者によって「承認された存在」（ヘーゲル）として人格であると言う。これが「神の将来」と関連づけられ、「神の将来から発する愛の力が人間相互の交わりを惹き起こす[25]」と語った。「承認し、共同体を造り出す愛の行為」が法の根拠とされ、「法を形成する愛」が主張された。従って、「イエス・キリストを告白する教会共同体は、……あらゆる人間の共同体形成の中に法を形成する愛の力（die Kraft rechtsgestaltender Liebe）を注ぎ込むであろう[26]」と言われた。

パネンベルクの「法を形成する愛」の思想は、ハンス－リヒャルト・ロイターによって「法と愛との可能な対応」を語っている面と、「愛による法の存在論的に必然的な根拠づけ」を主張している面とが十分に区別されていないと批判された[27]。そのためロイターによれば、パネンベルクの「法の神学」では「承認を求めて戦う社会的闘争の歴史的過程」が曖昧に覆われてしまっていると言う。さらには「法」と「道徳」の区別が曖昧で、法が道徳に結合されており、そのやり方は国家の法的正当性を市民宗教によって主張することと関連しているとも指摘された。教会と国家の分離とは異なるキリスト教的ヨーロッパ、つまり国民宗教としてキリスト教を保持するキリスト教的ヨーロッパならではの主張ということになる。

以上のようにパネンベルクにおいては「神の将来」から求められる法の変化・改正が強調された。それに対して既存の法の権威を支持する面は、神の「真実」が法の継続性を支持すると語られはしたが、改正の強調に比較してその力は弱い。力点は全面的に変化の方に傾斜している。この思想構造は思いのほか「解放の神学」に近いと言うべきであろう。一種の徹底した終末論が何もかも包括して、法も国家も教会も、さらにはキリストの啓示も神さえも、暫定的なものに見なしているからである。既存の法の支持は、この思想の構造からは希薄にならざるを得ない。しかし歴史が示している事実によれば、国家の恣意性はしばしば既存の法を破り、新たな法解釈を加えることで、さらには臆面もなく法を不正に改正することによって発現したし、発現するのではないか。それに対して抵抗する法の規範や拘束性の主張は、ただ変化や改正を強調する思想によって守られ得るものではない。同時にすでにある法の価値について、それを維持し、現存の法の規範が国家さえも規制する権威と力を帯びていることを示せなくてはならない。

3　神の契約意志による法の根拠づけと法の歴史性

これまで「法の神的根拠」をめぐる問題状況と二十世紀プロテスタント神学における三つの試みを記してきたが、ここで本章の主張を提案したい。カール・バルトのキリスト論的な法の根拠の指摘は、「創造の秩序」の思想とは異なり、完全に現実の法との連関を欠いて、非歴史的な不変の構造を構想したものと言うわけではない。神的な義認のもとに罪人の現実としての国家とその法の問題が認識されていた。しかしそこでは国家と法の認識はなお形式的にとどまったと言うべきであろう。重大とされたのは、そこにおいて神の戒めに出会い、服従することであって、現実の法の変遷という歴史的過程ではなかったからである。もう一歩歴史の現実に踏み込みながら神的規範との結合を語る法の神学的思惟を必要としているのではないかと思われる。

「創造の秩序」に神の法的意志を見る行き方に対してバルトがもう一つ優っていたと思われるのは、そのキリスト論的な神理解である。創造の秩序もまたキリストにおける啓示の神によるのであって、キリストの支配と無関係に民族や国家の不変の秩序を創設する一般的な神がおられるわけではない。イエス・キリストの出来事において啓示された神が創造の神である。このことはさらに突き詰めて言えば、キリストにおいて啓示された神は、ただキリスト論的な神ではなく、三位一体の神であり、その神が創造、救済、完成の神である。この三位一体の神の認識と、創造、救済、完成にわたる救済史的な三位一体の神の御業の理解については、バルトのキリスト論的集中の排他的徹底性によっては適切に理解されたとは言えないであろう。キリスト論的な聖霊理解の一方的強調が、三位一体の神認識を妨げたとも思われる。三位一体の神理解には、聖霊論的なキリストの理解もまた不可欠である。バルトはまたキリスト論的包括性によって、救済史的な展開が歴史的に理解されることを妨げたのではないかとも思われる。

そのうえで、ここで主張したいのは、民族の帰趨や国家の権威、あるいは時代精神や人間の独裁的支配といった恣意性を超えて、法の根拠は神性にこそ置かれていると言うことであり、その神性は三位一体の神の「法的意志」を含意するということである。この主張の内容とその意味する射程について、以下、幾分かを記してみたい。

①　救済史を貫く神の共同体形成意志としての契約意志

「神の法的意志」は、アルトハウスが言う「創造意志や保持の意志[28]」と同一ではない。イエス・キリストの人格、その言葉と業、その歴史的な出来事の中に神の究極的な啓示があるというキリスト教的認識は、歴史のイエスにおける出来事の霊的認識である。その歴史的にして神学的な認識によれば、神の意志は「三位一体の神の意志」として認識される。三位一体の神の意志は、本来的には内在的な三位一体の内から外へと向かう神の永遠の意志決定により、神の聖定（Decreta Dei）において理解される。つまりイエス・キリストの歴史的啓示において神が認識されるとは、三位一体の神御自身における意志もまた認識されることである。この神の意志はその経綸（オイコノミア）、創造から救済、そして完成へと救済史を貫く。従って神の意志は、創造の秩序に固定されて認識されるのでなく、創造、救済、神の国における完成という歴史性の中に示される。永遠の意志とオイコノミアの関係についてはここではこれ以上は触れられない。

神の永遠の意志が「法的意志」であるという意味は、神の意志が「共同体形成の意志[29]」であり、「契約意志」であることを意味する。神は契約によってその民を選び、法を通して民との交わりを形成し、また民における相互関係、その内と外との関係を保持し、完成する。古代イスラエルにおいて「契約はしたがって法律関係であり、人間の共同関係に対して最強の保証力を含んでいる[30]」と言われる。キリストの出来事における啓示は、イスラエルにおける契約の歴史との関連に立ちつつ、キリストの犠牲に基づく「新しい契約」の成就と神の国におけるその完成を指し示している。

契約の神は、契約的な真実と愛と正義を示す。契約の民は、契約の神のみを神として神に応答し、民の内にあっても相互に結ばれるために、契約的な真実と愛と正義が求められる。契約共同体は古代イスラエルの契約が表し、さらにキリストの贖罪に基づく新しい契約としての「聖餐共同体」（教会）が示すように、神の選びと召しに対する応答の人格的共同体である。それはまた同時に各人格を守る制度として、また秩序としても存在する。人格と秩序は区別されるが、契約共同体にあっては両者の契機が分離しているわけではない。人格は秩序に支えられ、また秩序を人格適合的な秩序に変革する。

契約共同体は選ばれた民の共同体であり、その意味で直ちに普遍的な人類共同体ではなく、「特殊な共同体」である。神の自己犠牲に基づき神のみを神とする新しい契約は、神の国の到来を待望し、その目的、意味、使命において普遍的である。しかし契約の普遍的使命は特殊な共同体によって担われる。法を含め契約的な事柄は、特殊な民の契約共同体から発し、それに担われながら歴史的普遍性を獲得していく。例えば「人間の尊厳」も、「法のもとの平等」も、各種の「人権」も、自然法的に人類の本性に根ざしてどこにでもいつでも普遍的に発現されたわけではなく、今後も普遍的に発現するわけではない。イェリネックやトレルチが指摘したように、特定の時代に特定の地域における具体的共同体によって歴史的に成立し、理性主義的普遍性とは異なる「歴史的普遍性」として葛藤を経ながら普遍的な実現へと向かい、歴史的動向として現在なお途上にある。それは、キリスト教的、特にプロテスタント的文化価値として、救済史を形成するキリスト教文化史・政治史の出来事として生起し、進展した。救済史との関連を欠いて、プロテスタント的文化価値が、非歴史的な理性主義的普遍性を持っているわけではない。

②　契約と憲法

神の契約意志に注目することは、法の具体的な歴史過程における神の支配を理解する重大な契機を明らかにするであろう。特に十七、十八世紀におけるプロテスタント的な種々の憲法の成立は、ピューリタン思想や契約神学を介して、古代イスラエル以来の契約思想との親密な関係において成立した。ダニエル・エラザールによれば、十八世紀に成立したアメリカ合衆国憲法の背景には十七世紀のニュー・イングランドにおけるピューリタン的な諸州、つまりプリマス、マサチューセッツ、ロードアイランド、コネティカット州などの「同意条項」（The Articles of Agreement）（一六四八年）が存在したと言う。アメリカ憲法の草案者たちにはさまざまな歴史的、思想的影響が働いたであろう。しかしその最も重要な思想史的資源は、この「同意条項」が示すように、「古代イスラエルの部族連合の中に最初の政治的表現を見た契約の伝統（covenant tradition）である」と指摘される[31]。これは特に「連合」（federation）の思想に関して言われるのであるが、他の観点においても類似の指摘は可能であろう。例えばそもそも「連合」を実現するためには、政治的支配の「力の制限や分散」が肯定されなければならない。根本的には人間の政治的支配の力を法によって規定し、制限し、分散させるという契約の基本思想があることを指摘することができる。もちろん近代憲法の精神的起源を単一的にイスラエル的・キリスト教的契約思想に還元させることはできないであろう。近代憲法には中世的な遺産や啓蒙主義からの要素も含まれているからである。しかし通常は無視されている契約の理念と近代憲法の関係に注目することは法の神的根拠の歴史的発現を見る観点からは、重要な意味を持っており、法の形式ではなく、その内容と深く関連している。

さらに、契約と自発的共同体（ヴォランタリー・アソシエーション）の関連を指摘することもできる。[32] 憲法形成や自由な共同体形成は、神の契約意志に究極の支持を見出し、契約の約束と要求とを神の国の到来に期待することによって方向づけられる。

日本国憲法は既述したように、最高法規として基本的人権の意味を語り、それを「現在及び将来の国民に対し、侵すことのできない永久の権利として信託されたもの」と表現した。キリスト教神学は、この信託の起源が三位一体の神の法的意志にあることを指し示し、国家や時代の国民の恣意性を超えた法の規範的根拠があることを語ることができる。それに対して、もし憲法の根拠を個々の人間の決定権の無制限な恣意性に置くとするならば、人間の侵すことのできない尊厳や基本的人権の憲法的規定とはおよそ対立する方向に誘導されるのを阻止できないであろう。人間そのものをあくまでも過信することは不可能なことである。さらに現代人は、もはや非歴史的に思惟した伝承文化人とは異なり、歴史の経験に対し神話や不変な祖型によって取り組むことはできない。それだけに聖書の証言とイエス・キリストにおける啓示によって歴史を規定する神の意志に信頼を寄せる道が重大になる。そのとき神の歴史的意志がキリスト教神学によって契約意志として理解されることは十分尊重されてよいであろう。歴史はまったくの恣意に委ねられているわけではない。歴史は信託を受けた者の契約的責任によって生きられなければならない領域である。

しかし歴史の経過の中には、契約の理念を維持することが困難な事態も生じた。十八世紀にはすでに契約が道徳や公共善に結びつくよりも私的利害と強く結びつく仕方で、大筋で言うと、神の契約（カヴェナント）から私的契約（コントラクト）へと移行する事態が生じた。結婚は、プロテスタント教会、特に福音主義自由教会においては、久しく信仰と道徳に基づく契約（カヴェナント）として維持されてきたが、あたかも私的契約（コントラクト）として再定義され、制度として解消される危険にさえ曝されている。日本においては神が関与しておられる契約としての結婚はほとんど未確立のままであった。契約への注目は、この意味ではなおまったくの課題としてである。しかしそれを再発見することは、法と共同体の形成をめぐって大きな意味を持つと言い得るであろう。

③　契約における愛と法の関係

パネンベルクがヘーゲルに結びついて、「法を形成する愛」を強調したことは既述の通りである。これに対し、マルティン・ホーネッカーはパネンベルクと同じく法の人間学的基盤を語りながら、直接的に愛にではなく、正義に関係づけるべきと語った。法を愛でなく、正義と結びつけるのは、周知のようにブルンナーも行ったことである。

秩序と人格、正義と愛、あるいは法と愛の区別を語ることは、それぞれの特質を明らかにするうえで当然のことである。しかしそれをブルンナーのように「本質的対立」（Wesensgegenzatz）と見なすならば、たとえその後で対立するものの相互の結合を語ったとしても、本質的には結合は抽象的にとどまることになるのではないか。それらを本質における結合として明らかにするためには、契約、契約共同体、契約意志に共同体と法の根本的基盤があることが想起されなければならない。愛は正義とともに、また人格は秩序や法とともに契約に属するからである。契約からはずれ、抽象的存在に落ち込むとき、個人主義的な人格主義と非人格的な秩序や法との抽象的分離に陥ることになる。「我と汝」の人格的出会いも、「我とそれ」の関係なしに決して成立するものではない。

④　教会法の意味

上記のことは教会法の理解や評価にも関係する。人格主義的な視点から人格と秩序や制度が対立的に理解されることと、愛と法とが対立的に理解されることとは対応している。法は強制を伴うゆえに、愛や自由といった神の子たちの徴と結合不可能になり、従って法と教会とは結合不可能と見られたこともある。その結果、教会法は自己矛盾の表現となり、ただ世俗的な法を宗教的用件に適応しただけのことと見なされた。ルドルフ・ゾームは、スピリチュアリズムの立場から宗教と教会を区別し、エーミル・ブルンナーは人格主義的な視点からエクレシアとキルヘを区別した。教会法はゾームにとっては「霊的宗教的」でなく、ブルンナーにとっては非人格的な「それ」にすぎない。しかしこれらの見方によっては、敬虔主義の弱点を克服することはできないであろう。契約における法の宗教性を回復することによって、「教会無き宗教」「キルヘなきエクレシア」の抽象性、従ってそれらの歴史的現実存在を欠いた非力性を克服する必要がある。敬虔主義の主観性や個人性による制度感覚の希薄さは克服されなければならない。

契約共同体からの教会法の見直しは、日本の教会のように敬虔主義の弱点のもとにある西方教会の第三形態（自由教会）の場合と、制度があまりに非人格的に固定化された歴史を持つヨーロッパの教会（西方教会の第一形態としてのカトリック的、第二形態としての、プロテスタント的な準国教会的教会型教会）とでは、発揮される意味が異なるであろう。ここでは人格的共同体に対して法や制度が持っている積極的な意味を教え、かしこでは法や制度を人格化する方向を示すであろう。

もう一つ、教会法と世俗法の関係についても、契約における法の歴史的起源を見直すことは重要な意味を持っている。それによって、正しい法の神的根拠を見失った世俗法に対し、教会法は法の宗教的基盤、法の神的根拠を示す使命を喚起するからである。憲法、基本的人権、そして信仰の自由や宗教的寛容の法、あるいは民主制の法に対して、宗教的基盤たり得るのは、いかなる宗教であろうか。どのような宗教でも、どのような神でもそれが可能と言うわけではない。法のキリスト教的な神的根拠は、神の自己犠牲を伴った契約意志の中に示されている。それによって教会は新しい契約の共同体として教会法を保持しつつ、この世の法的思考に対し三位一体の神の契約意志の中に法の根拠があり、神の国に改正の方向があることを証言し、その意味を弁証することができる。また、憲法、基本的人権、そして信仰の自由や宗教的寛容の法、あるいは民主制の法が、いつでもどこでも発現する理性主義的普遍性の事柄でなく、歴史的な葛藤を経て普遍性を獲得することは、プロテスタント的文化価値として救済史的な関連の中に立つことでもある。それらは伝道の伸展によって変えられた世界の過程の中に、その固有の位置を有していると言うことができるであろう。

第八章　救済史と伝道――ヴォルフハルト・パネンベルクの場合とその問題点

ヴォルフハルト・パネンベルクの組織神学において「伝道」はどのように扱われているであろうか。彼の主著『組織神学』（一九八八―一九九三年）は、三巻からなる大著であり、総計一七〇〇頁に及ぶ。しかしこの二十世紀後半の代表的組織神学には、「伝道」を主題とする章も節も存在しない。この組織神学者において「伝道」がどう理解されているかという問題は、伝道の運命を左右するというよりも、この神学者によって代表された二十世紀後半の神学の質を明らかにすると言ってよいであろう。

それでは、パネンベルクは神学的主題としての「伝道」をまったく喪失したのであろうか。そうではない。彼の『組織神学』において、「伝道」は「福音」との関連において、[1] あるいは「和解」の文脈において、[2] それなりに不可欠な位置を認識されている。さらにはキリストの昇天と再臨の間の「中間時」における「教会の歴史」の固有な主題として論じられてもいる。[3] 要するに「伝道」は「救済史」における不可欠な要素として認識されているわけである。不可欠な要素ではあるが、しかし特別に主題化されず、控え目な仕方で扱われた。このアンビバレントな位置は何を意味しているのであろうか。パネンベルクの「伝道」理解を検討し、その躊躇の理由、そして彼の伝道理解の問題点を解明したい。[4] そのことは救済史と伝道の理解のための一つの寄与となるであろう。

1　「歴史としての啓示」における宗教と真理

パネンベルクは神学をプロレゴーメナから考え直した組織神学者である。と言うことは、彼は神学を根本から再考した神学者であることを意味する。この意味で「歴史としての啓示」(Offenbarung als Geschichte)が彼の神学的標語となった。彼はその「歴史としての啓示」の主張を基本的に最後まで貫いた。「歴史としての啓示」から三〇年以上を経た『組織神学』第二巻の序文において、パネンベルクは再び「啓示」について語り、ナザレのイエスの人格と歴史における神の啓示の出来事の中に「万人に関わるキリスト教の真理主張」があると述べ、それが「世界伝道の出発点と力の源泉」であったとも語っている。(5) 彼にとって、啓示は「真理主張」と関係し、「伝道の出発点」をなす。彼の伝道理解の根本には、この啓示理解があり、啓示による真理とその主張がある。

本章はパネンベルクの伝道理解を主題とするのであって、啓示論や真理概念を主題とするのではない。従って啓示や真理の議論については、ただ伝道論を理解するうえで最小限のことを確認する程度に止めておかなければならない。

最初に確認しておきたい点は、啓示は歴史全体からの啓示とされ、歴史全体は歴史の終わりにおいて始めてその全貌を理解されるというパネンベルクの主張である。そこから、啓示は本来「歴史の終わり」における啓示とされる。つまり、本来の啓示の場は「歴史の終わり」、世界の完成にあるとされる。完成における啓示は終末論のテーマである。

しかし第二に、その「歴史の終わり」は、キリストの復活によって「先取り」されていると、パネンベルクは主張する。キリストの啓示は終末論的な先取りの啓示であり、そのようなものとして凌駕不可能なものとも言われる。このことはまた真理概念と深く関係し、真理もまた歴史の最後に、神の国における世の完成の中に期待され、それまでのいまだ完成されない世界にあっては、真理は暫定性の中にあると言われることになる。キリストの啓示もまた、終末論的な凌駕不可能性を認識されながらも、しかし暫定的な啓示であらざるを得ない。このことがやがて、彼と同じくフォン・ラートの弟子として「歴史としての啓示」から出発した旧約学者ロルフ・レントルフとの大きな相違をなすテーマになった。(6) レントルフが歴史の開始における啓示を認める方向に変化したのに対し、パネンベルクは終末における啓示の理解を保持し続けた。そのようにしてパネンベルクは、イエス・キリストにおける決定的な啓示がなお持っている「暫定性」の性格、あるいは真理がもっている終末論的な「未決定性」、あるいはキリスト教教理が持っている「論争可能性」の性格などを、むしろ意義あることとして語り続けた。

第三に挙げるべきは、歴史の全体からの一つなる神の啓示が問題になり、その啓示の神は万物の創造者なる唯一の神、万人に関わる神としてイスラエル・キリスト教的な世界宗教の神であるという点である。しかし歴史全体には、さまざまな宗教の歴史が含まれている。パネンベルクの歴史概念の中には宗教史学派のそれと共通した要素が含まれると言うことができよう。啓示と宗教の関係についても、パネンベルクはカール・バルトのように「宗教の止揚としての啓示」という一面的な捉え方をしない。他面で「啓示は宗教の中にある」という面も認識する。そこで、キリスト教は、彼にとっては諸宗教の中の一つの宗教でもある。それゆえ他宗教との関係についても、啓示による「諸宗教の止揚」でなく、啓示と関わる諸宗教による「宗教間対話」が位置を持つことになる。

以上は、伝道理解の観点から見てパネンベルクの「歴史としての啓示」の主張が関係してくるいくつかの点を指摘したものである。この分析はさらに一層詳細に叙述することも可能である。しかしいずれにせよ、本章の課題であるパネンベルクの伝道理解の内容に入って行かなければならない。そしてそこでの問題は、その起源を辿ると、繰り返し彼の啓示理解、並びに啓示と関連した彼の宗教概念や真理概念、つまりプロレゴーメに示された彼の神学的思惟の基本特徴に戻らなければならなくなるということである。

2　救済史と伝道

啓示や真理の問題は、組織神学のプロレゴーメナの問題であり、カトリック神学の用語で言えば基礎神学(Fundamentaltheologie)の課題である。しかしそれが伝道に関する神学的理解に根本的に関わってくる。これに対し、内容的に伝道が論じられるのは、既述したようにパネンベルクの場合、一つには「和解」を論じ、「福音」を論じる箇所である。もう一つは「選び」の観点のもとに「教会の歴史」を論ずる文脈である。いずれにせよパネンベルクは「救済史」の文脈で伝道を語る。それゆえ「和解」と「教会の歴史」におけるパネンベルクの伝道理解の内容に入っていきたい。

①　和解の遂行としての伝道

「和解論」との関連で「伝道」を理解するのは、カール・バルトの場合も同様である。しかし和解と伝道の関連の仕方は、バルトとパネンベルクでは内容が異なっている。パネンベルクによれば、神と世との和解はキリストの死においてすでに起きたが、しかし聖霊によって信仰者の中に完成されなければならないものとして理解されている。つまり「世の和解は、全人類に関わるイエスの歴史の有意義性の中に先取りされており」、「この有意義性は展開されることを必要とし、あらゆる人々に事実的にもたらされなければならない[7]」と言われる。そして「和解」のこの「事実的なもたらし」が使徒たちと教会の「伝道の使信」によって生起したとされる。このことの意味は、次のように言われるときに、一層明らかになる。「使徒はキリストの死の中ですでに起きた和解をただ単に宣教するのではない。この宣教がそれ自体和解の遂行に属している[8]」と。つまりパネンベルクによれば、「神と世の和解には伝道行為が共属している[9]」。カール・バルトはこのようには決して語らなかった。バルトにとって「和解」は神の行為として「それ自身において完結した出来事」であり、「反復も、延長も、補足も必要としない」[10]ものであった。

パネンベルクの言う「共属する」（mitgehören）という表現は、和解と伝道の関係についてだけでなく、一般的に福音とその宣教の関係についても語られる。それは、「認識的な契機と実効的な契機とが同じ全体に属していること（Zusammengehörigkeit）」を意味するという仕方においてである。あるいはまた「神の言葉の説教が神の言葉である」（第二スイス信仰告白）と言われ、「言葉の出来事」（エーベリンク）や「言語事件」（フックス）について語られるのとも重なる。ハイデルベルクのかつてのパネンベルクの師であったエドムント・シュリンクも「宣教の出来事において起こる救済行為」について語り、「福音はただ単にイエス・キリストにおける一度においてすべてにわたり成就された救済行為を知らしめるだけではない。そうでなくその宣教の行為そのものが神の救済行為である」と主張した。パネンベルクもこの主張の線上にいる。彼はシュリンクのこの主張を肯定し、さらにこの「認識的な契機」と「実効的な契機」との「共属性」がどこに根拠を持つかを問題にした。パネンベルクはパウロを引き合いに出しつつ、それを「和解の出来事そのものの特質」から来ていると主張した。「和解」は「確かに一方ではキリストの死においてすでに出来事になったのであるが、それにもかかわらず使徒的な和解の務めによってその受領者のもとでなお目標に至るべきものである」[11]。この和解そのものの歴史的な特質の中に伝道の位置が含まれている。根本にあるのは、和解の出来事そのものとそれが目標に到達することで、和解はその両方の間に救済史的な区別とともに、その関連を含んでいる。つまり、伝道が和解の遂行に属することは、伝道的宣教をめぐる言語論の問題や解釈学的な問題ではない。そうでなく、和解という出来事そのものが持っている救済史的な構造によるとされる。和解はそのものとして歴史的、救済史的である。

このような和解と伝道の関係理解は、バルトの場合とは明確に異なる。伝道的宣教が和解の遂行に「共属している」という認識は、バルトにおいては語られない。バルトにおいて言い得ることは、キリストにおける和解は実在的、存在論的にキリストにおいて完結しており、人間の側ではただその「反映」「証し」「対応」があるだけということである。人間の側のことは和解そのものの構成的契機ではない。そこに認識的な契機が言われるとしても、存在論的に意味ある不可欠な位置関係が人間の反映や証しにあるわけではない。他方パネンベルクの場合、「和解の遂行に共属する」ということは、伝道とその使信、あるいは伝道的宣教は、救済史そのものの内容にあって不可欠な契機をなすことを意味している。

伝道が「救済史の不可欠な契機」であるという見方こそが新約聖書と原始教会の理解であると明言したのは、オスカー・クルマンであった。クルマンによれば、新約聖書はキリストの昇天と再臨との間の中間時に教会の歴史があると記している。そしてそれがまた伝道の課題を意味していた。伝道的宣教は終末を示す前兆として救済史的に規定された性格を持ち、「この伝道こそ、まさにこの現在という中間時に行わるべきであり、そしてこの中間時にその意味を付与する」(12)。つまり福音の伝道は、「神の救済計画の完成に不可欠な部分」(13)として理解された。そのように理解するのが原始教会の理解であり、新約聖書の理解であるとクルマンは語った。パネンベルクもまた伝道を救済史の不可欠な契機として理解する立場に立ったと言ってよい。

この理解がバルトの場合と異なることは、すでに述べたように、バルトによる和解と伝道の位置関係の理解では「伝道」が「和解の遂行」と言われることは決してないという事態を意味している。さらに言うと、そもそも「救済史」概念をめぐる相違があることを指摘しなければならないであろう。カール・バルトにおける「救済史」概念は、それ自体別個に扱われるべき大きなテーマではあるが、一読して明らかに救済史は徹底してキリスト論的に規定されている。ただキリスト論的に規定されているだけでなく、徹底してキリスト論的に限定されてもいる。救済史とはキリストの受肉であり、受肉の遂行としてのキリストの十字架の歴史、つまり救済史とは「キリストの歴史」(14)にほかならない。教会の歴史と伝道は、このキリストの歴史そのものである救済史の中で原理的に起こったことの、事実的な外での応答、証し、反映として位置を与えられるのみである。バルトの救済史概念が徹底してキリスト論的であることは「キリスト論的狭さ」に限定されているとも言い得るであろう。パネンベルクはバルトにおける救済史の「キリスト論的狭さ」を指摘したジャン・ダニエルーのバルト批判を引用しながら、その批判に与する姿勢で語っている。[15] これに対し、パネンベルク自身にとって伝道は救済史の外に位置するものでなく、救済史自体の不可欠な要素であり、部分としてその中にある。この点で「救済史の不可欠な要素としての伝道」という理解において、パネンベルクはクルマンと同様であった。ただしクルマンの救済史の理解とパネンベルクのそれとは、イエス・キリストの出来事と終末における神の国の完成との関係の理解をめぐって、つまり救済史の中核（イエス・キリスト）と終末（神の国）との関係をめぐって大きな相違を持っていた。つまり救済史の「キリスト論的規定」と「終末論的規定」の関係理解が異なっていた。この点は後に再度言及しなければならないが、二人の救済史理解には根本的な相違もあったと言わなければならない。

パネンベルクの場合は、クルマンとの違いを言えば、救済史をめぐる判断基準は第一義的に、そして徹底して、終末そのものであるという見方である。これは「徹底的終末論」に接近していることを意味する。救済史をめぐる判断基準、つまりはそこに決定的な啓示と救済があるお方、もしくは事態は、「将来的に来る方」なのか、それとも「すでに来た方」なのか、という問題での違いがある。クルマンは「すでに来た方」と言い、パネンベルクは「将来的に来る事態」と言う。

②　福音と伝道

「福音」の内容をどう捉えるかという問題は、伝道の観点からも重大問題である。パネンベルクによれば「福音」とは「神の支配による救済の現在の使信」[16] である。「神の支配の救済の現在」、あるいは「神の支配の終末論的な将来の現在的出現」など、類似の表現が多く見られる。この福音の理解によって、イエスご自身が語った「神の国の福音」、つまり神の国の切迫した到来を告げる福音と、パウロなど使徒たちが語った「キリストを福音として告げること」、十字架にかかり復活したキリストを福音とすることが、相互の違いを認識されながら、実は同一の福音として、イエスの働きにおける「神の支配の現在化」の福音として明らかにされると、パネンベルクは考えた。

彼はまた同時に「神の国の救済の現在」としての福音によって福音の意味内容が「狭隘化」されるのを防止することができると考えた。これに対し、多くの場合ルター派の中でなされたように福音が単に律法との関係で理解されると、福音は狭隘化され、「罪の赦しの宣告」に狭められるとパネンベルクは考えた。

「罪の赦し」の福音は、ルターの『ガラテヤ大講解』で鮮明に表現されたが、パネンベルクによれば、それはパウロの思想に即したものでなく、むしろ中世の西方教会に見られた「改悛の制度」による赦しの受容と結びついたもので、少なくともきわめてスピリチュアリスティッシュな解釈に狭められていると思われた。この福音理解では、第二イザヤにおける王的支配の開始による喜びの福音も、「終末論的救いについてのパウロ的な表象のきわめて複雑な充満[17]」も理解されないと言う。福音においてはイエスの働きにおける「神の支配の現在化」が根本であって、それがあらゆる人間と神との分離を克服する。そして「神の支配に参与することから、信仰者にとって罪の赦しも新しい愛の戒めも結果的に生じてくる[18]」とパネンベルクは考えた。イエスが行った「祝いの食事」の中には喜びに満ちた神の国の救済が提示されていたのに、それを「罪の赦し」に局限してしまうのは、イエスの使信に相応しくなく、そうした局限は「ただ中世的な悔改めの敬虔のパースペクティヴから理解されるのみ[19]」であると彼は語った。

パネンベルクももちろん使徒的な伝道の使信に「罪の赦し」が含まれていなかったと主張したわけではない。「罪の赦しはその中の一つの本質的な要素である」、しかしながら「ただ一つの要素にすぎない[20]」。それは「イエス・キリストにおける神の救済の現在によって基礎づけられつつ含まれている」と彼は語った。それでは罪の赦しより積極的なこととは何か。「キリストの死によって世と神、そして世と神の支配とが和解される。なぜなら、神の支配はキリストの死を通して人間に対する救助的な愛として示されるから」[21]と言われる。従ってパネンベルクにおいて伝道の内容は、「罪の赦しの福音」でなく、「神の国の福音」である。両者は決して二者択一的に語られているのでなく、神の国の到来の福音には罪の赦しの宣告も含まれる。しかし神の国の福音はそれだけでなく、命と至福をも意味すると言われる。

以上の理解はことさら問題にされる必要はないかもしれない。しかし「罪の赦し」と「神の支配への参与」との「秩序」は問題になるであろう。パネンベルクにおいては「罪の赦し」は無視されていないが、その位置的価値はかなり低いものにされている。一体、神の支配への参与の結果として罪の赦しがあるという理解は妥当なのであろうか。たしかに「神の国の現在における出現」は、イエス・キリストによる罪の赦しや病人の癒し、そして貧しい者たちへの給食として具体化された。しかし主の贖罪の決定的な意味に基づいて神の国への参与の秩序は明らかにされるであろう。神の支配の終末論的到来の現在化は罪の支配を破る。それは、イエスの代償的死の終末論的な決定的行為として罪の支配を終わらせる。それに基づき、それとともに罪人に対する無罪の宣告がなされ、そして罪人が神との和解に入れられ、神の支配への参与へともたらされると解することができる。罪の支配の廃棄とともに、それだけでなく、やはり罪の赦しがなければ、和解に至らず、神の国への参与はもたらされないと言うべきであろう。神の国への参与と罪の赦しとはただ二者択一でないというだけでなく、両者の関係が問題になるであろう。神の国への参与が罪の赦しを結果としてもたらすと語るパネンベルクの福音理解は、やはり「罪の赦しの福音」を希薄にした仕方で「神の国の福音」が言われていると言わなければならないであろう。罪の赦しをもっぱら中世の改悛の秘蹟と結びつけて解釈した上で、神の国への参与と罪の赦しの関係を、後者は前者の結果という秩序に置いたことは、罪の赦しの意味深い理解に導くことはない。

この問題は、終末論と贖罪論の関係をどう理解するかという問題を孕んでいる。また、「イエス・キリストにおける神の国の終末論的将来の現在」をどう理解するかという問題でもある。神の国の到来は、主の晩餐の制定におけるイエスの言葉にも示されているように、キリストの死を通してくる。終末論はキリスト論的ならびに贖罪論的な規定の中にあって初めて成立する。パネンベルクの場合、罪の赦しよりも神の支配が圧倒的に主張されているのは、キリストの贖罪行為と神の国の関係規定について彼なりの理解が背後にあるからである。それは贖罪よりも神の国を決定的とする理解である。それが伝道の内容表現の中に姿を現している。

3　教会史と伝道

神と人との和解は、人々相互の和解と相互的な交わりの回復を伴い、全世界を包括する神の国の共同体へと向かう。その際、神の国の具体的な形姿は、一人一人の魂の中よりは、むしろ人間と神との交わり、そして人間相互の交わりの中に見出される。もちろん具体的な人間と神、そして人間相互の交わりは、神の国における和解の完成の暫定的な表現でしかない。伝道は福音の宣教であるとともに、それゆえまた共同体としての教会の設立でもある。神の支配がイエス・キリストにおいて出現し始めたことが福音の内容であれば、神の民の召集が理解されるようになる。福音と教会の基礎づけとの関連は、福音を罪の赦しの宣告に狭めてしまうと理解されにくくなるが、神の国の福音によって明らかに福音が神の民の群としての教会を基礎づけていると理解される。「神の国」の福音は教会の産物ではなく、「教会の存在の源泉」であり、「教会がそこから生きる根拠[22]」であると言われる。

①　伝道としての教会史

伝道は和解の遂行であり、その宣教行為は福音に属していた。同様に伝道は教会の歴史に属し、救済史的中間時の前進に関与する。パネンベルクは選びの教説の光のもとに「教会の歴史」を解釈し、その中で「教会史のテーマ」として「伝道」について考察した。ただし教会の歴史は伝道を含めて、単純な明白性の中にあるわけではない。つまり「教会の歴史は受肉の延長ではない[23]」。教会の歴史は途上的であって、イエス・キリストとの交わりの終末論的完成との「差異[24]」の中にあり続ける。

「伝道」というテーマは、パネンベルクにとって一方では教会史を基礎づける意義を持っている。というのは、教会の自己理解には「伝道者的自己理解」があるからで、それは「終末論的な群」としての自己理解であり、「終わりの時の選ばれた神の民」としての自己理解である。「教会とその肢は、イエス・キリストによって神との終末論的な救いの交わりに参与するために選ばれ、それによって同時に全人類に対し人類の終末論的規定とそれがイエス・キリストにおいて出現したことを証言すべく、召され、派遣されていることを知っている[25]」。

しかし同時に言わなければならないことは、この中間時的な途上にある教会の現実が、終末論的完成に対して持っている「差異」である。これによって教会の自己理解も伝道も暫定的なものとされる。一方でキリスト教伝道は、終末論的な神の民としての「選びの意識」を前提にし、「この前提なしには、伝道的なキリスト教の拡張（Ausbreitung）の事実は理解されないであろう[26]」。しかし同時にあの「差異」のゆえに、「この選びの意識は当然、キリスト教の歴史の中で異論の余地のないものではなかった。一人の神がおられ、イエス・キリストにその啓示があるというキリスト教的使信と同様に、選びの意識も異論の余地あるものであった[27]」。

そこでキリスト教と教会の歴史に、従ってまたその伝道にも、「前提的な根拠」があるとともに「異論の余地」がある。それが教会史的には伝道による「拡張」とともに、「教会分裂による喪失」となって現れているとパネンベルクは見る。彼は、教会の歴史の中に「選びや派遣」とともに、「審判[28]」があるとも見る。「選び」や「派遣」のもとに伝道の拡張が理解されるが、「審判」のもとに教会分裂が理解される。そうした教会史や伝道史の具体的な叙述は、概略、以下のようである。

②「伝道」として、また「審判」としての教会史

パネンベルクの叙述に従えば、教会の歴史は決して一方的に「キリスト教信仰の伝道的拡張の歴史」、「諸民族や人種の諸限界や諸対立を克服する持続的な共同体形成への道」であるわけではない。コンスタンティヌス帝による転換期にも、他方には「アレイオス論争の亀裂」があった。ゲルマン民族がアレイオス主義に回心したことは、その後長期にわたって禍に満ちた影響を与え続けたと言われる。つまり、五世紀にはキリスト論論争の帰結としてさまざまな分裂が加わり、この展開が恐らくはローマ帝国の分裂、民族大移動の嵐の中でその東半分の没落に結びつき、特にシリアやパレスティナにおけるキリスト教の発祥の地の喪失に影響を与えたと見られる。その影響はさらに、七世紀になって、エジプトや北アフリカにイスラムが侵攻し、スペインの喪失に至るまで及んでいるとパネンベルクは見る。「こうした事件は、ただ伝道思想によって規定されているだけの教会史の構想では整理できない」[29]。それは、既述の「審判のカテゴリー」を持った歴史神学的な見方によって初めて解明され得ると言う。パネンベルクの教会史の概観は、伝道史的見方だけでなく、同時に「審判のカテゴリー」をもった歴史神学的考察によって進められる。教義学的に見れば「強烈な浄化」を行ったはずの事件が、歴史神学的に見ると、歴史における神の教会に対する「審判」として見られる、と言うのである。

この「審判のカテゴリー」は中世教会史の見方にも不可欠とされる。それによると西方教会と東方教会の分裂は、コンスタンティノープルと小アジア、さらにバルカン地方までイスラムに引き渡す役割を果たした。同じように教皇主義の過剰な権力主張によって、宗教的権力と世俗的権力の調和は挫折し、結果として西洋キリスト教界は内的に崩壊し、やがて宗教改革運動によって教会分裂になった。こうしてパネンベルクの歴史の概観は近代世界の成立にまで至る。「近代の西洋文化世界がキリスト教から乖離したことも、歴史における神の審判行為の表現として捉えられなければならない」[30]。この見方で言えば、「近代西洋文化世界の世俗主義は、結局のところ十六世紀の西洋の教会分裂の結果、つまりそこから発生した十六世紀後半と十七世紀の宗教戦争に遡られる」[31]。

近代社会が政治、経済、さらにはあらゆる文化的生活形態を含めて、一切の宗教的拘束から解放され、世俗化に至ったのは、西洋の教会分裂の結果にその歴史的起源を持っているというのである。パネンベルクの『組織神学』第三巻に見られる「教会史の概観」は以上で終わっている。

パネンベルクによる以上の教会史の見方が幾多の問題を持っていることは明らかであろう。教会史の概略の内容にも異論があり得るし、近代世界とプロテスタンティズムの関わりについてもこの理解でよいかという「近代とプロテスタンティズム」の関係理解をめぐる疑問もある。(32) しかしいずれにせよ、この教会史の歴史神学的理解と概観から分かることは、パネンベルクが「伝道の神学者」であるよりは、むしろ「エキュメニズムの神学者」、しかもローマ・カトリック教会とルター派教会との教会分裂の克服に努める「エキュメニズムの神学者」であること、(33) そしてその背景にある教会史理解の内容が大筋においていかなるものかということである。エキュメニカルな教会統一の課題が、彼の神学においては伝道と並び、しかも彼の人生の具体的な営みとしては伝道に優って重大な課題をなした。現代ヨーロッパの神学者として、彼にとっては伝道よりもエキュメニズムが身近な問題であった。この課題を負うことなしには、現代の世俗主義を越えて伝道を推進することはできないというのが彼の信念であった。

パネンベルクの「教会史の歴史神学的見方」は、彼を「伝道の神学者」にはしなかった。その一つの理由は、彼の「教会の歴史」の理解は、宗教改革から、近代の世俗社会に視線を移すもので、その間十九世紀に生じた世界伝道は、彼の視野には入ってこない点にある。十九世紀世界伝道の事実は、カール・バルトには近代キリスト教史と神学史に対する批判的観点を与えたが、パネンベルクの教会史理解には何の意味も持っていない。彼が教会の歴史の中に認識した「選び」と「派遣」は、古代教会において認識されはしたが、近代世界の中で、世界伝道の課題を担って大海原を越えて生涯を捧げる信仰の力としては認識されなかった。

4　教会と宗教的多元主義

現代の人間状況、それゆえにまた伝道の状況は、基本的に世俗化によって規定されているのか、それとも諸宗教の並存や衝突によって規定されているのであろうか。この問題は、伝道の神学的考察にとって重大な問題である。どちらによってより決定的に規定されていると見るかは、なお未決定に置くとしても、そのいずれも無視することのできない現代世界の現実であることは認識しなければならないであろう。パネンベルクも、それがどれだけ徹底した取り組みになっているかは別にして、世俗化と諸宗教の対立の両方の問題を扱っている。世俗化の方は、その歴史的淵源を教会分裂に見るという前節の認識から、エキュメニカル運動、そのためのエキュメニカルな対話が対抗政策とされた。そしてそのためにパネンベルク自身「エキュメニカルな神学者」として多大な時間と努力を捧げた。エキュメニカルな課題は、パネンベルクにとっては、伝道と関連もしていたであろう。パネンベルクがその初期にエキュメニカルな課題と伝道の課題を関連させて理解していたことは疑いがない。彼の比較的初期の論文「神の国と教会」（一九六七年）の中で伝道について語った箇所で、彼は「ほとんどの場合、今日の伝道の課題はエキュメニカルな課題と密接に関連している」[34]と語っている。それでは一体、諸宗教の衝突の問題について彼はどのように対処しようとしたであろうか。

①　宗教間競争と宗教間対話

上記の初期論文において伝道について語った際、パネンベルクはキリスト教における「権威主義的伝統の痕跡を除去する」必要を主張した。彼によると、「今日、伝道概念に対するしばしば激しい拒絶が広範囲に存在する」。それは理由のないことではなく、「その原因は大部分、多くの宣教師たちが過去に行ってきた権威主義的方法に帰することができる」と言う。「彼らは、実例や論証によって確信させるかわりに回心を迫った」[35]。権威主義と回心要求に対する批判は、その後もパネンベルクの伝道理解や諸宗教に対する態度の中で変わることなく続いた。他宗教との出会いにおいてパネンベルクが意味ありとするのは、権威主義的な回心の要求でなく、「宗教間対話」もしくは「伝道的対論」(missionarische Auseinandersetzung）である。

パネンベルクは種々の宗教が並存している世界における宗教的多元性の現実を承認して、宗教間対話を有意味なことと認識する。すでに述べたように、彼はバルトのように宗教を啓示の歪曲として拒否することをしない。宗教と啓示の密接な関係を承認する。同時にまた何らかの「真の宗教」概念を設定して、それをキリスト教と同一視し、他の宗教を否定する道も取らない。「自然宗教」「理性宗教」「絶対的宗教」といった理性主義的な哲学的宗教概念はもはや過去のものである。トレルチがすでに発展史的概念としてのキリスト教の「絶対性」を宗教史の立場から否定し、より控え目な「最高妥当性」という歴史的概念に置き替えていた。この道を逆行することはパネンベルクにとっては不可能であった。

宗教間競争の現実を理解するうえで、パネンベルクは「神話的宗教」（あるいは民族宗教）と「伝道的世界宗教」とを区別した。後者に属するものとしては、具体的にはキリスト教のほか、イスラム教と仏教とが考えられている。ユダヤ教の場合は、民族宗教と伝道的世界宗教の中間に位置すると言われる。また、それぞれの伝道的世界宗教にとっては、自己の宗教的真理が「万人に妥当する普遍的な真理」であることが自己のアイデンティティの成立のための決め手であって、それが不可欠な主張である。つまり伝道的世界宗教の間でこそ、宗教的真理の自己主張は回避し得ないものとなり、宗教間の葛藤と競争とは抜き差しならないものになる。こうしてパネンベルクの言う「宗教間対話」は、伝道的対論として二つの課題を持った。それは一方で他宗教における神関係の歪みと戦い、他方では他宗教に潜んでいる真理を明るみに引き出す課題と言われる。

こうした宗教間対話や対論によって、宗教間競争は単純に何らかの統一や統合へと至り得るわけではない。パネンベルクはこの点で、「エキュメニカルな対話」と「宗教間対話」の相違を明白に認識している。しかし諸宗教の併存の中に何ら統一のない原理的な多元主義が存在するとも彼は考えなかった。パネンベルクによると万人に妥当する普遍的な真理の確信による伝道的世界宗教にとって、原理的に多元主義を肯定することは不可能である。彼は単一の普遍的真理の終末における成就を信じ、それはイエス・キリストにおける万物の創造者なる神の真理であると主張した。

②「伝道的対論」による諸宗教の作用の取りこみ

宗教間競争においてパネンベルクが重要と見たのは、変化した世界の中で人々が経験しなければならない人生や世界の現実をめぐって、諸宗教が持っている現実解釈の能力である。より一層確信を与える解釈能力を示すことができるかどうか、それが宗教間競争に耐え得る力を示すことになる。さらにパネンベルクによれば、他の宗教との対話や対論の中で、他宗教の神や神々の作用力を本来は自家宗教の神性の能力として取り込むことに成功するかどうかということも、より一層確かな解釈能力の資質を表す一つの契機である。

後者の問題は、一種のシンクレティズムの契機を持つことになるが、それは機能や作用のシンクレティズムであって、神や神々そのものの次元におけるシンクレティズムではない。もし自家宗教の神に不足があり、他宗教の神ないし神々を直接取り込むことによって補完するとしたら、その宗教の宗教的アイデンティティは維持されなくなる。そうしたアイデンティティの喪失でなく、自己の宗教的アイデンティティを保持しながら、一つなる神の作用の中に他の神々の作用を取り込む機能上のシンクレティズムがあり得ると言う。その具体的事例として彼が考えているのは、カナンの地においてバアルの機能であった大地の豊穣をつかさどる力を本来ヤーウェ自身の働きにあることとして取り込んだ旧約聖書のケースである。こうした仕方で他の宗教の真理契機を取り込む可能性が、自己の宗教的アイデンティティの保持の中で可能とされるとパネンベルクは考えた。従って彼の宗教史の理解は、自己浄化による純粋性の追及によって狭くなっていく宗教史ではなく、現実経験の推移とともに自家宗教の「包括的な解釈的潜在能力」をさらに豊かに発揮する宗教史である。「真の宗教」はその解釈的潜在能力のシンクレティックな実現の中に証明され、「力に満ちている」[36]（machtvoll）ことこそが真理であることになる。

こうした包括的な解釈的潜在能力は、対話の中で他者に潜む真理に対し開放的な性格を保持することを意味する。これがしばしば異質な他者に対する「寛容」と結び合って表現される。パネンベルクが他の宗教やその人々に対し「寛容」であり得る根拠として挙げるのは、やはりこの「真理問題に対する開放的な性格」であるが、彼はそれが成立する根拠を、いまだ完成しない世界における宗教的真理の Strittigkeit の中に見た。宗教的真理の「シュトゥリッティヒカイト」とは、その真理がいまだ完成した真理に到達しておらず、なお真理としての暫定性の中にあり、従って異論、反論、論争の余地を残した性格を保持していることを意味している。この「異論余地ある性格」が決して真理問題における欠損を意味するのでなく、むしろ他の真理主張に対する寛容として働くとパネンベルクは主張した。

③　諸宗教に対するキリスト教の「絶対性」はどこに

キリスト教は終末論的な究極性と凌駕不可能性を持っている。しかしパネンベルクはそのことを「非寛容なドグマティズム」の形で示そうとはしなかった。むしろ「キリスト教的真理認識の暫定性」が持っている意味を積極的に語ろうとした。彼は「キリスト教神学はイエス・キリストにおける神の啓示の究極性をこの世界におけるその持続的な論争余地（Strittigkeit）の意識の中に持ち込むことができる」[37]と言う。パネンベルクはまた、キリスト教的教説の「包括的な解釈的潜在能力」を徹底的終末論とその完成以前の終末論的凌駕不可能性の中に見た。その際、問題なのは、一方の凌駕不可能性と他方の論争余地や暫定性との間にある微妙な差異である。終末論的な凌駕不可能性は、終末の完成によって凌駕されるのではないかと考えられるであろう。それとも終末によっても凌駕されないものが、終末をも規定するものとして存在するのであろうか。もしそうなら、終末を規定するものをパネンベルクは承認し、徹底的終末論を止揚することになろう。

パネンベルクの宗教間対話の理解について、二、三の問題を指摘しておきたい。宗教間対話は、実存と世界の経験の解釈をめぐり、解釈的潜在能力を競いながら交わされるとパネンベルクは主張した。しかし実際に彼が行ったのは、諸宗教の「神観」や「実在観」を比較した程度に止まっている。そうした諸宗教の実在観をめぐって、パネンベルクはヒンズーの実在観の中に「寛容」があると見て、他方キリスト教における非寛容とを対比して語った。(38) しかしマックス・ヴェーバーによれば、ヒンズーの非歴史的実在観のためにカーストの最下層の人々さえカーストの秩序に対し絶対的な保守主義をもって固執していることが問題であった。社会学的には最下層のカーストと同様のパーリア民族でありながら、イスラエルの現実理解は歴史的な実在観によって変革を可能にした。(39) この比較分析においてパネンベルクの教理的な比較の視点は、ヴェーバーの宗教社会学的比較に及ばなかったのではないか。

パネンベルクは、伝道的世界宗教を対話の可能な相手として、神話的・民族的宗教に優って尊重した。しかしこれは、宗教に対する一種の知性主義的誤解を示していないであろうか。日本のキリスト教の歴史的経験から言えば、他宗教として手ごわいのは、知性的な対話の相手としての仏教ではなく、むしろ政治や無理やりの暴力を持って抑圧し続けてきた神道である。「真理主張」といっても普遍的な真理主張でなく、むしろ民族主義的な真理主張を強引に主張する宗教がある。それが原理主義の形態を取ることもあろう。こうした歴史の具体的経験に直面すると、そもそも宗教間対話が成立するためには、その前提としてすでに「寛容」や「信仰の自由」、あるいは「結社の自由」といった近代的文化価値が憲法的体制をもって保証されていなければならないことに気づかされる。宗教間対話にとって重大なのは、「宗教的真理の論争余地」や「真理問題への開放性」などではなくて、それ以前に「寛容」や他者の「信仰の自由」の尊重、「結社の自由」の承認など近代的な自由や人権の制度であり、それをよしとする宗教的支持基盤に立つか否かである。パネンベルクはこの文脈での宗教的自由や人権の憲法的支持という近代的な世界共通の文化価値や、それを支持し得る宗教的確信といった重大問題の意味を見落としている。寛容や信仰の自由を人類が獲得した際の宗教的態度は、いまだ完成しない宗教的真理の論争の余地ある性格によってではなかった。自家宗教に対する疑いの余地によって「寛容」は根拠づけられたのではない。むしろもっと深い宗教的確信の奥底から自由を求め、他者の自由をも尊重することによってである。宗教を異にする他者の為にも十字架にかかられたイエス・キリストにおける神の自己犠牲があり、他者としての人間存在の秘義性を保持し続ける神の主権性がある。宗教的真理の論争余地とか、自家宗教の真理主張に対する懐疑などに「寛容」の基礎を見ようとすることは、啓蒙主義や世俗化によって寛容を説明しようとすることにむしろ接近する。それは完全な過ちとして排除されるべきは言わないまでも、「寛容」の歴史的成立を正当に説明するものではない。

5　他宗教者の救済について

他宗教の人々の救いをどう考えるかという問題は、宗教間対話においてもまた伝道にとっても影響力の大きな問題である。キリスト教的視点からすれば、イエス・キリストの名による以外に救いはないから、他宗教の人々は当面キリストの救済に参与しているとは言いがたい。そうでなければ、あらゆる宗教の差異を越えて現在における万人の救済を承認することになり、逆に、キリスト教のアイデンティティは危険にさらされる。そこでパネンベルクもまた、「救済の規準」は「イエスとその使信」であると主張している。そして終末における他宗教者の救いについて「彼らの人生がそのように与えられている規準に対応していれば、他の文化と宗教の人も神の支配の救済に参与するであろう」[40]と語る。彼らは「いますでにではなく」、「神の国の完成においてはじめてイエス・キリストを次のようなお方として認識するであろう。つまり彼らの救済の希望が彼らの人生の予感に満ちた暗闇の中でいつもすでにその方に結び合わされていた方として認識するであろう」[41]。終末における他宗教者の救済について、パネンベルクの叙述にはなお曖昧さが残る。あるところでは、終末時における救済の規準はイエスの人格でなく「イエスの教え」と言われ、別の場所では「イエスとその使信」と言われる[42]。また、その時に「彼らの人生がその規準に対応していれば」ということは何を語っているのか。人生のあり様の能動主義的な、自己救済的な対応が言われているわけではあるまい。いずれにせよ、パネンベルクはキリスト教神学者として「神の支配による救済への参与の規準」はイエス・キリストであると語り、しかもそれを、キリストを信じる者についてだけでなく、他宗教の人についても貫こうとした。しかもキリストとその使信を規準とすることで、非キリスト者を救いから排除された者とはしなかった。非キリスト者もまたキリストの規準の中で救済に参与する者として語った。キリスト教と他の諸宗教との関係の理解の仕方をジョン・ヒックの弟子であったアラン・レイスは根本的に三つのモデル（排他主義、包括主義、多元主義）で表現しようとしたが、カール・ブラーテンが言うように、パネンベルクはこの点では「包括主義者」と見なされるであろう[43]。

非キリスト者もキリストにすでに関係づけられているとパネンベルクは見ている。しかしそれは「いまだ未完成な世」にあっては「異論の余地あるもの」であり続ける。終わりの時になって、今すでにそうであることが分かる以外にない。パネンベルクにおいて包括的なのはイエス・キリストなのか、それとも終末そのものではないのか。キリスト論的包括主義か、終末論的包括主義ではないのか。彼の啓示の理解からすれば後者と言うべきであろう。

6　神の論争余地

伝道は終末の完成の一歩手前における救済史的出来事である。パネンベルクも「終末論的完成の中では教会の伝道は余分なものになる」[44]と語っている。そこでパネンベルクはさらに一歩進めて、「いまだ完成していない世界の中での神の論争可能性が……キリスト教の世界伝道のための空間を切り開く」[45]と語る。「論争可能性」は、パネンベルクによればキリスト教的教説そのものの真理の性格であり、さらには神の性格である。神が神であることは、「いまだ完成していない世界の中」では「論争可能性」の中にある。ヘニング・ヴローゲマンはこれを「仮説的」[46]な神と呼んだ。

その際重大なことは、終末以前の「人間の認識」の論争可能性が主張されているのではないことである。それもまた言われるにしても、論争可能性の存在論的な根拠は有限な人間存在にあるわけではない。それは、元来、歴史全体としての啓示に根拠を持った、イエス・キリストにおける神の啓示の暫定性からきている。それもただ人間学的制約としての認識論的暫定性でなく、究極的啓示の先取りの性格による啓示の暫定性であって、啓示の本質的構造上の暫定性である。そこから神の論争可能性が由来している。それは結局、真に神であることは歴史の最後にかかっているとされる神に存在論的な根拠を持っている。ここにパネンベルクの神学の重大な問題点があると言わなければならないであろう。啓示の完成は歴史の終末にあるとされ、そこにおいて初めて神が神であることが決定されるのであって、啓示に対する神の主としての自由は歴史によって制約されている。神が神であることは、神自身にではなく、その支配に、そして神の国にかかっているとされる。神と真理そのものとは終末の完成による決着以前にあっては存在論的に論争の余地を免れない。パネンベルク神学の根本問題は、神そのものの神性を終末に依存させて理解した、その徹底的終末論にあると言わなければならないであろう。

パネンベルクの伝道理解の叙述は以上によってほぼ尽きると言ってよい。最後に彼の伝道理解の評価をまとめ、特にその問題点を指摘しておきたい。

まずパネンベルクが「救済史の不可欠な部分や契機」として「伝道」の位置を認識したことは意味あることで

あった。惜しむらくはもっと断固たる仕方でそれをなすべきであって、彼が伝道そのものを主題的に扱わなかったために、その根拠、内容、目的などの叙述が拡散し、伝道の積極的な扱いを欠く結果になったと言わなければならないであろう。「教会の歴史」における伝道の扱いも決して十分なものと言うことはできない。

次に世界伝道の「根拠」は、ある場合「創造」の信仰に、またある場合は万人に妥当する「唯一の神の真理」に、さらには「神の論争余地」の中に見られた。伝道の「内容」については「罪の赦し」を含む「神の国の福音」に見られた。しかし「罪の赦し」と「神の国への参与」の不可分な関連とその秩序をより明白に語るべきであったと思われる。

パネンベルクの教会史論では十九世紀世界伝道は特別な位置を持っていない。このことは彼の神学が「世界伝道の神学」ではなく、「ヨーロッパのエキュメニズムの神学」であることと対応している。権威主義による伝道の困難といった事態の認識は、キリスト教の拡大を植民地主義と結びつけて見たときの問題で、彼の神学の「ヨーロッパ的視点」からのものと言わなければならない。敬虔主義的信仰復興運動に刺激されたプロテスタント自由教会による東アジア伝道は、それよりはるかに宗教的な基盤を持った人格の命懸けの運動として進められてきた。

パネンベルクが伝道の空間を切り開く契機と見なしたキリスト教的真理の「論争余地」や「暫定性」は、伝道が歪曲されるのを防止する「規制原理」ではあり得ても、決して伝道を積極的に推進する「構成原理」ではあり得ない。「宗教間対話」や「宗教間討論」も伝道に伴う側面ではあっても、伝道そのものの本質ではないと言うべきであろう。

そこで「伝道の神学」の基本構造が問題になる。伝道を不可欠な契機として位置づけた救済史は、パネンベルクが言うように徹底的に終末論的なのか、それとも「規準となるものはもはや、來るであろうものではなく、すでに到來したその人」であり、「救済史にとっては代贖の思想が根本的なものである」[47]と言い得るかである。これによって中間時の伝道はその理由も、内容も、そして目標との関わりも異なってくる。イエス・キリストにおける神の自己犠牲、そして十字架にかかられた復活のキリストの人格と、そのキリストが今日もともにおられることによるのでなければ、伝道への派遣はその根拠を持たず、その意味内容も、神の国との関わりも歪曲され、権威主義からの解放も真実にはなされないと思われる。神の論争余地によって伝道の地平を切り開くというパネンベルクの主張は、生涯をささげ、殉教の可能性の中で、大海原を越えて伝道に身を献げる生き方を生み出すことはできない。誰も「仮説」に命をかけて献身することはしないからである。

パネンベルクの基本構造に反対して、むしろイエス・キリストの出来事の中に真理と救済の終末論的啓示が凌駕不可能な仕方であることによって、伝道は成立すると言うべきである。復活の主イエスが異邦人伝道の根拠であったのは、そのことを前提している。伝道は神の選びに基づく派遣によるが、それがただ異論の余地あることではなく、キリストの人格と不可分な恵みの選びであり、キリストの犠牲に基づく愛の権威によることからくる。権威主義からの解放もただ真理の暫定性や異論の余地に対する開放性から来るのではなく、キリストのものとされたことからくるのであり、キリストの人格によって規定されていることからくる。事実、東アジアの伝道は、権威主義や植民地主義とは別な謙遜と親切な新しい人格によって遂行された。

パネンベルクの問題をさらに言えば、神が神であることが先行しなければ、「いまだ完成していない世」も、「終末における完成」もそれ自体不明な「仮説」にすぎなくなるであろう。暫定性も仮説にすぎず、論争余地のもっている意味も仮説にすぎない。神が神であることなしに、どうして「万物の終わり」の到来を語ることができるであろうか。「神が神であること」を抜きにしたら、「万物の終わり」があると語るよりは、むしろ「万物の永遠回帰」を語るほうが信憑性を有するであろう。ニーチェが「神の死」を語ってキリスト教と決別したとき、「万物の永遠回帰」に至ったことを軽視すべきではない。終末における完成が語られるためには、それ以前に神が神でなくてはならないであろう。キリスト教が伝道的宗教であることはまぎれもない事実であるが、伝道を基礎づけるのは終末ではなく、終末をもたらす神である。パネンベルク神学における「伝道理解」の問題性は、その神を仮説的にしたその啓示理解の問題性から見直されなければならない。伝道を救済史に不可欠なこととして認めながら、なお彼の神学が適切な伝道理解を打ち出すことができなかったことは、その啓示理解に根本の問題があったからであろう。

第二部　終末論について

第一章　終末論史の概観

終末論（Eschatology）は、最後の事柄（Eschatos, Eschata）に関わる教説である。従って、それは神の経綸の業の最後、すなわち救済史の終局に関わる教説と言うことができる。神の経綸の業の最後は、被造物全体の破壊や壊滅でなく、御子が十字架に死にそして復活されたように、死をくぐっての命、審判や滅びをくぐっての救いの完成と成就である。神の経綸の最後の業に関する教説として、終末論は通常、教義学の最後に配置される。

しかし他面、信仰と神学的思惟とは、その全体が神による賜物の可能性として与えられたあり方であり、また思惟である。それはこの世的な生のあり方や思惟の終わりを意味し、その意味でそれらは終末論的と言うことができる。神学的思惟の全体の質が、最後の思惟として、希望を持って終わりに向かい、また終わりの視点からの希望の言葉とも言い得るであろう。そうなると終末論は教義学の諸項目の中の「最後の事柄」に限定されず、むしろ「終末論的思惟」として神学の初めから終わりまでその全体に及ぶことにもなる。救済史の全貌が終末論的に思惟されるとも考えられ、場合によっては終末論によって救済史的な経過が包括的に吸収されるとも考えられる。ときには終末論によって救済史が吸収され、救済史的な水平次元の進行を否定する神学が終末論的に遂行される場合もある。

ただし「終末論の専門事項」である「最後の事柄」を欠如させ、神の経綸の最後の完成について語ることなく、終末論を神学の「思惟の質」のみに還元してしまうとすれば、それは終末の事柄についての聖書の記述を無視して実質的に排除するか、それら最後の事柄に関する記述に対して一種の「非神話化」を施すことになるであろう。「終末の事柄」を神学的に思惟化させるか、もしくは非神話化して実存のあり方などの記述に転釈させるにしても、いずれも教養学の最終部分としての終末論は欠如することになる。これは本書が取る立場ではない。本書はむしろ神学の中の最後の項目として「神の経綸の最後の業」「歴史としての現実の最後・終末の事柄」の論述を持たなければならないと考えている。

終末論の諸事項の考察に入る前に、まず、「近・現代における終末論史」を概観しておこう。救済史と終末論は相互関係的な連関の中にあるから、「終末論史の概観」は、すでに本書で扱った「救済史の神学史」と重複することを避けることは困難である。しかし終末論をめぐる今日の神学的状況を認識するために、終末論に関心を集中させながら、神学史の概観をもう一度試みることにしたい。

1　終末思想史の概観

(1)　終末論の狭隘化

終末論の近年の神学史的状況を扱うために、その前史に簡単に言及しておこう。聖書の中には「終わりの事柄」を告げる用語が多数散見される。旧約聖書の預言書中のメシア預言（イザ四一・四、四四・六、四六・一〇）や、ダニエル書の黙示録的文章中の「人の子の来臨」や「審判」（ダニ八・一七、一二・四）についての箇所は、そうした例である。新約聖書もまた多くの箇所で「終わりのとき」や「終わりの事柄」について語る。それらの例として、福音書における「神の国の譬え」、小黙示録に記された「世の終わりの諸現象」、使徒言行録二章一七節以下や、パウロ書簡（一コリ一五・五一、一テサ四・一三以下）、それにヨハネの黙示録における「新しい天と新しい地」（黙二一章）の記述などを挙げることができよう。しかしそれにしても重大なのはナザレのイエスの使信における「神の国」の表象である。終末論はこの「神の国」のまったき到来に関する教説と言うことができる。

しかしながら「神の国」という主題は、神学史上常に支配的な役割を担ってきたわけではない。このことはイエスの福音から考えて、「驚くべきこと」と言わなければならない。[1]「神の国」はむしろかなりはやくから終末論の中でその位置を希薄にした。終末論は優勢的に人間の「個」としてのあり方を文脈とするようになり、「死の問題」に狭められた。終末論の狭隘化が起きたのである。クレメンス第一書簡（四二・三）など使徒教父の文章にはまだ神の国思想が見出された。弁証家たちの中でそれは稀になり、「神の国」に代わって「死人の甦り」がヘレニズム思想との主要な論争主題になった。エイレナイオスに「神の国」の用語は出てこないわけではないが、神の国の到来よりはむしろ「死人の甦り」や「受肉のキリストとの同形化」が終末思想の中心になった。グノーシスとの戦いにおいて基盤とされたのは創造信仰と受肉思想であって、終末論ではなかった。終末論的な将来待望の対象としての神の国思想は、著しく控え目に抑えられ、終末論は「個人的終末論」、つまりは死による地上の生の終わりと、魂の不死や永遠の命の問題になった。終末論から諸民族や諸国に関わる人類世界の終末や被造物全体の自然世界の終末という主題が喪失し、終末論の狭隘化を呈したわけである。パウル・アルトハウスは終末論が個人的終末論に狭隘化されたのを「近代神学」のことと記しているが、[2]それは近代以前のことであり、すでに古代に端を発すると言わなければならない。

終末論の狭隘化の理由は何か。それは「神の国」を含む黙示録的表象の後退現象であるが、それを引き起こした原因は、一般に「再臨遅延の問題」と神の国に代わる「教会の出現」があるとされる。それによって確かにある程度の説明は可能であろう。しかしそれですべてが片づくわけではない。イエスの「神の国」の使信と初代教会の福音の宣教は、必ずしも黙示録的終末観と全面的に同一のものとは言えなかったことにも注意を払う必要がある。イエスの終末思想を、黙示録のそれについて述べられるように、時代の支配体制に対する抵抗によって説明することはできない。接近した神の国に対するイエスの待望には、黙示録とは異なり、神の国がいつ到来するかという時の計算は欠如しており、到来はむしろ突然のこととされた。また初代教会において「神の国」は「イエスの人格」との結びつきを決定的とし、黙示録一般とは異なり、キリストにおいてすでに神の国は来ているとも主張され、神の国の将来と現在は関連させられてもいた。[3] つまり黙示録的表象が後退したとしても、キリスト教が神の国信仰に止まる可能な根拠がイエス・キリストの人格と出来事の中に見出されたわけである。要するに、キリスト教は「終末教」ではなく、「キリスト教」であり続けた。しかしそれにしても終末論の狭隘化、つまり終末論における「世界喪失」が起きたことはキリスト教史の現実であった。

世の終わりの差し迫った到来予告が挫折したことは、終末論にとって重大な変化を意味しないわけにはいかなかった。モンタヌス運動の挫折も影響を与えたであろう。さらには教会が世の存続に責任を負う仕方で出現したことは、黙示録的終末論を忌避する結果にもなったと思われる。世の終わりは、やがて将来的な到来から転換して、「天上の世界」あるいは「死後の世界」へと移行した。これによって終末論からの「世界の喪失」だけでなく、それとともに「将来的・到来的性格」も希薄にされ、終末論の狭隘化は二重の意味において、つまり世界だけでなく将来の喪失としても進行したことになる。

将来的終末論から天上の終末論、あるいは死後の終末論への転換によって「個人的終末論」が前面に出て、「歴史的終末論」や「宇宙的終末論」は後退した。終末論の主題は「個人的な不死」や「死の彼方の希望」に変えられ、「死人の甦り」と「最後の審判」に限定されていった。終末論のこの傾向は使徒信条においても、またニカイア信条においても見られたことである。こうした終末論の狭隘化、個人的終末論への限定は、ペトルス・ロンバルドゥスからスコラ神学、さらにはプロテスタント正統主義にまで及ぶ。

ヴォルフハルト・パネンベルクは、この傾向が停止されたのは、十七世紀のヨハネス・コッツェーユス（Johannes Coccejus）の契約神学において救済史の支配的な主題として「神の国」が見直され、それが終末論において再発見されたことによってであったと語っている。[4] しかしそれはドイツ神学的な見方であって、それ以外にも黙示録的終末論の系譜がキリスト教史の底流にはあり続け、しばしば社会の表層にも噴出してきたことは無視されてはならない。

（２）黙示録思想の系譜

「神の国」思想とともに人類史の将来的な完成を期待する「黙示録的思想」の系譜は、キリスト教信仰と思想の世界においてまったく途絶えたわけではなかった。ダニエル書がマカベア戦争時代に第五の永遠に続く王国の興隆に期待を寄せたように（二章）、ヨハネの黙示録はドミチアヌス帝の時代に「新しい天、新しい地」の希望を支えた。二世紀末から三世紀初めにかけてモンタヌス運動が再度表現した間近に迫った将来的な神の国思想は、コンスタンティヌス帝以後の帝国に対する教会の責任の意識によって変化し、コルプス・クリスティアヌムにおける一種の「実現した千年王国」（再臨前千年王国、ポスト・ミレナリアニズム）によって抑制され続けた。しかしその後の時代にもフィオーレのヨアキムやフランシスコ会の厳格派の修道士たちによって将来的な時代の転換の思想が継承されたことは、すでに本書で言及したことである。それがまた再洗礼派を経て、十七世紀ピューリタン運動の中に再燃し、主としてプレミレナリアニズム（千年王国前再臨説）として人々の心を掻き立てた。ピューリタンの牧師たちの四分の三は、キリスト再臨によって当時のイングランドの国教会体制の転覆を確信した将来的な再臨後千年王国論者であったと言われる。その中にはトマス・グッドウィンのような当時会衆派の第一級の神学者も含まれていた。従ってピューリタン革命の壮大な歴史的実験は、千年王国説の歴史的挫折という面を持っていたわけである。この歴史的経験がいかなる意味を持ち、どのような帰結をもたらしたかという問題は、その後に長く尾を引く歴史解釈上の問題であった。エルンスト・トレルチはそこから教会と国家の分離や、信仰の自由を中心にした近代的自由の主張、自発性原理による共同体形成、それらによる近代市民社会の成立を解釈した。(5)

（3）啓蒙主義における終末論の倫理主義化——レッシングとカントの場合

十八世紀の啓蒙主義は、どの地域でも同質の運動として展開されたわけではなかった。啓蒙主義はむしろ各地域において、かなりの実質的相違をもっていた。フランス啓蒙主義とスコットランド啓蒙主義やドイツ啓蒙主義を一律に論じることはできない。中でも大きな相違は、宗教改革を経て経験された啓蒙主義と宗教改革のない地域での啓蒙主義の相違であって、脱キリスト教、ないしは反キリスト教的傾向や性質に関して大きな相違が見られた。ドイツ啓蒙主義は、フランス啓蒙主義とは異なり、キリスト教の精神や文化の内部運動として、その理性的表現の展開として見られなくはない。そこにおいてキリスト教的終末論は、拒否的に消去されたのでなく、調停的に倫理化され、人間学化された。

その一つの具体的な事例はレッシング『人類の教育』（一七八〇年）に見られる。レッシングは教育を語って、「教育とは個々人が遭遇する啓示である」と主張した。教育を啓示と語ったことは、逆に言えば、キリスト教的啓示を教育化して語ったことにもなる。彼は理性とその教育によって啓示を排除したわけでなく、啓示と理性の「相互奉仕」を主張した。その中でレッシングは「人間による教育の目標」について語り、「完成の時が来る」と語った(6)。およそ二十一世紀の人間では語り得ないような完成の時が、十八世紀のレッシングには現実的な可能性であった。完成の時とは、人間が「善が善であるゆえになす」という人間の完成であって、教育の完成はまた倫理の完成とも考えられた。啓示を教育によって遂行することは、内容的には「啓示の教育化」、つまりは「キリスト教の倫理化」の傾向を明白にした。

ただしその教育理解は「教育は人間が自分自身の内部から手に入れることのできないものを人間に与えはしない」という人間内在主義的な理解も含んでいた。逆に「啓示も人間理性が自分の力だけでは到達できないものを与えはしない(7)」とも言われ、啓示と理性、キリスト教と啓蒙主義との調和が図られた。啓示と理性（教育）の相互奉仕の中でも理性主義への傾斜は明らかであった。そこでレッシングは、「啓示された真理を理性真理へと完成させることが絶対に必要」(8)とも語った。

しかし「完成の時」の到来は、将来の終末の到来である。従って理性的・教育的な将来的終末論が語られたわけである。それをレッシングはフィオーレのヨアキムの聖霊による第三時代の到来と重ね合わせた。「きっと来るだろう。新たな永遠の福音の時代は。新しい契約の書たる初級教科書でわれわれに約束されているその時代が」(9)と彼は記した。ヨアキムが構想した神の救済の歴史は、レッシングによって「人類の普遍的教育」の計画に換えられたわけである。ヨアキムの聖霊による第三時代は、第一の時代の婚姻者、第二の時代の司祭に対し、修道士によって担われるとされたが、レッシングは聖霊に代わる理性の第三時代を構想し、その担い手は教育者と構想した。このレッシングの視点からすると、ヨアキムが「狂信」に陥ったのは、完成の到来を構想したからではなく、忍耐を持って待ち、啓蒙をもってそれに備えることができなかったからである。黙示録は教育学的解釈を施され、教育による終末論の一種の「非神話化」がなされたことになる。人類を完成へと導くという構想は一貫して保持された。ただその導きの主体が聖霊から理性やその教育に、神から人間に換えられていったのである。

同様に「罰や報い」も完成への教育の過程の中で教育的に克服されるものへと考え直された。キリストは「最初の信頼できる教師」であり、彼の「教え」がそのものとして重要である。それに対し彼の「人格」（神である人格）は、当初「教え」を受け入れるためにこそ重要であったのであって、「今ではこの教えが真理であると認識するためにそれほど重要ではない(10)」とされた。キリスト教の教育化は、キリストの人格なきキリスト教へと傾斜していく。しかし「来世のために心の内的な純粋さが必要である」。しかもこれは一人の人間の一度の人生だけでは果たされないと考えられた。そこからレッシングは「再受肉」の思想を抱いた。神から人間への主体の転換を主張しながら、その埋め合わせのために再受肉という別種の宗教的課題に直面せざるをえなかったのである。

イマヌエル・カントの小論文「万物の終り」（一七九四年）も、啓蒙主義時代にキリスト教的終末論がどのように解釈されたか、そのもう一つの例を示している。カントはこの論文の中で「万物の終り」という終末論的主題を「時間から永遠への移行」という問題と重ね合わせて論じた。永遠とは、本体論的持続であるから自然的理性の範囲外であるというのがその論法であった。つまり永遠は、時間的制約に関わりのない存在者である超感性的存在者の事柄であるので、「道徳的規定以外のいかなる規定もあり得ない」と言う。つまり、「万物の終りという理念は、世界における事物の自然的経過ではなくて道徳的経過に関する思弁に由来し、またかかる思弁によってのみ発生する」[11]とカントは主張した。「万物の終り」が事物の自然的経過でなく道徳的経過に関する思弁に由来するということは、その議論としての終末論は純粋理性の事柄ではなく、実践理性の事柄になり、終末論は道徳論的終末論に変えられるということである。その上でカントは普遍的救済を語る唯一神教と、限られた人々の救済を語る二元教を区別し、両者のいずれが真理かという問題は「人間理性の思弁的能力をまったく超出する」と語った。「それだから我々は、脚を実地につけて、上記の諸理念をあくまで実践的使用の諸条件だけに限らねばならない」と言い、現世の道徳的状態とその報いは来世においても不変であるかのよう（als ob）に行動する方が現世における生の実践には賢明であるとして、二元教こそが採用されてしかるべきと主張した。理論的な純粋に思弁的な見地からはいずれが優っているかを決定することはできない。そこで道徳的、実用的に、「かのように」の終末論を立てたわけである。こうして理性的存在者がこの世界においてその存在の究極目的を達成するかのように生きることが重要とされた。終末論の内在的実践化、つまりは道徳的手段化が図られたわけである。レッシングにはまだあった完成の時が来るといった、歴史的過程を伴った将来的終末論は、カントにおいては希薄化された。カントにおける終末論の倫理化は、レッシングにはなおあった将来的性格を一層脱ぎ捨てて、»als ob« の道徳的実用哲学という形で終末論の現在化を進めたと言うことができるであろう[12]。

2　十九世紀における終末論史の概観

(1) シュライアーマッハーとリッチュル

フリードリヒ・エルンスト・ダニエル・シュライアーマッハーの終末論は、特に『信仰論』第二巻、「恵みの意識の発展」における最後から二番目の部分第一五七節から第一六九節に見られる。その表題は「教会の完成について」であり、そのもとに「キリストの再臨について」（第一六〇節）「肉の復活について」（第一六一節）「最後の審判について」（第一六二節）「永遠の至福について」（第一六三節）語られている。テーマは明らかに「個人的終末論」の系譜を継いでいる。しかしそれを「教会の完成」として集団的な次元で扱った中にシュライアーマッハーの特徴がある。彼の「信仰論」そのものが全体として教会的な信仰意識を基礎にした叙述であったから、「教会的終末論」の形態をとったとも言い得るであろう。それが、指導概念として「意識の発展」や「教会の完成」といったロマン主義的歴史概念によって表現された。恵みの意識が発展し、完成するという考え方である。その「理想」の追求が地上の生を越えて、死後の生でもある魂の課題とされた。そのようにして教会の完成と死後の人間（魂）の状態が終末論の事柄とされたわけである。

「完成」は地上の人生で到達可能とは見られていなかったが、「接近すべき模範の使用」（第一五七節）が行われている。「個人的終末論」と「教会的終末論」でありつつ、人間の主体的な意志と行為、そして人間の努力が重大な問題とされた。「神の国」概念はまったく欠如しているわけではない。すでに創造以来「全人間本性」は「神の国の形成」のために方向づけられているとされた。しかし「神の国」は「到来」ではなく、「形成」(Gestaltung) 概念によって考えられた。シュライアーマッハーにおける人間的主体性の強調が終末論にも見られたわけである。シュライアーマッハーの「目的論的一神教」というキリスト教の本質規定の中にすでに彼の目的的、理想的、模範的な目標への方向づけが含まれていた。パネンベルクはそのためにシュライアーマッハーとカール・マルクスの同時代的で同質的な精神が見られることに言及し、「人間の努力による神の国の獲得」という主張があると指摘した[13]。同様の指摘はカール・バルトのシュライアーマッハー評の中にも見られる。バルトによれば、「彼〔シュライアーマッハー〕の神学はもとから、その内奥の至聖所において、文化神学（Kulturtheologie）なのである。つまりこの神学の本来的対象である宗教そのものにおいて、最も包括的な意味における生の高揚が、あるいは個的ならびに社会的な人間生活の高揚、展開、変容、品格化が問題なのである。キリスト教的特性は、それ自体が完全に洗練された意識の頂点であるように、自然に対する精神の勝利としての文化は、キリスト教の最も本来的な働きである。シュライエルマッハーによれば、神の国は文化の進歩と絶対的かつ一義的に同一である」と言われる[14]。シュライアーマッハーの終末論は「死後の生」を問題にしながら、基本的に終末論の内在的倫理化の道を示していた。しかしそれはカントのように現在化の方向ではなく、目的論的な仕方で将来的な理想としてであった。

　アルブレヒト・リッチュルは、二つの焦点をもった楕円としてキリスト教の本質を理解した。一方の焦点はイエス・キリストであり、他方の焦点は神の国である。彼の著書の表題によってそれを言い換えれば、「義認と和解」である。義認がイエス・キリストに対応し、和解が神の国に対応する。リッチュルの場合「和解」は、バルトの和解論の場合とは異なって、人間の生の理想が実現されることを意味し、もう一つの彼の著書の表題『キリスト教的完全性』（一八七四年）と重なる。キリスト者の完全性は、信仰、謙遜、忍耐、そして祈りの生とされ、とりわけ職業生活と徳の形成の中に見られた。こうした人間の課題の総体と最終目的とが「神の国」である。そこでは隣人愛が行為によって示され、世界内的な職業生活の中でキリストの模範が成就されると言われる。それはビスマルク時代の勤勉な市民としてのあり方の中にキリスト者の典型を見る姿勢であり、それ以外での神への道としての敬虔主義や神秘主義はカトリック的であるとして否定された。世界内在的な倫理学の立場から形而上学も否定された。従ってリッチュルの終末論は職業生活によって達成される文化倫理的完成段階を意味した。つまり終末論は倫理化され、内在化されたわけである。リッチュルはシュライアーマッハーに優って典型的な意味で「文化プロテスタンティズム」を体現し、そのキリストはリチャード・ニーバーの類型化によれば「文化のキリスト」(15)と呼ばれたが、それは十分に理由のあることであった。

リッチュル学派の中からラウシェンブッシュの「社会的福音」の主張が生まれた。文化内在的、歴史内在的な終末論、倫理的な実現の目標としての神の国が主張され、人間の努力を越え、文化を越えた超世界的、超此岸的な終末論は姿を消した。人間の文化的達成目標としての神の国が語られ、概して文化的な楽観主義が時代の少なくとも表層の空気であった。

リッチュルがその思想を表現した時代一八七〇年代（『キリスト教的完全性』一八七四年、『キリスト教宗教の授業』一八七五年）は、すでにマルクスの「共産党宣言」（一八四八年）やキェルケゴール『不安の概念』（一八四四年）が著された一時代後の時代であった。リッチュルはニーチェ（一八四四―一九〇〇年）よりは一世代前であったが、一八七〇年代以降はニーチェと同時代を生きたと言うことができる。ニーチェは一八七三年から『反時代的考察』を著し、一八八四年には『権力への意志』を著し始めた。キリスト教精神やキリスト教文化はすでにその時代とともに、フォイエルバッハからニーチェに至る種々の無神論的な宗教・文化・社会批判によって深刻な揺さぶりの危機に直面していた。しかしリッチュルの時代感覚、文化的感覚は全く別であった。また、彼は自分が前提していたルターからカント、そして現代へと連続的に堅持されていると考えたプロテスタント史の連続性の見方も、近代的歴史意識によって成立しないという歴史意識上の動揺に対しても、ほとんど無頓着であった。彼はカント主義的に解釈したルター派的近代人の自信の中に居続けた。しかし時代はすでに危機の中にあったのである。やがてトレルチはその危機意識を「すべては揺れている」という歴史的危機意識によって表現した。危機の神学はすでにトレルチにおいて開始されていた。

（２）宗教史学派による黙示録的終末論の再発見

①　ヨハネス・ヴァイスによる神の国の黙示録的特徴の再発見

十九世紀以後の終末論史において重大なエポックを画したのは、何と言っても宗教史学派による黙示録的終末論の再発見である。その貢献は、とりわけヨハネス・ヴァイス『神の国についてのイエスの説教』（一八九二年）に帰せられる。全体として六〇頁ほどのこの冊子が、終末論史において大きな反響を呼んだ。第二版が一九〇〇年に拡大されて出版されている。もちろんこの書が孤立的に出現したものでないことは、この書がそこに引用されたド・ラガルドやヘルマン・グンケル、ヴィルヘルム・ヴェルハウゼン、ヴィルヘルム・ブセーなどの成果に連なっていることが示している通りである。

ヨハネス・ヴァイスはイエスの説教における神の国の理念を、その本来的、起源的な意味で追求した。彼は一三項目にわたり、聖書の種々の箇所に当たりながらイエスの神の国理念を究明した。ここではそのすべてを詳細に再述する余裕はない。幸いヴァイス自身がその内容の概要を結語近くで一〇点にわたってまとめているので、(16)それに従って略述しておこう。(1)イエスの働きは、メシア的な時が全く身近な「将来にある」という強烈な感情によって支配されていた。イエスの神の国においては、その将来的性格が特徴的であったとヴァイスは言う。しかしヴァイスは同時に、神の国の到来の現在的効力を否定したわけではなかった。神の国に対抗する「サタンの国」が本質的に打ち負かされ、破られていることがその現代的効力を示していると彼は指摘した。(2)しかし一般に神の国の実現はなお将来に残されている。そこで弟子たちには「暫定的な神の国」と「完成における神の国」の「二段階」が理解され、「御国が来るように」と祈るよう命じられた。(3)しかし神の国を来らせ、基礎づけ、樹立することはイエスにもできないことであった。それができるのは神のみであるとされた。(4)イエスは「メシア意識」を持っていた。それは、神がその御国を成立させる際、イエスに審判と支配が託されるという確信であった。⑸初めイエスは地上の生のうちに神の国の成立を体験することになると希望していた。しかし徐々に変化し、彼の死をもって御国の設立に寄与しなければならないと確信するようになり、御国の樹立のために天の雲に乗って再臨する、しかも彼を拒否した世代がなお生きている間にそうなると考えた。しかしそれがいつ起こるかは確言していない。神の国の到来を時の徴の観察や時の計測によってあらかじめ確定することはできないからである。神のみがその時を知っている。⑹それが来るとき、神は現存する古い世界、悪魔に支配され腐敗した世界を滅ぼし、新しい世界を創造する。この変化には人間も参与すべきであり、人間は天使のようになる。⑺その時、同時に審判が行われる。審判は、人の子の到来の時になお生きている人々だけでなく、その時に復活させられる人々の上に、つまり善人にも悪人にも、ユダヤ人にも異邦人にも下される。⑻パレスティナの地は装いを新たにされ、新しい御国の中心をなす。民はもはや支配せず、神の国に生きる者たちは神を見、永遠の義と純真と至福のうちに神に仕える。⑼イエスと彼に忠実な弟子たちとが新しい十二部族の民を統治するであろう。その民は異邦人をも迎え入れるであろう。⑽「メシアの支配」によって「神の支配」が止揚されるのでなく、実現される。それら二つの支配はともにか、並んでか、あるいはイエスが神の主権のもとに統治するかである。

以上がヨハネス・ヴァイス自身によるまとめに従った彼の研究内容の概略である。要するに、イエスの神の国は、将来的で、人間の手によるものでなく、神によるものであり、その設立の時も神のみが知る黙示録的なものと言う。神の国はそれまで啓蒙主義以来一般に想定されていたのとは異なり、内面的なものでも倫理的な目標でもなく、むしろ客観的なメシア的王国である。それは客観的な「財」であり、人間がそこに入ることのできる「領域」であり、関与する「土地」のごとくであり、天から下って来る「宝」のようであると言われる。この思想は近代的でなく、近代人にはむしろ異様に思える、異質な「超越的、黙示録的、ユダヤ教的なもの」であると語られた。

イエスの神の国思想のこの再発見によってヴァイスが特に対照的に対置させたのは、リッチュル学派のユリウス・カフタンの思想であった。あるいはカフタンによって代表されたリッチュル学派、さらにはカント主義的な思想であった。カフタンは神の国を「最高の道徳的理想」として、「世界内的で、その実現は人間の自力活動の事柄である[17]」と考えた。しかし神の国のこの解釈は「カント的な理念の残滓であって、多少精確な歴史的観察の前では反論に耐えられないものである」とヴァイスは記した。ヴァイスによれば、カフタンがキリスト教の根本思想として描いた「最高善の思想」はイエスの神の国思想と結びつけてはならないものである。神の国を人間の倫理的な活動目標にするのは、「イエスの理念の超越主義」に全く対立すると言う。

以上のように指摘しながらも、ヨハネス・ヴァイスは結論として、「神の国」のカント主義的な倫理的使用を放棄して、イエスの本来的な意味での神の国へとわれわれの信仰と神学を回帰させるべきとは考えなかった。彼が求めたのはただ、われわれが「イエスとは別の意味で神の国の用語を使用していることの認容」だけであった。ヴァイスは「われわれは終末論的な気分、『この世の有様は過ぎ去る』というあの気分をもはや持っていない」、「そして世が過ぎ去るようにと願ってはいない」と語った。それが「現代的な福音主義的世界観と原始キリスト教的世界観との本来の相違[18]」であると言う。それでは終末論は今やまったく問題外のものになったのかと言えば、ヴァイスはそうではないと言う。ヴァイスがその際注意を向けたのは、「われわれ一人一人は間もなく世を去る」という死の問題であった。これによって「別の意味においてではあるが、少なくともイエスの気分にほぼ（annähernd）達することができるであろう[19]」とヴァイスは語った。それゆえ「汝、あたかも死ぬがごとくに生きよ」ということになる。それによって「天から地へと降って来て、世を滅ぼす神の国を待つのでなく、イエス・キリストの教団とともに天の王国に集められることを希望する」ことになる。「この意味で、われわれもまた古のキリスト者たちがしたように感じ、そして御国が来ますようにと言うことができる[20]」。こうしてヨハネス・ヴァイス自身の信仰と神学は、黙示録的終末論の再興を図るものではなく、結果として神の国の狭隘化を脱しようとするものでもなかった。

新約聖書の箇所には、イエス・キリストの人格と出来事においてすでに神の国の開始を告げる言葉がある。マタイによる福音書一二章二八節やルカによる福音書一一章二〇節などで、ヴァイスはそれらの箇所をも考察に加えながら、結論的にイエスの説教の神の国を将来的なものとして解釈した。キリストの人格のすでに起きた到来とその出来事や存在が有している終末論的決定性の意味を理解することはしなかった。実際には、黙示録的な神の国を告げたと言っても、イエスの人格や存在、その出来事との関連で語られた神の国は、単に「ユダヤ教的」という仕方で一括することはできない。同じく黙示録的神の国と言っても、バプテスマのヨハネの説教におけるそれとイエスの説教におけるそれとは異なっている。そのことは、例えばイエスの説教における神の国は、ヨハネの場合と異なり婚姻の喜びの席によって比喩的に表現される通りである。そこに花婿としてのイエスの人格と結びついた神の国の特質がある。しかしヴァイスは「黙示録的、ユダヤ教的」といった一般的特徴づけに止まり、それ以上にイエスの説教における独特な神の国の認識には至らなかった。

ヴァイスのもう一つの重大問題は、歴史研究と信仰や神学とを分離させたことである。歴史研究が再発見したイエスの神の国を彼自身の信仰と神学にとって本質構成的な事柄として明らかにすることは、ヴァイスにはできなかった。彼がイエスをキリストとして信じる信仰と神学において、この歴史的事実認識との決定的な差異のままに止まったことは、神学として許容できるものではないであろう。イエスが説教した神の国を信仰と神学の対象にも、また内容にもしないというヴァイスの実状は、神学的には挫折を意味するのではないかと思われる。

もう一つ残る疑問として、ヴァイスが「将来的、黙示録的」な神の国を「超越的」（transcendent）と言い、同時に「超世界的」（überweltlich）とも言い、「将来的超越」と「超世界的超越」の区別を曖昧にしたままで、その曖昧性の意味で黙示録的将来的終末論の超越性を語ったことである。超世界的超越は従来にもあった「天上の神の国」と区別するのは困難である。それは一種の二元論的な考え方にもなるであろう。ただし「超越的」と「超世界的」の両概念の区別の曖昧さは、ヴァイスに限ったことではなかった。例えばトレルチもしばしば「超越的」を「超世界的」とする見方を取った。それは当時の、あるいは宗教史学派共通の表現であったとも思われる。しかし将来的・黙示録的な意味での超越と、超世界的二元論的超越とが同一であるとすると、そこに同一性の理由や説明が必要になる。「天上の神の国」は必ずしも黙示録的ではないからである。

いずれにせよ、神の国の黙示録的特徴の宗教史学派による再発見は、それまでの倫理主義的な神の国が聖書的に何の根拠もないことを明らかにした。しかしその再発見は新たに発見された神の国が信仰と神学にとって本質構成的なものとして保持されることで結実することはできなかった。発見者であるヨハネス・ヴァイス自身が黙示録的な神の国を彼自身の信仰と神学の中に取り入れることができず、次の世代の弁証法神学や神の言葉の神学者たちもそれを生かすことができなかった。それができたのは一九六〇年代以後の「希望の神学」や「歴史の神学」においてであった。ただかろうじて宗教史学派の教義学者エルンスト・トレルチがある面でそれをしたとも考えられる。これについては次項において改めて検討してみよう。

②　エルンスト・トレルチの多面的終末論

エルンスト・トレルチは「宗教史学派の教義学者」と言われる。ということは、彼において神の国の再発見は単なる歴史的研究の成果にとどまらず、教義学的、組織神学的な意義を持つ可能性があったということである。トレルチによる初代教会の終末論の歴史的研究は、『社会教説』の「福音」の部分にその成果を見た。それに対し、宗教史学派の教義学者としての彼自身の終末論は『キリスト教の絶対性と宗教史』（一九〇二年、改訂版一九一二年）や大論文「倫理学の根本問題」（一九〇二年）、それに『社会教説』の結語部分、そしてRGG第一版の「終末論」（一九一〇年）などに扱われている。トレルチは「将来的な神の国」の観念を強調する仕方で、歴史哲学的な目標概念、理想概念を将来的なものとして語った。「絶対的な目標」について語ったトレルチの次の言葉はよく知られている。

「相対主義か絶対主義かの二者択一でなく、両者の混合、すなわち相対的なものから絶対的な目標に向かうさまざまな方向づけが現れ出てくることが歴史の問題である。不断に新しい創造的総合は絶対的なものに対し各瞬間に可能な形態を与えるが、しかし究極的で普遍妥当的な真の価値に対しただ接近しているのみという感情を持ち続ける(21)」。

トレルチが試みた「現代的ヨーロッパ文化総合」は、そうした絶対的な目標に対する相対的なものにおける不断の接近という感情に支えられていた。「そのつど前方に浮かぶ目標と理想」があって、「それはあらゆる生活形式の中に個性的な実現を見出すが、どの形式の中にも完全に実現されることなく、実現の軌道へと導かれる究極的な最終目的として前方に浮かんでいる(22)」と言う。この前方に浮かぶ最終目的の思想に、彼の仲間たちの黙示録的な将来的神の国の思想が、ただ研究的対象としてでなく、自らの思想内容として響いていると言えるかもしれない。パネンベルクは、「J・ヴァイスによるイエスの終末論的な使信の新しい解釈に対応して、〔トレルチの〕神の国は本質的に将来的であった」と語り、「トレルチは、将来的な神の国に関するイエスの使信が持っている終末論的な意味を鋭い仕方で効果あるものにすることができた(23)」と記している。将来的な神の国の終末論的な価値関係的意義について語るトレルチのテーゼを、パネンベルクは「神学に関する彼の最も重要な貢献の一つ(24)」とも呼んだ。

しかし実は、トレルチの神の国の「超越性」の理解は多面的で、将来的な歴史の終わりであるとともに、歴史の超越でもあり、歴史の彼岸でもあった。またとりわけ超世界的（überweltlich）とも言われた。ヴァイスにおいて黙示録的神の国が将来的、超越的であったとともに、さらに超世界的であったと言われたのと同じように、トレルチの場合も将来的と超世界的、彼岸的とが結合していた。「絶対的真理は将来が神の審判と地上の世界時間の停止の中ではじめてもたらすであろう。キリスト教固有の考察によれば絶対的なものは歴史の彼岸にある」[25]。この「彼岸」はまた『社会教説』に繰り返されるあの有名なテーゼ「彼岸は此岸の力である」に登場する。終末論的な将来は、彼岸的現在として、文化や倫理に対し終末論的な批判や勇気づけとして作用する。神の国の実在的な優位は、その根拠として「相対的なものに到来する絶対的なもの」や、本質であるとともに意志である神、エネルギッシュな有神論によって支持された。しかしトレルチにおいては、キリスト論が特別に受肉論として、あるいは歴史におけるキリストの神性として語られたわけではない。

トレルチの終末論や神の国の理解が多面的であったことは、以上でも尽きてはいない。「神の国」は「純粋な人格的諸価値の王国」とも言われ、ただ存在するものを越えた行為であり意志である「生ける神性」が、人間の魂を清め、この世界にあってその人格的諸価値の王国としての神の国の「建設」(Aufbau) のために働かせるとも言われた。そしてこの「建設」の理念こそが彼の歴史哲学の目的を構成するものであった。

さらにまたトレルチは「われらの内なる神の国」についても語った。将来的な神の国の現在的存在は、「彼岸」として、また「われらの内なる神の国」として感得された。「われらの内なる神の国」という表現には、トレルチが類型化させたとともに自ら個人的に親近感を持っていると告白した「神秘主義」がうかがわれ、それとの信仰的な内的交流が表現されている。

ＲＧＧ第一版の「終末論」論文には、「個人の魂の終末論」が中世的な様相を帯びて語られてもいる。そこでは魂の死後における「魂の継続的発展」[26]が肯定され、「神の意志とのまったき意志合一」が終末の内容として語られている。トレルチはその際この世界へと介入するイエスの神の国の思想とは異なっていることを自覚していた。「神の意志との最終的な意志合一」は、「神的な生への再侵入、再没入」とも言われる。「終わりのない実存のあらゆる思想は実際のところ恐ろしいもの」と彼は言う。神への「個の没入」の思想は、さらに神の成長の思想とも関連し、後のティリッヒにも同様の思想が見られるものである。

以上のようにトレルチの終末論には多面的な性格があった。パネンベルクがトレルチの神の国の解釈として、その将来的性格を強調したのはトレルチの終末論の一面にすぎなかった。熊野義孝が弁証法神学に親近性を抱きながら、トレルチは「死の事実を忘却したやうに見える」と語ったのは、トレルチが終始「個人の魂の終末論」を保持し続けた事実に注目すれば、トレルチ解釈として的外れと言わなければならない[27]。事実はむしろその逆で、トレルチは文化と歴史の難問からの出口を模索し、時にその難問脱出の挫折を告白しながら、常に個人の死と魂の浄化を終末論の事柄とし、また慰めとして忘却することがなかったのである。ダンテ『神曲』を終末論の参考文献として挙げ続けたのはそのためでもあった[28]。

トレルチの終末論はその意味で、リッチュルのような文化プロテスタンティズムの倫理的終末論とはおよそ異なるものであった。宗教史学派の研究者が発見しながら自己の思想として体得できなかった黙示録的終末思想を組織神学的に生かした面を持ちながら、しかしそこにだけ徹したわけでもなかった。彼の終末論は、歴史的将来的終末論とともに個人的終末論を含む多面的なものであって、さらに後世の本格的な総括的研究を待っているとも言い得る。それにしても、彼が個としての永続的存在には耐えがたいとして、「個の没入」の思想を終末論の中で語ったことは、キリスト教終末論として決して妥当であったとは言えないであろうということも付け加えておかなければならない[29]。

③　アルベルト・シュヴァイツァーの徹底的終末論

シュヴァイツァー『メシアの秘密と受難の秘密――イエスの生涯の素描』（一九〇一年）によれば、イエスがメシアであることも、その受難も「秘密」を持っていた。イエスはメシアであることを隠し、メシアがなぜ苦しみを受けなければならなかったかも謎とされた。その謎はシュヴァイツァーによれば、「将来的な神の国」の秘密にかかっていた。まずメシアの秘密の観点から言うと、「王国とメシアとは分つことのできない連帯関係の中にである。いままだ王国は出現していないのであるから、したがってメシアも出現していない。〔神の国の出現のとき〕イエスはメシアとして現われ、そのときイエスがメシアであることは栄光のなかに啓示せられるであろう[30]」と言われる。つまり、神の国は徹底的に将来的であって、いまだ実現していない。メシアの秘密はそのためであったと言われる。「イエスはメシアであることが秘密であったのは……このメシアであることが定められた時刻に始めて実現するという特殊の方式のためであった[31]」。イエスの支配が始まるのがメシアの時代であり、それは将来の神の国においてであり、そのときイエスはメシアとして啓示される。しかしそれに先だって「苦難」を受けなければならない。シュヴァイツァーは神の国を徹底的に将来的なものとして理解し、「イエスのメシア意識は将来的である[32]」とも語った。イエスのメシア性が将来の神の国に徹底してかかっていたからである。従ってイエスは「なりつつあるメシア」と主張された。イエスのメシア性と神の国を根本的に将来の終末にかける「徹底的終末論」の主張である。

神の国の将来的性格を徹底して強調するこの主張は、イエスの思想を「預言者の思想」の再建として理解する。ただその終末思想は「民族の歴史に対する神の干渉」を越えて、さらに「宇宙の終末の破局」でもあって、イエスは預言者の思想とダニエル書の黙示とを総合したと語られる。神の国やメシアの将来性の強調と宇宙的性格の叙述によって、シュヴァイツァーもヨハネス・ヴァイスと同様、イエスの説教における黙示録的性格を語ったわけである。

ヴァイスと比較して相違しているのは、シュヴァイツァーの場合イエスは「神の国を倫理的刷新によって引き寄せようとした」と考えた点である。倫理の刷新によって神の国を招来するというのは、悔い改めによる倫理の刷新によって神の国に圧力をかけるという思想でもある。それがイエスにあったとシュヴァイツァーは指摘する。しかし彼は、神の国を近代的な「発展」概念によって考えてはいなかった。人間の倫理が最終の完成に向かって発展するという考えは、近代的、カント主義的思想であるとシュヴァイツァーは批判した[33]。倫理的刷新によるとは言え、最終的完成は「超自然的完成」であって、自然的な発展概念によってではないと言う。しかしそれでも神の国を「招来」できるとイエスは考えたとシュヴァイツァーは見た。「神の国の出現を強いるために圧力をかけることができる」「王国をむりやりに招来する」[34]と言った表現がなされた。その際重要なのは、倫理的な努力による「発展」とは異なるにしても、イエスの周囲の選ばれた特殊な民の倫理的刷新が神の国を引き寄せる力を持つと考え、倫理と終末論を引きつけて理解したことである。「発展」ではなく「招来」という関係は、やはり神の国に対する人間の倫理的力の妥当性を語ったわけで、一種、近代的な性格が残っていて、シュヴァイツァーがイエスとその説教を正当に理解したと言い得るかどうか疑問になる点である。イエスはヴァイスが指摘したように、「その時は父のみが知る」と語ったのであり、また悔い改めは神の国を引き寄せるためではなく、御国の到来に備える準備にすぎなかった。シュヴァイツァーは依然として倫理に強調を置きすぎていたのである。

シュヴァイツァーはこの「招来」「引き寄せ」「圧力」の観点から、イエスの説教やその教えによる倫理の位置を考えたが、さらにはイエスの受難の理由もそこに見た。「イエスは王国をむりやりに招来する圧力を加えるひとびとのがわにたつ[35]」。この観点から「受難思想の秘密」を理解しようと試みられた。説教とその倫理に代わるものとして受難が登場した。「神の国の出現のうえに強制的な力を持つ倫理的刷新に、さらにイエスのあがないの死の行為が加わる。この死の行為が神の国の到来を信じるひとびとの悔い改めを完全にする[36]」とシュヴァイツァーは語った。ここで注意すべきは、イエスの贖いの行為を「悔い改めを完全にする」という倫理的効力、あるいは感化説的効力によって理解したことで、これは贖罪論の近代的解釈を表明したことになる。イエスの贖いの死は「倫理的刷新と神の国を信ずるものの共同体の悔い改めを完成するために、つけ加えられなければならない[37]」とシュヴァイツァーは語った。彼は、結局、贖罪論も終末論も倫理的な力の文脈で解釈したわけである。シュヴァイツァーの場合、その「徹底的終末論」は依然として終末論を倫理的文脈でとらえるという近代的見方に支配されていた。このことは、シュヴァイツァーがイエスの神の国思想にあった神こそ主体であるという思想に適切な注意を払わなかったことを意味する。彼はまた、自分の上に終末の迫害を招くメシアという解釈をなし、ここにも「招来」「招き寄せ」という考えが働いた。神の国を招来するには、まず終末に起こると考えられた迫害を身に受ける必要があったと言うのである。

「徹底的終末論」は、こうしてイエスの中に挫折を見る思想になった。神の国は到来しなかったと見られたからである。神の国の到来のこの滞りがイエスの「もっとも大きな経験[38]」であったとシュヴァイツァーは記した。「イエスはその死とともにかれの終末論が不可能となることによって、かれの世界観の形式を破棄した[39]」と。そこで「イエスの精神」は、あらゆる時代にそれをそれぞれの世界観で把握してよいとする権利を与え、そのように理解されることで逆にあらゆる世界観に浸透していくことになったと言う。「イエスの精神」は「イエスの終末論」から自由になって、あらゆる時代に適応する。この意味でシュヴァイツァーが指摘したイエスの徹底的終末論は挫折の思想であったが、それは「再臨遅延」によって挫折したというより、イエスの生前においてすでに挫折していた。その終末論が挫折したことによって、その精神が自由にされたというイエスの理解は、イエスの精神を終末論や神の国との本質的関連なしに理解しようとするものであった。

イエスにおける黙示録的終末論の発見は、シュヴァイツァーによっても結局生かされることなく終わり、結果的にはむしろイエスの精神が非終末論化されて取り出されることになった。「イエスの精神」の終末論からの分離とも言えるし、歴史研究者が歴史を放棄して、一種の非歴史的な精神に逃れるという精神主義的離脱を可能にしたとも言える。精神と歴史の分離は、むしろ十九世紀の精神主義的キリスト教理解には一般的であって、精神と歴史の分離はまた信仰と歴史の分離でもあった。精神を宗教意識や神意識と読み換えれば、精神と歴史の分離は、原理（キリスト教思想）と人格（イエス）の分離でもある。しかしシュヴァイツァーが言う歴史や終末論との関わりを構成的としないイエスの精神の主張は、歴史的啓示と聖書的証言によるキリスト教神学のイエス・キリストの理解にとっては不適切なものと言わなければならない。

3　一九二〇年代の終末論の脱歴史化

すでに本書第五章において扱ったように、クルト・ノーヴァク（Kurt Nowak）は、一九二〇年代の思想潮流に「反歴史主義的な革命」が見られると指摘した。次世代の中に「反歴史主義的」な傾向が見られて危ういという指摘は、すでにトレルチ『歴史主義とその諸問題』の中に記されていたことも既述の通りである。一九二〇年代に台頭した反歴史主義的革命の中の神学は「危機の神学」「神の言葉の神学」「弁証法神学」などと総称されたが、それらの中に、またそれらだけでなくパウル・ティリッヒの神学も含め、さらには神学外でも同時代のハイデガーの実存哲学やローゼンツヴァイクのユダヤ教思想も含めて、「反歴史主義」（Anti-Historismus）の傾向が見られた。「反歴史主義」は歴史学やその成果の規定的な影響からの脱却だけでなく、歴史的世界に対して「非世界化」すること、あるいは「脱世界化」することとしても現れ、歴史的文化に対して「超文化的」な態度としても現れた。この傾向においてバルト、ブルトマン、ゴーガルテン、ティリッヒたちには共通したものがあったと言うことができよう。彼らの終末論にもこの「非歴史化」の特徴が色濃く表れた。

さらには、一世代若く一九三三年に記されたパウル・アルトハウスの終末論もまた、根本的に同様の信仰と歴史の区別に立って、終末論による「歴史の止揚」を強調した。[40] さらに言えば、一九六〇年に教義学を出版したレギン・プレンターも、終末論的な黙示録的徴は「根本的な再解釈」によって教会の現在の通常の生を語っていると解釈して、「われわれはすでに『終わりの歴史』に生きている」[41]と語った。彼らもまた依然として「反歴史主義」の中にいたと言うことができるであろう。

（1）カール・バルト『ロマ書』第二版の終末論

カール・バルトについては救済史概念の場合もそうであったが、『ロマ書』第二版にまず注目しなければならない。『ロマ書』第一版と第二版の相違をどう理解するかという問題もなくはないが、とりわけ第二版の中で「非歴史化」が著しく表現されたことは否めない。微妙な点の検討はなお残されるにしても、第一版では「社会主義革命」が積極的に肯定され、ブルームハルトの「勝利者イエス」の強調は未来的な達成と関連づけられていた。しかし第二版においてはブルームハルトの「勝利者イエス」は、バルトなりの理解によるオーファーベックの「原歴史」と結び合わされ、キェルケゴールの「逆説」や「瞬間」と同一視された。バルトは言う。「臆病な直線的思考者は、歴史におけるこの上からの光を、すなわち生の『非歴史的な雰囲気』を、神話的ないしは神秘的と名付ける。けれども、われわれはまさにこの『見通し得る透明なものと暗くて見透しがたいものとを分つ危機的な線』（ニーチェ）に立って、あらゆる歴史の非歴史的、ないし原歴史的な条件、あらゆる歴史とあらゆる生とのロゴスの光を認識したいと思う[42]」。バルトはこうして終末論を上からの光の終末論、原歴史としての終末論として語り、終末論的な時を「時と時の間の瞬間、それ自体時間の中の瞬間ではない瞬間[43]」として語った。バルトの言う「原歴史的なもの」は歴史（ヒストリエ）との関わりをどのように持つか、またそれを回復し得るかが問われるであろう。

バルトは「恵みのもとにある」ということで、「神の自由」について語り、それによって「歴史の相対性」から脱出している人間の事態を語った。「われわれは、その中ではすべてが（まさしくすべてが！）人間的である宗教的出来事の網の目の中に今なお編み込まれ、絡まれながらも、すでに原歴史（Urgeschichte）と終局史（Endgeschichte）の中に立っている。そこにおいては、神がすべてにおいてすべてであるから、すべての二元性、すべての両極性、すべての二者択一、すべての多彩性が排除されている……われわれはついに、人間的、あまりにも人間的なものがまさしく宗教的に人間的なものとして、われわれを息もできぬほどに抑えつけ締めつけるその網から、自分が解放されたのを感じる」[44]。ここには原歴史としての終末論がいま「すでに」ある仕方で語られている。バルトは「神がすべてにおいてすべてであること」が実現したこととして語っている。それも過去的なすでにではなく、超越論的な上からの各瞬間ごとの、しかし時間的瞬間にならない終末論である。

「自分が解放された」と言う時、バルトは「自分が知っていないことを言っている」のを知っている。「それは人間の耳や口に入ってよいことを遥かに超えており、われわれが決して踏み入らない向こう岸からの矢、しかしわれわれに当たった矢であり、われわれが決して越えることのない境界線の彼方にあり、そこからわれわれに対して語りかけてきた真理である」[45]と言う。「原歴史」は神の自由から放たれ、われわれに当たった矢、語りかけられた真理である。それは歴史化しない。非歴史化された垂直線的終末論である。しかし「われわれに当たった」とどうして言えたのか。一体、歴史化することなしに、われわれに当たることができるのか。「当たった」のであれば、歴史化するのではないか。時間の中にない瞬間では時間の瞬間にはならない。時間化することなしに時間の中に当たることはできない。バルトの垂直線的終末論に対して疑問は避けられない。

バルトによれば「神の真理」は歴史的現象を帯びることがなく、「復活」は従って非歴史的事件である。キリスト教が歴史ないし時間、あるいは世界に属する一要素となり終わったのは、神学者たちの甚だしい裏切りの結果であり、「神の真理」はいわゆる「キリスト教」などという歴史的事物とは何の関わりもないとされた。「復活の概念は死の概念から、すなわちあらゆる歴史的な事物そのものの終わりの概念から成立する」[46]と彼は言う。「彼の復活が、非歴史的な事件であればこそ、死はもはや彼を支配しないのである」[47]と。神の行為はあらゆる歴史的叙述を拒否する、とバルトは語った。

それでは「非歴史的なもの」と「時間」との関係はどう理解されるであろうか。「非歴史的なもの」というのは、原歴史（Urgeschichte）であり、脱歴史（Entgeschichte）である。『ロマ書』第二版の周知の文章は次のように言う。「キリストすなわちメシアとしてのイエスは時間の終わりである。彼はただ逆説（キェルケゴール）として、ただ勝利者（ブルームハルト）として、ただ原歴史（オーファーベック）として理解され得るのみである」[48]。

バルトの終末論の反歴史主義的性格を表明した表現は、その再臨遅延に関する叙述の中にも見られる。バルトによれば、再臨は遅延するはずのないものである。「その概念によれば決して『やってくる』ことのできないものが、どうして『遅延する』はずがあろうか」[49]。遅延しているのは、もともと決して来るはずのない再臨ではなく、「われわれの覚醒」であるとバルトは語った。その際、「教義学の最後に付けられた終末論という、あってもなくてもよいような小さな章」が、そのことを想起させる手掛かりになるとも語った。「永遠の瞬間は現われない」ということによって、われわれは「かえってわれわれに与えられた時間的瞬間の尊厳や意義、その資格と倫理的命令を認識するであろう」[50]。

この終末論は、結局、現在的・瞬間的な終末論であるが、しかし「実現された終末論」とは異なる。これはむしろ実現しないところに特徴のある終末論である。「時間と時間のあいだに、それ自身は決して時間の中の瞬間にならない『瞬間』がある。けれども時間の中の各瞬間はこの瞬間のもつ十分な尊厳を受けることができる。この瞬間は永遠の瞬間であり、過去と未来が静止して、過去は去ることをやめ、未来は来ることをやめる絶対的な今（das Jetzt）である。時間はその秘義を顕す」[51]。この終末論は今の秘義として隠れ続ける終末論である。原歴史は歴史化しない。現在的ではあるが、非実現的な終末論と言うべきであろう。人間の渡り得ない絶対的彼岸から放たれた矢は、果たしてわれわれに真実に当たったのか。当たったことも実現されていないのではないか。この終末論は、一体、受肉者の秘義を捉えたことになるであろうか。否と言うほかはないであろう。

バルトの原歴史の思想は救済史の箇所でも指摘した通り、『教会教義学』第一巻にも継続された。歴史的な問題は「聖書にとってまったく異質で、その証言の対象に対し明らかにまったく不適切である」[52]と語られ続けた。バルトにおいて「歴史的啓示」は壊れ、歴史家たちが扱うべき本来の歴史は、神学の真剣な課題にならなかった。ただし『教会教義学』第一巻第二分冊（一九三八年）には『ロマ書』第二版がヨハネによる福音書一章一四節に対して正当であったか、時間の中に来る啓示について、ただ時間に対する超越にとどまったのではないかという反省が現れる。それは「当時支配的であった歴史主義と心理主義に対して……一定の純化の課題と意義を持っていた[53]」と釈明される。それではその反省と釈明によって歴史的啓示の回復になったのかと問えば、疑問はなお残り続けた。

「救済史」がキリストの中に包含されたように、「その終わり」としての終末もそれ自体としては何も新しいものをもたらすものとは考えられていない。この点をクルマンは指摘して、バルトにおいて終わりになお残されているのはただ「覆いが取りはずされるだけ」であるのを問題にした。存在的にキリストにおいてすでにあることを覆っている覆いが最後に取り除かれる。しかし聖書が携わっているのは神の存在でなく、行為ではないかとクルマンは批判的に語った。存在的にあることではなく、神の救済行為がまさに聖書の主題であると。そこで「なお残されているのは、実際に新しい神の行為であり、それゆえに将来は真に将来なのである[54]」。これは、クルマンの救済史的終末論から見たバルトの非歴史的なキリスト論的終末論に対する批判であった。

(2) ルドルフ・ブルトマンにおける「非世界化」としての終末論

一九二〇年代の反歴史主義の神学にルドルフ・ブルトマンも属する。一九二〇年代の彼の思想は、論文集『信仰と理解』第一巻の諸論文や Die Eschatologie des Johannes-Evangelium, 1928 などに見られるが、ここではもっと後の一九五五年のエディンバラ大学におけるギフォード講演『歴史と終末論』を手がかりにする。これによって特に二つの面から彼の終末論の理解を明らかにすることができよう。二つの面とはブルトマンの歴史理解とその関連での終末論理解が一つ、もう一つは「新約聖書の終末論」に関するブルトマンの理解である。

ブルトマン『歴史と終末論』における歴史理解を検討すると、ブルトマンが歴史とその終わりというテーマを客観的な歴史の問題として考えてはいないことが明らかになる。彼によれば「全体の歴史的経過としての歴史の意味」は答えようがない問題である。人間は歴史の終わりにも歴史の外にも立てないからというのがその理由である。それでは「歴史の核心」や「真の主体」は何かと問えば、それは「人間」であるというのが彼の答えである。つまるところブルトマンは歴史の問題を人間の問題に還元し、もっぱら「人間の歴史性」、「真の実存の歴史性」を主題とする。「歴史の主体は人間である」「歴史の主体は個々の人間の内なる人間性である」[55]と繰り返し語られた通りである。

従って彼にとって世界史は問題でなく、人類史も問題ではない。実存の歴史、さらに実存の歴史性こそが問題である。それによって、歴史は傍観的あるいは中立的な、歴史の外からの観察の対象でなく、人間が主体的に参与する現実として理解されることになるとブルトマンは言う。このことをブルトマンは「歴史的認識は『実存的』認識である」[56]と表現した。主観から離れた歴史的客観の中に歴史的認識の真理があるのでなく、歴史的認識の真理はむしろ主体的な参与の中にあるとされる。つまりは歴史的な客観的世界でなく、人間の主体性が真理である。表現を変えれば、過去化する歴史に真理はなく、歴史的に生きる人間の「今・ここ」が重要で、せいぜいのところ今・ここでの人間実存にとっての歴史の意味が重要である。このことはブルトマンにおいては歴史の事実よりも、その実存的意味の方が重視され、つまりは歴史の事実よりも実存のあり方の方が重視されることを意味している。「主体性こそが真理」というキェルケゴールの主張が繰り返される。

そこから歴史において「認識の活動」ではなく、むしろ実存的なあり方として「決断の行為」が優位的に注目され、重視される。「決断」はまた「決意性」(Entschlossenheit)とも言われる。決断や決意性によって人格としての人間の統合が獲得されるという実存思想がその背後にある。ブルトマンはこれによって歴史主義の相対主義やニヒリズムに陥ることを回避しようとした。「歴史主義」の問題は、「現在の状況を決断の状況として理解しない」[57]ところにあるとブルトマンは見た。従って、彼の反歴史主義は、現在における決断主義にほかならなくなる。歴史主義はまた人間の歴史性を歴史的過去からの規定を受けた受動的なものと見たのに対し、ブルトマンにおける人間の歴史性は意志的、能動的とも表現された。

しかしそもそも「決断のない歴史主義」などという見方は、歴史主義一般に妥当するものではない。具体的に言って、トレルチの場合のように神学的な制約や規定を受けた歴史主義にはその言い方は当てはまらない。トレルチが強調したのもやはり「行為」であり、「決断」であった。トレルチもまたキェルケゴールに言及しながら決断、しかも歴史的な決断を語った。トレルチの場合、しかしその決断は歴史認識を持ち、それに裏打ちされた歴史的行為であった。「決断なき歴史主義」と「歴史主義的認識のない決断」とは、そもそも不幸な、あるべきでない二者択一と言わなければならない。一九五五年になってもブルトマンはまだハイデガーの決断や決意性を積極的に評価する線上に立っていた。ハイデガーの決断がなぜナチスへの参加を決断するはめになったかという問題は、彼にとってほとんど問題にはならなかったようである。

「決断」や「行為」によれば、それがなされる「瞬間」が重大な意味を持つであろう。瞬間の強調は、あらゆる瞬間はそれ自身のうちにまったき意味を持つとされ、過去はそれに対して決定的でないとされた。過去は現在に問題を提起するのみであり、現在とその瞬間が「決断の時」、回答の時とされた。しかし実際は歴史的な過去は、現在に対し影響力を持ち、決断の可能性の幅や方向性に対し規定的な力を持っている。過去を無視した決断は、真実に歴史的決断とは言えないであろう。しかしブルトマンにはその認識がない。それだけ現在も瞬間も、歴史的文脈において抽象的に捉えられていたわけである。「凡ゆる瞬間は責任の今、決断の今である[58]」と言われ、「歴史の意味は常に現在にある[59]」とも語られた。しかしその現在も実存の現在であるにすぎず、歴史的可能性と歴史的現実性に関して、また歴史的責任に関して、抽象的なものにされている。そこで人間存在の歴史性は次のように定義される。「自分自身から独立した歴史の進行によって左右されることのない人間の本性——これが歴史性である[60]」と。歴史の進行によって左右されることのない歴史性とは、すなわち歴史から抽象化された実存のあり方というほかないであろう。それはときに歴史的責任から甚だしく逸脱する危険にあることも知らなければならない。

「決断」をブルトマンは「未来に対する責任」と表現する。「人間存在が未来に対する責任を負って生きるものとして、したがって決断によって生きるものとして理解されるときに、人間存在の歴史性が完全に理解される(61)」と言う。従ってブルトマンの思想は未来的契機をまったく欠如したわけではない。ブルトマンの自己理解は、単なる認識行為ではなく、決断の行為であり、そこには自己の未来、まことの自己に対する責任が含まれている。しかしその未来はただ現在の決断の質として意味を持っているだけである。その言うところの未来は世界の未来ではない。それは、人間実存の未来、自己の未来であり、真の自己の可能性ということである。ブルトマンが歴史的世界をその神学思想の中に含めないことは、責任的な決断を語る場合にも変わりはない。「あなたのまわりを見まわして普遍史をのぞきこんではならない。あなたは自分自身の個人的な歴史（your own personal history）を見つめなければならない。歴史の意味は常にあなたの現在にある(62)」と言われた通りである。しかし、これが天地の造り主への信仰、世界の主、歴史の主、神の国の王なる神への信仰と両立するのであろうか。イスラエルと諸国の戦乱の中で預言した預言者や、ローマ帝国の中で地の果てまで伝道した使徒たちの証言に基づくキリスト教信仰と、どう両立するのであろうか。率直に言って、両立不可能と言わなければならないであろう。

以上のような人間の歴史性の理解に立って、「人間の歴史性の根本的な理解がキリスト教のうちに現れた(63)」とブルトマンは語った。人間は真に自由でなく、過去からの規定とともに、現在の自己への執着による規定を受けている。ただ真の自由は、賜物として受け取ることができるのみであるとブルトマンは言い、自分自身を得るために自分から自由にされなくてはならないとも語った。この「真の自由」をブルトマンは「終末論的」と呼んだ。「新約によれば、イエス・キリストは終末論的なできごと、神がそれによって古き世界を終らしめるところの神の行為である(64)」。ここでの古き世界も実存のあり方にほかならない。ブルトマンは説教と信仰に注目する。「キリスト教会の説教において、この終末論的なできごとが常に繰返し現在となるであろうし、信仰において常に繰返し現在となるのである。信仰者にとって古き世界はその終りに達した」[65]。終わりに達するのは信仰者にとっての古き世界のあり方であって、最後に来る終末ではない。それは説教と信仰によって繰り返しおこる終末論的な出来事のことである。これがパウロとヨハネに現れているとブルトマンは語った。

従って、新約聖書における終末論の理解をめぐって、ブルトマンが特に重要視するのはパウロとヨハネである。パウロとヨハネにおいて終末論的な出来事は「劇的な宇宙的破局」ではないと彼は言う。初代教会はその黙示録的終末論によって自らを終末論的共同体と考え、それゆえに自らが歴史を持つとは考えていなかったと言う。しかし終末論的な共同体であるはずの初代教会が事実として歴史を持つことになった。つまりは再臨遅延に直面して「終末論的な共同体が歴史的現象になったことをみとめないわけにいかなくなった」。そしてそのとき、「黙示録的終末論」ではない新しい終末論が求められたとブルトマンは見た。そしてそれを提示したのがパウロであり、それをさらに徹底させたのがヨハネであったと解釈した。こうして終末論的な出来事は、イエス・キリストの出現によって開始され、キリストに繋がって歴史の中で繰り返し起こる出来事とされ、説教と信仰の事柄とされた。それが黙示録的終末論が挫折した以後の新しい終末論である。その点で新約聖書の終末論として典型的なのはパウロ以上に、ヨハネによる福音書の終末論とされた。パウロは、人間の歴史を律法と罪のもとにあるとして、そこからキリストによる解放を語った。この点をブルトマンは、パウロは黙示録的歴史観を自らの人間学によって解釈し、当時の終末論と黙示録的歴史観を「決定的に修正した」[66]と見た。確かに「キリストの再臨」「死人の甦り」「最後の審判」「義とされた人々の栄光」など黙示録的なヴィジョンがなおパウロには残されていたが、真に決定的なのは「義とそれに伴う自由」になっていると言い、その希望は「個人に基づいて考えられている」[67]とブルトマンは語った。このパウロ理解が「異邦人の使徒」であるパウロの自己理解や、パウロが告げたイエス・キリストによるアイオーンの決定的な転換の理解、さらにはローマの信徒への手紙九―一一章の救済史的な記述の内容、あるいはアブラハム契約の理解、さらには被造物の呻きと救済をめぐる記述などに対し、ほとんど不適切であることは明らかであろう。「パウロにあっては〈イスラエル〉民族と世界の歴史は関心事ではなくなった」[68]というブルトマンの発言は受け入れがたい。いずれにせよブルトマンはパウロにおいてなお黙示録的要素は残されてはいたが、ヨハネ文書においては一層の「脱黙示録化」が推進されたと語った。

説教は、新しい自己理解への決断を促すが、その内容はブルトマンによれば世界から取り出され、世界に属さないものとして、しかも世界の中に生きるという「逆説的な実存の自己理解」とされる。信仰と自由は、この意味での終末論的な出来事とされた。あらゆる瞬間が、終末論的瞬間である可能性を持っていると言われるが、終末論的出来事を実現させるのはキリスト教信仰であり、キリスト教的説教によってであると主張された。ブルトマンの終末論は、説教と信仰の終末論であり、教義学の最後にあって終わりの事柄を語る終末論ではない。説教による終末論は、この世との関係において終末論的性格をもっているという実存のあり方としての終末論である。この世のあり方から取り出されると言う仕方で「非世界化」されることが、ブルトマンの言う終末論的出来事の内容であった。終末論は従って歴史的でも宇宙的でもなく、ただ個人的、実存的終末論であり、それも死とその後の終末論ではなく、信仰においてこの世に対して死んでいるという仕方での終末論であり、実存的にきわめて狭隘化された終末論というほかはないであろう。

こうして「非世界化」され、「非この世化」された信仰における決断が終末論的出来事という理解に終末論は集約され、「終末論の実存主義化」という狭歪化に陥った。ブルトマンの「実存の決断」は、人間実存の自由な主体性による。その意味ではバルトと反歴史主義では共通したが、「主体性」の理解に大きな相違があった。バルトの「原歴史」においては人間ではなく、神の自由な主体性が主題であったからである。それとブルトマンの言う「歴史的主体性とでは、神学的起点に関して大きな隔たりがあると言わなければならない。ブルトマンの言う「歴史の主体は人間である」[69]という言葉をバルトの口に入れるわけにはいかない。「原歴史」の主体は神だからである。バルトの神論的終末論に対し、ブルトマンの場合は人間学的終末論である。ただしバルトがなぜ人間実存の主体性でなく、神の主体性から出発できたのかと問えば、バルトは主題的にこの問題を明白にしてはいないが、信仰の実存的決断が前提にされてのことではないかという疑いは残るであろう。それなしにバルトは一体なぜ「神は語った」から、あるいは「神の言葉」から突然出発することができたのであろうか。この意味ではバルトに前提されていたことをブルトマンは明示したとも言えなくはない。

神学的起点について大きな隔たりがありながらも、バルトもブルトマンも歴史的世界に対し反歴史主義的であり、また非世界化しているという点では共通していた。その意味で、どちらの終末論も現在的瞬間の終末論であり、現在的垂直線的終末論である。この意味で、ブルトマンにおける「すでに」と「いまだ」の中間時に「歴史的経過」の意味はない。それは、この世から取り出されつつこの世に生きるというキリスト教的実存の「逆説」を意味するのみである。実存の逆説的性格の意味で「すでに」と「いまだ」は同時に現在的と言わなければならない。中間時は救済史的次元を欠いて、現在の実存の逆説的構造を意味するのみになっている。

（3）パウル・ティリッヒにおける「神学的本質直観」の終末論

一九二〇年代の終末論のもう一つの例としてパウル・ティルッヒの終末論がある。ティリッヒは一九二七年にDie christliche Weltの購読者集会において終末論について講演し、その内容を雑誌論文として発表した。これが「終末論と歴史」（Eschatologie und Geschichte）であり、後に彼の最初の論文集Religiöse Verwirklichung, Berlin 1930の中に収録された。そこにはどのような終末論が提示されているであろうか。

ティリッヒはまず神学の方法として二つの方法を退けた。一つは「超自然主義的方法」、つまり聖書や教義の権威に基づいた考察方法である。第二の方法として同様に退けられたのは、宗教的意識に基づく考察方法で、「心理学的ならびに歴史的方法」と言われる。宗教的意識に基づく宗教心理学や宗教史といった神学的方法は、十九世紀の自由主義神学の方法と言い得る。正統主義神学の方法と自由主義神学の方法とが両方とも退けられたわけである。前者は権威主義的、後者は主観主義的とされる。

そのようにしてティリッヒは、第三の方法として「権威」にも「宗教意識」にもよらず、直接「現実」に向かい、宗教的行為によって意図されている真実の層を明らかにしようとした。これは現在における宗教的行為の遂行を前提にして、その中の実在への迫りを洞察しようとする。この第三の方法をティリッヒは「神学的本質直観」(Theologische Wesensschau) と呼んだ。正統主義的な教義学的方法と自由主義神学の心理学的・歴史学的方法を退けて、「現象学的方法」を神学の中に採用したと言うことができるであろう。この点でティリッヒは十九世紀の自由主義神学と異なると言えるが、しかし見方を変えれば、新カント派やディルタイからフッサールへと展開した時代の哲学の推移に即し、ハイデガーとも同様な道を辿ったと言うこともできる。心理学的、ならびに歴史学的な方法から現象学的方法へと転換したことは、「カイロス」の術語化が示しているように、新しい「歴史意識」の変化に即しながら、ティリッヒもまた「反歴史主義の道」を歩んだことを意味している。

「本質直観」がどうして「神学的」であり得るのか。それはティリッヒによれば、宗教的行為が明証的なものとして前提されることによる。しかし「宗教的行為」の現象学的直観は、「宗教的本質直観」とは言い得ても、それをキリスト教的、あるいは神学的本質直観と直ちに言い得るものではないであろう。従って「神学的本質直観」と自称することには疑問が残る。「神学的」と言い得るためには、宗教的行為ではなく、キリスト教的行為の明証性が必要になるはずである。こうした哲学的思惟や認識論の道の上でキリスト教を語ることは実は困難なはずで、トレルチであればその困難は「宗教的アプリオリ」から「キリスト教の絶対性」にどう進み得るかという問題の中で思索を重ねた難問であった。この困難がティリッヒの道にはなおつきまとっている。彼の後の三位一体論の主張などにもそれが現れていると言い得るであろう。彼は生の哲学や存在論によりながら、三位一体を論ずるが、しかしそれをキリスト教な三位一体論と言うことは結局のところできないからである。

トレルチはすでに、「宗教的アプリオリ」を語ることはできても、キリスト教のアプリオリを語ることはできないことを心得ていた。キリスト教は理性的存在の中の所与ではないし、存在の所与でもない。その啓示は歴史的な出来事である。キリスト教の認識は理性主義によるのでも、存在論によるのでもなく、歴史的啓示の歴史的ならびに信仰的な認識によらなければならない。「歴史的啓示」に対するティリッヒの取り組みに問題があることについてはすでに他の箇所で論じたことである(70)。

それにしても、ティリッヒの本質直観の道の上で終末論がどのように理解されたであろうか。ティリッヒは本質直観によって物事に「存在する面」と、「出来事として生起する面」との両面があることが明らかであると語った。そこから神学的本質直観は、一方では物事の「存在」の面に即して存在する事物に存在を与えている存在の無制約的超越の場を捉える。それとともに、他方、事物を「出来事」として生起させている無制約的超越の場を認識し、それを出来事の意味として捉える。その際、事物の存在面の超越を認識するのが神学的存在論、もしくは「神学的始原論」(Protologie)であり、事物の出来事の超越面、出来事の意味を理解するのが「神学的終末論」であると述べた。つまり終末論とは現に存在する事物の「出来事の意味」の認識にほかならない。何のために事物が出来事として生起しているのか、その意味と目標の認識が終末論であり、意味と目標の超越が終末論の主題である。

以上からして、「エスカトン」(最後の事物)とは、意味と目標の「超越」であり、時間的な将来に来る終わりの話ではない。「時間的な意味での歴史の終末」という概念は、ティリッヒによれば「実現不可能」なものであり、そのような時間的終末は真の終末ではなく、それがあるとしても、それは一種の「崩壊」であろうと言う。エスカトンとは時間的な終わりでなく、「超越的な終わり」である。それはあらゆる出来事の目標が超越的終わりにあるということである。この「終わり」は、「あらゆる歴史の瞬間にとって同じように近くもあり、同じように遠くもある(71)」とも言われる。つまりこの終わりは、あらゆる歴史の瞬間におけるテーマであって、歴史の終わりのテーマではない。ティリッヒは「世の終わりの破局」などを語ることは、一種の神話にほかならないと語った。

ティリッヒの終末理解は、このようにして歴史の終わりではなく、あらゆる瞬間の意味の超越として、非歴史化され、非時間化された。終末論における水平的時間の流れは解消させられている。終末の場はあらゆる瞬間、つまり今・ここの現在であり、今・ここの事物の意味的・目標的超越である。そのためティリッヒにおいては、超越と現在の関係は単線的な直線的垂直線の関係では表現されない。事物の存在の超越への関わりとしての始原的な超越線と別に、事物の意味的・目標的な超越線とがあるため、それらは同一の超越線としてでなく、現在を交差点としながら超越との関わりの線は二本あって、交差の角度というか、存在的超越と意味的超越の方向差があることになる。やがて後年のティリッヒは、超越と時間の関係を「曲線」によって描いた。背後の斜め上方（始原）から降下しながら今、此処に突入し、前方斜め上方（目標）へと上昇する「曲線」、現在を低点とした「曲線」によって存在的始原から意味的超越に至る動きを語ったわけである。(72) この萌芽はすでに彼の初期の論文の中にあったのである。

それにしてもティリッヒもまた一種、現在主義に立ち、現在的な決断を語っていることになる。そしてその決断の成就、出来事の意味の成就がエスカトン（超越的終わり）とされている。この成就は時間的将来に実現されるとは言われない。歴史から目標への「展開」（Entfaltung）や「発展」（Entwicklung）といったロマン主義的、歴史主義的な概念は語られない。語られるのは、「飛躍」や「決断」である。その意味で終末論は非水平化され、非歴史化、非時間化されている。しかし彼はそれでも飛躍的決断を通して「宗教的社会主義」に結びついた。

この意味で、同じく「決断」を語りながらも、ティリッヒにとっては、ティリッヒの決断の内容は、ブルトマンのような実存の新しい自己理解に限定されてはいなかった。ティリッヒにとっては、事物の出来事の側面は「人間実存」に限定されず、「文化」としても理解された。ブルトマンが実存の自己理解を語るところで、ティリッヒは「新しい存在」について語り、人間の自己統合についても語ったが、同時に「神律」による「文化の神学」を語った。従ってティリッヒの現在主義には水平次元、相対的時間経過への関連がまったくなかったわけではない。ただし出来事の意味と目標の超越としてのエスカトンに関わる終末論は、カイロスの意識と緊張を「無制約的なもの」に向かって関連づけようとした。それゆえカイロスの終末論は一種の「絶対的な性格」を帯びた。ティリッヒはそれを、宗教的社会主義を含む「文化の神学」によって「一般的歴史過程の相対性」と結合しようと試みた。[73] そしてこの結合の遂行の中に「歴史哲学の根本問題への解答がある」と判断したのである。このためティリッヒは「カイロスの教義においては、史実的過程の水平の弁証法ばかりでなく、また無制約者と被制約者との間の垂直の弁証法も働く」[74]と語ることができた。しかしエスカトンそのものは出来事の意味や目的の超越の方向として時間の外に構想され、時間の中へと到来するものとしては考えられず、また時間の将来的な終わりとも考えられていない。「水平と垂直の結合」は、不断に、あらゆるカイロスにおいて、つまりは不断に今・現在において超越との同等の近さと遠さにおいて、決断的に営まれるよりほかはなかった。その意味でティリッヒは「永遠の今」の思想を打ち出したわけである。

ティリッヒのカイロス概念とともに、その終末論は実存的決断の思想であると言ってもよい。ただしそれは決して人間の自己理解に限定された決断ではなく、歴史哲学的、文化変革的決断とされた。その意味ではティリッヒはトレルチを継承したと言うことができる。ただしティリッヒの場合の決断内容は「社会主義的決断」であったわけで、「保守的デモクラシー」に立ったトレルチとの差は明らかである。若きときに宗教社会主義に決断したティリッヒは、その強弱の差はあるにしても、生涯、宗教社会主義者であり続けた。

4　二十世紀後半の「将来的終末論」への転換

終末論が神学史上再び転換を示したのは、一九六〇年代であった。ユルゲン・モルトマンとヴォルフハルト・パネンベルクがこの転換を示す代表者たちである。彼らのほかにもゲアハルト・ザウターやカトリック神学者ヨハン・バプティスト・メッツなどの名を挙げることができよう。彼らの終末論の共通語は「希望」と「将来」であり、また「神の国」、そして時には「新しい天と新しい地」でもあって、終末論の個人的あるいは実存的な狭隘化を脱出し、人類史や世界の文脈を回復したものであった。超越はそれまでのような天上の垂直的超越でなく、90度前倒しされて、将来的超越として、将来からの超越の到来が希望のうちに語られた。もちろん同じ転換の中にあっても、それぞれの神学主張はきわめて異なる。ただ終末論における「将来の強調」と「世界の回復」が共通していると言い得るであろう。終末論はもはや個人的終末論に収束されず、人類史的世界を含み、また宇宙的世界も終末論の射程に入ってきたことも共通している。そこには黙示録的終末論の神学的獲得という共通点もあると言ってよいであろう。

一九六〇年代の終末論の転換は一九二〇年代の「反歴史主義」に対して、再度、歴史主義化したと言うことはできない。歴史主義の過去的な強調ではなく、将来の強調のもと、神学における歴史と世界の回復が図られたからである。これには時代史的な背景や世代的な課題意識など、共通したものがあったと思われる。この神学の担い手たちは、第二次世界大戦の中で青年期を過ごした戦後第一世代であった。戦後世界の復興の中で神学を開始した者たちにとって、神学における非歴史化や非世界化の思惟は、一種の現実逃避的な神学的閉じ籠りに思われ、現実への妥当性を欠くと思われたであろう。実存主義的思想の狭さは、すでに時代的に過ぎ去っていた。新しい世代は、エルンスト・ブロッホやフランクフルト学派の批判理論などとも折衝しながら、社会や歴史の問題と取り組むことのできる神学を求めたのである。

この転換の代表者であるモルトマンとパネンベルクの終末論については、それぞれ本書の他の章で扱うことになる。ここではただださしあたって両者の相違について一言しておきたい。モルトマンの終末論は一九六〇年代の転換を表した代表的な著作『希望の神学』（一九六四年）に展開され、さらに後年の『神の到来』（一九九五年）に表現された。パネンベルクの場合は『歴史としての啓示』（一九六二年）や『神学と神の国』（一九六九年）といった初期の論文集において、また後年の主著『組織神学』の第三巻（一九九三年）、その最終章（第一五章）「神の国における創造の完成」の中にまとまった仕方で叙述された。モルトマンは最終的には終末論を四つの主題に分けて論じた。「永遠の命」を鍵概念として「個人的終末論」を展開し、「神の国」を鍵概念にして「歴史的終末論」を、さらに「新しい天と新しい地」を鍵概念にして「宇宙論的終末論」、そして「栄光」を鍵概念にして「神的終末論」といった具合である。これに対しパネンベルクは「神の国」を主要概念として包括的な終末論を展開し、個人的終末論も集団的・共同体的終末論をも包含させた。彼は特に宇宙的終末論を別個の形態では企ててはいない。しかし彼の「自然の神学」が示しているように、神の国の終末論の中に自然的宇宙もまた包括されると解釈される。

こうした区分の問題以上に両者の終末論の立て方の相違が重大であろう。パネンベルクには全体性優位の思想がある。現実の全体は、その終わりにおいて完成し、終わりに初めて全体は成立すると言う。従って歴史としての啓示は、歴史全体からの啓示であり、それは結局のところ終末において成立する。その全体からの啓示には、神のオイコノミアから神ご自身を認識する意味で、歴史から神へという一種、下からの神学が企てられ、それが終末において可能となると言う。その終末がイエスにおける復活の出来事によって「先取り」されていると言われる。従って終わりのこととしての死人の復活という黙示録的な事態は、イエスの復活による終わりの先取りの主張によって、パネンベルクの神学にとって本質不可欠的な事柄になっている。

モルトマンからするとこうした被造物の全体、あるいは神のオイコノミアの全体から神自身へと至る神学の歩みは、歴史神学と自称しながら、実はかつての「自然神学」のように見える。当初『希望の神学』の中でモルトマンはパネンベルクの自然神学的方法を批判して、自らは「約束」という神の言葉を強調した。その意味ではモルトマンが師事したのは、オットー・ヴェーバーやハンス・ヨアヒム・イーヴァントであって、「神の言葉の神学」の系譜を継承した人々であった。モルトマンにおいて神の「約束」は終始強調されていると言ってもよい。ただしモルトマンは終末論を約束によって基礎づけたと一貫して言い得るか否かはなお疑問である。この点は必ずしも判然としない。彼がもし約束による終末論の根拠づけを明確に保持しようとしたなら、それなりの議論を一貫させ、約束としての神の言葉の議論を終末論のプロレゴーメナとしなければならなかったであろう。モルトマンにおいてむしろそれ以上に明白なのは、超越は将来から来るという確信である。その確信の根拠を過去になされた約束に置く議論は確かに『希望の神学』ではなされたが、『神の到来』ではなされていない。約束よりは、むしろ将来そのものが、そして将来的超越が彼の神学の出発点を形成しているように思われる。

こうした意味で、パネンベルクにもモルトマンにも一種の徹底した将来的終末論の色彩がある。将来は過去や現在に優り、存在論的優位を持ち、すべては将来にかけられているとも言い得る。確かさの根拠もまた将来にある。それでは、すべては「いまだない」という規定の下に立つのであろうか。エルンスト・ブロッホは、優れた哲学者は一言を有するとし、たとえばデカルトの cogito（思惟）、カントの Kritik（批判）、ヘーゲルの Geist（精神）などを念頭に置いて、自らは noch nicht vollendet（いまだ完成していない）を一言として自覚した。しかしキリスト教神学は「すでに」と「いまだ」の間に立つのであって、ただ「いまだない」にいるべきではないであろう。パネンベルクにおいてはただキリストの復活による「先取り」がその優位的な将来からの規定の徹底性をわずかに規制している。しかし先取り的な「すでに」は、実体的な将来の出現によってやがて乗り越えられる。つまりパネンベルクではイエス・キリストの出来事もまた暫定的なものにすぎなくされている。イエスは確かに預言者以上であるが、それは約束された神の国が彼においてすでに現在になっているからである。イエスはこの意味で彼の教団にとっては「希望の根拠」[75]とも言われる。ここには「すでに」が語られているようであるが、実はこの「すでに」は究極的に言えばイエスの人格そのものに基づくものではない。そうでなく神の国が彼に現在している意味での「すでに」である。従ってイエス・キリストも神の国を前提し、それに依存しているとされる。逆に神の国がキリストを前提にし、キリストに依存しているのではない。神の国そのものは「すでに」よりも、根本的には「いまだ」である。つまり「すでに」による「いまだ」でなく、「いまだ」による「すでに」が語られているわけで、将来の徹底的優位性が強調されているにほかならない。パネンベルクの言葉を引用すると、「すでに到来した成就の出来事は、来たるべき完成に向かう将来関係を含んでいる。来たるべき完成は、すでに現在的にある救済の補完として理解されるべきではなくて、イエス・キリストにおいてすでに侵入している救済とその究極的妥当性にとって構成的である。われわれ人間に慣れている考察方法に逆らって、われわれが現在的にそうであり、またそうあったものにとって神の将来一般が構成的であるのと同様である[76]」。「神の将来」が構成的、つまり「いまだない」が構成的である。モルトマンにおいては、当初は「約束」が、後にはすでにある聖霊による被造物との相互内在が将来的終末論の徹底性を規制していると言うことができるかもしれない。しかしそれでも将来の優位と決定性は、モルトマンにおいて一切の「すでに」を越えているのではないであろうか。一九六〇年代に現れた終末論の転換は、将来の圧倒的な強調によって、イエス・キリストもいまだ到来していない神の国によって規定されている意味で、決して問題のないものではない。

この点をもう少しパネンベルクの主張に即して補充しておこう。『神学と神の国』においてパネンベルクは以下のように語った。「イエスは、神の支配を未来（将来）に属する現実として宣教した。……かくして、重要な意味において、神はまだ存在していないと言うことが必要である。神の支配と存在は不可分離的であるからして、神の存在はいまだ存在への到来の過程の中にある[77]」。ここにパネンベルクの神学、そして神学における終末論の徹底的性格が示されている。つまりイエス・キリストだけでなく神もまた終末から規定される。終末論による神概念の変更が企てられているとも言えるであろう。神概念が終末から規定されるのであるから、その他の神学的項目もみな終末から再考されることになる。神学のすべての認識が到来しつつある神の国から見直される。排他的な徹底的終末論の主張が見られるわけである。「神の存在はいまだ存在への到来の過程の中にある」という命題は、神の支配と存在の不可分離性を言うだけでなく、神の支配が神を存在へと至らせることまで主張している。つまり神の国が神を存在へと至らせる。そうなると、神は神の国の術語になるであろう。まさにそれは徹底的な終末論で、神をも終末に服さしめているわけで、終末こそが、神が神であることをもたらす。このことは終末における歴史の術語としての神という事態になる。一九六〇年代の転換による神学の企てには、モルトマンの「十字架の神学」のように苦難の神学による神概念の変更が試みられたが、パネンベルクの「歴史の神学」では、神は歴史的将来の述語になる危険性が生じた。いずれにしても神の歴史的現実への参加と将来の優位が徹底して推し進められ、それらが神ご自身にとって本質構成的にまでなり、一種、「神の相対性」の主張にまで及んでいる。果たして神は神であることのために歴史に、あるいは将来に依存するのであろうか。そうではないであろう。われわれはキリストにおける歴史的啓示によって、もちろん歴史から離脱した神を語ることはできない。しかしまたその啓示から知られる神は、歴史に依存する相対的な神でもない。イエス・キリストにある歴史的啓示において自らを啓示された神を認識することが改めて真剣な神学的課題になっている。

これ以後の終末論の展開を新しい神学的世代の中に指摘することは、際立った仕方ではまだ不可能であろう。例えばアメリカのルター派神学者ロバート・W・ジェンソンの中にその一つの方向が示されていると言うことができるかもしれない。彼は一方で終末論における「約束」の意味を強調し、バルトやブルトマンが終末論からその将来的成就に向かう特別な時間的構造を無効にしたことを批判して、一九六〇年代以降の終末論との繋がりに立っている。しかし他方で彼は「新約聖書の終末論の核心」を「わたしたちはいつまでも主と共にいる」（一テサ四・一七）という事態の中に見て、「キリストとの一致における三一の神の命への参与」を強調する。[78]その意味で「エスカトンにおいて何も変わらない。魂とキリストとの本質的な結合は単純に継続する」とも語る。ここには将来の優位ではなく、キリストとの結合と三位一体の神の命への参与の優位が語られる。一九六〇年代以降に著しかったある種、徹底的終末論的な性格に対し修正が図られていると言うことができよう。本書の立場も、その神学的構想においてしばしば語るように、神が神であることを将来に依存させるべきでないと考えている。そうでなく、イエス・キリストにおける歴史的啓示において三位一体における神が神であると示され、その経綸の業として終末を理解する。また再臨のキリストが歴史のイエスや現在のキリストとの同一性にあるゆえに、終末論も理解にもたらされると考える。しかしこうした主張や傾向をもって二十世紀末から二十一世紀初頭にかけて終末論史のもう一つ新しい展開があると語り得るか否かは、なお今後の展開に待つほかはないであろう。

第二章　ユルゲン・モルトマンにおける創造の時間と終末の時間

現代の神学状況は、欧米の神学史の観点に即して概観すると、一九二〇年代に開始された新しい二十世紀の神学思潮が一九六〇年代に終焉し、その後の世代によって開始された二十世紀後半の神学思潮が時代を代表してきたと言い得るであろう。この後半の流れは二十一世紀の一〇年代まで基本的に継続したと思われる。カール・バルト以後、ビッグ・セオロジアンは不在になり、ユルゲン・モルトマンとヴォルフハルト・パネンベルクが大きな働きをなし、今はその次の世代ミヒャエル・ヴェルカー、ギュンター・ベンツ、フリードリヒ・グラーフ、クリストフ・シュヴェーベルなど、戦後第二世代の人々が活躍している。しかしそこには、またその次の世代にも、際立った意味で新しい神学的潮流を表現する活動は見られないように思われる。現代の状況に比して、モルトマンやパネンベルクの出現時には、神学の大きな潮流の変化を感じさせる新鮮な起爆力や生産力が示されたように思われた。ただしこの二十世紀後半の神学に、神学の生命的基盤である教会を活性化させる力があったか、そして神学の巨大な奉仕の目標である伝道への推進力に貢献したか、さらには文化や社会への健全なキリスト教的影響力を強化するうえでよい働きができたかとなると、必ずしも十分であったとは言い得ない。イギリスやアメリカでもコリン・ガントンやロバート・W・ジェンソンなどの名を挙げることはできるが、それほど顕著な相違はないと言うべきであろう。

それでは、アジアにおける教会と神学の働きが世界に貢献できたかとなると、それもそうとは言えず、なお地道な努力が求められていると言わなければならない。モルトマンの神学は東アジア、特に韓国に大きな影響を与えているように見える。それだけ現代の神学においてモルトマンの抜き出た神学的力量と影響力がうかがわれる。

しかし神学において全面的受容はあり得ないことであり、どの面において影響を受けるにせよ、東アジアにおける福音主義的キリスト教には、それなりの神学的主体性を保持した神学の営みが期待される。神学的課題は多岐にわたっているが、現代の東アジアのプロテスタント・キリスト教の神学的課題として基本的に存在する世界伝道の課題からも、現代における教会形成の観点からも、また異教社会の中での文化形成の観点からも、モルトマンの神学的表現に問題なしと言えるわけではない。これまでも拙著『伝道の神学』（二〇〇二年）、『啓示と三位一体』（二〇〇七年）、『キリスト教倫理学』（二〇〇九年）、簡潔には『二十世紀の主要な神学者たち』（二〇一一年）の中でモルトマン神学の意味や問題性について論じてきたのではあるが、ここではモルトマン神学の深遠とも言うべき「時間論」について検討してみたい。

1　ユルゲン・モルトマンの神学と時間論

ユルゲン・モルトマンは、その前期において『希望の神学』（一九六四年）によって終末論的希望の思惟を展開し、その後『十字架につけられた神』（一九七二年）において「三位一体論的十字架の神学」を展開した。これに『聖霊の力における教会』（一九七五年）を合わせて、前期のモルトマンの三部作と言うことができるであろう。それぞれ有意義な著述であったと思われるが、モルトマンは特に「希望」や「苦難」の意味と取り組んだところに顕著な特徴を示した。しかし問題点を言えば、キリストの十字架を語っても、その救済的な意味、特に贖罪論の問題は扱いが希薄であった。伝道についても十分な基礎づけや勇気づけが展開されたわけではなかった。『希望の神学』の文化や社会に対する影響は、「解放の神学」に近いものであったと言って過言ではない。その基本的な特徴は、その後も一貫して継続しているように思われる。

一九八〇年代とそれ以降、モルトマン神学は後期の展開を見せた。前期で次第に明らかになってきた「三位一体論」が三位の区別と交わりを強調する仕方で前面に登場し、同じように前期にはそれほどはっきりとは現れていなかった「生態学的危機への関心」が強調されるようになった。神の超越を現在的に、垂直的上方からの下降に見るのでなく、『希望の神学』で示された約束概念の強調によって将来からの到来として見る、いわば90度前倒しの超越概念の主張は、その後も一貫して貫かれた。しかし当初見られた「歴史」の強調は「自然」に比して抑制されるか、もしくは克服されるべき近代的な主題と見なされ、近代以後の主題として「自然」や「宇宙」といった地平がより包括的なものとされ、ポスト・モダンの神学が一層意識的に追求されるようになった。そして全体として言えることは、弁証法神学や神の言葉の神学においては初期のカール・バルトに典型的に見られたように、神と人間の断絶、従ってまた神と世界の断絶が強調され、神の超歴史性、神の超越的自存性、つまりは神の世界超越が強調されたが、モルトマンでは当初は歴史、そして後に自然との、いずれにせよ世界との、神の関係性が強調されたことである。それが本章の主題である時間理解、「創造の時間と終末の時間」の理解の中にも現れている。

2　モルトマンにおける神と世界の相互交流的な見方

本章の主題内容に入る前に、モルトマンとその世代の神学に一つの共通した特徴があったことを指摘しておきたい。それは神と歴史、神と自然、神と世界、神と人間といった関係に注目した特徴である。このことは後期のモルトマンに一層明白であるが、これはモルトマン個人に限らず、世代的な共通現象とも言えるもので、二十世紀後半の神学の共通特徴と言ってよいであろう。一九二〇年代の超歴史、超世界の神、神の自存性（aseitas dei）、あるいは離間（Diastase）の神学と好対照をなしている。モルトマンからすればもう一つ次の世代に属し、チュービンゲンの後継者であるクリストフ・シュヴェーベルの論文集の表題『関係における神』[1]（二〇〇二年）は、二十世紀後半の神学の共通特徴を言い表し、シュヴェーベル自身も依然として基本的に同じ関心、同じ共通基盤の上にいることを示していると言うことができる。

ところでモルトマンは、神と世界のこの関係を「相互交流」として理解する。モルトマンは神自身についても、また神と被造物の関係についても、さらには人間と他の被造物の関係についても、あるいは人間の男と女の関係についても、さらには人間における精神と肉体の関係についても、「相互交流」の関係を強調した。そこにはカール・バルトの基本的な考え方に対するモルトマンの批判があったと言い得るであろう。バルトは「神は語った」というところから厳密に出発するために、彼の神学には神から被造物へ、しかも特に人間に対して語る「不可逆的な方向線」があった。これは上から下への線になる。そもそも神は神であり、神のみが神である。人間は地にあって人間であり、神にはなれないし、神に到達することもできない。厳密に言えば、神は、神自身によって知られるのみである。神の aseitas（自存性）とか Diastase（離間）の神学と言われることにもなったゆえんである。ここから被造物との関係を見れば、「関係」と言うよりは基本的に「支配」が語られるであろう。これでは「交わり」にならないと、モルトマンは受け取っている。そして男と女の関係でも、精神と肉体の関係でも、バルトの考え方では前者が後者を支配すると理解されていると批判する。三位一体についても、父から御子、そして聖霊へと、上から下への順序があり、御父のモナルキアが貫かれると見られた。御子キリストと聖霊の関係については、バルトは徹底して「フィリオクエ」の立場に立った。そこにも父と子からの聖霊の発出として、父と子と聖霊との序列的な秩序が想定され、三つの位格の相互的な交わりの強調ではないと見られたわけである。

これに対しモルトマンが強調するのは、三位一体は御父のモナルキアによるのでなく、三位の相互交流（ペリコレーシス）によるという理解である。この三位一体の「相互交流的な関係」の理解を、神と被造物、人間と他の被造物、男と女、精神と肉体にもモルトマンは及ぼしていく。そこで神の内なる相互交流のように、神と被造物も相互交流の中に理解され、人間と他の被造物も、男と女も、精神と肉体も相互交流の交わりによって理解される。

どちらがよいのか、またどちらかを二者択一的に考えるべきなのか、熟慮すべきであろう。男と女の関係はともかくとして、人間と他の被造物の関係や、精神と肉体の関係など、もちろん相互交流や交わりの契機も重大であろう。しかしそれでは人間の責任的な位置や役割、あるいは精神の役割の特別性などを無視することになり、それではかえって交わりも維持されないことになるのではないか。精神と肉体が一人の人間の中で統合体として働き、心身統合を維持するためには、とりわけ精神のあり様が重要であろう。統合に責任を負っているのは肉体ではなく、精神だからである。そうなると「支配」か「相互交流」かという問題も、決して二者択一ではなく、相互交流や統合体を実現するために仕える支配や指導といった働きを考えなければならない。そうした支配や指導を認めず、いきなり相互交流的交わりを主張するのは一種の非現実的なロマン主義になると見られても仕方がないのではないかと思われる。

そうした問題点があるが、ここで重要なことは、モルトマンが神と被造物世界との関係を「分離」や「支配」で理解するより、「相互の交わり」で理解しようとしたことである。モルトマンは三位一体の交わりを意味する「相互交流」（ペリコレーシス）を神と被造物、もしくは神と世界の間にも用いようとする。三位一体の用語のこうした適用が果たして正当であるかどうかは疑問であろう。三位一体という神御自身に帰せられる神的秘義を他のものの関係にも移し、類比を見たり、他の関係に適合させたりすることは、正しいとは言えないからである。バルトの場合は被造物や世界、あるいは被造物の歴史の位置を、契約の歴史に対し、「アンヒュポスタシス・エンヒュポスタシス」のキリストにおける人性の位置理解に即して考える傾向があった。このアンヒュポスタシス・エンヒュポスタシスによる人性の位置理解というのは、人性自体に独立の主体性はないという見方である。それとモルトマンの相互主体の交流の見方は対称的で、バルトが「アンヒュポスタシス・エンヒュポスタシス」をいわば「原理」のように考えたのに対して、モルトマンは「ペリコレーシス」を原理のようにして考えたという相違が見られる。

以上のことは「時間」の理解とも関係する。時間の問題には、神と被造物的世界との関係、永遠の神と時間的な被造物世界との関係があって、それを相互交流的に理解することは、永遠と時間の関係理解に結びつくからである。

3　モルトマンにおける創造の時間

以上のような背景の問題を持ちながら、モルトマンは神の世界創造の御業がどこに起源を持ち、いつ開始されたかを問う。彼がこの問いに対して提出する解答は、神が御自身の永遠において創造を決意したというものであり、その点ではカール・バルトに類似している。しかしモルトマンはさらにその永遠における創造の決意がどう実行されたか、その開始の創造の時はどこにあるかと問いつめていく。もし永遠の決意がそのまま直ちに、同一的に創造の実行であるとすると、創造の開始は時間の中にではなく、永遠の中にあることになり、「永遠の創造」を語ることになる。しかしそれでは「被造物の時間的開始」を言うことができなくなり、世界は永遠の昔から神とともにあったことになってしまう。これでは神と被造物はおよそ区別することのできない、永遠において不可分でほとんど一体のものになるであろう。汎神論の世界観がそれであると言ってよい。汎神論であれば、「自然即神」であって、神はこの自然即神の全現実としての世界の能産的な側面にすぎず、自然はその所産的な側面を言うことになる。モルトマンはすでに述べたように、創造者である神と被造物の世界との相互交流的、相互浸透的な関係を語ろうとするから、ある面、汎神論や新プラトン主義の契機を取り入れることになるとも言い得る。そこが同じ永遠の決意を語っても、モルトマンがバルトと異なるところであって、神と世界の本質的な区別だけを語るのでなく、その交わりを語れるように、神の本質からの「世界の流出」を主張する新プラトン主義にも真理契機があると言い、それを取り入れようとした。そこで「神の永遠の決意」は「神の本質の溢れ出し」とも言われた。それによって神と世界の「区別」は、相互の「交わり」の中に入れられることになる。

しかしそれにしてもモルトマンは直ちに永遠が即時間、時間が即永遠と言おうとしたわけではない。永遠の中で創造の決意があるとされながら、他方でそれとは区別されて「創造の時間的な開始」があると語った。流出論の真理契機を取り入れると言いながら、なお神と世界の区別があって、世界の開始は直ちに神の中に永遠にあるとは言わなかった。そこで、永遠における創造への「決意」と時間的な創造の「開始」とはどういう仕方で繋がるかという新しい問題が問われることになった。

次に、創造に向かう永遠の決意の内容に入ると、モルトマンはまず永遠における神の創造の決意を「神の自己収縮」もしくは「神の自己自身への撤収」の決意として理解した。永遠の決意は人格的隠喩による表現であるが、自己撤収は同一のことの空間的隠喩による表現と言われる(2)。神の自己撤収が流出論の真理契機の受容とどのように結びつくのかを問えば、流出する空間の創出と関係するから、流出の以前に空間を創出するための余地が空けられなくてはならないので、神の自己撤収があると言わなければならない。いずれにせよモルトマンの主張に従えば、神はまず神御自身の決意によって、自己自身へと撤収する。それによって、自己自身の充満によって満たされていたところに空虚が生まれる。永遠の神の中における神御自身の自己撤収と、それによって生じる神の中なる空虚という構想は、空間的な表象によれば理解しやすいと思われるが、モルトマンはこれを時間的にも考えている。神の永遠が自己へと撤収して、神御自身の中に空虚が生じ、その中で神は被造物を創造するための「時間」を取ったという。被造物はまだ創造されていないが、その創造が起こるための「時間」が採られた。それが神の内なる「創造の時間」と言われる。まだ被造物は創造されていないから、この時間はライプニッツが言うような物体の相互関係による時間ではなく、「神の時間」である。被造物の時間は、アウグスティヌスが語ったように被造物の創造とともに、そして創造された被造物とともに始まる。しかしそれに先立って、被造物を創造するために神が御自分の中に、永遠とは区別されて「神の時間」を取ったとモルトマンは考えた。そのようにして取られた神の時間の中に、被造物の時間を伴う創造が起きたとモルトマンは理解する。「永遠性の自己変化が初めて被造的な時間を可能にし、容認した」[3]。従って、モルトマンには「三つの時間概念」があることになる。「神の永遠」と、「被造物の時間」、その両者を結び合わせる「創造のための神の時間」の三つである。先に述べた流出論の真理契機を取り込むということは、神と世界の本質的連続性の真理契機を語ることで、永遠と時間を結び合わせる「神の時間」の構想によって、具体的に表現されていると言えるであろう。

モルトマンの創造論（『創造における神』）においては、こうして創造された被造物に対し、今度は聖霊なる神が浸透的に内住することが語られている。モルトマンによれば聖霊は人間にだけでなく、動植物や大地にまで相互浸透的に内住すると言う。モルトマンの『創造における神』という創造論の表題は、ただ神が御自身の創造行為の中におられるという意味ではなく、創造された被造物の中に聖霊である神がおられることを語っている。

モルトマンの創造における「神の自己撤収」の思想はユダヤ教のカバラ神秘主義の思想を取り込んだものと言われる。永遠における神の決意、意志決定という改革派の神学主張の中身にカバラ神秘主義を入れ、さらには新プラトン主義の契機を取り入れたわけである。カバラ神秘主義の影響は、西方教会ではユダヤ教の影響としてずっと底流にあったとも言い得る。神のケノーシス（自己謙卑）の思想もこれと繋がりがある。エーミル・ブルンナーも「出会いの神」の自己卑下を語ったが、彼も創造の働きを神の自己卑下によると理解していた。モルトマンはそれをゲルショム・ショーレムから取り入れた。ショーレムを介して、イザーク・ルーリアとその学派の「ツィムツム（神の自己収縮）の教説」から学んだ[4]。同じくその時間論、また時間論に対応した空間論についても、イザーク・ルーリアからとともに、東方正教会の神学者ドミートリ・スタニロエの影響によることも繰り返し、示唆されている。

以上のようにモルトマンが創造の時として「三つの時間概念」を考えたことは、彼の特徴的なことである。通常であれば、永遠と時間、神の永遠と被造物の時間の二つの時間概念が語られ、両者の相互関係が問われる。しかしモルトマンは「神の時間」という第三の概念を繋ぎに入れて考えた。それによって神と被造的世界を峻別するのでなく、両者を繋ぐ時間概念を捻出したということができるであろう。

4　モルトマンにおける終末の時間

モルトマンは以上に述べた「創造の時間」を、終末の時に神は解消すると語った。これもまた彼の時間の神学の特徴をなす。モルトマンは以下のように言う。

「時間の終わりは時間の始めの反転である。起源的瞬間が神の創造の決意とそこにおいて決心された神の自己制限から発するように、終末論的瞬間は救済の決意とそこで決心された神の自己制限解除(Selbstentschrankung Gottes)から発するであろう(5)」。

神の決意には「創造の決意」と「救済の決意」の二つがあって、モルトマンはそれら神の運動を内容的な方向としては「逆」の方向に向いていると理解している。従って救済の完成である終末には、創造と逆方向でありつつ、創造に対応している事態が起こると語られる。西田幾多郎の用語の中に「逆対応」という用語があるが、モルトマンは創造と終末は「逆対応」していると語ったことになる。神の自己撤収が、神の永遠をそれ自体の内側に収縮させ、時間を、初めは神の時間、そしてその中に被造物の時間を造る。それと逆対応し、神の「自己制限解除」が終末における時間から永遠への移行をもたらすと言うのである。しかし神の自己制限解除はどういう意味で時間から永遠への移行になるのであろうか。「被造物の時間」に場所を空けるための神の自己撤収が解除されるということは、「被造物の時間」を可能にした「神の時間」が解消され、「神の永遠」の充満になるということであろう。被造物の時間は成立する場を喪失する。それは神の永遠の中に吸収されることなのか、神の永遠によって押しつぶされることなのか、いずれにせよ時間から永遠への移行が説明されるわけではない。

モルトマンは、また創造は未完成において始まり、究極的完成を目指すとも語った。これで言うと、創造の意志と別に救済の意志が終末の完成をもたらすとは言い得ない。そうでなく創造は、その未完成によって完成への憧憬をいだき、完成を求めている。創造が「はなはだよい」と言われているのは、モルトマンによれば、ギリシア的な意味において完全、つまり将来は本質的な意味を持っていないという意味ではない。それはむしろヘブライ語の意味で「目的にかない、創造者の意志に対応していることを言う」[6]。従って創造は、終末における神の栄光に満ちた創造としてのその完成を求めている。未完成な創造には、「あらゆる生けるものの死」があり、「永遠の命を求める悲嘆と憧憬」[7]がある。かくして初めの時間的創造は、終末の永遠的創造において完成する。モルトマンのこの創造から完成への線において意味を持つのは、キリストが人間の罪のために贖罪論的な死を遂げたことではない。そうではなくキリストもまた「生けるものの死」を死んだこと、つまりその意味でキリストの死には被造物の生の悲嘆と憧憬に共通なものがあったことである。創造は、贖罪と和解の線とは別の線で完成を求める。そのため「死人のうちからのキリストの復活は、ただ単に罪人の救いのための彼の死を確証するのでなく、身体と大地の変容の開始でもある」[8]と言われる。この問題は、創造－救済－完成をめぐる関係や連関をどう理解するかという問題であり、その中でキリストの十字架の意味をどう理解するかという問題になる。モルトマンの理解はこの問題の観点からも当然、疑問を起こさせるし、議論されなければならないであろう。創造から完成への線上において、キリストの十字架の死は贖罪論的な死とは別に、およそ生けるものの死を死んだと言うことなのであろうか。それでは、キリスト教神学は、創造から創造の完成を望む線と、キリストの十字架と復活による救済の線との二重の線を持つことにならないか。そうではなく、神の働きの場は一つで、キリストの贖罪論的な死とその関連での復活が、創造の完成にとっても、また宇宙論的な次元においても意味を持つのではないのか。

いずれにせよ、創造の決意には「神の自己撤収」があったが、終末においては神の「自己制限解除」があるとモルトマンは言う。シェイプアップした神がリバウンドする。終末において神は、永遠の決意にあった「神の自己撤収」を「解除」して、「すべてにあってすべてとなる」と言う。それによって永遠の充満によって時間は押しつぶされるとモルトマンは考えなかった。そうでなく、終末において永遠と時間は相互に浸透しており、もはや第三の時間、つまり「神の時間」はなくなってよいと考えた。創造においては三つの時間概念があったが、終末における時間概念は二つ、永遠と時間だけで、それらが相互浸透の関係にあるという。しかし永遠と時間が相互浸透の関係にあり得るなら、なぜ永遠と時間の間に「神の時間」が必要だったのであろうか。

5　時間に対応した創造の空間と終末の空間

「モルトマンにおける創造の時間と終末の時間」の荒筋を記述したが、これに対応した仕方でモルトマンは「空間の神学」についても構想した。空間もまた創造における神の超空間的な遍在が自己撤収することによって、創造のための空間に場所を与え、その中で世界の創造が行われ、被造物的空間が創造された。それゆえ創造においてやはり「三つの空間概念」が区別される。神の遍在と、その自己撤収によって生み出された「創造の空間」、そしてその中に創造される被造物的空間の三つである。またこれが終末において反転し、遍在の自己制限解除が行われ、創造者はもはや被造世界に距離をおいて差し向かうことなく、被造世界の中に内住（Einwohnung）するとされる。つまり神は被造的な世界を栄光の場としてそこに内的に現臨する。時間の神学では歴史の神が重大であったのに対し、空間の神学ではより一層三位一体の神が重大とされる。三位が互いに内在し、一つの位格にとって他の位格が住まいである相互内在（ペリコレーシス）があるように、それに対応して終末の完成においては、神と被造物世界との相互的な内住が成立する。神は世界を御自身の住まいとし、被造物世界は神を住まいとする。終末論的完成における神の世界における内住は、歴史におけるように「キリストと聖霊」においてではなく、「神の直接的な現臨がすべてに浸透する」[9]と言われる。そこからさらにモルトマンは、属性の共有（communicatio idiomatum）にまで及び、神と被造物世界の間に「宇宙的な属性の相互参与」[10]が成立すると語る。そこでは被造物は神の永遠性に参与するとともに、その遍在に参与し、どこにでもいることになるであろう。

モルトマンの「時間の神学」については、「空間の神学」への言及も加えて、以上によってその概略を終えることにする。モルトマンはイザーク・ルーリアとドミートリ・スタニロエを支えにしながら、まことに着想豊かに、ある面自由奔放に神学的思惟の躍動を見せた。しかしまたこの詩的とも言うべき思想の躍動を辿りながら、当然、いくつもの疑問にも出合うことになる。すでにその疑問点のいくつかには言及してきたが、改めて疑問点を指摘して、神学的思惟の課題はまた責任的な思惟の課題でもあると言わなければならないであろう。

6　モルトマンの「時間の神学」の問題点

「モルトマンにおける創造の時間と終末の時間」の主張には少なからず疑問が生じる。そのすべてを語り尽くすことはできないが、ここにいくつかを挙げてみたい。まず、モルトマンは「神と被造物の交わり」のために神の自己制限を語り、また聖霊における神の被造物への内住を被造物全体に対して拡張して語った。しかしそうであればなぜ終末において「神の自己制限解除」を語る必要があるのであろうか。すでに自己制限解除なしに神は被造物世界に内住している方として表現されているのではないか。パネンベルクもこの点を批判して、神がその臨在を自己の本質へ撤収させたことで「空虚な空間」が成立するというモルトマンのテーゼは、まさにその神が被造物の中に遍在するという彼自身の主張によって自己矛盾に陥っていると指摘している[11]。

次に創造と終末はなぜ「逆対応」でなければならないのか。神の永遠の決意の中に創造の決意と逆方向において救済の決意があると言う二元性は、恣意的な主張で、神の永遠の決意の意味とその一貫性を曖昧にする。また救済とは別の道で創造の完成を語ることも大きな問題である。創造から完成への道が、モルトマンにおいてもキリストの死と復活を通るにしても、それが罪に打ち勝ちそれを処理する贖罪死でないとするのは、聖書的証言に照らして適切とは言えない。むしろキリストの贖罪死そのものの宇宙論的次元に注目するべきである。モルトマンの構想では「創造－キリストの自然死と復活－創造の完成」という線と、「キリストの贖罪死－救済の完成」という線が別の線になっているように見える。

第三に、時間の創造でもある被造物の創造が、永遠の中で起きたのでなく、「神の時間」の中で起きたとされるが、それはむしろ被造物の時間の中で起きたとされるのでなければ、創造はわれわれの感覚的経験の時空の外に位置されて、非物質的な神話世界のことになるであろう。それではこの被造物世界とその意味の理解にはならなくなる。同様に終末の完成は時間の終わりであるが、その終わりがやはり「時間の中で」起きることが重要であるはずである。そうでなければ終末は時間の中にはいつまでも来ないことになる。終末における時間から永遠への移行が語られるが、それはむしろ終末における永遠の時間への到来であって、その到来が時間の中で起きることが重要である。時間の始めの創造が「時間の中で」起きたように、時間の終わりである終末の到来も「時間の中で」起きるはずである。その時間はあくまでも被造物の時間であると言わなければならない。そのようにして被造物の世界の時間が、その時間の中で終わるのではないか。

第四に、モルトマンは神の自己撤収による「神の時間」において永遠から時間への移行を理解し、終末においては神の自己撤収解除によって時間から永遠への移行を理解した。自己撤収があり、それが先行することで、自己制限の解除が終末に起きるとされた。そのことは、時間が先の創造から後の終末へと流れると言っていることではないか。他方でモルトマンには、時間は将来から現在に至り、過去へと流れるという主張がある。時間論における将来の存在論的優位を主張し、将来の可能性から現実性が出てくると言う。現実性から可能性に至るのは、歴史主義による可能性の理解であるが、モルトマンにおいてはそうではない。逆に、可能性から現実へと至る。そして現実性は、さらに可能性の約束として捉えられると言う。「時間の源泉は将来にある」[12]と言われている通りである。そうであれば、創造における永遠からの時間化の起源も、将来的な超越からの時間化として終末にあるのではないか。モルトマンに従えば、創造における時間の起源は、本来、終末論的将来にあると言うべきであろう。創造の根拠としての神の自己撤収と終末におけるその自己制限解除の区別を語ることは、モルトマン自身の将来を起源とする時間論と矛盾している。この矛盾をどう克服するのか。将来起きるとされる自己制限解除が、むしろ自己撤収の起源にあると言わなければならないのではないか。そうであれば、結局は自己制限解除に戻るのであって、何ら新しいことが起きたわけではない。

第五に、終末の完成における神と被造物世界の宇宙的な属性の相互的参与にあっても、神は神であり、世界は世界であり続けるとモルトマンは言う。しかし位格相互の内住と同じ相互内住が語られ、キリストの神性と人性の間の相互的共有・参与が語られることは、キリストの人性の位置に被造物的世界が置かれ、キリスト論に宇宙論が取って代わることになる。つまりは世界のキリスト化が起きることを意味するであろう。そうなるとそこから二つの問いが生じる。終末の完成において被造物世界がキリスト論的人性の位置におかれるとしたら、そのときキリストはどこに位置し、なおいかなる意味を有するのか。モルトマン自身は、神は三位一体の神であり続けると言う。しかし終末の完成においてまさに神の栄光の中で、被造物の世界に対し御子と御霊はもう役割を果たし終えて、意味のないものとされていることにならないか。ヨハネの黙示録は「神の都」について語っている。「もはや、呪われるものは何一つない。神と小羊の玉座が都にあって、神の僕たちは神を礼拝し、御顔を仰ぎ見る」(二二・三)。「小羊」は十字架に犠牲の血を探した御子キリストである。しかしモルトマンの終末論では完成のなかでは神の直接的臨在のもと御子の位置は不明なままで、ただ三位一体であり続けると言われるのみである。

もう一つの問いは、神と被造物世界との関係がキリストにある交わりとしてもはや理解されず、神と被造物世界がキリストの神性と人性の関係と同一になるなら、被造物世界に対する神の「差し向かい」（Ggenüber）はどうなるのか。それなしに「神が神である」と言い続けることにどういう意味があるのであろうか。

以上のような疑問点とともに、モルトマンの神学には「異教的性格」の取り込みが明らかという問題点がある。カバラ神秘主義の契機とともに、汎神論の契機が濃厚である。大地に聖霊とキリストが臨在するとも言われるが、それは教会論に代わって大地論や地球論が登場することにもなる。それもまた異教的な性格に接近する。全体にわたってユダヤ教や東方教会から学びながらの思考実験的な性格が強く、また「思惟の思弁的な性格」が濃厚と思われる。神の自己撤収も自己制限解除も、聖書的典拠に基づいていない。それは、イエス・キリストにおける啓示の思惟とも言い得ないであろう。こうした思考実験は着想の冒険として、思惟の自由に属すると言うことはできよう。しかしそれで、まさに異教渦巻くアジアにおいて、あるいは規範喪失の現代社会において、神学的思惟のキリスト教的主体性を確立することになるかどうか、疑わしいと言わなければならない。

第三章　死の終末論

宗教学者岸本英夫が、癌を告知され、最初の手術を受けたのは、五〇歳の時であったと言われる。それからほぼ一〇年間、彼は、壮絶とも言える死との葛藤を経験し、「死をみつめる心」を記した。(1) それは、近代科学によって養われ、既成宗教から離れた日本の知性が、死に直面して「借物でない死生観」を求めた精神的格闘を示したもので、貴重な記録の一つと言ってもよいであろう。その中で彼は言う。「生命飢餓状態におかれた人間が、ワナワナしそうな膝がしらを抑えて、一生懸命に頑張りながら、観念的な生死観に求めるものは何であるか。何か、この直接的なはげしい死の脅威の攻勢に対して、抵抗するための力になるようなものがありはしないかということである。それに役立たないような考え方や観念の組立ては、すべて、無用の長物である」(2)。こうして「借物でない」「力になる」死生観として、彼がついに到達し得た立場は、死を「別れのとき」として理解する立場であり、「宇宙の霊」にかえり、「宇宙の生命力」(3) の中にとけ込むという立場であった。そこに彼はある安心を見出したかに見える。彼の死をみつめる葛藤のプロセスはまことに激烈であったと思われる。しかしその到達したところは、結論において意外に素朴な疑似宗教的観念の世界であったと言わなければならないであろう。彼に身近な研究者の間にも、その結論は「陳腐」(4) であったとの批評を生んでいる。彼の激烈な経験の意味は、死に直面しての「借物でない死生観」が必要なことを自覚させた点にあるとともに、死の理解と死への対応のためにはどうしても宗教的なものが不可避であることを、その意図に反して示し、また併せて一個の人間の自作の疑似宗教的立場がいかに陳腐なものに止まらざるを得ないかということも結果的に示したことにあったと言ってよいであろう。

ところで、キリスト者が信仰によって生き、礼拝と証しの生活を一筋に歩んでゆくとき、その生き方と思想が「借物の観念」であるはずはない。またキリストにある神を真に神とし、その神の御計画の中に自らの生を認識して生きるとき、死の問題は、なお依然として多くの「謎」を残しながら、すでにその骨子において解決されていると言ってもよい。その意味で、キリスト者の信仰と礼拝の生活は、「身体の甦りと永遠の命」を信じ、すでに「永遠の安息日を始めている」（ハイデルベルク信仰問答第一〇三問）とも言われる。信仰はそれ自体のうちに異教的な死の理解と異なるキリスト教的サナトロジーを含蓄している。問題は、それをどれだけ概念や表象によって自覚と理解にもたらすことができるかという点である。三位一体なる神への信仰とキリストと聖霊によるその礼拝生活においてすでに与えられている死の問題の解決を学的表現にもたらすことは、教義学の課題に属する。教義学は、この課題を、キリスト教的伝統の死生観の動揺や崩壊に直面しつつ、また近代的な死の理解や無理解に抗して、さらには日本のような異質な宗教的死の観念に抗して遂行しなければならない。そうすることによって教義学は、信仰者としてのアイデンティティの確立とその中での死との実存的対面に備えをなすことにもなる。

死の神学的考察は、もちろん教義学的考察に終始するものではない。今日、高度技術が医療に与えたさまざまな可能性から、死をめぐる種々の倫理問題（脳死、臓器提供、安楽死、尊厳死の問題など）が出現しており、臨終における新たな牧会問題（ターミナル・ケア）も生じている。死の神学的考察は、そうした死の倫理学や臨終の牧会学にも関連する。しかしここでの主題は、それらに対して神学的基盤を提供する組織神学的教義学の考察である。死の教義学的考察は、教義学上の諸項目（ロキ）の関連で言えば、創造論、人間論、キリスト論、贖罪論、聖霊論、そして終末論に関係する。つまり死の問題は教義学の全体に関係する。その中でも死の神学的考察は、とりわけ贖罪論に拠点を持ち、終末論に収斂されると言うことができるであろう。

1　「罪の結果」としての死

「死の本質」をどう理解するかという問題からまず始めたい。使徒パウロは、死を「罪の報酬」（ロマ六・二三）と言い、「最後の敵」（一コリ一五・二六）と呼んだ。このパウロの死の理解は、死と罪とを関連させて理解している点と、死を克服されるべき事態として理解している点に特徴がある。「罪」と関連づけて「死」を理解することは、旧約聖書から一貫した聖書的な見方である。「死」と「罪」の関連は、両者がともに神からの「分離」を意味しているところにある。罪は神からの分離であるが、神は生命の源であるゆえに、神からの分離は死をもたらす、つまり神からの分離である罪の「結果」として死があることになる。

罪との関連において死を理解する場合にも、より詳細には二つの可能性がある。「罪の報酬」を罪の本質上の「結果」として理解するか、それとも罪に対する「刑罰」として死を理解するかの二つである。「裁き」としての死というとき、「神との分離」「神との関係の喪失」そのものがすでに裁きとして「死」であると理解するか、それとも罪の結果に対し、神からの外的な処置が「死」としてなされると考えるかの違いがある。そこで例えば、アルトハウスは死を「裁きの行為」と語り、ブルンナーは「神の怒りの反作用」と語った[5]。パネンベルクはただ「罪の本質的結果」としての「神からの分離」を語っている[6]。

ユンゲルは「死とは生の関係が完全に破壊された関係喪失（Verhältnislosigkeit）の出来事である[7]」と言う。ただしユンゲルはこれを「罪による神関係の喪失」と同一視することなく、カール・バルトに倣い「人間の生の有限性の表現」として理解した。罪によって恐るべきものとなった死の現実とは別に、およそ被造物として有限性にあるゆえに回避し得ない死の事実があるという認識である。この問題は、次の「神の創造に死はあるか」という問題に通じていく。

ここではむしろ「関係喪失」としての死は、「神からの分離」を根源的事実として、そこからさらに当然の結果として「自己関係の喪失」、また「他者ならびに共同体との関係喪失」をも意味することを指摘しておかなければならない。神とその生命からの分離は、同時に全体的な出来事として包括的な分離となり、包括的な関係喪失になる。それゆえ終末における死の克服の希望は、人間の全体的な関係回復への希望であり、死の終末論は社会的・世界的終末論や宇宙的終末論と切り話すことはできない。個々の死はその人の全体的関連における死である。一人の人の死は、その人の家族の運命と切り離せないだけでなく、その人の労働条件を規定する職業や、あるいは医療の現実とも切り離せない。従って彼が属する国の経済や職業の機構や医療や介護の現実と切り離せない。一人の死の中にいわばその時代の全貌が現れ出る。死の終末論は、個人的終末論に止まらず、人類的、世界史的終末論と切り離すことができない。

ところで、神からの分離である罪の結果として死があるという理解は、生命が神からのもので、神関係に根拠を持つという神学的生命理解を前提にしている。生命は神のものであり、神ご自身が「生ける神」である。このことはまた聖霊が「命の霊」(8)であることに関連する。三位一体の神は、「生ける神」であり、「生命の源」であり、「生命の主なる神」である。死の終末論は生ける神が「すべてにおいてすべてとなられる」(一コリ一五・二八)ことを希望し、理解されなければならない。

2　創造に死はあるか

以上において死は「罪の本質的結果」としての「神からの分離」であり、従って生命からの分離となり、しかも全体的な分離、全体的関係喪失であるという理解を語った。それとともに、バルトやユンゲルに示された死のもう一つの理解にも言及した。それは、死は「自然の死」「有限な被造物の本質としての死」であるという理解である。この面を言えば、死は「創造の秩序」に適ったものと見られる。この見方は、特に十八世紀以後の近代の神学に顕著に見られるようになった。シュライアーマッハーは、「罪のないところにも死……が見られる」ゆえに、死と「罪との関連はただ間接的な関連にすぎない(9)」と述べた。そのように罪との関連と別に、もう一つの死の理解を主張する場合、死は「人間の被造性」に根拠を持つとされる。そのためこの見方をする神学者は、死の二つの意味を主張することになる。つまり「罪の結果としての死」と「人間の被造性としての死」である。

以上からして死の神学的理解に二つの類型が区別されたことになる。一方は「罪の結果としての死」のみを語る立場であり、他方は「二つの死」を主張し、「人間の被造性」にも死を見る立場である。前者にはティーリケやパネンベルクが、後者にはバルト、ブルンナー、アルトハウス、ユンゲルなどがいる。アルトハウスが「二つの死」の立場に立っていたことは明らかであろう。「創造者の恵みの秩序としての死と、裁きの行為としての死、この両者が同時に堅持されなければならない(10)」と語っている通りである。ブルンナーもまた「二つの死」の主張者である。彼も「創造された身体性の自然の結果」としての死と「人間の罪に対する神の反作用」としての死とを見ている(11)。

「人間の被造性」の中に死を見る見方の代表は、なんといってもカール・バルトである。バルトはこの見方によってシュライアーマッハーと一致した。バルトによれば、まず「われわれ人間に事実として出合う死は、われわれに対する神の裁きのしるしである(12)」。その際、人間の有限性が純粋にそのものとしてわれわれに現出しているわけではない。「人間の現存在の有限性は、事実としてその罪性の影の中にある(13)」と言われる。バルトは「人間の生の有限性は、彼がなんら罪人でなく罪過の人でなかったとき、初めからそれ自体として罪性の影の中にあったのではない(14)」と言う。つまり「二つの死の概念」があった。罪の影の中にある事実上の死と、有限性それ自体における死である。この二つは区別されなくてはならないとバルトは言う。「終わりと呪い、死ぬことと刑罰、死と死の裁き、これらそれぞれの区別はただ可能なのではなく、必然であり、ただ単に許されているのでなく、命じられている」[15]と。つまりバルトによれば、死が「神の裁きのしるし」であるのは、事実上そうなのであって、それ自体としてそうなのではない。「本来的かつ真の形態において、死は人間の本性（Natur）に属している」[16]とバルトは言う。ここで「人間の本性」とは「時間の中における人間的存在の有限性」のことである。それに対し、キリストの十字架の死によってもたらされた救済は、「不自然な死からの解放」であり、「永遠の生への解放」ではあるが、「それはまた自然的な死への人間の解放でもある」[17]と言われる。「人間の死はそれ自体として創造者の秩序に従って被造物の生に属し、それゆえ被造物にとって必然的である」[18]からである。

しかし、一体、人間の有限性は本来死ぬことを意味しているのであろうか。神は、人間を有限な被造物として創造したことによって、初めからその創造行為の中で死を創造されたのであろうか。この立場はいくつかの点で疑問を引き起こさずにはいない。第一の問題は、なんといってもこの見解は聖書的典拠を欠いている。バルトもその自説において明確な聖書の箇所を挙げることができていない。彼が挙げた箇所は、一つは「わたしは正しい人が死ぬように死に、わたしの終わりは彼らと同じようでありたい」という箇所（民二三・一〇）であり、もう一つは、アブラハムとイサクが「長寿を全うして息を引き取り、満ち足りて死んだ」という箇所（創二五・八、同三五・二九）である。しかし後者の箇所については、パネンベルクの以下のような反論がある。「社会的な生連関に対して人間の自己理解が個別化してくるとともに巨大な歴史的転換が生じたが、（それらの箇所は）その転換以前の時代に属する死への姿勢を表現している」[19]。いずれにせよそれらの聖書テキストが、「神の創造の秩序による人間の有限性における死」を語っていると読むには、不十分な箇所と言うべきであろう。アルトハウスはコリントの信徒への手紙Ⅰ一五章四五節や創世記三章一九節を挙げて「創造の恵みの秩序としての死」を語ろうとする。しかし、これも不十分と言わなければならない。最初の人アダムは「命のある生き物となった」という言葉からアダムは「神によって死すべきものとして造られた」[20]という解釈を引き出すのは理解に苦しむ。また創世記第三章一九節は、まさに死と罪との関連を語った箇所であって、「創造の恵みの秩序」としての死を語った箇所ではない。

この立場のもう一つの問題点は、「キリストの復活」の理解と矛盾を生じさせる点にある。「復活したキリスト」は、当然、死を克服した存在である。しかし、そのことによってキリストは「マコトニ人」、すなわち神との区別をもった人であることを止めてはいない。死が人間の本性であるとしたら、復活のキリストは人性を放棄したことにならざるを得なくなる。

さらに第三の問題点が付け加わる。キリストにある者たちには「復活」の希望がある。しかし「自然的な死への解放」には、「本質的な死」に対する肯定が意味されなくてはならないから、死の克服としての復活を語ることができなくなるのではないか。この行き方は復活を「死の別の面」として解釈しなおすことに帰着し、それは身体性をもった復活の希望とは両立しないであろう。

第四に、この立場は「神の国における人間」の理解と矛盾する。神の国において人間は死を克服している。そこにもはや死はない。しかしそこにおいても人間は被造物であり、有限でありつづける。神の国において、人間は被造物として神との関係において有限性にあるが、しかし死はない。つまり人間の本質において、有限性と死とは区別されなければならないであろう。

「人間の有限性としての死」という見解に対して断然批判的なのがパネンベルクである。パネンベルクによれば、有限性ゆえの自然的な死を本質的な死とし、他方罪人に対する神の怒りの表現としての死を想定することは、「ただ信仰者だけが、怒る神に気づく」ゆえに、「罪の意識を含む信仰意識にとってのみ、死は罪に対する神の裁きとして現れる」[21]ことになると言う。そして「もはや死の客観的な事実ではなく、ただその経験の主観的形式だけが罪の結果として理解される」ことになってしまうと主張する。バルトの言う「事実としての裁きの死」も「死の経験の単なる主観的形式の事実性」ではないかとパネンベルクは反論する。

それでは、パネンベルクは「創造における死」を全く語らないかというと、必ずしもそうではない。彼の言い方で言うと、「被造的現存在の有限性とは区別され、ただ罪との結合において、死は神の創造の構成部分である」。「ソロモンの知恵」には包み隠しなく、「神は死を創造されなかった」（一・一三）とあるが、これを引用しながら、パネンベルクは言う。「しかし神学は、人間の死と類比的なある事態を、生けるものの全領域においてつまり過渡性の重荷の下に呻いている生けるものの全領域において承認しなければならない」[22]と。こうして人間の罪において、また人間に対する罪や死の支配において最も顕著に現れる「罪と死の関連」が、生命の進化の人間以前の段階にその前史を持っているという「デモーニックな動態」[23]を指摘する。しかし死は被造物の有限性そのものに所属するものではないから、パネンベルクは「有限性」に換えて、「自立化」（Verselbständigkeit）を死の人間学的場所として提示する。そこで「神に対する人間の生の遂行の自立化は、人間の罪の特徴である」[24]と言う。しかもこれは、人間以外の生の過渡性にも対応すると考えられた。つまり、人間の堕罪の結果として全被造物に死が入ってきたと考えるのでなく、「人間以外の自然、特に生物における自立化の諸傾向と、人間の罪の間には、構造的な類比の兆候」があると言うのである。この「構造的な類比」の捉え方で、パネンベルクは一方では人間場合には他の被造物と異なり死に対する人間の「責任」を言い、かつ他方で人間の死と全自然における過渡性とが共属関係にあると言う。これによって「死は罪の結果である」というパウロ的な思想と矛盾しないように配慮されている。

それにしてもパネンベルクの思想にもまだ不明瞭な点が残されている。人間以外の被造物における「人間の死と類比的なある事態」すなわち「自立化の諸傾向」は、神の創造によるのではないのか。従って「罪と死の関連」の「前史」、「デモーニックな動態」は神の創造によることになる。人間は「自立化の傾向」において創造され、「自立化」へと堕罪したのかという問いも生じる。パネンベルクは、和解において自立化は受容され、終末においてそれは完成すると見ている。それなら堕罪が受容され、完成されることにならないであろうか。

神の創造の働きと死の関係について、依然として尊重に値するのはアウグスティヌスの見解である。アウグスティヌスは、神の創造の世界には「死の可能性」はあるが、その「事実性」はないと考えた。ヴェルナー・エラートが"Potentialis"（可能法）としての死について語っているのは、この流れにある。[25] 死は、それに陥らないことにより、またそれが克服されることによって一層ゆたかに神が賛美される「可能性」である。この「可能性」によって、神は人間を初めから死すべきものとして創造されたのではない。生命へと創造された。そして神の国において「復活」による「永遠の生命」の成就によって、この「死の可能性」が克服されるとき、それは創造の破壊ではなく、創造の成就となる。死の可能性をもって造られた人間が、その可能性を克服されることによって、人間存在として成就される。これに対して、「死すべき人間」を「創造の恵みの秩序」と考え、死を人間の本質の定義に含ませて考えることは、それを神の最初の意志とし、死のない人間の完成を神の最後の意志とすることになり、神の意志の中に分裂、あるいは正反対の意志への転換を持ち込むことになる。それによって神を真に神として理解することになるであろうか。むしろ創造の世界に「死の可能性」はあるが「事実性」はないとし、神の創造の意志は生命の成就に向かっているとの理解により、創造と神の国の本質的な関連を理解し、同時に事実死ぬ人間もまた、神の側からは創造の御手の関連に置かれ続けることを表現することができる。死の事実性は神の創造によるものではない。しかし、その事実性も神の創造的な意志から離れることはできない。われわれは、神の創造と、キリストの死と復活に示された神の救済と、神の国の完成の歩みの中に、三位一体なる神の意志の遂行を見て賛美するのであり、そこに意志の分裂や正反対の転換を主張してはならないであろう。

3　モルトマンの死の理解

モルトマンは死の問題を、ただ人間の死ではなく、すべて生けるものの運命の死として受け止めた。そのようにして死を「創造における悲劇のしるし」として認識した。従って死は「罪の結果」でもなければ、また「自然的な死」でもないと彼自身は言う。[26] すでに述べた「二つの死」の理解のいずれとも異なる第三の道をモルトマンは主張する。それが「創造における悲劇のしるし」、また「将来の世界と永遠の生命に対する悲嘆と憧憬を呼び起こす事実」としての死である。以下のように言われる。

「あらゆる生けるものの死は、罪的でも自然的でもなく、次のような一つの事実である。それは将来の世界と永遠の生命に対する悲嘆と憧憬を呼び起こす事実である。新しい創造は、ただ単に神の子たちの自由を啓示するだけではない。それはあらゆる被造物が神の生命に妨げられることなく参与することを通して『宇宙の神化』をもたらす[27]」。

この死の創造論と終末論によって、モルトマンのキリストの死の理解もある特徴を帯びる。キリストもまた人間の罪のために死んだのでなく、あるいはそれだけでなく、動・植物が死ぬ「生けるものの死」を死んだと強調される。これによってキリストの死の宇宙論的な次元が語られることになるとモルトマンは主張する。モルトマンはあらゆる生けるものの死を踏まえて、あらゆる生けるものの神の生命への参与を語ろうとする。そこに彼の生態学的関心が現れていることは明らかであろう。しかし彼のこの特徴は聖書的典拠によって支持されていると明白に示すことはできていない。そこで全体は一種の思弁に傾斜する。そして創造論の完成としての終末論という連関は示されるが、その連関の中でキリストの「贖罪論的死」は不可欠な位置を持たないものになる。キリストの「自然的な死」が鍵になるからである。しかし自然的な事実に啓示があると言うことは困難であろう。つまりはイエス・キリストの地上の出来事における啓示を根拠にしているとは言えない。

モルトマンは確かに一方で「キリストは『私たちのために』代理的に罪人の死を死んだ」とも語る。しかしキリストは「最後にあらゆる生けるものの死を死んだ。万物を和解させ、永遠の生命への展望によって満たすために」⁽28⁾と言う。問題は、前者の罪人のためのキリストの贖いの死が人間の救済を起こし、それが媒介となって万物の救済に関連づけられていないことである。全被造物の救済を求めて、聖書的な根拠を尋ねるならば、当然、ローマの信徒への手紙八章二一節を欠くことはできない。そこには「被造物も、いつか滅びへの隷属から解放されて、神の子供たちの栄光に輝く自由にあずかれるからです」とある。イエス・キリストが動・植物も死ぬあらゆる生けるものの死を死んだことが、キリストの宇宙論的意味であるとは聖書は見ていない。そうでなく、キリストの死が「神の子供たちの栄光に輝く自由」をもたらす贖罪死を遂げられたことが重要である。そのようにして与えられた人間の救済には全被造物の救済が含意されていると聖書は告げる。イエス・キリストが生けるものの死を遂げたことではなく、罪人を神の子とする十字架の贖いの死を遂げたことが宇宙論的な意味を持っている。それが聖書の見方である。死の終末論は、贖罪論と深く関連づけられていると言わなければならない。モルトマンの特徴は、創造と終末の関連づけの中で贖罪論がその固有の位置を持っていないという否定的な点にある。それゆえ彼においては、キリストの死を福音として伝える伝道も教会論も終末論との本質的な関連性を持ってはいない。

モルトマンが語る「永遠の生命の御霊」についても同様のことを指摘することができる。モルトマンはその個人的終末論の中で、生きることができなかった人々の命を考える。生まれるとともに死んだ子供、四歳で自動車に轢かれた少年、意識なしに生き、その両親をも知らなかった障がいの子、アフリカで飢餓のために死んだ多くの子供たち、暴力で殺害された大勢の人々、そうした人々には「生きている生の永遠化」という思考は高根の花だと彼は言う。それに替えてモルトマンは「命の御霊」に訴える。以下のようにである。

「私は思うのだか、永遠の命の御霊は何よりもまずさらなる生命の空間である。その中で、中断され、障害に遭い、破壊された生命が自由に展開することができるであろう空間である、と。すでに死ぬ前のこの世の人生において私たちは命の御霊を、そこではもはや何の困窮もない広々とした空間として経験している。死後においては一層はるかにそうであるだろう(29)」。

モルトマンはこの詩的表現を神の義に基づくものと語っている。われわれはそれを否定しようとは思わない。ただ神学の表現として精確に語るためには、聖書が「キリスト・イエスによって命をもたらす霊の法則が、罪と死との法則からあなたを解放したから」(ロマ八・二)と語っていることを無視してはならないであろう。無条件の永遠の御霊の包括主義が語られているわけではない。キリスト・イエスとその御業に基づいて命の御霊が語られている。キリスト・イエスの贖罪死によって、「さらなる生命の空間」としての御霊を語ることができる。贖いの信仰と伝道による洗礼、洗礼による神の民、それらの選びに基づきながら、義と平和の神の祝福が普遍的な効力を発揮するとの希望を語ってよいのではないか。

4　キリストにある死

イエス・キリストの死と復活の出来事は、死の意味と現実とに決定的な変化をもたらした。死の神学的考察は、この変化を把握しなくてはならない。キリストは「すべての人のため」(二コリ五・一四)、そして「わたしたちのために」(一テサ五・一〇)死なれた。それゆえ、「敵であったときでさえ、御子の死によって神と和解させていただいたのであれば、和解させていただいた今は、御子の命によって救われるのはなおさらです」(ロマ五・一〇)と言われる。洗礼によって「キリストと共に」(ロマ六・八、コロ二・二〇)死んだとされ、「主のために」(ロマ一四・八)「主のもの」(ロマ一四・八)として死ぬことが許される。そこで、パウロは「わたしにとって、生きるとはキリストであり、死ぬことは利益なのです」(フィリ一・二一)と言い、ヨハネの黙示録には「今から後、主に結ばれて死ぬ人は幸いである」（一四・一三）と言われる。死は今や、「この世を去って、キリストと共に」（フィリ一・二三）いることとなった。「キリストにあって」ということは、「信仰によって」「キリストへの洗礼を受けて」、あるいは「キリストを着て」「聖霊を受けて」と不可分のことである。この「キリストにあって」によって神からの分離、神との関係喪失が克服された。死はもはや「キリスト・イエスによって示された神の愛から、わたしたちを引き離すことはできない」（ロマ八・三九）。キリストにあって死はもはやその支配力も破壊力を失っている。それは、死の死たるゆえんである「分離」の力、「関係喪失」の力を神に対して喪失している。神に対して死の死たるゆえんの分離の力を喪失しているということは、さらに他の人間や世界との「分離」や「関係喪失」にも重大な変化を引き起こす。こうして死は、なおどんなに恐怖を伴っているとしても、キリストの死と復活のゆえに「軽い死」[30]になった。従って、死はなおしばしば人生の最大問題と言われるが、神学的考察にとって死はもはや人生の最大問題ではない。父、子、聖霊なる三位一体の神とその救済の御業、御国の完成こそが最大の問題である。

それでは「キリストにあって」により、神からの分離は克服されたのであろうか。この点をさらに厳密に理解することが必要であり、また可能でもある。その道は、一つは「キリストの死と復活」における「神と死の関係」を明らかにする道である。「キリストの死と復活」における死に対する神の勝利、つまり死による神からの分離に対する神による一致と関係による勝利が明らかにされるであろう。キリストの死において神からの分離は、神からの一致、ないし神からの関係によって克服された。神の生と愛が、死の分離に勝利した。

その際、「キリストの死」を「御子における神の死」として理解するか、それとも「神によって復活させられた方の死」として理解するかの違いはある。前者では、死は三位一体である神の中に取り込まれ、死の分離の力は三一論的な神の内的関係の中で克服されている。御父と御子の一体性が、死の分離を内に含みつつ克服している。これに対し後者では神はどこまでも死の外に留まるであろう。後者の立場を採るパネンベルクの言葉を引用してみよう。

「神が死んだのではない。しかし神は、神と結びついた人間を死に赴かせた。それは死そのものの中でその人間を捉えて離さないためであった。それによって逆に、その生が死の手に帰すあらゆる人間に対して、死にもかかわらず、また苦悩と死にゆくただ中にあって神との交わりが開かれている」[31]。

パネンベルクは、「パウロは繰り返し神の御子の死について語ってはいるが、キリストの死における神御自身の死を言う思想は新約聖書にとって異質である。……神の御子はその人間的本性に従って十字架に死なれた」[32]という。パネンベルクはアンセルムス的な立場を表明している。

ここには、御子なる神の犠牲における死に対する勝利を、三一論的な神の内的交わりによる死の克服として語るか、それとも神にとって外的な人間との神の交わりによる死の克服として語るかの違いがある。キリスト以外の人間の死の場合であれば、神と人間との交わりは言うまでもなく、後者の意味での交わりである。しかし問題は、それを可能とする根拠たるキリストの死についても、それと同一の事態として考えてよいかという問題である。同一事態は、他の同一事態の根拠とはなり得ない。それは、もう一つの例を増やすだけである。パネンベルクの言う「人間性に従って死んだ」というだけでは、「キリストの死」の一度限り（エファパックス）にして終末論的な意味での決定的な性格を適切に認識し、表現しているとは言えない。パネンベルクにも確かにキリストの死の唯一回性の主張はある。しかし、それはもっぱらキリストにおいて起こった復活によるものである。御子なる神の死としての唯一回性ではない。しかもそれは、万人の復活が起こる以前での唯一回性であって、永遠の唯一回性ではない。われわれは、むしろ「御子における神の十字架上での犠牲」の終末論的決定性、その独一性を語り、父と子と聖霊の交わりにおけるキリストの死の受け止めとその克服を語るべきである。死は神からの分離であるが、御子における神は御父との分離をその極みにまで担った。極みにまで担う仕方で御子は死の猛威を受け、それを担い、神はその三位一体の交わりの中に死を受け止め、その猛威としての分離の力を三位一体の一致によって克服した。それゆえこのキリストの死に基づいて「キリストにある者の死」が、もはや猛威ある死ではなくなったのである。「キリストの復活」ゆえにそれにあずかる者にとって死はその猛威を失ったと言うこともできる。しかし「御子にいます神の死」のゆえに、死はその猛威を失ったとも言うべきである。

「キリストにあって」なぜ神との分離の克服があるのか、聖霊にも注目しなければならない。聖霊は「命の霊」である。それは御子の死による分離の力を克服する。それは復活の力であり、その聖霊が信仰を与え、聖礼典を実現する。「キリストにあって」は聖霊により、信仰によって現実化する。「命の霊」は神的な生命、生ける神に参与させる。「イエスを死者の中から復活させた方の霊が、あなたがたの内に宿っているなら、キリストを死者の中から復活させた方は、あなたがたの内に宿っているその霊によって、あなたがたの死ぬはずの体をも生かしてくださるでしょう」（ロマ八・一一）と言われる。この「霊の支配下」（ロマ八・八）にあって、神との関係において死はもはや支配力を失っている。

ところで、「キリストにある者の死」は、また「キリストのための死」でもある。これは、キリストに担われつつ、キリストを証し、キリストを指差す死である。それがキリストのものとされたキリスト者の死である。この死を果たして「死の猛威」を去った「自然死」と呼ぶべきであろうか。パネンベルクは、十八世紀以降に現れた「自然的な死」の主張の意味を、「罪との関連における死」を「心理学化」したところに見た。しかしもう一つ、この「自然的な死」の肯定は、近代における「殉教死」や「証人死」の価値評価の低下と関連していることに注意すべきであろう。近代以降、人類の死の経験の中に「自殺」の問題が大きく入り込んできたが、これもまた「殉教死」や「証人の死」の喪失と関連していると思われる。(33) バルトは「自然的な死」を主張しつつ「殉教死」を評価しなかった。(34) しかし、現代の死の問題は、「自然的な死」を追い求めることによって解決を迎えるであろうか。自殺の急増に対して「自然的な死」を待てと言うことはほとんど無意味であろうと思われる。そうではなく、何のため、誰のために生き、何のため、誰のために死ぬかという「意味のある死」が求められている。「証言死」や「殉教死」の理解によって初めてそれに答えることができるであろう。[35] 高齢化社会の死の問題や今日の医療と死の倫理学、さらに臨終の牧会学の課題は、「自然的な死」を追求することによって果たされると言うことはできない。「自然的な死」の追求ではなく、「キリストと一体になってその死の姿にあやかる」(ロマ六・五)、あるいは「キリストと共に死ぬ」という仕方によって、それらの課題や解決の方向は示されるであろう。キリストの死との「類似性」やキリストの死との「結合」が重大である。「キリストの死との結合」や「キリストの死との類似性」は、「証言死」をもたらす。「生きるにも死ぬにも、わたしの身によってキリストが公然とあがめられる」(フィリ一・二〇)ためであるとパウロは言う。「生における証言」があるように、「死における証言」もある。キリスト証言は、生を貫くように死をも貫いている。

バルトは後年「証人としてのキリスト者」について語り、その関連で特に「困窮の中にあるキリスト者」について語った。そこではキリスト者における「キリストの死の比喩[36]」についても積極的に語られている。「キリストの死の比喩としての死」は、もはや「自然的な死」と言うべきではないであろう。「キリストの死による自然的な死への解放」があるのでなく、キリストの死にあずかって、その比喩として死ぬ「証言死」が暗示されているからである。それは、本来の姿における「殉教死」と言ってもよいものである。「殉教」という言葉もその本来のキリスト証言のあり方で理解すれば、「敬虔なキリスト者は誰でも、その日その日に不可視的な殉教を経験している[37]」とも言い得るであろう。

5　死後の生命

キリスト教神学は、伝統的に「魂の不死」について語り、「死後の生命」について語ってきた。もちろん「魂の不死」は、元来、聖書的表象ではなく、プラトンに典型的に見られたようにギリシア哲学やその背後の宗教文化の表象である。プラトンによれば、人間の魂は神的なロゴスに参与することによってその不死性にあずかっている。この神的永遠性への参与による人間の魂の不死性という観念が、キリスト教神学に取り入れられた。しかし、この不死の理解には疑問が提出される。一つにはそこに前提されている心身分離の人間観が聖書的でないことが指摘されよう。「魂の不死」ではなく「身体の復活」が聖書的表象である。もう一つ、死の全体性、全的人間の死（Ganztod）の思想がある。死は魂と区別された身体という人間の部分の死ではなく、人間全体の死として理解される。人間の魂もまた死ぬ。しかしそれでは死が人間存在の最後であって、「死後の生命」について語ることはできないのであろうか。

キリストの死と復活の出来事を通して、神からの分離、関係喪失としての死が、キリストにある者をなお神の愛から引き離さず、その者が神関係の中に入れられているとすると、キリスト教神学は「死によって破られない神関係」を語り、さらにそれに基づいて「死の彼方の生」について語ることになるであろう。それは「魂の不死」によってではなく、死んで復活したキリストにあって神との交わりの中に入れられていることによる「死後の生」である。人間は身体によっても、魂によっても、死を越えた存在の原理を自己の内に実体的に所有してはいない。死においては、人間の全体が死ぬ。しかし、その死のただ中で、その人間に対する神の関係は死を越えて存続する。人間は内的にも主体的にも死を越えた存在の原理、存在の力を保持してはいないが、関係を造り続ける神の創造的な愛の力の中に捉えられ続ける。「あなたがたの生命はキリストと共に神のうちに隠されている」

（コロ三・三）と言われる通りである。自己における存在の全的死にもかかわらず、キリストにおける存在、キリストとともに神のうちにある存在は存続する。神に知られた自己が存続する。こうして、魂と身体の分離の意味での魂の不死について語ることはできないが、人格存在の死にもかかわらず、神の永遠の生命による捕捉の力、神の愛の創造的な力によって、人格はその根本的受動性にあって永遠性にあずかっていると言うことができる。この意味で神学は「死後の生命」を語ることができる。死はそれゆえ「全的な死」でありながら、キリストの死と復活による神関係のゆえに「通過点」(38)になるとも言い得る。人間は、存在の主体としては死に、神関係における神の創造的な御業のうちに、その関係における根本的受動性において存続し続ける。

ただし、ここでの存在の原理が、神による神関係であり、神の捕捉であるということは、ティリッヒのように「永遠の生命への参与」(39)と呼ぶことが正確かどうかは問題になろう。ティリッヒは、有限な人間が永遠にして無限なるものの中に「取り入れられる」(40)（take into）と語るが、それをまた「参与」（participation）とも語り、「高揚」（elevation）、「本質化」(41)（essentialization）とも語った。しかし人間は、死において永遠の生命に自らの力で参与することはできない。人間はあくまでも受け身であって、神の愛の捕捉に委ねられる。とすると、ブルンナーの言う「通過点」もより厳密には説明を必要とする。死を挟んでその前後に変わらない人間存在が存続するという意味で、死は「通過点」なのではない。人間の「全的死」を挟んでいる。従って踏み越えることのできない「断絶」がそこにある。人間としてはその向こうに越えることのできないこの「終わり」を、もっぱら神の関係的な愛の創造的な力が越えるゆえに、死は「通過点」とされる。参与や通過の主体的存在として人間について語ることはできない。とすると死後の生は神関係の中で全く受け身に神の創造的な愛の力に委ねられる。人格存在としてのまったき完成は、他者との交わりの再建も含めて、「復活」の表象によって希望される将来の終末の出来事に待たれなければならない。

「全的死」が「通過点」であるということは、「全的死」それ自体が人間の生の「完結」を意味しないということとでもある。死は全体的な死であるが、それ自体が人間の生を全体性へともたらし、完結へともたらすのではない。死による完成の思想を聖書的と言うことはできない。この点において、われわれはハイデガーによる死の理解に対するカール・ラーナーの批判を受け入れることができる。ラーナーは、ハイデガーに対する批判を念頭に置いて、人間的生をその全体性にもたらし完結へともたらすのは死ではなく神であり、人間の死や死への行為そのものではなく、神の創造的な行為であると語った[42]。またいささか細かくなるが、ホルスト・ゲオルク・ペールマンは「死は福音であり、救済である」と敢えて語り、「死はキリストとの破れることのない交わりを開く[43]」と語った。しかしこの死に対する讃歌は明らかに行きすぎである。「キリストとの破れることのない交わり」を開くのは、死それ自体ではなく、また人間が死ぬこと自体でもない。そうではなく、キリスト御自身と聖霊が三位一体的な協働によってわれわれとキリストとの破れることのない交わりを開く。人間は、神の働きに身を委ねる機会として、死を根本的受動性にあって過ごすのみである。人生の完結や完成は、終わりの復活に希望される。この主張をもってわれわれは、一種の「中間状態」の主張に接近する。一人の人間の死とその人の完成を区別するからである。しかしこの場合もカトリック的な「煉獄」の思想は問題にならない。死における根本的受動性を言うことは、死後の生における人間主体の働きによる歴史や漸進的成熟については語らないことを意味するからである。

6　死の終末論——復活と神の国

死の神学的考察は、贖罪論的な規定を受けて「死の終末論」に至る。パウロによれば、「この朽ちるべきものが朽ちないものを着、この死ぬものが死なないもの必ずを着る」（一コリ一五・五三）と言われ、「最後の敵として、死が滅ぼされます」（一五・二六）と言われる。「死の終末論」は、死の最後の滅びを告げる。「死人の復活」

と「最後の審判」による「死の滅び」である。

ところで、死の終末論と終末における復活をめぐる考察の中で問われる問題の一つは、「この世を去って、キリストと共にいる」（フィリ一・二三）ことは、直ちに「復活」を意味するのかという問題である。この問題はさらに言い直せば、「神のうちなる自己」、詳細には「神関係の愛の創造的な力によって捕えられた自己」の存続を、死を越えた彼方に理解することは、「復活」と同一のことなのか、それとも「死」と「復活」の間に、なんらかの「中間状態」を想定するのかという問題である。「死者はどこにいるのか」という問いにもなる。キリストの贖いの死による救済からの死の理解は、そのまま直ちに終末論的完成の死人の復活であろうか。この問題は、近年、ローマ・カトリック神学においても論じられているが[44]、プロテスタント神学の中ではカール・バルトに対するオスカー・クルマンの批判を思い起こさせる。その後のことを言えば、ユンゲルはバルトに連なり、パネンベルクは角度を変えて、クルマンと同様「中間状態」を想定しているように思われる。

バルトが表明し、ユンゲルが継承した「復活」の理解は、「永遠化」（Verewigung）という概念によって特徴づけられる。バルトの言葉を引用してみよう。

「何らかの仕方で際限のない将来へと生が継続され、その将来において何らかの仕方で生が変化させられるということが、新約聖書的な希望が人間の死の彼方に期待していることではない。そうではなく、まさにこのわれわれの終わる生が永遠化されることである[45]」。

この「永遠化」の概念を受けてユンゲルも言う。「死人の復活は、生きてきた生の集合、永遠化、そして啓示である[46]」。「有限な生は、有限なものとして永遠化される[47]」と。これは、生きられた生そのものが救済されることを意味し、この生から救済されることを言うのではない。

しかしクルマンによれば、バルトの見解に従うと「すべての人にとってからだが変えられるのはその死の直後である」ことになり、死人はもはや「時」の中に存在しないかのようだと言う[48]。つまり、クルマンは「死者の時間性」を問題にし、死者もまた「時」の中にあって、主の来臨や体の復活を待っていると語る。「個人の死」と「終末の時」の区別があると指摘するわけである。そこで個々人の死と終末の復活の間の「中間状態」の問題が生じてくる。クルマンによれば、「世を去って、キリストと共にいる」（フィリ一・二三）という聖書箇所やそれと類似の箇所は、「終わりの日の復活」を意味しているのでなく、「中間状態」を意味している。この「中間状態」においてもキリストの復活は、終末の先取りとして力強く働き、死者はキリストとともにいるとされる。しかし「中間状態」としてキリストとともにいるのであって、その死んだ人の終末における復活はなお残されている。こうした「中間状態」とその「時間概念」には批判もあるであろう。たとえばティリッヒは、「復活」を「本質化」として捉えて、ある意味でバルトの「永遠化」と類似の立場に立ったが、中間状態とその時間論に対しては次のような批判を述べた。「身体性のない中間状態の観念は、生の多次元的統一の真理に矛盾するし、また計測可能な時間を死の彼方の生に非象徴的に適用することを含んでいる[49]」と。

パネンベルクもまたクルマン同様、バルトの「永遠化」の思想に反対する。彼の批判の第一は、復活は「神の新しい生へと入ることであって、われわれの地上の生の単なる永遠化ではない。それは、神の栄光の光の中でのわれわれのこの生の栄化、変貌を意味する[50]」。しかしこの点の批判はバルト批判としてどこまで適確か疑問がある。というのは、バルトにおいても「死人の復活」は、「移行と変化」の出来事であって、「その生の時にキリストにおいてあったその人間の生の開示と栄化[51]」であるとされているからである。「栄化と変貌」の観点だけでは、パネンベルクのバルト批判はまだ不明瞭、あるいは不十分なままである。パネンベルクは明らかにバルトの「死人の復活」の理解の背後には「キリストの復活」についてのバルトの理解の問題性があると考えている。それは、バルトの「キリストの復活」の理解は十字架の意味の「啓示」としての復活という理解になっているからである。

そこで「永遠化」の思想の中にも、それまでに生きられた人生の「啓示」として復活を理解するという復活理解が働いていると見られた。しかしこれまで生きられた人生がキリストにあった人生であったとの「啓示」は、バルトによれば同時に「栄化」でもある。この点でのパネンベルクのバルト批判は不十分に終わっていると言わなければならないであろう。(52)このバルトへの批判のほぼ二〇年後、パネンベルクは再び「死人の復活」についてその『組織神学』第三巻において論じた。そこでは表面上バルトの「永遠化」と対論してはいないが、あの「中間状態」について論じた。それはバルトの復活理解に対するもう一つの批判として受け取ることができる。パネンベルクは「死後直ちの復活」の主張を「死の中の復活」のテーゼと述べ、(53)既述の「中間状態」に対するティリッヒの批判とは逆に、それでは「復活の身体性」が欠如すると指摘している。パネンベルクは、さらに「死後直ちの復活」では個人的復活と人類的、普遍的復活との結合が欠如することも問題とした。パネンベルクの言葉を引用してみよう。

「もし復活の出来事が、根本的に個人の死の時点に起き、キリストの来臨との結びつきで始めて起きるのでないものと理解されるならば、この出来事の身体性を思い描くことは不可能であろう。また個人の救済の完成は、人類の完成との関係から乖離され、独立化させられてしまう。しかしまさに個人の救済の完成と人類の救済の完成の関連こそが、聖書的な将来の希望の本質的な契機である(54)」。

この個人と人類の関連は、より一般的に言えば「復活と神の国」の関連である。神の国と関連のない復活や、逆に復活（正確には復活かもしくは変貌）のない神の国を考えることは、聖書的でないと言わなければならない。ヨハネス・ヴァイスがイエスの神の国の説教に黙示録的性格を発見したとき、彼自身の終末理解はその黙示録的神の国によるものではなかった。ヴァイスは近代人にとって異質になってしまった黙示録的神の国の代わりに、従来からの個人の死の問題によってイエスの終末観に接近できると記した。しかし個人の死の終末論が神の国の終末論と不可分に関連し合っていることこそが、実は聖書的な終末理解の根本にあると言うべきである。

われわれは新約聖書のテキストの多様性についてなお検討を加える必要があろうし、死や復活をめぐる時間概念についても、考察すべき課題を残している。しかし復活の身体性やそれと神の国との関連を考えることは、復活にとってその事柄上本質的なことと思われる。死が全体死であるとすれば、「復活」はさらに多次元的な生の統合的復活を意味し、「全体的復活」と言わなければならない。それはただ、「心身統一」だけの問題ではない。そこには、人格的生の社会的次元も含まれ、宇宙的次元も含まれる。復活は、人格的生の全的復活として、神の国における神の民の交わりという新しい関係の再建でもある。

この点で興味深いのは、もう一度、ティリッヒの指摘である。ティリッヒは「復活」について次のように述べた。「復活が主として語っていることは、神の国は存在のすべての次元を包括しているということである。全人格は永遠の生命に参与している。もしわれわれが『本質化』という言葉を用いるならば、われわれは人間の心理学的・精神的・社会的存在が彼の身体的存在に含蓄されている。しかもそれは、存在性をもつあらゆる他のものの本質との一致においてであると言うことができる(55)」と。ティリッヒの「本質化」は、既述のようにバルトの「永遠化」と類似の概念とも取れるが、あきらかに身体性を含んでいると語られる。そこには、「中心化され自意識をもった自己(56)」が想定されているだけでなく、復活の永遠の生命には「時間と変化が共存する永遠(57)」も構想されている。彼に対しては死後ただちに起こる復活は「身体性」欠如ではないかとの批判は当たらないことになる。しかしこの場合、さらに死後直ちに起きる各人の復活が同時に終わりの日の復活でもあり、キリストの来臨と神の国の完成と同時であるというきわめて独自の時間論を展開しなければならないであろう。これにさらに宇宙論的な次元も含まれなければならないから、「死後直ちに」と「神の国のまったき到来」と宇宙論的な意味も込めて新天新地の到来とが、同時性において理解されなければならない。個人と人類世界と万物といった多様な被造物の終末的完成を、あらゆる時間差を越えて、どう同時性において構想することができるか、それは難題であり続ける。

7　死者のために祈ることは可能か

最後に死者のために祈ることは可能かという問題を取り上げてみたい。このことは、特に親しい者がキリストを知らず、またキリストと真実に出会うことなしに死ぬ経験の中で、切実なものになる。日本のキリスト者にとって、この問題はほとんど不可避的な問題である。死者のための祈りは、特にキリストとの交わりなしに死んだ人間の運命をめぐって、「執り成し」が可能かどうかという問題になる。愛が「執り成し」の祈りに至ることはごく当然のことであろう[58]。これに対し、生前のキリストとの信仰と聖礼典による交わりを欠如していても、死者はキリストの救済に普遍主義的に入れられるとの信念を固定化させれば、この問いは不要になる。しかし、それはそれで、その信念は地上の人生の信仰的応答の真剣さ、さらには伝道の不可欠性を阻害するという別の問題を引き起こすことになる。

「死者のための執り成し」は、キリストによる救済はそれを受け入れずに死んだ者にも関わりを持つという信仰においてなされる。それは同時に少なくともキリストを受け入れずに死んだ者にとって、運命の最終的決定はなお残されていることに基づく。つまり「中間状態」が前提されている。そうでなければ、「執り成しの祈り」は成立の場を持たない。それだけにティリッヒが、一方で「中間状態」を否定しつつ、他方「死者についての執り成しの祈り」に真理契機を認めたことは、彼の立場の曖昧さを示していることになろう[59]。しかしまた「全的死」から言えば、死の中の、あるいは死の彼方の人間の応答的主体を想定することはできない。死んだ人間の主体的応答やその人間の歴史的変化を中間状態の中で考えることは、カトリック的「煉獄」思想の誤りである[60]。聖書はただ彼らは「眠っている」（一コリ一五・六他）と語っている。

従って結論としては、死者に関する「執り成しの祈り」は可能であるが、生きている人間に関するように、継続的、反復的、具体的にそれをなし続けることには意味がない。それは、御自身の御旨をなすことによって最善をなしたもう神に信頼し委ねる祈りに終結する。そしてまた、キリストのゆえに神に対する全幅の信頼を懸けたこの祈りが、地上の生におけるキリストに対する応答の真剣さを曖昧にするはずはなく、従って伝道を無意味とするはずもない。伝道は神の国の到来に対するほとんど唯一の準備として終末論的意味を帯びている。死の終末論は倫理を喚起するものではない。喚起するのは証言の死であり、伝道である。世の終わりと死の終わりは、キリストと聖霊における神の働きにあり、神が働くことに対応する人間のあり方は、聖霊にあってキリストを通しての信仰による証言であり、伝道である。

第四章　千年王国説――その真理と危険

ヨハネの黙示録二〇章一節から六節に「キリストの千年間の統治」、いわゆる「千年王国」についての言及がある。千年の間サタンは底なしの淵に投げ入れられ、それ以上諸国の民を惑わさないように鍵をかけられ、封印を施され、千年が終わったときに、しばらくの間解放されると記されている。また殉教者たちが生き返る「第一の復活」があって、彼らは神とキリストの祭司となって、千年の間キリストとともに統治するとも記されている。この千年が終わると、サタンはその牢から解放され、諸国の民、ゴグとマゴグを惑わし、聖なる者たちと戦わせようとするが、彼らは焼き滅ぼされ、彼らを惑わしたサタンは火と硫黄の池に投げ込まれると記されている。この世の終わりに、あるいは終わりから二番目のこととして、キリストと聖なる者たちとの一定の限りある時期における地上の統治があるとされるのが、「千年王国」の説である。「千」という数字の意味には、「主にあって一日は千年のごとく」と言われるように他の聖書箇所での言及がなくはないが、「千年王国」の聖書的典拠はヨハネの黙示録二〇章以外にはない。ただし、この聖書箇所と別に、コリントの信徒への手紙Ⅰ一五章二〇節から二八節に終末の「順序」が記されており、二五節にはキリストの支配が記されている。それと「千年王国」とがいかなる関係にあるかといった関連箇所の議論がないわけではない。さらにヨハネの黙示録二〇章四節がキリストの支配を千年と記述しているのに対し、他方にはキリストの支配には限りがないとする聖書箇所がある（ルカ一・三三、ダニ二・四四、黙一一・一五）。

それら聖書箇所の解釈上の議論も不可避であるが、「千年王国」説は終末論における一つの主題として、「神の国」「キリストの再臨」「死人の復活」「最後の審判」「永遠の命」「新しい天、新しい地」といった諸項目と並び、相互関係のうちに受け取られてきた。もちろん「千年王国説」が神学の中で決定的な役割を果たしきたと言うことはできない。しかしそれが終末論の他の表象に優って決定的な影響力を発揮した時代もあり、その下で活性化されたキリスト教運動は種々存在した。その事情は今日も基本的には変わっていないと言ってよいであろう。特に教会的キリスト教の周辺において、異端的な運動やゼクテ型のキリスト教運動の中で、それは比較的大きな役割を果たしてきたと言える。それだけでなく、「千年王国」説は教会の神学においても無視できない問題を提起してきた。二十世紀の神学の中でも、ヘンドリクス・ベルコフは、評価的にこれを論じ、ユルゲン・モルトマンは「終末論的千年王国主義者」として彼自身の終末論を展開した。本書の終末論は、救済史的終末論の立場に立つが、その上でこの問題についてどのように考えるべきかを明らかにしなければならない。

1　「千年王国」の定義と歴史

千年王国説は、英語の表記ではラテン語から由来した Millenarianism もしくは Millennialism が一般的であるが、同時にギリシア語から由来した Chiliasm という名称も用いられる。ドイツ語では「千年王国」は Millenium とラテン語由来の用語で語られるが、教説として「千年王国説」を言う場合には、むしろ Chiliasmus が一般的である。通常、Millennialism はさらに Premillennialism（前千年王国説）と Postmillennialism（後千年王国説）に区別される。それは「千年王国」と「キリストの再臨」の位置関係の理解に従って分けられた区分であって、キリストの再臨が千年王国以前、すなわち「千年王国前再臨説」か、それとも千年王国が終わってから再臨があると考える「千年王国後再臨説」かの区別である。「千年王国前再臨説」は、Premillennialism（前千年王国説）であり、まずキリストの再臨が起きて、それからその再臨のキリストによる統治が千年王国として千年間続くとする。従って、Premillennialism（前千年王国説）は、「千年王国前再臨説」であり、「再臨後千年王国説」

である。他方、まず千年王国が先にあって、その後に再臨があるという説が、Postmillennialism（後千年王国説）であり、これは千年王国がいますでにか、あるいは将来にあって、それから主の再臨が起きる。つまり「千年王国後再臨説」である。Postmillennialism は、キリストが再臨する以前に千年王国があることになるから、明らかに歴史の中に、従ってこの地上の世の中に一定期間存続する千年王国を意味する。

Premillennialism（前千年王国説）の場合、千年王国の前に再臨があるから、千年王国をもたらす主体は、主として再臨のキリストと考えられる。従って、人間の積極的な活動が千年王国の実現のための本質的構成要素をなすことはない。それだけに人間の活動は受動的・静止的になるとも考えられる。他方、キリストの再臨に先立ってキリストの王国としての千年王国が実現すると考える Postmillennialism においては、それを実現させるのは高挙のキリストの臨在の働きと聖霊の働きであると考えられたが、聖霊によってキリスト者の積極的な活動が起こされ、千年王国を実現するための媒介や手段、あるいは担い手や道具として人間が用いられると理解される。そのように両者の区別を考えると、プレミレニアリズムは純然たる再臨のキリストの業を強調する分だけ、人間的には受動的になり、ポストミレニアリズムは聖霊の働きによる分だけ、聖霊に用いられる仕方で人間の活動性が強調されることになる。しかしそれは一応そのように言えるというだけであって、常にそうであるわけではなかった。プレミレニアリズムでありながら、決して受動的・静止的でなかった具体例はいくつもある。時にはそれが激烈な運動になり、それ以前の状態を全面的に否定する激しい革命運動になったこともあった。再臨のキリストがそれまでの社会秩序を変革し、新しい千年王国が劇的に到来すると考えられたからである。十六世紀のミュンスター事件の暴発（一五三五年）の場合もそうであって、その背後に働いた再洗礼派は主としてプレミレニアリズムの意味での千年王国主義者たちであったと言われる。あるいは十七世紀のピューリタン革命の精神に積極的に働いた千年王国説も主としてプレミレニアリズムであった。他方、ポストミレニアリズムの千年王国が今すでにあると考えれば、それは現状肯定主義、時には何の変革も許さぬ過剰な現状保守主義になって、人間の変革運動を期待しないことになる。

以上の千年王国説の記述の概略的な定義を歴史的事象と重ね合わせてみると、二、三世紀の古代キリスト教に共通した千年王国説は、概して切迫したキリストの再臨の待望のもと、「再臨後千年王国説」、つまりプレミレニアリズムであった。その激しい形態がモンタヌス運動などに見られた。千年王国の希望は、当初、地上に実現する意味で具体的、身体的、物質的な理想状態の実現の希望であった。これはやがて東方教会ではオリゲネスによる終末論の哲学的・心霊主義的な解釈によって希薄にされた。西方教会では、アウグスティヌス『神の国』によって、再臨とその後の千年王国（プレミレニアリズム）の激しい期待は弱められ、千年王国はキリスト誕生から現在を含む第六の時代と同一時期と解釈された。アウグスティヌスの千年王国説にオリゲネスと同様な哲学的心霊主義があったとは言い得ない。アウグスティヌスがキリスト誕生後の第六の時代を「千年王国」と称したことは、彼の立場がポストミレニアリズムであったことを意味する。しかもポストミレニアリズムも、通常は将来的希望の説であったが、アウグスティヌスにおいては一種の「実現した千年王国」や「現在的千年王国」を含む主張になった。第六の時代の千年王国はなお将来を持っていたが、千年王国説が情熱的な将来への希望を搔き立て、現在の困難な迫害状況に耐えさせる激烈な力を提供したのとは大きく異なっていた。アウグスティヌスの希望はひたすら終末時の復活や最後の審判、それをくぐってもはや死ぬことのできない永遠の命の至福へと向けられていたが、キリストと復活した殉教者たちによる千年支配に向けられていたわけではなかった。

千年王国説、とりわけプレミレニアリズムは、アウグスティヌス以後、教会の主流から姿を消して、現状の迫害や試練に耐えるゼクテ型キリスト教の中で、あるいは教会型キリスト教の周辺や底流に残り続けた。それはその後も、時には時代の表面に出てきて、激しく燃え盛る時を持つようになった。(1)

十二世紀のフィオーレのヨアキムにおける「聖霊の第三時代」は、切迫した将来の時代の構想を含み、キリストの再臨以前に歴史の中に出現する「千年王国」、つまりポストミレニアリズムに近似した主張であったと考えられる。それがフランシスコ会の厳格派の中に活動主義的な変革の思想として影響を与えたことは、すでに本書で触れた。

十六世紀のミュンスターにおける再洗礼派の事件は、激しい秩序崩壊に陥ったが(2)、そこには既述したようにプレミレニアリズムが燃え盛ったと言われる。宗教改革がこれを拒否したことは、アウクスブルク信仰告白第一七条やそれと類似の表現を取った第二スイス信仰告白第一一章に明らかである。アウクスブルク信仰告白（一五三〇年）はミュンスター事件以前の信仰告白であるが、そこには「悪魔および罪の宣告を受けた人々が永遠の苦痛、呵責を受けるのではないと教える再洗礼派を、斥ける」とあるとともに、「現在もなお現われている、多少のユダヤ的な教えをも斥ける。それは、死者の復活に先立って、聖徒たち、信仰者たちだけが、この世の国を建て、神を認めない者たちはすべて抹殺されるであろうという教えである(3)」と記している。千年王国説は「ユダヤ的な教え」として退けられた(4)。また十七世紀のピューリタニズムの中で、特に革命期の長期議会と議会軍の中で影響力を発揮したのもプレミレニアリズムであった。それを表す一人に当時の神学的なリーダーであった会衆派のトマス・グッドウィンがいたが、その千年王国説は長期議会での彼の説教の中に示された(5)。

十八世紀はリチャード・ボウカムによると「プロテスタント・ポストミレニアリズムの偉大な世紀(6)」であった。それはとりわけイギリスとアメリカにおける信仰復興運動の関連で言うことができる。人間の活動が地上における神の国の樹立に向けて働く有意義なものと見なされ、伝道運動に対して大きな刺激が与えられた。信仰復興運動と結びついたジョナサン・エドワーズはこのポストミレニアリズムの立場に立っていた(7)。十八世紀のポストミレニアリズムによる信仰復興運動と伝道運動は、やがて十九世紀の「プロテスタント世界伝道」の信仰的な背景を形成した。ポストミレニアリズムがプロテスタント世界伝道に推進力を与える一因をなした。

ポストミレニアリズムは、他方、地上における神の国の実現の思想であるだけに歴史における「進歩の思想」にもなる。歴史の中で千年王国が実現可能であるという思想が、啓蒙主義以後世俗的な形態をとって、十八世紀、十九世紀における歴史的進歩主義に帰着したという解釈もあり得る。進歩主義の背後には、ただ神の摂理の思想があっただけでなく、歴史の中における神の国の実現としてのキリストの千年王国の希望と信仰、つまりポストミレニアリズムがあったと見るのである。進歩主義をポストミレニアリズムによって解釈すると、二十世紀の千年王国説の性格もそれなりに理解することができるであろう。十九世紀末から二十世紀は、進歩のオプティミズムが崩壊した世紀であった。世紀末にはヨーロッパ文明の没落が語られ、二十世紀初頭には文明の危機が叫ばれ、やがて二度にわたる世界大戦を経験し、進歩のオプティミズムは崩壊した。ホロコーストの出現によって人間性への信頼も崩れ、もはやよりよい社会の実現への期待やそれに対する責任的な関与をオプティミスティックに語ることはできなくなった。終末論的な希望がなお可能とすれば、それはただ時の流れの激変により、あるいは歴史との断絶により、それまでとはまったく異なった終末時として希望するほかはない。人間の役割に期待を寄せるポストミレニアリズムに替わって、まったく再臨のキリストにすべての期待を寄せるプレミレニアリズムに関心が向くようになる。

2　十九、二十世紀における千年王国説

キリスト教史を広く概観すると、十九世紀、二十世紀にも千年王国説は見られる。リチャード・ボウカムはヨハネの黙示録の研究者であり、併せて千年王国説の歴史に造詣が深いが、彼によれば、「十九世紀と二十世紀初期に出現した多くの新しいキリスト教の教派や周辺セクトは、イギリスやアメリカの千年王国主義にその起源を持っていた。彼らが教えたのは何らかの形態のプレミレニアリズムであった(8)」と言われる。彼らは、現代の世の中に救いの国の希望の徴を見ることができず、むしろ現在の邪悪さを見て、現代と千年王国の間の断絶を尖鋭に強調した。そうしたグループにセブンスデー・アドベンチスト、エホバの証人、ペンテコステ派、ファンダメン

タリズム、さらにはモルモン教などがある。

ヨーロッパでの千年王国説はと言えば、「ドイツでも千年王国説は十九世紀に盛んであった。それはとりわけベンゲルのヴュルテンベルク学派が与えた不断の影響下においてであった」[9]。その流れで、フォン・ホフマン、F・デーリッチュ、W・レーエ、J・T・ベック、K・A・アウバーレンといった千年王国説に積極的な意味で言及した神学者たちの名を挙げることができる。

それでは二十世紀後半の状況はどうであろうか。ボウカムのTREにおけるChiliasmusについての論稿は以下のように語っている。


「今日、千年王国説的な諸表象は、保守的なキリスト教の圏内において、つまりイギリスの保守的福音派、アメリカのファンダメタリズム、それにペンテコステ運動の中に、おそらくは以前に優って広く及んでいる。学問的な神学においては歴史的・批判的な聖書研究によって千年王国説は広い範囲で信用されていない。しかし千年王国説的伝統の神学的主要目標は、従来の神学の大部分が過度に世界の外に向かって方向づけたのに抵抗して、神の国の世界内的、歴史内的な実現への希望を堅持することにあった。とするとその意図は、キリスト教的終末論を世界の将来への希望として理解する最近の終末論の著作において、再び取り上げられている[10]」。


ボウカムはこう記してユルゲン・モルトマンの『希望の神学』（一九六四年）をその具体例として挙げた。

一九八一年のボウカムのこの文章はある面、預言的であった。モルトマンの終末論に見られる「意図」と千年王国説の関連を示唆した彼の言葉は、やがて後年モルトマン自身の著作『神の到来』（一九九五年）において見事に的中した。なぜならその書においてモルトマンは自らを「プレミレニアリスト」として言い表し、「終末論的千年王国説」を主張したからである。彼はしかも自分自身の終末論的な確信を述べる重大な箇所において、十九世紀のプレミレニアリズムに連なったヨハン・トビアス・ベックの文章を一度ならず引用し、その主張に賛成した。しかしボウカムの預言は、およそあらゆる預言が他の面において同時に不正確でもあったように、不正確な点を持っていた。なぜならモルトマンの千年王国説は、ボウカムが語った「神の国の世界内的、歴史内的な実現の希望」を語ったというよりはむしろ、世界内的・歴史内的実現と尖鋭に対決するプレミレニアリズムを語ったからである。この問題を含めて以下に現代神学における千年王国説を検討し、千年王国説の真理契機とともに、その危険についても検討を進めたい。

3　現代神学における千年王国説（1）――ヘンドリクス・ベルコフの場合

キリスト教の過去は言うまでもなく、その現在においても、千年王国説がある面大きな役割を果たしてきた事実は、その真理契機とともにその危険性についても明確にしておく必要を明らかにしている。ここではまず現代の神学者の中で千年王国説に注目し、その危険と真理を語った二人の神学者の考察を取り上げたい。それはヘンドリクス・ベルコフとユルゲン・モルトマンである。

ヘンドリクス・ベルコフは一九六二年の著作『歴史の意味・キリスト』（英訳は一九六六年）(11)において「千年王国」について積極的に語った。それは、「歴史の中における十字架のキリスト」について語った後、「歴史の中における復活のキリスト」（第七章）を語った章においてである。そこにおいてベルコフはまず「復活のキリストの力」、次いで「歴史における復活」について語り、さらにテサロニケの信徒への手紙Ⅱ二章六節に語られている不法の者を抑えて「阻止している者」について記した。それから「反復と類型論」を扱い、「将来の徴」を論じた。将来の徴として重大なのが「イスラエルの回心」であった。そこで「旧約聖書によるイスラエルの将来」

「新約聖書によるイスラエルの将来」の叙述へと続く。その後「ローマ書九―一一章」の叙述に進み、「人々と国」「イスラエルの国家」に至る。そのようにして、歴史における将来の救いの完成に至る積極的な徴を、とりわけイスラエルの回復の中に見ながら、続いて「千年王国」の叙述に入った。「千年王国」の叙述はさらに「この告白の背景」「教会と千年王国主義」「平和な神の国の意味」「歴史における神の国の発展」「神の国と進歩」「キリストの勝利の可視性」と続き、最後に「歴史における十字架と復活の関係」の叙述によって千年王国的勝利主義に対する警戒を述べて終わっている。千年王国について扱ったのは、総計二七頁の分量であって、決して大部の扱いではない。しかし、「阻止する者」と「イスラエルの回復」に続いて「千年王国」について語ったことは、とりわけ「ポストミネリアリズム」の意味を肯定的に語ったわけで、神学の可能性にとって意味深い示唆を与えたと言ってよい。

ベルコフの主張の内容を概略すると以下のようである。彼は「歴史の中におけるキリストの主権の将来」を指し示す信仰表現として、ヨハネの黙示録二〇章の「千年王国」に注目する。それはキリストの支配による「平和の王国」であり、現状の体制と終末の完成の間の「中間の王国」である。千年王国はそれ自体としてはまだ成就や完成の時ではない。それは、罪や苦難や死がなお存在するわれわれの世界の中で、つまり「われわれの時間・空間の中で」起きると考えられる。それが「歴史の中におけるキリストの復活」の章の中で描かれた理由である。従って、ここで語られているのはポストミレニアリズムの千年王国であり、狭義の終末論よりむしろそれ以前の救済史に位置を持つ千年王国である。この意味で、千年王国の此岸性、身体性、この世的性格、歴史内的性格が指摘され、そこに注目することで西方キリスト教の陥りがちな永遠と時間の二元論、仮現論、スピリチュアリズムに対して警鐘を鳴らした。

千年王国の思想的なルーツを解明するうえでは、ベルコフはコリントの信徒への手紙Ⅰ一五章二三―二八節の併行的な箇所は「あまりに短く謎に満ちていて」、解明の光を与える箇所とは考えない。むしろ黙示文学やラビ文学に息づいていたユダヤ的な思想、「神の国」に先立つ「メシアの時代」の思想に注目し、併せて、民が受けた苦難に見合うだけ、それに対応してまた回復の時が与えられるという聖書的な確言（詩九〇・一五、創一五・一三）にも注目した。「神はただ単に将来の神の国において勝利するだけではない。この世の配剤の中で神は御自身の無力を表す傍ら、御自身の主権をも示されることをわれわれに保障する。その示しは、悪の力が神のあらゆる被造物を溺死させると思われる、まさにその時に姿を現す」[12]。この世の世界には迫害の日々のようにキリストの十字架に参与する時があるが、またキリストの復活に参与する時があると言う。千年王国の記述によって「黙示録は、このユダヤ的な信念に十字架にかかり復活したキリストを通して新しいリアリティを与えた」とベルコフは語った。

聖書解釈として興味深いのは、コリントの信徒への手紙Ｉ一五章を取り上げなかったベルコフが、ローマの信徒への手紙九―一一章の根本にあるパウロの信仰と千年王国を記すヨハネの黙示録二〇章の根本にある信仰とは同一であると語った点である。ローマの信徒への手紙の方では「イスラエルに対する神の真実」が語られるが、ヨハネの黙示録二〇章では「キリスト教会の殉教と全世界に対する祝福」が語られる。どちらにしても、「神の真実と神の栄光のゆえに、この世の配剤が継続する期間中に、何らかの偉大な事態が起きるとわれわれは期待することができる、そう安心して語ってよい[13]」とベルコフは記した。

千年王国説が西方教会の中に粘り強く、また広く普及したのは、二元論、仮現論、そしてスピリチュアリズムに対する抵抗のためだけではない。ベルコフによれば、それはまた公の教会つまり教会型の教会が、世界の将来に対する展望を失い、預言をもっぱら静神主義的に解釈し、希望をただ天における個人的な救いにだけ向けたことによって「歴史的パースペクティヴ」を欠如したせいでもある。それに比して千年王国説は、聖書に対する忠実さと世界に対する具体性をもった待望によって、多くの人々、特に素朴な民衆を魅了し続けている。教会全体がその信仰告白と生活の中にその真理契機を受け入れるまでは、そうあり続けるとベルコフは語った。

もっともベルコフは、千年王国説の忠実さを問題のないものと見たわけではない。千年王国主義は、多くの場合、千年王国に中心的な位置を与えるが、聖書はそのように描いてはいない。また千年王国主義は旧約聖書の預言のあらゆる終末論的表象を集約して、千年王国に帰すが、それもヨハネの黙示録二〇章そのものにはないことである。千年王国説を主張することと、その主張の真理契機を尊重することとはおのずから別である。そうした意味で千年王国主義者ではなく千年王国的傾向を持つ、あるいはその真理契機に注目している人として、ベルコフは例えばアブラハム・カイパーを挙げ、現代の神学者としてはクルマン、ハイチェマ、ミスコッテ、K・L・シュミット、それにフォーゲルを挙げた。カイパーは千年王国を「良心への最後の呼びかけ」と見なし、デ・ロースは「千年王国は世界に対する神の偉大な提供、回心のための偉大な機会である」と語ったと言う[14]。ミスコッテは千年王国のリアリティは「歴史は歴史そのものの中にその完成を見出すに違いない」という確信の中にあると見ていた。K・L・シュミットは「千年王国は世界の中心において、また世界を越えたところでも、キリストとその教会の勝利を表している」と記している。こうした系譜の中にベルコフ自身も連なっているのを自覚していた。

千年王国を「平和の王国」としてベルコフは以下のように記した。

「キリストはこの世界で十字架にかけられたが、しかしまた死人の中から復活させられた。彼の到来とともに始まり、伝道的布告によって発足した歴史は、この世界のリアリティの類比である。悪の力は反キリストの形態で、もう一度キリストに敵対する機会を、宇宙的な前線の全範囲にわたって受け取る。神の栄光と大能は、神がその敵たちにそれらの力を発揮する機会を与えることを求める。しかし神の栄光と大能はまた、歴史におけるキリストの復活が宇宙の前線の全範囲を貫いて、その配剤の中で可能な限り、すなわちイスラエルの回復と他の多くの徴の中に表されることを求めている。これはあの四〇日に対するこの世界における霊的類比であるであろう」[15]。

ベルコフの主張はなお続くが、明らかなことは「再臨のキリスト」でなく、「キリストの復活」が類比の構成原理である点で、千年王国の意味は、ポストミネリアリズムの意味で語られていることである。千年王国の意味を語るベルコフの主張をさらに辿ってみよう。

「罪と死はなお支配するから、短期であっても獰猛な後戻りが起きることは避けがたい。しかしあの霊的類比は天と地の統一への移行を表す。この移行はそれらの境界線の解消によって平和の王国の中に反映される。神の国の生みの苦しみは、キリストの到来とともに始まった。苦難にもかかわらず、また苦難の期間にもそれは継続している。反キリストに対する勝利は、もう一度短縮された苦難があるにもかかわらず救いが近いことを明らかにしている。歴史そのものが明白にするように、われわれの歴史は神のものであり、キリストのものである[16]」。

千年王国の契機は、歴史そのものの中に歴史の意味、つまり歴史が神の歴史であるという意味を示す神の国への移行の徴が、生起することにある。

以上に加えてベルコフは「神の国の成長」という概念を回復しようともした。千年王国説は地上におけるよき将来を夢見る。ベルコフによれば「神の国は神御自身の働きである」と信じるところに正統主義の真理がある。しかし神の国は時の終わりに爆弾のごとくまったく外から突然われわれのただなかに落ちてくるのではない。そのように突然の出来事と信じるのは正統主義の誤りであったと言う。つまり神は世界において活動的なのであって、「神の国は成長する」。「神の国の成長」を信じたのは自由主義神学の正しい点であった。ただしそれはその成長が人間の努力によると信じた点で誤っていた。ベルコフは、今は神の国のために「成長」概念を正しい意味で回復すべきときであると考えた。もちろん同時に「反キリストの力」も成長する。「しかし否定的な成長は、われわれの破壊された世界における積極的成長の消極面、影である。それもまたキリストが支配権を握っていることを指し示しているものである」[17]と語った。「われわれはこの世の配剤の中でその働きを勝利のうちに継続する神を信じている。これは信仰であるが、この信仰は、この古き世にあってキリストが死者の中から復活させられた事実に根拠を置いている」[18]。「われわれはキリストの生命の秩序が開発途上国への援助を通して世界を貫き、古い自然主義的な生命の類型に対抗して、力強く進歩するのを見ている」[19]と。積極的成長が第一で、それにそって同様に成長する反キリストの否定的な力の成長が第二のこととしてある。第二のことに目を閉ざしてはならないが、第二のことがあるからといって第一のことに目を閉ざしてはならない。「第一が存在することなしに第二は存在しないであろう。従って反対勢力の成長は、神の国の成長を指し示すものである」[20]とさえベルコフは語った。

「成長」に続いてベルコフは「進歩」の概念も回復しようとした。神の国を指し示す徴は、教会の生からだけでなく、世の生からも引き出される。キリストの主権は教会よりも広く及ぶからである。ベルコフは「キリストの生の秩序」という表象を用いて、それが自然主義による自由の欠如やアナキズムの混沌に対抗し、人類を人間的な規定に近く導いていくと語った。その際、キリストの主権を知らず、願わずして、しかもキリストの主権に仕えている多くの人々がいると述べた。「知識人たち、芸術家たち、科学者たち、看護師たち、教育者たち、ソーシャル・ワーカーたち、技術者たち、発展途上国に対する技術支援に参加している人たち、そしてまた、それに劣らず、キリストの生の秩序を自分の子供たちに伝える母親たちがいる」。キリストは、被造物が熱心に解放を求めているのに同情を寄せるが、そのキリストに彼らは仕えている。キリストは新しい生の秩序をもたらす開始として到来した。そして土台を据えて、やがて後に完全な形でそれを提供しようとしている。「それゆえわれわれが世界において進歩と呼ぶものは、キリストに起源を持っている。進歩という概念は、キリスト教の後に、キリスト教を通して、初めて世にやって来た[21]」。そうベルコフは語った。「真の人間実存のため、苦難からの解放のため、発展途上の人々の向上のため、捕らわれ人の救済のため、人種や階級の相違を克服するセツルメントのため、混沌や犯罪や苦難や病気や無知に反対するため、要するにわれわれが進歩と呼ぶもののために戦うこと、キリストの栄光のための一つの活動が世界中に起きている[22]」。キリストを知って活動する者も、知らずして活動する者も、どちらにせよ「彼らの努力は、キリストが地上で真実に、まったく客観的に、全権を受けたことを証明している[23]」とベルコフは語った。

ベルコフが語ったことは十九世紀であったなら、一般妥当的に響いたであろう。しかし二十世紀以後、一般にキリスト者は文化ペシミズムに接近した。この世にあって神は無力に事態の推移を傍観し、せいぜいのとろ遠い将来に突如世界に介入すべく手をこまねいていると感じているのではないか。「平均的なキリスト者は今日の世界に神の国がプレゼンスすることを意識していない」。キリスト者は彼の個人的な人生の中ではキリストはいると信じるが、「その同じキリスト者が新聞を読むとき、子供たちの将来を考えるとき、いかに無力で恐れをいだくことか」とベルコフは言う。キリストの力を信仰者個人の人格的な関係に局限して、世界の出来事や日常の仕事との繋がりを見ないのは「悪しき敬虔主義」である。しかしこの世界にはキリストの統治の積極的な徴がある。「われわれが火山の縁にあって、世俗主義と虚無主義のただ中にありながら、なお生きることができている事実は、巨大な奇跡である。それを理解し、観察することができるのは、もっぱらキリストがすでに活動的な征服を果たしたという光の中だけである[24]」とベルコフは語った。

ベルコフが採用したポストミレニアリズムの立場に対する批判は、無千年王国的な立場からも、あるいはまたプレミレニアルな解釈の立場からも出てくるであろう。ベルカーワーは後者の立場からの批判を代表している。ベルカーワーによると、ヨハネの黙示録二〇章が示しているのは、プレミレニアリズムであって、ベルコフが言うような「死や罪や苦難がまだ排除されていない」中での解釈は不可能と言う。また、ベルコフの千年王国の表象は「あまりにミニマムで、十分に劇的でも超越的でもない」と言う。[25] さらには、発展や成長や人間の活動を語るベルコフの歴史内的なポストミレニアリズムは、ベルコフによれば福音とその浸透力に出発点を持っているから「文化的オプティミズム」のレッテルを貼るのは適切でないかもしれないが、しかしアメリカで起きた「社会的福音」の運動がポストミレニアリズムとの繋がりで力を得たことがこの千年王国説の問題性を示していると、ベルカーワーは言う。歴史や歴史内的発展について改めて積極的に語ろうとするとき、当然、二十世紀の神学がその挫折から出発したことを考慮し、振り子をただ戻すだけでなく、信仰と神学の熟慮が求められるであろう。神の国が超越から「到来」することと、歴史内的に「発展」し、「進歩」することとがどう調和するであろうか。ベルコフは神の主体性を明確に語りながらも、神の国が育ち、発展し、進歩する面を回復しようと試みた。しかしその問題性は「到来」の面を希薄にしたところに見出される。

４　現代神学における千年王国説（２）――ユルゲン・モルトマンの終末論的千年王国説

モルトマン『神の到来』（一九九五年）は、終末論の全体的理解を提示して、その四つの局面、すなわち個人的終末論、歴史的終末論、宇宙的終末論、神的終末論を論じた。本章で取り上げたいのは、二番目の彼の歴史的終末論である。なぜなら、そこにおいて「千年王国説」、それもプレミレニアリズムが決定的な役割を果たしているからである。

モルトマンはキリストの「再臨」を基準にした千年王国説の二つの区分に替えて、「歴史的千年王国説」(Historischer Chiliasmus) と「終末論的千年王国説」(Eschatologischer Chiliasmus) とに分ける。モルトマンによると「パルーシア」を「再臨」(Wiederkunft) と訳したのは誤りと言う。それは彼によると「再臨」の訳語は言うが、「（キリストの）時間的な不在を想定しているから」と言う。この説明に異論がなくはないが、モルトマンはこう言って「再臨」の用語を忌避する。こうして千年王国を再臨との位置関係で区分するのでなく、歴史的か、それとも終末論的かという仕方で区分した。その際モルトマンは「歴史的千年王国説」を否定し、「終末論的千年王国説」のみを肯定した。モルトマンは「歴史」を否定し、「終末論」を肯定する。

モルトマンのこの千年王国説の「歴史的か終末論的か」という区分は、「再臨前か再臨後か」という区別と微妙なずれを生じさせている。それはポストミレニアリズムが歴史内的なので、「歴史的千年王国説」と重なるのであるが、ポストミレニアリズムも「再臨」との位置関係を持っていたから、本来は将来的契機があった。しかしモルトマンがポストミレニアリズムに替えて「歴史的千年王国」という用語を用いるとき、その将来的契機は無視されている。モルトマンが取り上げて批判したいくつものタイプの「歴史的千年王国説」があるが、それらはみなポストミレニアリズムに属しながら、非将来的である。モルトマンには、歴史的であって将来的な千年王国は目に入っていない。具体的に言うと、まず「政治的千年王国説」がある。モルトマンはこれを「神聖王国」と呼び、コンスタンティヌス帝とビザンチン帝国、カール大帝、オットー大帝、神聖ローマ帝国、さらにコンスタンティノポリス陥落後のモスクワにおけるロシア皇帝支配も含ませている。それらにおいて「国家と教会は一つの千年王国的統一体に融合した[26]」とモルトマンは言う。従ってこの中には中世ヨーロッパのコルプス・クリスチアヌム（キリスト教的統一世界）におけるキリスト教会とその伝道活動も含まれる。その伝道はキリスト教的勝利主義による「暴力的な伝道」（gewalttätige Mission）であったと彼は言う。意外なことは、モルトマンがこの政治的千年王国説の中にコルプス・クリスティアヌム崩壊後の近代のプロテスタント伝道も加えたことである。彼によると、「十八世紀、十九世紀のプロテスタント伝道もまた例外なく（durchweg）純粋な福音の伝道ではなく、キリストの王国の伝道であって、それゆえ聖書とともに『キリスト教的諸価値』、すなわちヨーロッパ的、アメリカ的、近代的文化を拡げた。キリスト教化と文明化はしばしば手に手をとって進んだ[27]」と言う。しかし当然、これには反論が加えられるであろう。福音の伝道において「純粋な」とは一体何か。福音の伝道は、「キリスト教的諸価値」と断絶してなされなければならないのか。ヨーロッパ的文化と言っても、それはキリスト教なきヨーロッパ自生の文化ではないし、近代文化の場合もそうである。福音の伝道者は動機の濁った伝道について、「だが、それがなんであろう。口実であれ、真実であれ、とにかく、キリストが告げ知らされているのですから、わたしはそれを喜んでいます。これからも喜びます」（フィリ一・一八）と語るのではないか。いずれにしても十九世紀のアジアでのプロテスタント伝道を（おそらくは中世のカトリック伝道についても）「暴力的な伝道」と一括りに言うことは、伝道史の解釈として正しくはない。そこには解放の神学の偏りを持って歴史を解釈するモルトマン自身の傾向や偏見が姿を表していると言うべきであろう。

「歴史的千年王国説」に属する「政治的千年王国」の第二例として、モルトマンはヨーロッパのコルプス・クリスティアヌムに次いで「救済者である国民」という副題の下に「アメリカ論」を展開する。「人類国家」としての初めての実験国であるアメリカは、その可能性にかけた「アメリカン・ドリーム」とともに、それが内外に押し付けた「悪夢」があるとモルトマンは指摘し、前者を「アメリカ的メシアニズム」、後者を「アメリカ的黙示録」と呼んだ。そしてこの「アメリカ的メシアニズム」が「歴史的千年王国説」だと言う。光の面と影の面はアメリカの現実であるが、モルトマンが抱いていたコルプス・クリスティアヌムに対する批判的な傾斜が、アメリカ論においても見られる。アメリカ論やアメリカ文化論に対し神学からどのような寄与が遂行できるかという問題は、アメリカ研究に対して重大な意味を持ち、同時に現代世界にとって歴史神学的な重要テーマである。しかしここではこの詳細を扱う余裕はない。一点だけ問題点を挙げると、「神の国」や「千年王国」の視点からアメリカ論を扱いながら、モルトマンはジョナサン・エドワーズの著書にもリチャード・ニーバー『アメリカにおける神の国』にも言及しなかった。このことは、モルトマンのアメリカ批判の偏向が文献上の選択の偏向とも結びついていると感じさせられる。

モルトマンが扱う「歴史的千年王国説」の第三例は、「教会的千年王国説」である。コルプス・クリスティアヌムの教会はすでに第一例の中に含まれていた。ここでは「ヒエラルヒー的教会概念は千年王国説的教会概念である[28]」として、それが現在のカトリック教会に生き続けており、一九六一年のヨハネ二三世の回勅に見られる「諸国民の母にして教師」という教会像の中にも「教会的千年王国説」が具体化していると言う。問題は教会のヒエラルヒー的自己理解だけではない。教会が「終末論を審判待望とキリスト教的希望の精神化に還元してしまうならば、それは教会の現在を千年王国説的に解釈しているもう一つ別の徴である」とも言う。「教会が自己自身をすでにキリストの千年王国として自認していたら、教会の現在と天的永遠の彼岸的将来との間には何もあり得なくなる」。つまり「アウグスティヌス以来、西方においていよいよ遂行されるようになった彼岸の終末論は千年王国説の衰えに由来するのでなく、千年王国説を教会が占有したことに由来する[29]」とモルトマンは主張する。この見方で中世から宗教改革にかけての「千年王国説の歴史」を見ると、教会型の教会の前面から千年王国説が消えて、千年王国説に対する排斥運動が起きたのは、無千年王国説になったからではなく、教会が「実現された千年王国説」に立ったからである。トマス・アクィナスのヨアキム批判は、「実現されたポストミレニアリズム」に立つ教会の立場から「将来的なポストミレニアリズム」を批判したことになる。ルターやカルヴァンの再洗礼派批判は、「実現された千年王国説」から再洗礼派のプレミレニアリズムを批判したことになる。しかしこのモルトマンの見方は解釈による大幅な読み込みであって、決して精確な神学的表現を辿って証明されたわけではない。

「歴史的千年王国説」の第四例として最後に挙げられるのが「画期的千年王国説」(epochaler Chialismus) である。ここで「画期的」というのは、生活と思考と感覚のパラダイム全体が変わる大きな時代転換を意味し、中世から近代への転換、つまり「近代の誕生」を意味している。その中の主要な事態としてモルトマンは、大陸の発見や植民地運動の開始とともに、科学や技術による自然の征服、そして近代的理性の啓蒙主義を挙げて、その中に「近代の千年王国」の問題に満ちた実現があると見ている。啓蒙主義に先立って十七世紀のイギリスやドイツに千年王国説が影響を発揮した歴史的事実があり、レッシングの理性がヨアキムの第三時代の聖霊と関わりを持っていたことや、カントが「哲学も哲学なりに千年期説をもつことができる」[30]と語ったこと、そしてその実現を「人類の完全な世界市民的連合」の達成の中に見たことなどが「画期的千年王国説」の有効な裏づけとされている。実際、近代の成立に関わる第四の歴史的千年王国説をモルトマンが「画期的千年王国説」と名づけたのは、自らの時代を最良の時代として語ったカントの語り口の中に「画期的な境界線意識」（das epochale Schwellenbewusstsein）という表現があったためであった。[31]

言うまでもなく、近代世界がどのようなキリスト教的関連の中で開始し、成立したかという問題を歴史的、神学的に解明する課題は、一つの重大な神学問題である。トレルチがリッチュル学派と異なる仕方でその解明に努め、彼以前にはＡ・カイパーやＷ・ディルタイが論じ、トレルチ以後にはＷ・パネンベルクもこの問題に取り組んだ。[32] モルトマンはこの近代世界の成立問題と「千年王国説」とを結び合わせたわけである。しかしその内容は粗い。カント、あるいはレッシングにおいて人間の理性と道徳の進化による普遍的世界市民状況の達成が目指されていたとしても、それと地理上の発見や植民地主義、あるいは科学や技術による自然征服とがどう関係したのであろうか。また同じく「実現された千年王国」として解釈された中世のコルプス・クリスティアヌムの理念との関連、コルプス・クリスティアヌムの崩壊が近代世界の誕生の条件となったという関連を、同じ千年王国説を鍵概念としてどう説明できるのか。モルトマンの千年王国説による近代の説明は、「近代の本質」を内容的に千年王国説から説明できたわけではなく、近代と前時代との関連やその内容の差異を解明したわけでもない。ただ、どの時代もその時代の理想や目標、あるいはその達成と現在状況に固執するという事実があるのを指摘したに止まっている。それを千年王国として描き、解釈することも一応できると示したのに止まるのではないか。

モルトマンはそのようにして「政治的・教会的・普遍史的現在」の一種の自己絶対化を「千年王国的解釈」と

呼び、それを「歴史的千年王国説」と命名し、すべての歴史的千年王国を否定した。モルトマンによれば「歴史的千年王国説」は、神学的教説ではなく、千年王国説の時代史的適用である。要するに「歴史的千年王国説」は「政治的あるいは教会的な権力の宗教的正当化の理論」を表している。そしてそれは「メシア主義的暴力行為と歴史の失望」[33]に終わると語った。これに対し「世界の終わりと新しい創造の終末論的関連における将来待望」が、モルトマンの言う「終末論的千年王国」で、モルトマンはこれを終末論に必要な千年王国説として肯定した。これを彼は「この世界の抵抗と苦難と捕囚の中で必要な希望の像」[34]と呼んだ。モルトマンはその二つの千年王国説の区別によって「歴史的」（historisch）と「終末論的」（eschatologisch）とを「あれか・これか」の二元論的対立の中に置いた。そこにモルトマンの終末論の「アンチヒストリスムス」の特徴が現れる。一九二〇年代のアンチヒストリスムスは、上から垂直に歴史的文脈を切断するものであったが、モルトマンのアンチヒストリスムスは、将来からの超越の到来によって歴史的世界を否定の下に置く。超越の到来の角度が垂直線的上方から90度前倒しされて、将来的前方からくるものに変わっただけと考えられる。

それでは彼が肯定する「終末論的千年王国説」とは何か。それは終末論が持っている二つの面の一つと言われる。それは「経験される歴史に向けられた終末論の特別な、こちら側の面」である。これに対し終末論には他方の面として「歴史の向こう側に向けられた、歴史の普遍的な面」[35]があると言う。「特別な」ということはキリストの「死人の中からの復活」と関連づけられ、「すべての人の復活」（すなわち「死人の復活」）とは区別される面である。千年王国は選ばれた人の復活（死人の中からの復活）と結びついているが、万人の復活（死人の復活）とは結びついていないとされる。そこで終末論の方が普遍的で、包括的であるから、「終末論は、千年王国説以上である」と言う。千年王国説は「終末論の歴史的適応」（geschichtliche Relevanz）の面である。千年王国説を欠如すれば、終末論は歴史との関係を喪失すると見られている。「終末論の両面は、歴史の目標と終わりのように、歴史の完成と断絶のように、互いに密接な関係にある」[36]。「終末論的千年王国説」は歴史の目標と完成に関係し、

「終末論」は歴史の終わりと断絶に関係するというのである。

「終末論的千年王国」は歴史の目標や完成の像であり、その像によって希望を掻き立てる。しかしそれは、そのものとして達成されるわけではない。モルトマンにとっては、それがもたらす効果が重要である。この考え方には彼の神学の自己理解が根本にある。モルトマンによれば「キリスト教神学は普遍史の神学ではなく、戦いと希望の歴史的神学である」。その際「キリスト教神学はこの世界の将来が益々危機的になることを肝に銘じさせる[37]」と言う。彼は具体的に核の脅威と生態学的脅威によって人類全体の死滅の可能性をも考慮に入れる。しかしそれはただペシミズムやニヒリズムに誘うためではない。「歴史の究極的な終わりの前に人間の構成的可能性と破壊的可能性が一つにまとまることがあり得る[38]」とモルトマンは考える。そのうえで「キリストの千年王国」すなわち「平和の国」は、「今、ここで、なくてはならない希望の積極的な像」である。その「希望の積極的な像」が「炎の嵐の中での反キリスト的な世界破壊に対抗」し、「世界崩壊に逆らうあらゆる対抗的な生と活動に味方する」のでなければならない。そこで「千年王国説的希望がなければ、抵抗と徹底したキリストへの随従のキリスト教倫理はその最強の動機づけを失ってしまう[39]」と言う。キリスト教倫理の動機づけとしての千年王国という この理解によって、モルトマンはクリストフ・ブルームハルトと初期バルトに連なっているとの自覚を表明した。

終末論的千年王国が「終末論の歴史的適応」であり、「希望の積極的な像」として「キリスト教倫理に対する動機づけ」であると語った後に、モルトマンは最後に「千年王国説的待望がこの世界史と、かしこの世界の終わりや新しい世界とを仲介する、それは終わりを移行（Übergang）として表象可能にする[40]」とも語っている。歴史と終末論の間の「仲介」であり、また「移行」である千年王国という理解である。この「移行」という表現をモルトマンは彼のチュービンゲンの前任者と呼んだヨハン・トビアス・ベックから引き出した。

以上によってモルトマンの「終末論的千年王国説」についてほぼ概略を述べた。「千年王国」やその説についてこれだけ本格的に論じた終末論は近年では稀である。そこにモルトマンの終末論の一つの独自性があると言ってよい。ただし二十世紀の神学の中でも例えばパウル・アルトハウスはキリスト教的希望の現実性や此岸性を主張した点に千年王国説の正当性、真理契機を認めるとすでに語っていた[41]。ヴァルター・クレックも千年王国説によって仮現論が防止されると語って、それを評価した[42]。モルトマンはそれらについて言及しながら、しかしそれらはまだ終末論的千年王国の真の評価になっておらず、「それを片づけるための儀礼的な表現形式[43]」に止まっていると述べた。モルトマンはそれらを越えて、千年王国の意味を語ろうとしたのである。しかしそれでもなお、彼が千年王国そのものの将来的事実を語ったのか、そうでなく千年王国の像や表象の効果や有効性を語ったにすぎないのかということは問われる。モルトマンにおいても、終末論の「歴史的適用の面」を指すとか、「倫理の動機づけ」に有益とか、要するに千年王国そのものの将来的事実ではなく、その表象や像の有効性や効果について語られたにすぎなかった。歴史と終末論との間の仲介や移行ということも、要するに終末論の千年王国的性格や契機の必要な側面を語っているのであって、千年王国そのものを将来的事実として語ったわけではない。

5　モルトマンの千年王国説の問題点

概略を語りながら、すでにモルトマンの千年王国説の問題点もいくつか指摘した。しかし主要な疑問点や批判点をさらに記しておこう。「再臨」の訳語がキリストの不在の時を暗に含意するので不適切との見方は、決して納得のいくものではない。「歴史のイエス」「現在のキリスト」「再臨のキリスト」にはキリスト論的同一性、ならびに十字架にかかり復活した方の終末論的一回性による継続的な意味の同一性があり、同時にそれらには臨在の形態や働きの差異がある。従って、終末におけるキリストの来臨を「歴史のイエス」や「現在のキリスト」と区別して「再臨のキリスト」と訳すことは誤りでも、無意味でもない。「再臨のキリスト」はすでに十字架にかかられた方として、やがて十字架にかかるためでなく、審判と全体的統治のために栄光のうちに来臨する。モルトマンはキリストの再臨を抜きにして、ポストミレニアリズムとプレミレニアリズムの差異を「歴史的千年王国」と「終末論的千年王国」の区別に替えたが、そのために別の問題に陥った。その一つは「将来的なポストミレニアリズム」を無視した点である。ポストミレニアリズムは、確かに現在的、ならびに実現された千年王国の説になる場合もあるが、しかし一般的にはむしろ歴史内的でありつつ、将来的な千年王国を主張する。ポストミレニアリズムの千年王国は、此岸的、歴史内的で、かつ同時に将来的な千年王国である。モルトマンの千年王国論の扱いにはこの「将来的なポストミレニアリズム」が欠如した。[44]そこには彼の「歴史」対「終末論」、「歴史」対「将来」、「現実」対「可能性」の二元的な見方が影響したと思われる。これはモルトマンのアンチヒストリムスと関連している。それによっては扱えないポストミレニアリズムがなおあるのである。

モルトマンは「終末論的千年王国」を「移行の千年王国」として主張した。しかしその「移行」はどこからどこへ移行するのであろうか。モルトマンの終末論的将来は、将来から現在へ、可能性から現実へと到来するのであって、歴史やその現実から終末へと移行する道を含んではいない。彼の終末論の根本構造からして、終末は歴史内的関係性を欠如している。従ってその到来は、突如、将来に生起する以外にないであろう。それはかつて一九二〇年代のアンチヒストリスムスの終末論が上から垂直に「隕石」のごとく到来するのに類似している。その際、上から垂直に落下する超越が真実に歴史に到達したか否かも問われた。同じくモルトマンの終末論がはたして歴史、時間、世界、現実に真実に到来することになるか否かが問われるであろう。そのため歴史と終末の間に「仲介」や「移行」の千年王国が求められた。しかしモルトマンの終末論と歴史との間に「仲介」や「移行」を設定することは、将来の優位、可能性から現実への運動、あるいは将来から現在への時の流れの理解からして自己矛盾を犯している。彼の構想では歴史から終末への「移行」はあり得ないし、「仲介」もあり得ないであろう。

モルトマンが千年王国説をもって現在の世界状況に対する「抵抗」や現在に対する「二者択一的対抗像」を

示そうとするのに対し、ボウカムは十六世紀のミュンスターにおける再洗礼派の暴発的事件をもって教訓とすべきと語った。これに対するモルトマンの応答は興味深い。モルトマンは、自らの「終末論的千年王国説」が「宗教改革の左派、いわゆる再洗礼派と、レオンハルト・ラガツや初期カール・バルトの宗教社会主義運動の倫理から由来している」[45]と自認する。その上で、モルトマンはミュンスター事件について、カトリック神学事典LThK、プロテスタント神学事典RGG、メノナイト事典（Mennonite Encyclopaedia）のそれぞれの叙述を引き合いに出して「事件後四五〇年以上を経て、今日なお再洗礼派に対する論争は生きている」と指摘し、ミュンスターの暴発の責任は当時のカトリック司教による圧迫にあったという彼自身の歴史解釈を語っている。「コルプス・クリスティアヌムこそが千年王国であると主張した人々によって、平和的な再洗礼派の人々に対する大量殺戮が行われた」[46]という歴史の見方である。モルトマンの終末論における千年王国説は再洗礼派のそれに近いプレミレニアリズムの千年王国である。彼が同時に「悪魔（die Teufel）もまた解放され、……救われる」[47]と語ったのも、この再洗礼派との親近性を意識してのことかもしれない。「悪魔の救い」の説は「ハイデルベルク信仰告白」第一七条や「第二スイス信仰告白」第一一条が再洗礼派の説としてその千年王国説とともに退けたものであった。『神の到来』におけるモルトマンは自己の神学を再洗礼派と結合させた。彼の千年王国説と悪魔の救いの説はそのことを示そうとしたのではないかと思われる。

モルトマンが「悪魔の救い」を語るのは、神学的な根拠としては「神は御自身に真実であり続け、一度創造し肯定したものを見捨てたり、失わせたりなさらない[48]」という理由に基づいている。これによってモルトマンはバルトにおける悪の起源の理解とは異なり、悪魔は堕落天使であるという伝統的な説に立ったことになる。しかしそれにしても、神は確かに御自身に対して真実であり続けるに違いないが、その「神の真実」によっていわば神を絡め取り、「悪魔の救い」の理論として立論する資格が人間にあると考えるべきであろうか。そのようには思われない。

6　千年王国説の真理と危険

本章の結びとして千年王国説の真理と危険について記しておきたい。千年王国説をキリスト教信仰の中で一つの確立した神学的教説として語るべきかどうかという問題には、当然、疑問がある。聖書神学的な議論とともに組織神学的・教義学的な問題性を免れることができないであろう。第一に、キリストの千年に限られた中間的な統治を明確な信仰内容として教理的に確立するためには、聖書的根拠が十分備えられているとは言えない。この点では「千年王国」は「キリストの再臨」とは異なると言わなければならないであろう。第二に、神学的な教説として問題を挙げれば、キリストの統治が時間的に限定されると考えることは、御子なる神・キリストの「神性」の理解と適合することが困難である。三位一体の神の救済史的統治は救済史の中を貫き、終末において完成し、止むことはない。第三に、それは神の統治における三位一体の関係理解に合致しない。キリストは三位一体の神の位格として不断の相互交流の中で、神の創造にも、摂理にも、統治にも、不断にあずかっていると考えるべきである。従って、神学的な固有の教理としての千年王国説は、キリスト論と三位一体論によって、成立し得ないと言わなければならない。この点はヴォルフハルト・パネンベルクも簡潔に指摘した。彼によれば、千年王国説のように御子の支配を「救済史の特別な一つのエポック」として語り、それが父なる神の支配によって終わり、解消すると考えることは誤りである。そもそも御子の支配は、すべてのものを神の支配に服させるところに初めからその意味を持っており、その国には終わりはないからと言う(49)。

従って、千年王国説が神学的に積極的な意味を持つとしたなら、それは固有の一教説としてではなく、キリスト教的な救済史や終末論の神学的理解における一つの真理契機の表現としてである。千年王国説が強調した「真理」はある。それは「神の国」の活動的な性格を明らかにし、「終末論」の歴史関係的妥当性を表現した。救済史や終末論の中の一個の独立した教理として教義化するべきではないとしても、千年王国説は「神の国」の重大な真理契機を語っている。その意味で、千年王国説の真理契機は神の国概念の中に取り戻される必要がある。それはまず「歴史の中」における「歴史の目標」としての神の国を描いている。終末論は歴史の目標と終わりに関係するが、目標も終わりも歴史の中に到来する。「歴史の中」に来るのでなければ、目標も終わりも歴史の彼岸に位置することになり、歴史の上にあって歴史に接するとは言い得るにしても、歴史の中に到来しないことになろう。それは結局のところ、神の国と歴史の二元論を語ることになり、神の国は到来すると言われながら、歴史の中には到来せず、外なる永遠の国として表象されることになる。目標も終わりも、歴史の中に来るのでなければ、目標とならず、終わりとなることもできない。「永遠の今」は、歴史の中に到来する終わりの表現ではない。これに対し、千年王国の特徴は、終末論的神の国の「歴史内的性格」を語ったところにある。それはまた、神の国の「此岸性」や「身体性」を語ったと言ってもよい。神の国の仮現論ではなく、永遠と時間の境界線の踏破を語った。イエス・キリストにおける御子なる神の受肉が境界線を踏破したことに基づいて、その御子により、また御霊によって神の国は到来する。キリストによる千年王国の表象は、神の国の仮現論を克服し、歴史と神の国の二元論を克服する真理を語っている。

それはまた神の国の内面化や、終末論の個人的魂への狭隘化を防止する意味でも真理契機を表現している。千年王国は内面主義的個人的な神の国ではない。終末論は魂の終末論に尽きるものではないし、個人的終末論に局限化されてはならない。神の国は個人に関しても体の復活を通して、心身の全体的人間に関係する。それはまた個人を越えて共同体と諸々の民に関係し、人類に関係する。千年王国説はこの面を明らかに示した。

人間活動について言えば、千年王国説の真理契機は、人間の静寂主義や受動主義を破り、人間の積極的活動性への励ましを与えた。モルトマンは初期バルトとの接続も意識しながら、千年王国はキリスト教倫理への最強の励ましであると語った。「神の国」とその終末論が、千年王国の刺激によって静寂主義を脱し、倫理への激励となることは否定してはならないであろう。しかしそれにまさって重大なことは、それが伝道を励まし、祈りを励ますというジョナサン・エドワーズの主張である。エドワーズは「歴史の中における千年王国」の輝きから「伝道への熱き励まし」を受け取った。「神の国」は新約聖書において、倫理的な達成目標であるのにまさって、伝道との関わりにあった。このことに注意を向ければ、むしろジョナサン・エドワーズに学ぶ必要があるであろう。典型的には地上におけるキリストの国の樹立を語るポストミレニアリズムに現れていることであるが、千年王国が示す真理は、それが地上における神の国の表象を描いて、信仰と祈りを励まし、伝道を激励するところにある。

これに対し、千年王国説の危険は、信仰の真理の問題としてまずは千年王国説をそれ自体として教理化する誤りにある。キリストの王的支配を一つの区切られた時期に限定して固定化して表象することは誤りとすでに述べた。それはまたキリストの支配を神の支配や聖霊の支配と切り離す点でも誤りである。三位一体の神のオイコノミアを三位に分けて時代区分することは、フィオーレのヨアキムの説に見られたが、三位一体論の理解として正しいとは言えない。それはまたキリスト論的にも受け入れがたい。キリストは創造においても、また救済史のどの段階においても、形態を異にしながら十字架と復活の主として臨在し、支配しておられると言わなければならない。

千年王国の危険はただ教理的だけではなく、それが感情を掻き立て、人間の活動的エネルギーを駆り立てる点にある。ポストミレニアリズムは一層、地上に達成される目標として人間活動を刺激し、エネルギーを引き出したと言われる。プレミレニアリズムは現在世界との断絶に立つため、むしろ概して人間の受動性を強調した。しかしそれでも切迫したキリストの再臨とその後の千年王国の夢は、激しい現状否定の感情となって爆発したことがあった。確かに一方に現状変革を一切望まない者の現状の自己絶対化の危険もあるが、同時に他方、現状の秩序ある変革を望む者を脅かす、千年王国の激しい現状否定もある。千年王国説はしばしば熱狂主義の源泉になった。その宗教的エネルギーの起爆力と秩序破壊がしばしばその危険であったのである。

千年王国が歴史的進歩主義や共産主義的革命思想に世俗化したという面、革命的な熱狂主義に世俗化した面は、千年王国の思想史の問題として反省材料を提供し続けている。キリスト教的目標は、常に、またどこまでも、神が主であることによってのみ信じ得る目標であって、世俗化して正当性を維持し得る目標ではない。進歩や発展の概念についても同様である。進歩概念は全面的に放棄すべきか、それともベルコフの提案を汲んで、再考の余地があるのか。いずれにしても「神の国の摂理論」、「神の国の終末論」として、神の主権的な活動のもとに再考されるべき課題である。

第五章　最後の審判とキリストの再臨

終末論の諸表象の中には、「死人の復活」や「神の国」のまったき到来とともに、「最後の審判」や「キリストの再臨」がある。最後の審判は、個人の永遠の救いや滅びをめぐって個人的終末論に関わるテーマでもあるが、審判が人と人との共同生活における正義の遂行に関係し、さらには集団と集団、国と国との関係にも関係するように、集団的、共同体的終末論、人類的歴史的終末論の主題でもある。つまり最後の審判は、キリストの再臨とともに神の国の到来の重大な要件を構成している。さらに最後の審判とキリストの再臨の切り離しがたい関係は、キリストの再臨が審判者としての人の子の来臨と同一であることから、予想されるであろう。ここでは「最後の審判」と「キリストの再臨」という終末論的表象がどのような相互関係にあり、またいかなる意味と実在性とを指し示しているか、できるだけ究明の努力を傾けたい。

1　審判をめぐる聖書的記述

旧約聖書において「裁き」は、「ミシュパート」の用語によって頻繁に使用されている。裁きは人と人との共同生活における正しい秩序の維持に関わるが、しかし第一義的に神の業とされている。創世記一六章五節では、サライはハガルが自分を軽んじるのに対し、アブラムに抗議して言う。「主がわたしとあなたとの間を裁かれますように」(1)。また、アブラハムはソドムのために執りなして主に訴える。「正しい者と悪い者と同じ目に遭わせるようなことを、あなたはなさるはずはございません。……全世界を裁くお方は、正義を行われるべきではありませんか」（創一八・二五）。審判は聖書の「正義である神」の理解と切り離しがたく結びついている。神は契約の神として共同体形成的な神であり、正義の神である。それゆえにまた、真実な審判者である。そのため苦難にある者は神に裁きを求める（詩七・七、三五・二四など）。正しい秩序を破壊するのは、個人だけでなく、イスラエルの民であり、ときにはアンモンの人々（士一一・二七）であり、また諸国の民（詩七・八、ヨエ四・二）であり、多くの民（ミカ四・三）である。正義の秩序の回復は人類の普遍的な祈りであり、審判が関与する範囲は「地」（代上一六・三三）、「全地」（詩九四・二）、「地の果て」（サム上二・一〇）にまで及ぶ。裁きの執行者について言えば、旧約聖書は神に代わってモーセが民を裁いたことを伝えるが、さらにモーセは舅の忠告を受けて、「全イスラエルの中から有能な人々を選び、彼らを民の長……とした。平素は彼らが民を裁いた」（出一八・二五―二六）とも言われる。「広場」はそうした裁きの行われた場であり、やがて王が公平な裁きをなすことを求められた。ソロモンの英知はとりわけ裁く能力の中に示された。逆に「みなしごの訴えを取り上げず、助けもせず、貧しい者を正しく裁くこともしない」（エレ五・二八）、あるいは「賄賂を取って裁判」（ミカ三・一一）をすることは、神との契約に根拠をおいた契約共同体に対して破壊行為を行うことであり、契約の神に対する重大な背きを意味した。

人と人、民と民との共同生活における正しい秩序の回復と維持とは、個人の生活とともに集団生活にとって重大な問題であった。民の長や頭たち、そして王たちが、不正な審判に携わることが、王やイスラエルの民に対して神の審判が預言される大きな理由になった。王や民の不正な審判について、主なる神の言葉が預言者たちに臨んだ。「わたし自身が、肥えた羊とやせた羊の間を裁く。お前たちは、脇腹と肩ですべての弱いものを押しのけ、角で突き飛ばし、ついに外へ追いやった。しかし、わたしはわが群れを救い、二度と略奪にさらされないようにする。そして、羊と羊との間を裁く」（エゼ三四・二〇）。主なる神の審判は、預言者において一方では「主の日」と結び合わされた。「見よ、主の日が来る、残忍な、怒りと憤りの日が。大地を荒廃させ、そこから罪人を絶つために」（イザ一三・九、他にもアモ五・一八など）。しかし他方では、裁きは来たるべきメシアに期待された。イザヤ書のメシア預言は次のように言う。「彼は主を畏れ敬う霊に満たされる。目に見えるところによって裁きを行わず、耳にするところによって弁護することはない。弱い人のために正当な裁きを行い、この地の貧しい人を公平に弁護する。……正義をその腰の帯とし、真実をその身に帯びる」（イザ一一・三―五）。メシアは神の派遣による審判者である。イエスがキリスト（メシア）であれば、彼はまた審判者でもある。最後の審判がキリストの再臨の業として理解された背景には、神が本来の審判者であり、メシアは神に代わる審判者として神から派遣され、さらには神の審判がなされる主の日がくるといった預言者に由来する旧約聖書的な諸表象の伝統が存在した。「あなたはメシア、生ける神の子」（マタ一六・一六）との信仰告白には、「あなたは正しく裁く方」との信仰表現が含まれている。

新約聖書においても「裁き」は「クリマ」や「クリネイン」の語で同じように頻繁に見出される。しかしここでは多くが信仰者への勧めの言葉である。「人を裁くな」（マタ七・一）と言われ、「他人」を裁くこと（ロマ二・一）も、「隣人」や「兄弟」（ヤコ四・一一、一二）を裁くことも戒められる。「自分で自分を裁くことすらしません」（一コリ四・三）と言われる。なぜなら裁きは、神の業であり、神は「先にお選びになった一人の方によって、この世を正しく裁く日をお決めになったからです。神はこの方を死者の中から復活させて、すべての人にそのことの確証をお与えになったのです」（使一七・三一）。つまり新約聖書の証言は、すべての人が、すべての信仰者を含めて、神またはキリストの裁きの座の前に立たされると語る。キリストは「生きている者と死んだ者を裁くために来られる」（二テモ四・一）。「ですから、主が来られるまでは、先走って何も裁いてはいけません」（一コリ四・五）と言われることになった。

キリストが裁く方であることは、あらゆる他の裁き、この世の裁きからキリスト者を解き放つ。パウロは言う。「わたしにとっては、あなたがたから裁かれようと、人間の法廷で裁かれようと、少しも問題ではありません。……わたしを裁くのは主なのです」（一コリ四・三以下）。裁きの中で救いにあずかることは疑問視されていない。コリントの信徒への手紙Ｉ三章は「裁きの火」について語り、「かの日が火と共に現れ、その火はおのおのの仕事がどんなものであるかを吟味する」（三・一三）と言われる。しかし「その人は、火の中をくぐり抜けて来た者のように、救われます」（三・一五）と言われる。

仲間の間の争いについては、世の裁判に訴えず、聖なる者たちに訴えることが勧められる。「聖なる者たちが世を裁く」と言われ、「世があなたがたによって裁かれるはず」（一コリ六・二以下）と言う。さらには「わたしたちが天使たちさえ裁く者だということを、知らないのですか」と続く。ここにはイエスの裁きの行為に際し、「地上で実際にイエスに従った者たちは彼の側に立つ」という確信が見られる。(2) しかしまた裁く方は神であることから、裁く力は聖性にあるとの認識を根本にしているとも言わなければならないであろう。

2　人生や歴史における審判

聖書の証言の中だけでなく、人生と歴史の経験の中に審判・裁きがある。裁くことなしに人間社会の秩序は保持されることはできない。しかし社会の中で行われる審判は常に不完全なものである。審判者が不完全であり、審判者自身に悪が含まれる。またその審判の行為が不完全で、しばしば不正が犯される。人間の審判では常に事柄の真実は完全には究明されず、真相に即した審判にならず、時には冤罪も生み出され、ほとんどの場合量刑などは誤っていると言わなければならない。あらゆる審判は、ラインホールド・ニーバーの用語で言えば、不完全なものとして「究極的審判」（ultimate judgment）ではなく「暫定的審判」（provisional judgment）にすぎない。(3) しかし暫定的審判であっても、これを欠くならば、人と人との間、共同体の中や共同体相互の間に正義を求めることはできない。暫定的審判がその暫定性を認識し、究極的な審判からの支持を受け、またその批判に服して、不断に改善に努めるほかはない。その意味で暫定的な審判は、常に究極的審判による裁きを求めている。暫定的審判なしには社会も歴史も成立しないが、それが究極的審判を求めていることは、社会も歴史も究極的審判の支持とその裁きに服する用意によって成立しているとも言うことができ、このことは最後の審判に対する社会的・歴史的な弁証とも言い得るであろう。

アウグスティヌスもまた「最後の審判」と他の審判を区別して語った。その際アウグスティヌスは、他の審判についても人間の審判でなく、神の審判について語った。審判に「最後の」とか「終わりの」という言葉が付け加えられるのは、最後でも終わりでもない「神の審判」があるからと言うのである。「そのわけは、神はいまも裁いておられ、また人類のはじめから、最初の人間たちを重大な罪を犯した者として楽園から追放し、生命の樹から去らせられたときから裁いてこられたからである」[4]。最後の審判のほかに「神の最初の裁き」があり、また中間の過程における神の裁きもあると言う。中間の過程における神の裁きについて言うと、「事実上、善き人々が悪しき状況にあり、逆に邪まな人々で順境にある場合が存在するのであって、このことは不当なことと思われるが、しかし多くの場合、邪まな人々は不幸となり、善き人々は幸運を得ることも本当である」[5]とアウグスティヌスは語った。従って、この中間の過程における「神の裁きはいよいよ窮めがたく、その道はいよいよはかり難い」と言われる。これに対し、「本来の意味で『裁きの日』とよばれ、ときには『主の日』とよばれる時点の、神のあの裁きにわたしたちが到達したときには、神の裁きがこのうえなく明らかとなるであろう」。明らかになるのは、「その日に下されるすべての裁きのみならず、はじめの時から下されたすべての裁きやそれ以後のかの裁きの日に至るまでに下されたすべての裁き」もである。今は窮めがたくはかりがたい、その意味では隠されている神の裁きが、最後の審判では明らかにされるとアウグスティヌスは語った。歴史の過程の中に「隠れた神の審判」が「正しい神の審判」としてあることが明らかになると語ったのである。これは不完全で、不正を含む意味で暫定的ということとは異なる。隠された神の審判は敬虔な者の信仰にとっては、隠されていないことがある。つまり「隠されているところのものが正しい」ということである。信仰者はその敬虔を持って、歴史の過程の中で神の正しい裁きが行われていると信じることができると言う。

シラーの有名な表現によれば「世界歴史は世界審判である」。それは神の審判でなく、道徳法による審判を想定した言葉である。世界歴史において善は栄え、悪は結局滅びるのであれば、そう言い得るであろう。しかし歴史はまた謎に満ち、善と悪とは入り乱れ、すべての善なるものにも悪が入り、悪の滅びの中に善なるものも巻き込まれる。歴史が謎に満ちた審判の中を進行するとき、歴史の過程の中では神の正しい審判も目には隠され、信仰と謙遜な敬虔をもって洞察し、認識するほかはない。経験的には、神の隠れた審判は両義的と言うほかはないであろう。第二次大戦のナチス・ドイツの崩壊や大日本帝国の敗戦は、神の審判とも考えられよう。ナチスが最後まで勝利し、天皇主権の国体をもった日本が太平洋戦争に勝利したならば、歴史はむしろ全くの混沌と言わなければならなかった。しかし結局、ナチスの非人道的な排他的民族主義も日本の独善的な天皇制的超国家主義も勝利しなかった。そこに歴史の中にある神の審判を受けとめることができる。しかしそれにしても、それらの敗戦に伴った侵略や戦闘による内外の多大な犠牲、原子爆弾による莫大な犠牲、さらにはホロコーストによるユダヤ人の大量殺害などは、隠された神の正しい審判の中で、いかなる意味を持つことができるのか、それは謎のままに残らざるを得ない。世界歴史は世界審判であるとは、歴史の中で御子の贖罪の犠牲を負った神の最後の審判の言葉として以外には正当な根拠を持ち得ない。バビロン捕囚も共産主義体制も七〇年を経て終わった。そこに歴史は不正や不合理な勝利には終わらないという審判を見るにしても、その審判は最後まで隠されているとも言わないわけにはいかない。最後の審判がそれまでの神の正しい審判をも明らかにするというアウグスティヌスの言葉は、詳細をさらに明らかにする課題を残しながらも、なお尊重されてよいと思われる。歴史の謎は、歴史からの乖離や脱歴史的悟りによって耐えるものでないとすると、神の贖罪の業を通して、その贖いの主の最後の審判に期待するほか、その理解にも、また忍耐による受容にも道はないと思われる。

3　キリストの再臨と最後の審判の関係

イエスの再臨に対する待望は、原始教会のもっとも早い段階から信仰の内に抱かれ、復活信仰は再臨の待望と結びついた。(6) 伝承史的には再臨待望の方が高挙の表象よりも古いとも言われる。文書的にはマルコによる福音書、マタイによる福音書、そしてヨハネの黙示録には高挙の表象も見られるが、それよりも再臨待望が優勢である。ルカによる福音書とヨハネによる福音書、ヨハネの手紙においては、むしろ高挙の表象に比して再臨待望が後退させられていると見える。しかしそれでも、「高挙」と「再臨」とは二者択一であったわけではない。ルカ文書もイエスの再臨に対する決定的な待望を記述している（使一・一一）し、ヨハネによる福音書においても再臨の記述をまったく欠如しているわけではない。たとえばヨハネによる福音書五章二七節以下には、「〔父は、〕裁きを行う権能を子にお与えになった。子は人の子だからである。驚いてはならない。時が来ると、墓の中にいる者は皆、人の子の声を聞き、善を行った者は復活して命を受けるために、悪を行った者は復活して裁きを受けるために出てくるのだ」とある。あるいは六章四〇節の「わたしがその人を終わりの日に復活させる」とのイエスの言葉、さらには一四章三節の「戻って来て、あなたがたをわたしのもとに迎える」などの箇所を、キリストの再臨の約束を記す箇所として挙げることができるであろう。アラム語の「マラナ・タ」（主よ、来てください）という元来礼拝の中で挙げられた主の近い再臨を求める訴えの祈りは、原始教会とその後の教会の伝承の中に変わることなく保持され続けた（一コリ一六・二二、黙二二・二〇）。

再臨待望と関連するのが、再臨のイエスと初期ユダヤ教黙示思想の「人の子」との同一視である。「人の子キリスト論」はQ資料の中にすでに見られる。黙示録的「人の子」は、その前面でやがて全世界が申し開きを行わなければならない未来の審判者として待望されたが、イエスにおいて今すでにそれが全権を帯びて出現したと考えられた。最後の審判は人の子が遂行するわけで、その中でイエス自身の地上の働きの承認問題もかかっていたはずである。それが今や、イエス自身が「人の子」とされた。これはイエスの人の子としての約束の言葉として理解すべきであろうか。それにしてもイエスと人の子との直接的同一視が成立する以前に、今この時におけるイエスに対する態度が、終わりの時における「人の子」との関係を決定するとされたことが知られる。ルカによる福音書一二章八節はQ資料に属するが、「言っておくが、だれでも人々の前で自分をわたしの仲間であると言い表す者は、人の子も神の天使たちの前で、その人を自分の仲間であると言い表す」とある。これはイエスを直ちに「人の子」と同一視したのではないとしても、イエスに対する今の態度が、終末における人の子の態度を決する仕方で、イエスとの関係と人の子の関係の対応を語っている。マルコによる福音書八章三八節、ルカによる福音書九章二六節も同様である。既述のルカによる福音書一二章八節の併行記事であるマタイによる福音書一〇章三二節では、「人の子」は「わたし」（イエス）に言い換えられている。御自身を人の子と同一視し、その到来を約束したイエスの言葉、もしくは御自身に対する態度と終わりの時の人の子による審判の間に対応があるというイエスの言葉、そのいずれをも否定するとしたら、イエスと「人の子」の同一視の成立した理由を説明することは困難にされるであろう。

「再臨待望」と、イエスが「審判者」であり、「人の子」であるという信仰は、再臨のキリストによる最後の審判という表象に結実した。イエスはキリストとして審判に携わるが、それは終わりの時の審判のために来臨する「人の子」と考えられた。イエスをキリストとして終末論的審判の遂行者と見なすことは預言者的な伝統を背景としているが、「人の子」とイエスの同一視は黙示録的な表象の伝統を背景としている。二つの伝統は再臨のキリストによる最後の審判という表象において結合した。キリストと人の子の同一視という黙示録的な事態には、キリストが終末論的な審判を遂行するという預言者的伝統の思想が根底をなしていたと思われる。キリストが審判の遂行者、それも終末論的な「主の日」の審判の遂行者と考えられたことが、キリストと黙示録的「人の子」

とを同一視する環境を形成したであろう。

「歴史のイエス」（第一の来臨）と「再臨のキリスト」（第二の来臨）との関係について、「歴史のイエス」は特にその復活の出来事において終末の出来事、すなわち第二の来臨を「先取り」したと語る行き方がある。啓示についても、イエス・キリストにおける啓示は、終末における啓示の先取りであり、それゆえ暫定的な啓示とされる。しかしこのパネンベルクに代表される説に賛成することはできない。なぜなら神の啓示が先行することなしに、世の終わりの到来を語り得るわけではないからである。パネンベルクは「全体性」の哲学をもって「全体」を語りながら、全体を語り得るのはその終わりにおいてであると言う。しかし「全体」という概念は必ずしも終わりがあることを意味しはしない。無限に繰り返す汎神論的な世界の全体や永遠回帰的な全体もあり得るからである。

「歴史のイエス」に終末の先取りを見て、そこからキリスト論を構成することは、単純に言って、終末の事態がキリスト論を規定すると見るわけで、終末論が根拠になってキリスト論を構成すると見ることになる。しかしキリスト論と終末論の関係については、前者は後者の先取りという仕方で、終末論からの規定力を一方的に決定的に考えるべきではない。「終末論的キリスト論」とともに、あるいはむしろそれに先立って「キリスト論的終末論」を言うべきである。それがキリストの第二の来臨の終末論である。歴史のイエスとその復活、そしてその高挙は、ただ終末の先取りではなく、終末を約束し、根拠づけ、保障する。第一の来臨が第二の来臨を根拠づける。一九六〇年代以降の「希望の神学」や「歴史の神学」は終末論からの規定的な力を強調し、すでに起きた過去と現在の救済に対する「感謝」を希薄化させた。「先取り」論や将来的傾斜の徹底性の主張に対抗して、歴史のイエスにおいて過去に起きた救済や啓示が持っている終末論的な意味を回復しなければならないと思われる。終末論を語るにしても、キリスト論や贖罪論を根拠にし、それに基づいて語るという面を失ってはならない。あるいは聖霊論に基づき、三位一体論に基づいて語ると言う面も失ってはならないであろう。

4　キリストの再臨とは何か

キリストの再臨とは何か。第一の来臨と区別されて、第二の来臨、すなわちキリストの再臨が語られる。キリスト教信仰はこの区別によって、神の救済の業は「二つの大きな段階」[7]を踏むとの信仰を表明している。キリストの贖いの業と聖霊による神への和解によってすでに救いに入れられ、キリスト者はそこに根拠を持って感謝と喜びのうちに神の救済の業の完成、神の国のまったき到来を信じている。第二の来臨は、第一の来臨とは違って「枕するところなしに」ではなく、「人の子」の「栄光」のうちに、目に見える仕方で全権と勝利を持った来臨である。身体性と力を持って栄光のうちに来臨するキリストをいかなる実在として理解するかは、秘義的な実在理解として重大な神学的問題である。その実在性の理解は、受肉の理解、復活の理解、サクラメントにおけるキリストの現臨の理解、さらに教会を体としその頭であるキリストの一体性の理解とも共通し、また二元的境界を突き破って到来する神の国の実在の理解とも共通する。それはカール・バルトの見解とは異なって身体性のゆえに歴史的認識の対象でもあり、しかも感覚主義や実証主義だけの認識によっては捉えられず、使徒的証言によって証しされた霊的な認識の対象である。そもそも神の実在性は、実証主義的、感覚主義的な実在ではないが、しかしまた観念主義的な実在でも、あるいは心理学的実在に還元されるものでもない。信仰的、神学的に認識される実在は、同時に歴史的な出来事の中に啓示され、霊的であり、キリストにあって身体的であり、そして神的である。

終末論においても、そうした実在の認識として、二元論的な境界を踏破した実在の認識が重大になる。歴史的現実への神の到来は、経験的認識からすると秘義的とも言わなければならない。そうした認識に熟していかなければ、神とその出来事は理解できないが、それを理解することなしには人間と世界もまた真実には理解されることはできないと言うべきであろう。

従ってこの歴史的霊的な秘義的実在は、信仰と歴史、神と世界の二元論的分離の視点では理解されない。キリストにおける神的実在そのものがそうした二元論的な境界線を踏破した実在だからである。神がキリストにおいて実在し、三位一体の神であるという現実は、すでにグノーシス的な二元論的区別を突き抜けた実在性を語っていた。その実在の認識は、キリストの来臨を第一と第二の区別において認識することとも矛盾せず、その働きが救済史として意志されているゆえに、この区別を必要としてもいる。

来臨の形態と業は区別されるが、キリストの人格と実在の同一性は前提される。再臨におけるキリストは、受肉に始まる歴史のイエス・キリストとの同一性にあり、復活に始まる高挙のキリスト、「世の終わりまでいつもあなたがたと共にいる」と約束された「現在のキリスト」と同一性にある。この同一性を根拠として第一の臨在と第二の臨在の間に救済史的な中間時が可能になる。

モルトマンは「到来」を意味するギリシア語のパルーシアを「再臨」と訳すのは誤りであると語った。理由は、すでに述べたように、「それは、（キリストの）時間的な不在を仮定するから」と言う。キリストは常に同一の到来のなかにいると主張される。しかしこの指摘は適当とは言えないであろう。「再臨」は「栄光と力、そして身体性におけるキリストの来臨」を意味し、キリストの今現にある見えざる臨在すなわち「現在のキリスト」を否定しているわけではないからである。むしろモルトマンの再臨の用語の拒否は、一つの来臨の主張によってすでにあった「第一の来臨」の実在性を希薄にする役割を果たすであろう。これに対しパネンベルクは、「再臨」の訳語を使用する。その上で、イエスの受肉、復活、再臨の間には「内的結合」が存在し、それが「神の永遠性に根拠を持った出来事の統一性」を表現していると言う。そしてその表現は「わたしたちにとっては（受肉、復活、再臨）の三つの観点で与えられ、三つの現実に区別された出来事の形態において与えられている」[8]と語っている。この主張には異論を差し挟む必要はないかもしれない。しかし「永遠性の視点の下では一つで同一の出来事」とも言われ、「一つで同一の出来事」であったなら、なぜ「再臨」と言うのかという問題になるであろう。再臨はただ私たちにとってのことだけであって、神の救済史的な事柄ではないことになる。また「一つで同一の出来事」であったら、最後に新たな出来事が加わるわけではなく、先の出来事は何ら「先取り」でもないであろう。パネンベルクの表現にもなお問題が残る。さらに言えば、「三つの形態」と言うのも不確かなことである。受肉、復活、再臨の三つの形態を言うだけでは、「現在のキリスト」や「サクラメントに現臨するキリスト」を欠くからである。パネンベルクは、以上に加えて、「私たちにとっては受肉に対する信仰告白はイエスの復活に根拠を持ち、復活祭の出来事の現実は彼の再臨において初めてそれをめぐる論争を免除され、究極的にまた公然と確証される。なぜならイエスの復活はまさに彼における新しい生そのものの終末論的な救済的現実の先取り的な現象への歩み出しであるから」と言う。パネンベルクにとって確かさの根拠は過去には見出されず、将来に置かれている。これは終末の優位の思想であって、それは誤りではないかという点はすでにしばしば指摘してきた。われわれはむしろ歴史のイエスにおける啓示から三位一体の神の認識に至り、その経綸の意志を救済史的に理解し、そこに根拠を置いて、キリストの第一の来臨や高挙や現在的臨在とは区別された、同一のキリストの第二の来臨を栄光と力と身体性において理解するべきであろう。第一の来臨において十字架に死に、罪ある者たちの贖罪のための代理的な死を身に負った方が、復活し、栄光のうちに再臨する。死を最後の敵として滅ぼされる方は、神の民のために死んで復活させられた方である。神の真の栄光と勝利は、死を身に引き受けた方によって現される。その意味で、第一の来臨なしに第二の来臨はないと言わなければならない。第一の来臨は、第二の来臨の先取りというよりは、第二の来臨の神的根拠を示す啓示の出来事を含んでいる。

［附論］　内村鑑三の「再臨運動」と富永徳磨の反論

日本のキリスト教思想史の中でかつて「キリストの再臨」が集中的な話題になった事実があったことはよく知られている。一九一八年一月から翌年の夏まで、ほぼ一年半に渡った内村鑑三の「再臨運動」である。内村は中田重治、木村清松とともに、キリストの再臨やその待望が記されている聖書箇所を重大として、講演活動を起こした。その主たる会場は東京、神田の基督教青年会館であったが、さらに大阪、岡山、北海道などでも講演を行った。その活動によって内村は、「キリスト再臨」を聖書の「最大真理」と主張し、さらには「人生問題宇宙問題の中心的真理」と強調した。講演会場には初回は千二、三百名、その後も数百名が集まり、その講演内容は内村の『聖書之研究』誌に毎号掲載され、その発行部数は三〇〇〇部に昇ったと言われる。その年（一九一八年）の一一月には再臨問題を語った『聖書之研究』の主要な文章を収録した『基督再臨問題講演集』が岩波書店から出版された。

内村鑑三のキリスト再臨の主張が彼の非戦論の平和思想と時代史的な関連にあったこと、またその動機になった聖書観が「聖書全部神言論」の立場であり、再臨信仰を確言することによって「聖書の首尾一貫性」が初めて貫かれるといった聖書理解に立っていたことなどについては、すでに拙著『デモクラシーの神学思想』（教文館、二〇〇〇年）の第三部第二章「内村鑑三における再臨運動とデモクラシー批判の問題」の中で叙述した。また、内村のキリスト再臨の説は、個人の「身体の救拯」や「人類の救拯」に関わるのみならず、さらに「禽獣虫魚否天地万物の救拯」に関わり、「栄光の天然」「完成せられたる宇宙」の出現を伴うと解され、今日の表現で言えば宇宙的終末論についても言及されていたことは興味深い事実である。(9)

しかしこの再臨説は、当時のキリスト教界の各方面から反理性的で迷信的なものと見なされ、キリスト教信仰を世の人々に不合理なものと印象づけ、躓きを与えるものとして、批判の声を浴びた。内村自身もやがてキリスト再臨の最大真理性や中心性の熱烈な主張を後退させていった。[10] その際、再臨説に対する多くの批判の中で特に代表的なのは富永徳磨の批判であった。ここではその概略を振り返り、さらにそれに対する内村に近い立場からの再批判にも言及して、この問題についての日本の当時の議論を付記しておきたい。

富永徳磨によれば、キリスト再臨の記述は共観福音書に見られはするが、それはその当時の「時代思想」であって、よしんばイエスの言葉に見られるとしてもイエスの宗教、イエスの精神の中心でも特質でもないと言う。この意味で聖書は「丸呑みすべからず」[11] と富永は語った。聖書は一言一句に拘泥すべきでなく、その「精神」を理解すべきで、「聖書の精神」は、「イエスの精神」であり、「神の精神」[12] とも言われた。この「精神」こそが、さまざまな時代的拘束の中にある諸現象の背後に横たわって真の「キリスト教の本質」であると富永は語った。こうした「キリスト教の本質」と「諸現象」の区別によって、「精神」としてのキリスト教は、聖書の一言一句から解放されるだけでなく、さらに教会史の諸現象や教会の実状、そしてその教理からも解放されると語られた。イエスの精神は、聖書の精神であり、また教会の精神であって、それがキリスト教であると言う。聖書解釈もこの聖書の精神を理解するべきものとし、そこからの解釈がなされた。イエスの宗教の本旨にはこの精神があって、「彼は人を神の子供とせんために一生努力し終に十字架にかゝつた。即ち御自分の内に充つる聖なる徳愛なる徳を人の心に注ぎ入れ、人を自らと同じ心を持ったものとし、自らと同じ思ひを思はせ、同じ行を行はせ、かくて父なる神と一致させ、神の子たらせて、其によって至極の幸福をもたせ永遠に亡びざるものたらせたのである」[13]。「此が基督の救であつた」と富永は書いた。キリスト教とはキリストの精神であり、それはイエスを介しての神と人との一致の精神であり、神の子の意識である。ここには精神主義的なキリスト教の本質理解が見られると言うべきであろう。この精神主義的なキリスト教の本質の観念によって、富永はハルナックなどに現れた十九世紀のキリスト教本質論との親近性に立った。富永の再臨批判には、彼のキリスト教理解、神と人との一致の精神としてのキリスト教理解が根本にあったわけである。彼は海老名弾正と特別な交流があったわけではないが、キリストを介しての神と人との一致の意識や、神の子とされた意識の中に救いを自覚するといった精神主義的キリスト教理解において、海老名弾正にきわめて近似していたと言うことができる(14)。

この精神主義的キリスト教理解から見たとき、内村のキリスト再臨の思想は、当然、物質的で非合理に見え、「有形的再臨」として拒否せざるを得ないものであった。富永としては「霊的再臨」を肯定し、これは終わりの時でなく、何度も起きると主張した。神と人との精神的一致に「霊的再臨」は何ら矛盾しなかったからである。

富永徳磨の以上の再臨批判は、むしろ逆に富永の精神主義によるキリスト教理解の単純素朴な問題性を明らかにして、富永批判へと反転するであろう。彼の精神主義では、受肉も復活も神の国も精神主義化して理解する以外になくなる。その贖罪論も問題になる。海老名弾正の場合と同様で、キリストの贖罪はせいぜい神と人との一致の意識、神の子の意識の模範、あるいは感化として、精神主義的に理解する以外にないからである。この精神による救済はすでに今、現在において完成している。救済は二段階をとって、あるいは救済史を取って、「体が贖われる」のを待つ必要はないとされる。その終末論は本質的には現在的終末論に帰着し、同時に精神的な発展を期す文化的楽観主義にもなる(15)。さらに言えば、キリスト教的救済からの身体性の欠如は、当然、聖礼典の意味を危険にさらすし、教会理解を損なう危険にも陥るであろう。富永の再臨批判は、細部に曖昧なところはあるが、概して言えば、きわめて合理的で、容易に理解し得るものであったが、それだけにキリスト教信仰の真理の理解としては、むしろきわめて危険な一面性や浅薄さに陥ったと言わなければならない。

富永の再臨批判に対して、内村の陣営の一人畔上賢造の反論がほとんど間髪を入れずに著された。こうしたやり取りのスピード感とその論争の内容の中に、あの時代のキリスト教が日本の知識層にあって示した若々しい躍動感が感じ取られる。畔上の反論は、ヨハネによる福音書にも依然としてキリスト再臨の約束が見られることを指摘し、富永のいう「霊的再臨」の用語と内容の混乱を指摘し、さらには富永が挙げるドイツ神学者の偏りを指弾するなど、もっともと言い得る諸点を含んでいた。畔上は再臨運動期の内村のようには再臨をキリスト教信仰の「最大真理」とも「中心真理」とも主張しなかった。しかし再臨信仰を、キリスト教信仰の「重大なものの一」としてその「希望」に生き続ける立場を鮮明にした[16]。

なお、『福音新報』も大正七年四月に早くも再臨問題を扱った。『振りさけ視よ』（一）という紙面一頁のみの小さな巻頭文章である[17]。この匿名の巻頭文書は、おそらく植村正久によるものと思われる。この匿名の新報社説は「宗教改革の時代にもアナバプテスト派の如き一部の人々、之に関して余り極端なる意見を固執して、大いなる悶着を惹起した事実がある」と断わりながら、しかし「主の再臨は確かに基督者に取りて重要なる題目の一つである」と語っている。そこで「我らも……再臨の基督を望み視ねばならぬ」と言う。しかしこの論者は「然し遠きに至るは近きよりすべきである」と語り、「先ず歴史上の耶蘇、現在信仰の基督より説き出すが所謂振りさけ視ることの正しき次第であろう」と記した。この文章は（一）とあるが、なぜか（二）は続かなかった。しかしそこに記された「歴史のイエス」と「現在のキリスト」から説き出して「再臨のキリスト」に及ぶとの主張は、神学的な根拠を明らかにしながら語ったならば、きわめて適切な神学議論を形成したであろうと思われる。こうした諸批判を含めて総体として判断すれば、大正期半ばの「再臨問題」は日本キリスト教思想史の興味深く貴重な一頁であったと言うことができる。

5　再臨の「時間」と「空間」

キリストの再臨の時は、最後の審判の時であり、歴史の終わりの時、歴史の完成の時とも考えられる。それはいつどのように来ると証言され、また信じられるべきであろうか。聖書の証言によればその時は「裁きの日」（マタ一〇・一五他）と言われ、「主の日」（一テサ五・二、二ペト三・一〇他）とも、また「神の日」（二ペト三・

一二）とも言われる。その日がいつ来るか、その時は誰も知らない。「天使たちも子も知らない。父だけがご存じである」（マコ一三・三二）と言われる。主の日の到来、つまりキリスト再臨と最後の審判、そして神の国のまったき到来の時とは、御父である神の主導的権威の下にある。人知の及ぶところではなく、また知ろうと欲することも適切ではない。モンタヌス派が期待した年も、ヨアキム派が期待した一二六〇年――それはキリスト再臨の時でなく、キリストによる第二の時代が終わり、聖霊による第三時代の決定的な盛期が開始する年の意味であったが――も、挫折の年になった。その他、再洗礼派のミュンスター事件の際にも一五三三年がその時と考えられ、その後の再臨主張にも年代の確定的期待がしばしば伴ったが、それらは根本的な誤りを犯していた。使徒言行録は「父が御自分の権威をもってお定めになった時や時期は、あなたがたの知るところではない」（使一・七）とのイエスの言葉を伝えている。この言葉はアウグスティヌスの終末時についての立論の根拠とされ、熱狂的再臨論者に対する批判の箇所とされた。

その日についての別の表現は、「盗人のように来る」である。「だから、目を覚ましていなさい」（マコ一三・三五、マタ二四・四二）と言われる。その日の到来は、歴史的な「発展」の帰結ではないし、人間の「努力」の成果でもない。そこからレギン・プレンターは再臨の時が「絶対的突然性」[18]を帯びていると語った。キリストの再臨、従ってまた歴史の終わりは、突然の終わりであって、「歴史の経過との一切の内的連関の中にない」と言う。それゆえ再臨は時間の中のどこかに来るのではなく、「どの時に対しても同じように近い」[19]とプレンターは語った。しかしこれは必ずしも適切ではない。「絶対的突然性」で歴史的経過との一切の内的連関がないとすると、主の日を「目覚めて待つ」ことも、「祈り」のうちに待つこともできないのではないか。聖書は「盗人が夜やってくるように、主の日は来る」と語るとともに、「しかし、兄弟たち、あなたがたは暗闇の中にいるのではありません。ですから、主の日が、盗人のように突然あなたがたを襲うことはないのです」（一テサ五・四）とも語っている。悔い改めを待つ神の「忍耐」がある（二ペト三・九）と言われ、「神の日の来るのを待ち望み、また、それが来るのを早めるようにすべきです」（二ペト三・一二）とさえ言われる。その到来は歴史の中でのあり方に関係しながら、時間の中に来ると言われている。目を覚ましているとは、信仰の中におり、祈りの中におり、礼拝の中にいることである。それは歴史の中のあり方と言わなければならない。歴史の終わりは歴史の中に来る。そうでなければ歴史は真に終わることがないことになる。

歴史の終わりがもし歴史の中に来ないのであれば、それは時間の外にいつでも来ているが、時間的にはいつまでも来ないことになる。歴史の終わりとしての再臨がプレンターの言うようにどの時代に対しても同じ近さにあると言うのであれば、それは歴史の彼方にあることになり、聖書の証言と異なり、歴史とその終わりの二元論でも言うべき事態になるであろう。そうであれば、キリストの再臨は何も神のみがその時を知り、その時は神の手の中にあると言う必要もないのではないか。キリストの再臨や神の国が歴史の終わりとして、歴史の彼方にでなく、歴史の中に到来するというのが聖書の理解と言うべきである。創造が時間の開始であって、しかも時間的現実との関わりにあることから、時間の外の出来事ではなかったように、終末は時間の終わりであって、それは時間の中に到来する。時間の中に到来するということは、歴史の経過との関連を意味することにもなり、さらに聖書の証言によれば「その日まで生き残る者」（一テサ四・一五、一七、一コリ一五・二三）がいて、再臨の主に出会うとさえ語られている。

「神の国」が「からし種」のように「育つ」と言われているのも、やはり歴史の終わりが歴史の経過と切り話されていないことを含意しているであろう。時間の中で、時間の終わりが到来し、「このようにして、わたしたちはいつまでも主と共にいることになります」（一テサ四・一七）という永遠に入れられるのである。

歴史の終わりは歴史の中に来るということとの関連で、ロバート・ジェンソンの以下の表現にも疑問が生じる。ジェンソンはその終末論の中で「神の国の完全な共同体は、復活させられた者の共同体であり、そうでのみあり得る」[20]と語った。モルトマンも同様である。「『来たるべき世の生』の待望が『死人の復活』の希望に属しているならば、この『来たるべき世界』は死人たちの復活に対応しなければならず、復活した人々の生の世界以外の何ものでもない(21)」と言う。それによってジェンソンの「神の国の完全な共同体」も、モルトマンの「来たるべき生の世界」も人類史の中には来ない、歴史や時間の中には来ないと言っていることになるのではないか。パウロは生きながら再臨のキリストと出会う可能性を語った。神の国の完全な共同体には生きながら再臨の主と出会う人もいる。それが、神の国が時間の中に到来する表現である。万人の死と復活の後に審判、キリストの再臨、神の国の到来があると言うなら、それらはすべての人間の死の後のこととされ、時間の中に到来することは曖昧にされざるを得ない。コリントの信徒への手紙Ｉ一五章五一節以下も同様に記している。「わたしたちは皆、眠りにつくわけではありません。わたしたちは皆、今とは異なる状態に変えられます」。死後の復活よりは、「変えられる」ことの方が普遍的で重大とされている。「死者は復活して朽ちない者とされ」るように、「朽ちるべきものが朽ちないものを着、この死ぬべきものが死なないものを必ず着る」（一コリ一五・五三）ことが重大である。

再臨の「時」の難問としてあるのは、それが終末の時として、すべての諸個人の終わりの時を意味するとともに、神の国の完成の時として人類歴史の終わりの時であり、さらには宇宙万物の終わりと完成の時でもあることである。このことをどう理解にもたらすかという問題がある。それらの時が、一つの時として、キリストの再臨のもとに統括されていることをどう語ることができるであろうか。個人の死とキリストの再臨の間に死者の長い眠りの時を想定したり、死後直ちに神の御前に立つことが、しかも人類史の終わりの時と一致するとして、それ以上の説明を放棄したり、人類史の終わりとエントロピーによる宇宙の温暖死との間に当然予想される膨大な時間差をどう説明するか苦慮するといった難問がある。エフェソの信徒への手紙は言う。「こうして、時が満ちるに及んで、救いの業が完成され、あらゆるものが、頭であるキリストのもとに一つにまとめられます。天にあるものも地にあるものもキリストのもとに一つにまとめられるのです」（一・一〇）。キリストの再臨の時は、時満ちた「充満」（プレローマ）の時、そしてすべてを一つにまとめる「統合」（アナケファライオーシス）の時である。

キリストの再臨の場所や空間について何か語ることができるであろうか。再臨はエルサレムに、あるいはガリラヤに起きると考えられ、さらにはイングランド、あるいは再洗礼派の中にはストラスブルクで起きると考えた者もあったと言われる。そうした場所の議論は、日の特定と同様、意味のあるものではない。しかしパウロは「空中で主と出会う」（一テサ四・一七）と語った。歴史の終わりが歴史の中に到来するように、それはまた空間の中に到来し、空間を終わらせる。空間の中に全空間的現実として再臨は来る。「稲妻が東から西へひらめき渡るように、人の子も来る」（マタ二四・二七、ルカ一七・二四）という隠喩は再臨の全空間的現実連関を意味しているとも解釈される。人間と人間の出会いは特定の場所との関連を持つ。しかし人の子の来臨は特定の「ここ」「かしこ」に制約されていない。全現実がその関係に入れられ、空間の中で空間は越えられる。「すべてが御子に服従する」という表現は、再臨の現実がすべてを覆うことでもある。空間の拘束は終わり、遍在に入れられる。それは時間の拘束が終わり、永遠の中に入れられることと同様である。「神がすべてにおいてすべてとなられる」（一コリ一五・二八）。

6　キリストと最後の審判――贖罪論的、三位一体論的な終末論

主の日の到来は御父である神の権威にあることであるが、最後の審判の審判者はイエス・キリストである。裁きがメシアの業であるように、最後の審判はキリストの業である。使徒言行録一〇章四二節は、「イエスは、御自分が生きている者と死んだ者との審判者として神から定められた者であることを、民に宣べ伝え、力強く証しするようにと、わたしたちにお命じになりました」と言う（他にもヨハ五・二二、二七、二テモ四・一など）。キリストは罪ある者の贖いとして御自身を献げた方として、審判者である。歴史のイエスと再臨のキリストは同一のキリストであり、キリストは裁きを受けた方として審判者であり、審判者として裁きを受けた。贖罪者が審判者

である。このキリスト論的同一性に基づいて、最後の審判はキリストの贖罪と切り離しがたい関連を持つ。キリストの贖罪の業の中に終末論的な事態が起きていて、その贖罪は終末論的な贖罪であったが、それゆえに最後の審判は贖罪論的な終末論の事柄である。キリストに対する今の態度・関係が終末の裁きのことを決定するというのは、この同一性とそれに基づく不可分的関連のためである。歴史の中の出来事に終わりが先取りされたとも言い得るが、それよりもっと根本的には、歴史の中の終末論的な出来事が終わりの出来事を根拠づけているということである。キリストの第一の来臨が第二の来臨の先取りというより、第一の来臨がキリスト論的同一性、そして三位一体の神の働きとして第二の来臨を根拠づけ、約束している。キリストの贖罪の御業が、最後の審判を根拠づけ、約束している。

審判とは「分ける」ことである。一方を罪とし、他方を義とすることで、罪と義を分ける。また一方を死へ、しかも最後の審判においては永遠の死へ、他方を永遠の命へと、死と命を分ける。それはまた救いと滅びとを分けることでもある。ただ分けるだけでなく、審判を通し「変えられる」という面がある。その変化の中にも朽ちるものから朽ちないものへという具合に分けることが含まれる。罪ある者から義である者へ、死に属する者から命に属する者へ、滅びから救いへの変化が審判の中にはある。

その「区別」と「変化」は何を基準として遂行されるのであろうか。この審判の基準もまた、キリストが審判者であることから規定される。キリストと切り離されて、審判の基準が合理主義的に、あるいは道徳主義的に確定しているわけではない。

人間の業をなすことよりは、むしろ神の業をなすことが重大であるが、「神がお遣わしになった者を信じること、それが神の業である」（ヨハ六・二九）と言われる。その人自身の業よりも、神に派遣された御子への信頼、キリストを拒否せず「キリストにある」ことが重大である。よい実を結ぶためにはよい木であることが重大であり、実を結ぶにはキリストにつながっていなければならない。「あなたがたが豊かに実を結び、わたしの弟子となるなら、それによってわたしの父は栄光をお受けになる」（ヨハ一五・八）。基準は律法の業ではなく、キリストにあることであり、それゆえ「愛の実践を伴う信仰」（ガラ五・六）である。

「キリストにある」ことはキリストの贖罪の業に基づき、神と和解されることであり、また同時に洗礼における聖霊の派遣によって「アッバ、父よ」と叫ぶことでもある。それは、キリストが派遣され、その贖罪の業を通し、また洗礼によって聖霊の派遣により「神の子」とされ、三位一体論的な神の関係の中に入れられることである。この贖罪の業に聖霊もまた切り離しがたく構成的に関与していることは明らかである。パネンベルクは「聖霊の働きは、キリストの再臨の出来事においても構成的であろう。イエスの復活や神の子への任命においてのように[22]」と語っている。このことはキリストの再臨に対する聖霊の働きを語っているのであるが、審判の基準としてのキリストにあること、神との和解、神の子とされていることにおいても聖霊の構成的な働きは明らかで、審判の基準を形成するのは「キリストにあり、神の子とされていること」であるが、それはキリストとともに聖霊によることである。この意味で最後の審判もまた贖罪の出来事と同様、三位一体論的な出来事である。御子は審判者であり、聖霊は審判の基準に働き、父は審判において栄光を受ける。

　最後の審判の意味は、「分ける」とともに「変える」ことにあった。罪、悪、悪魔的なもの、そして死は、滅びへと変えられ、人は死ぬものから死なないものへ、朽ちる者から朽ちない者へ、神と分離したものから神に所属するものへと変化し、変容が起こされる。それが個人と共同体に起き、宇宙的にも起きる。個人は永遠の命に、人類共同体は神の国に、そして被造物は神の子らの栄光の自由に参与するものへと変容させられる。罪にもかかわらず義人から罪なき義人へ、死ぬことのできる者から死ぬことのできない者へと変容させられ、神の子とされたものから体を贖われたものへ、キリストの栄光の姿と同じ形へと変容される。

　この終末論的変容については「わたしたちは皆、眠りにつくわけではありません。わたしたちは皆、今とは異なる状態に変えられます」（一コリ一五・五一）と言われ、「キリストは、万物を支配下に置くことさえできる力によって、わたしたちの卑しい体を、御自分の栄光ある体と同じ形に変えてくださる」（フィリ三・二一）と言われる。その変容の実質はキリストとの同形化であり、とりわけ栄光におけるキリストとの同形化である。上記のフィリピの信徒への手紙のほか、コリントの信徒への手紙Ⅰ一五章四九節、ローマの信徒への手紙八章一七節も挙げることができよう。コリントの信徒への手紙Ⅱ三章一八節にはキリストの栄光への同形化は聖霊の働きによると言われる。「わたしたちは皆、顔の覆いを除かれて、鏡のように主の栄光を映し出しながら、栄光から栄光へと、主と同じ姿に造りかえられていきます。これは主の霊の働きによることです」。最後の審判は聖霊の創造的な働きが参与して遂行される。

キリストと同じ姿に造り変えられるということは、個人の変容を語るだけではない。個人の命を永遠の命へと加えるだけではない。審判の言葉は、旧約の預言者以来イスラエルの民を撃ち続けて来た。イエスはエルサレムのために嘆き（マタ二三・三七以下、ルカ一三・三四以下）、コラジンやベツサイダ、それにカファルナウムの町々を「裁きの日」に関連させながら審判の言葉で叱った（マタ一一・二〇以下）。審判は町々を撃ち、共同体を撃つ。最後の審判において、民や町や共同体が問題になる。最後の審判は歴史の終わりであり、また完成でもあって、神の国の完成の時である。審判を経ることなしには、歴史は神の国において完成しない。それゆえ人類共同体もまたキリストの体と同形化されるであろう。「神の家から裁きが始まる」（一ペト四・一七）と言われる。神の審判は教会にとって不可避であり、教会は審判をくぐって、キリストの栄光の体と同形化される。神の国は永遠の命の国であるとともに、キリストの栄光の国であって、神との永遠の平和（シャーローム）の確立であり、共同体の義の確立である。人類共同体が審判を通して、全被造物の変容を伴いつつキリストと同じ姿へと変えられる。

ラインホールド・ニーバーもまた終末論的変容について語っている。彼によれば歴史の成就は単純な歴史の中の可能性ではなく、歴史の終わりである。そこで歴史と超歴史との創造的緊張が理解されなくてはならないとニーバーは言う。人間には歴史の中での達成の能力はなく、それがあるかのような「見せかけ」（pretension）に対してニーバーの批判は厳しい。しかし歴史の意味に対して絶望に陥らないのは、「キリスト教信仰が（終わりの時の）復活のシンボルによって、永遠が時間的なプロセスを無にせず変形させるとの希望を抱いている」[23]からである、とニーバーは言う。彼の言う「不可能な可能性」（impossible possibility）は時間の過程の中で人間の努力によって達成される単純な可能性ではなく、神の審判と憐れみが「人間のあらゆるプライドと見せかけとを突破し、それらの生を変形する」[24]ことによる。永遠と時間の創造的緊張は、永遠による時間の否定でも、また永遠即時間の同一化でもなく、終末論的な「変形」（transfiguration, transformation）によって表現されている。

最後の審判における救いと滅び、また浄化と変容の象徴として、聖書は「火」についてしばしば言及する。しかしこの火は中世的な煉獄思想を肯定するものではない。人間の悔い改めによって煉獄における死後の魂の上昇がなされるという主張ではない。それでは人間の全的な死でなく、ある意味で霊魂不滅を語ることになってしまう。

旧約聖書において火は神の臨在の徴であり（イザ六・四）、神の浄化の働きを示す（イザ六・七）、それとともにまた火は審判を表した（創一九・二四以下）。新約聖書においても最後の審判は火によって滅ぼすとされている（マタ三・一〇）。火はまた精錬し、吟味し、浄化する力を意味する（一ペト一・七、黙三・一八）。コリントの信徒への手紙Ⅰ三章一〇節以下においても、「かの日が火と共に現れ、その火はおのおのの仕事がどんなものであるかを吟味する」と言われる。「神の建物」の建築の業も吟味され、正体を明らかにされる。そして吟味に耐えられない建築物は燃え尽きる。しかしその仕事とは別に、その人自身は「火の中をくぐり抜けて来た者のように、救われる」と言われる。それは「あなたがたはキリストのもの」という事実が決定的であるからである。

審判の目標は何か。「神の国と神の栄光」（一テサ二・一二）と言うことができるであろう。栄光は何よりも神ご自身の栄光であり、キリストの栄光のうちの再臨は、神の栄光を表すとともに、主にある者たちをキリストの栄光の体へと変容することによって神の栄光に参与させ、また「神の子供たちの栄光に輝く自由」（ロマ八・

二一）に他の被造物をもあずからせることによって神御自身と神の国の栄光の中に入れる。

7　審判における救済と滅び

最後の審判には、永遠の命に入れられる人々とともに、ある人々の永遠の破滅が語られる箇所と、すべての人が永遠の救いに入れられると語る箇所の二種類がある。前者の「救いの特殊主義」は、例えばヨハネによる福音書三章三六節に「御子を信じる人は永遠の命を得ているが、御子に従わない者は、命にあずかることがないばかりか、神の怒りがその上にとどまる」と言われている。他にもペトロの手紙Ｉ二章七節、さらにはローマの信徒への手紙一〇章一〇節、マタイによる福音書七章一三―一四節、ヨハネの黙示録一四章一一節、それにマタイによる福音書二五章の審判の二重の結果の比喩などもそれを含意すると受け取られる。他方、「救いの普遍主義」を語っていると見られる箇所には、ローマの信徒への手紙五章の第二のアダムとしてのキリストについて語られる次の箇所が挙げられる。「一人の罪によってすべての人に有罪の判決が下されたように、一人の正しい行為によって、すべての人が義とされて命を得ることになったのです」（ロマ五・一八）。普遍的救済を意味していると思われる箇所には、他にもコリントの信徒への手紙Ｉ一五章二二節、エフェソの信徒への手紙一章一〇節、テモテへの手紙Ｉ二章四節などを挙げることができる。使徒言行録の三章二一節には「万物更新」（アポカタスタシス・パントーン）の言葉が見られる。しかしこの言葉をオリゲネスが普遍的救済説の意味で受け取ったことには問題があったとも考えられる。(25)

救いの特殊主義か、それとも救いの普遍主義かという問題について確定的な解答を与えることは困難である。明らかなことは二者択一によってどちらか一方を破棄するのでなく、聖書には両方の傾向を示す箇所がある事実をむしろ承認し、それを重視することであろう。聖書は一方で特殊な選ばれた人々の救いについて語るとともに、他方すべての人の救いも語っている。このことを認識し、その両面を尊重することである。聖書における救済の普遍主義は、合理主義的な普遍主義、あるいは非歴史的な普遍主義とは異なる。それは契約の神の選びに基づきながらの普遍主義であって、アブラハム契約が示すように、すべての民に祝福が及ぶために選ばれた者がいるという特殊に基づく普遍主義である。それは契約的な普遍的運動というべきであろう。神の救済史は契約の民の意味を尊重しつつ、その民に基づき救いが普遍的に及ぶことを含んでいる。しかしそれは福音の戦いが不可欠であることを前提にし、伝道を不可欠にしている。

この問題について近年の解釈の中では、モルトマンが普遍的救済説の立場を明らかにした。その主張は特に「悪魔の救済」までも語るところに明らかに示されている。彼はその思想表現の特徴である大胆さと一種の熱狂的傾向をもって、また雄弁かつ明瞭な文章によって、以下のように記した。「『最後の審判』の宣教の終末論的な意味は救済する神の国にある。審判は、永遠の御国の、歴史に向けられた側面である。審判の中で、あらゆる罪、あらゆる悪とあらゆる暴力行為、つまり殺害し苦難するこの世界の不正の全体が、断罪され、無化されるであろう。なぜなら、神の判決はそれが語る通りに行われるからである。神の審判において、あらゆる罪ある者たち、すなわち悪しき者たち、暴力行為者たち、殺人者たちとサタンの子らたち、悪魔と堕落天使たちは解放され、彼らの真実の造られた本質への変容を通して彼らの死の滅びから救出されるであろう。なぜなら、神は御自身に対して忠実であり続け、彼が一度創造し肯定したものを放棄し、失われるままにすることはないからである。『最後の審判』は何ら恐るべきものではなく、キリストの真理の中で最も驚くべきものである[26]」と。モルトマンは行為と存在、あるいは働きとその担い手を区別する。悪の行為や働きは審判によって滅ぼされるが、その働きの担い手や存在は審判における変容によってすべて救われるという。その際「悪魔の救い」を語るためには、悪魔は罪に落ちた天使であるという伝統的解釈も復興しなければならないであろう。それでもなお疑問は残る。変容は創造された本質への回帰なのか。一体、審判の基準は、創造されたものかそうでないかということであろうか。創造されたものはみな救済されるという論法は、結局、創造に救済の基準があって、キリストの救済は基準的な意味を持たないことになるのではないか。「キリストの真理の中で最もおどろくべきもの」は御子であるキリストが悪魔の誘惑にさらされながら、十字架に身代わりの死を死んだことである。最後の審判における変容はこのキリストの栄光にあずかることではないか。モルトマンは悪魔の栄化をも語らなければならないはずであるが、それをどう語るのであろうか[27]。普遍的救済を語るにしても、「悪魔の救い」まで語ることは、教理史の通常にはないことである。ルター派の背景を持つ人であったら、とても考えがたい。モルトマンのように改革派の背景からしても、ブリンガーの線を考えると困難である。モルトマンはその「千年王国」理解についてそうであったように、「悪魔の救い」の説によって、再洗礼派への同情と関心を明らかに示した。東方教会の神学は言うに及ばず、ユダヤ教の神秘思想にも、あるいは汎神論や新プラトン主義にも、時に大胆に共感を敢えて示してきたモルトマンは、この文脈では再洗礼派に味方した。

パネンベルクはこれに対して、モルトマンの普遍的救済説や悪魔の救済説に同意することはしなかった。時間的な前後関係は逆で、モルトマンの『神の到来』に二年先立って出版されたパネンベルクの『組織神学』第三巻において、彼は神の和解を拒否することに固執する人々についてまったき滅びの可能性を否定することをしなかった。彼は書いている。「この主題に対する新約聖書の明白な言明に直面すると〈永遠の滅び〉の可能性はいずれにせよ排除され得ない[28]」と。

終末において罪と悪と死が滅ぼされることは、神の現臨と結合できないものは何も残されないことを意味する。「神がすべてにあってすべてとなる」ことは、抽象的なことではなく、そのことに対する抵抗を排除しながら貫かれることである。聖書が滅びと救いについて二重の描き方をしているのを、われわれは敢えて単純化して一方を破棄する大胆さを冒すべきではない。両方の描き方を尊重しながら、教理的な理解を探究するべきである。この歩みは、すべてのものの救済を願う信仰の願いを排除することにはならない。

第六章　宇宙的終末論

終末論において人間以外の被造物、もろもろの生物や諸物質、さらには大地と天体の宇宙全体はどう理解されるべきであろうか。この問題は「自然の終末論」もしくは「宇宙的終末論」と呼んでよいであろう。神の創造の領域と救済の領域は、神が創造者にして救済者、そして完成者であるという信仰に基づいて理解されるし、理解されなければならない。とすると、創造と完成とは、決して二元的に対立的になることも、無関係に切り離されるはずもない。創造が古代の異教世界に考えられたようにデミウルゴスなど救済神より劣った神によったとか、善と悪との二つの神的原理の想定によって悪の原理の優勢下における忌わしい創造であったとの理解に立てば、救済は世界からの脱出の方向で探究されるほかはない。しかし聖書的証言とキリスト教的信仰にあっては、創造は神の創造として根本的に感謝と喜びの内に肯定され、救済はその創造された世界の中で起こり、救済の完成もまた創造の完成として告げられていると受け止められる。創造と救済は対象的にも領域的にも相互に覆い合う仕方で理解されなければならない。また終末の出来事が、ただ「終わり」の出来事であるだけなく、同時に「完成」の出来事であるとすれば、終末における人間以外の全被造物の運命がどのようであるかについても、その完成の中で考察されなければならないであろう。人間存在はそれ自体多様な存在の契機から成り、身体性、つまり「有限な自然的有機体の特殊性」において、被造物全体や宇宙の諸要素との関係を有している。(1) 人間は他の被造物や、時間・空間的な世界、そして宇宙とまったく無関係な仕方で存在しているわけではなく、むしろそれらとの関係を抜きにして理解されることのできないものである。従って人間の存在や救済、そして完成は、自然やその事物との関わりを欠如させて考えることはできない。そこで本章では、宇宙的終末論の問題を取り上げる。この問題は、被造物としての自然そのものにとっても、また人間自身にとっても不可欠な問題と言わなければならない。

1　宇宙的終末論の位置について

終末論の神学史から言うと、宇宙的終末論を取り上げることは、個人的終末論へと狭隘化されてきた終末論の経路を克服する意味を持っている。それにしてもこの宇宙的終末論の扱いや位置づけについては、すでにいくつかの試みがあることも指摘しておかなければならない。宇宙的終末論を個人的終末論や歴史的終末論と並べて、それらと切り離すことはしないまでも、一つの相対的に独立した主題として扱う行き方がある。あるいはまた全現実を宇宙的現実として、終末論全体が宇宙的終末論に収斂され、個人的終末論も歴史的終末論もその中に解消される場合もなくはない。それらに対し、個人的終末論と歴史的終末論を終末論の主要な主題として構想し、それに不可欠な、しかし付随的、従属的な主題として宇宙的終末論を扱う行き方もあるであろう。具体的に言うとモルトマンは個人的終末論、歴史的終末論に対し、第三の終末論的分野として宇宙的終末論を論じた。テイヤール・ド・シャルダンは、彼の主著『現象としての人間』（一九五五年）において彼独特な進化論的宇宙論を展開し、進化の将来について考察し、個人的終末論も歴史的終末論も包括する宇宙的終末論を提示した。これらに対し、パネンベルクは個別的終末論と集団的終末論の二区分を展開し、宇宙的な次元はそれらの中に含まれるとしても、独立の主題として扱うことはしなかった。

本書の行き方はイエス・キリストにおける啓示の出来事から、キリストの再臨と神の国のまったき到来を理解する行き方である。それゆえ、終末論の包括的な主題は神の国として理解している。「神の国」の表象のもとに展開されるのは歴史的終末論であって、それと区別する仕方で「新しい天、新しい地」を宇宙的終末論の主導的な表象として、また「永遠の命」を個人的終末論の主導的な表象として構想する行き方を取ることができるかもしれない。しかし「神の国」をキリスト教的終末論の統合的な指導的表象として理解すると、「新しい天、新しい地」は神の国の地平として、またその背景としての位置を持つであろう。「新しい天、新しい地」なしに「神の国」のまったき到来を言うことはできない。しかし「新しい天、新しい地」が主たる表象であって、「神の国」はそのためのものであるとは言えないであろう。「新しい天、新しい地」は「神の国」のためであり、また「神の国」を根拠とする。「神の国」は神が統治し、神の民がその相続人としてある神的実在であるが、そこにはまた被造物全体の救済や完成も特別な位置を与えられている。ここではそうした派生的、従属的な位置と意味において、自然的諸物の完成や時間・空間的宇宙についての終末論的考察を検討し、また試みてみたい。

以上の断わりは、キリスト教神学における主題である神とその御業を、主として人間に対する関わりの中で理解することになり、宇宙論的神学と対比するならば、人類や地球中心的な視野に立つことを選択していることを意味するのではないか。イエス・キリストの啓示に従う神学は、そのことを肯定するほかはないと思われる。全宇宙と地球の関係を問えば、地球がたとえ壊滅しても全宇宙にはさしたる障害はないかもしれない。しかし宇宙が壊滅すれば、地球は存続することができない。宇宙の存続のために地球はそれほどの必要性はないが、地球が存続するためには宇宙はなくてはならないものである。このことは、目的論的、意味論的に言うと、宇宙のために地球が存在していると言うことは困難であるとしても、地球のために宇宙が存在していると言う可能性はあるということである。地球をこのようにあらしめるためには、神は宇宙をこのようにあらしめなければならなかった。

宇宙と地球の関係のほかにも、さらに宇宙の中で地球外に生命圏や精神圏が複数ある可能性をどう考えるかという問いもある。これも予備的な解答を必要とするであろう。テイヤール・ド・シャルダンはこの問いに言及し、結局、地球上にただ一つの精神圏があるとの想定に直観的に立った。当然、宇宙内にはおよそ出会うことのできない精神圏が他にもある可能性、すでにいくつもあったし、これからもあり得るという可能性を考えることはできる。さらに言えば、宇宙そのものが今の宇宙時間の開始以前、またこの宇宙時間の壊滅以後にいくつもあったし、またあり得ると考えることもできる。しかしキリスト教神学は、精神圏は地球上にあるもの一つ、それゆえまた宇宙は今存在しているこの宇宙一つと思惟することに決断している。それはテイヤールが語ったような直観的な問題ではなく、啓示の問題として、イエスがキリストであり、御子における神の受肉者であることから来る思惟の決断である。イエスとキリストを、人格と原理の分離によって引き離すことができるのであれば、つまりはキリスト教を精神的原理に変質させることができるのであれば、他の宇宙にも、また他の精神圏にもその原理が妥当する仕方でキリスト教原理はイエスを離れて語られることができるであろう。しかしその時キリスト教は崩壊し、グノーシス化していると言わなければならないであろう。キリスト教信仰を信じるということは、イエスがキリストであると信じ、神の子の受肉者と信じ、その受肉者の唯一回的な贖罪の業に神とともに生きる救いの唯一の道を見出すことである。この信仰は、生命圏・精神圏が無数に、また無限に存在するという理解とは両立しないであろう。現在の宇宙の時間空間と別に宇宙の時間空間が複数存在するとの想定とも両立しない。キリスト教信仰は、宇宙は一つの宇宙であって、その宇宙に開始と終わりがあるとの想定と、なおいくつもの問題を残しながらも、両立する。キリスト教信仰は宇宙の創造とともに、宇宙の終末・完成の信仰を含んでいる。キリスト教神学は宇宙の創造論とともに、宇宙的終末論を含んでいる。

2　宇宙的終末論の試み

宇宙的終末論の試みは、すでにテイヤール・ド・シャルダンやプロセス神学のジョン・コッブ、その他の神学者、思想家において企てられている。その中からここではテイヤール・ド・シャルダン、パウル・ティリッヒ、ユルゲン・モルトマン、ヴォルフハルト・パネンベルクの場合を多少検討してみよう。

（1）テイヤール・ド・シャルダンの場合

テイヤール・ド・シャルダンの宇宙的終末論を要点的に略述することがここでの目的である。しかしある程度は彼の全思想についても語らないわけにはいかない。テイヤールは宇宙的な現実全体をちょうど一つの頂点をもつ円錐の全体のように理解した。ただしその円錐は直立不動で立っている円推ではない。全現実が「進化」の運動によって形成されていると見られていたから、固定された面に静止する円錐体としてでなく、時間線にそって時間の前方へと進行しながら、上なる頂点へと上昇していく、つまり前傾的で上昇的な動的円錐体の形態で全現実は理解された。この現実全体は前方の上方にある唯一の頂点に向かっていくが、この頂点をテイヤールはキリストと関連づけて「オメガ点」と呼んだ。従ってテイヤールの宇宙的終末論は「オメガ点」の教説と言ってもよい。しかしそこに行くにはいくつかの段階があるので、その諸段階を記述していかなければならない。

　まず現実全体を把握する一つの根本的観察が表明される。それは、宇宙は求心的旋回運動をしているという見方である。一般には宇宙は極微なものから無限大へと膨張しているように見えるが、テイヤールは求心的な運動を重視し、宇宙はもっとも単純なものから極度に複雑なものへと求心的に運動していると見る。この「求心化」は従って「複雑化」ということでもあり、この運動の下に「物質の内面化」の運動、そして意識の作用や精神の作用に向かう「進化の運動」が理解される。そこで宇宙の進化は、生命以前の物質の過程を長く歩み、「複雑化」の進行によって「生命」に至り、そこからさらに「求心的に旋回する宇宙は……何十億という試みによって一歩一歩前進してきた。生殖と遺伝という二重機構と結合したその試行錯誤法は（すでに獲得した有利な結合を――低減することなく、統合される個体の数の増加でもって――加算的に蓄積させ、改善させることができる）、さきに〈生命の木〉と名づけたものを形成する生物系統の驚くばかりな集合を生み出す」[2]。こうして宇宙の進化は、物質から生命、そして生命から思考力に至る。テイヤールの進化論においては、生命の優位と思考力の優位が特徴的である。それらは「宇宙的な規模の普遍的機能[3]」として考えられ、宇宙の進化は高次の生命へと高まっていく。その際、この旋回運動が不可逆的な運動として推進されるのは、それを動かし無限な高次の生命に向かって働く大いなる力の存在を想定させる。そして生命の優位と思考力の優位に加えて、第三の段階として「社会化と集団的思考力への上昇」が登場する。それによって「各個人において頂点に達する個々の人間化の上に、別の人間化、つまり種の集団的人間化がわれわれを越えて実際に進展する[4]」と言う。このことは、思考力について言うと、個人としての人間における思考力の第一の臨界点だけでなく、第二の臨界点があることを意味する。つまり「実際には動物学的群としての人間は、地球上の思考力をもったすべての単位を地球全体に及ぶ規模に配列し収斂することによって、集団的な、より高度な、思考力の第二の臨界点に向かう[5]」。人間はこの臨界点の先を見ることはできない。しかし予想することはできるとテイヤールは言う。「宇宙の素材の求心的旋回運動から生まれる思考力と、その旋回運動を動かし、統合し、同時に不可逆なものにする原理、〈オメガ点〉と名づけた超越的な極点との間の接触」が第二の臨界点の先にあると言う。この〈オメガ点〉思想が彼の終末論である。

オメガ点とは一体何か。テイヤールによれば、宇宙は「一点にむかって集中している有機的統一体[6]」である。なぜなら、四次元的な時間空間世界は意識を包含し、生み出すゆえに、必然的に収斂する性質を持つからと言われる。それゆえ宇宙の巨大な層は、「適当な方向にむかって進むなら、前方のある一点、すなわちこれらの層がすべてそのなかで一つに融合され完成させられる究極の一点——これを〈オメガ点〉と呼ぼう——に巻きこまれていくにちがいない[7]」。テイヤールの思想の中では、意識は精神であり、また思考力であり、内面であり、さらに人格とも同一視される。そこで「われわれの存在や精神圏の未来像を非人格的なものの側にさがし求めることは間違っている」と言われ、「宇宙の未来はオメガ点における高次の人格という形で考えるほかないだろう[8]」と言う。しかもオメガ点はただ単に未来に漠然と要請されるのでなく、「今日事実として現存しているその実在とその影響力……を承認し、受け入れなければならない」[9]とも言われる。つまりオメガ点は宇宙の進化系列の最後に位置しながら、同時に系列を越えてすでに進化の運動の中に作用を行使しているわけである。オメガ点はテイヤールによると、自律的であり、現実性を持ち、不可逆的、また超越的に作用する。およそ精神圏はこのオメガ点の影響を受けることなしには完結しない。オメガ点は精神や人格の究極的な収斂点であるが、その働きとして「エネルギー」概念が適用される。宇宙の進化には精神エネルギー、人格エネルギーが働いている。テイヤールの表現で言えば、「宇宙のなかで何ものかがエントロピーの法則から逃れ、またその法則からますます遠ざかっている」[10]と言われ、「オメガ点に立ち帰ることによって、エントロピーの外に脱出する」[11]とも言われる。

以上のことは終末論として何を語っているのであろうか。テイヤールによれば、地球はただ一度だけ生命に覆われ、ただ一度だけ思考力に踏み出し、この精神圏の未来が生物の生成発展の未来であり、それが、結局、宇宙の生成発展の未来である。つまり宇宙の進化は具体的には人間の上に集中される。テイヤールは精神圏の存在の複数性を議論の可能性としては認めたが、彼自身の思想としては排除した。彼によれば、ただ一度の地球上の精神圏が宇宙の進化の最先端としてオメガ点に到達する。それが地球の最後であり、また宇宙の最後である。「宇宙が自己のうちで流産するのでなければ……、どうして時期がこないうちに人類が終末に達したり、その運動が停止したり、衰退したりすることがあるだろうか」[12]とテイヤールは言い、「絶対確実に、人間は終着点に到達するはずのものである」[13]と断言する。宇宙は「地球全体の規模に及ぶ精神的な統合と進化の新展開」を通ってオメガ点に至る。そこで宇宙の終末となり、「ついに完成される精神を、オメガ点としての神のうちに根づかせるために物質の母胎から離脱させる、物質と精神の平衡状態の逆転」[14]が起きると語られ、その働きはキリストによると言う。「キリストは、統合と昇華という永続的な行為によって地球の精神的作用全体と一体になる」。そして「キリストはすべてを結集し、すべてを変容させるにいたるとき、決して離れることのなかった聖なる焦点に最後の動作でもって立ち帰り、獲得したものを自己のうちに巻き込むだろう」。その時に「すべてにおいてすべてである神しか存在しないだろう」[15]。これがテイヤールの終末論である。彼は、「オメガ点」の思想によって独特な仕方でキリスト論的な終末論を提示したことになる。

しかしそれにしてもこの思想はキリスト教的神学であろうか。テイヤールは自らの直観的思想がキリスト教的であることを疑ったことはなく、聖書的関連を持っていると認識していたことも明らかである。「精神的に収斂していると考えられる世界においては、このキリストのエネルギーが、いかに切実さと強烈さをもっていることか。もしも世界が収斂しているならば、そしてもしもキリストがその中心を占めているならば、聖パウロや聖ヨハネが述べたキリストの生成発展は、われわれの経験の領域から考えると、宇宙の生成発展の頂点となる精神の生成発展の、われわれが期待していた、そしてその期待を上回わる延長にほかならないということになるだろう」[16]と言う。進化はキリストのエネルギーによる運動であり、キリスト教という現象自体がこの宇宙の精神の発展軸にあるとも語った。

この思想とオメガ点による宇宙的終末論に対し疑問点を列挙することは比較的容易なことである。テイヤールの認識方法としての直観は、科学的なのか、それとも信仰的なのかと問うことができよう。その結合を示していると回答されるであろうが、それでは聖書的証言にどこまで従っているかと反問することができよう。さらに、テイヤールによれば終末の完成は、進化的に達成されると言う。しかし進化的な達成は、審判を含んだ神の国の到来とは異なると指摘できるであろう。テイヤールは、エネルギーの超越的作用を語るが、それをも含んで彼の宇宙論的構想の根本にあるのは連続した進化の運動である。物質は内面や意識と連続し、宇宙と人間もキリスト教的創造論に反して連続的に理解されている。人間だけでなく、宇宙と神も連続性において理解されているのではないか。「人間は比喩ではなく、動いている世界の長さ、高さ、深さの全体において、神を体験し、発見することができる。人は神を……統合に向かいつつある宇宙全体でもって愛すると、文字通りに言いうる」[17]とテイヤールは言う。この宇宙と神の連続的な思想は、結局のところ汎神論と言わなければならないのではないか。時間軸を包括し、進化論的運動を伴った汎神論ということになるのではないか。そうであれば、その終末論はオメガ点による汎神論の完結を語っていることになる。なお、エントロピーの法則を脱出する精神エネルギーの指摘は、聖霊の働きをエネルギー論と関連させる興味深い指摘であるが、ここではその問題に踏み込む余裕はない。

（2）パウル・ティリッヒにおける「新しい存在」の宇宙的意味と問題

パウル・ティリッヒもその「新しい存在」の概念によって宇宙論的な射程を持った神学を遂行した。この事実と、そこから生じたティリッヒ神学の問題性について、簡単に指摘しておきたい。ティリッヒによれば、「新しい存在の担い手の働きは、ただ単に諸個人を救済し、人間の歴史的実存を変革させるだけではない。そうでなく宇宙を更新（renew the universe）することでもある[18]」と言う。それは、どの個人も人類全体も宇宙的な諸力に依存していると考えられるからで、「一方を欠いて他方の救済は考えることができない[19]」からである。つまりティリッヒもまた個人的終末論や歴史的終末論だけでなく、宇宙的終末論を含めて考えたことになる。

しかし現代の自然科学が提示している難問の中には、一方に広大な宇宙が示され、他方これに対して人間とその歴史が構成する宇宙部分は限りなく小さなものとして示される。この不均衡が意識に与える不安定感をどう鎮めるかという問題があるであろう。さらには「神の自己開示が現れて、受け入れられるかもしれない他の複数の『世界』が存在する可能性[20]」も考えられ得ると、ティリッヒ自身が言う。つまり、ティリッヒもテイヤールの場合の複数の「精神圏」の可能性を予想していた。実際、現にある宇宙の中に複数の精神圏のある可能性があり、あるいは一三六億年遡るこの宇宙の開始の遥か以前に、あるいはこの宇宙の終わりの遥か後に、いくつもの精神圏、あるいは意識を含んだ世界の存在の可能性があるとすれば、「キリストという象徴の意味をどう理解したらよいのか」とティリッヒは問う。その上で、彼の答えは、「宇宙は存在の他の領域や他の時代に神の開示がある可能性に向かって開かれている」という回答であり、そこから「受肉は、それが起きた特定の集団にとって独一的であるが、他の独一的な諸世界のための他の一回的な諸受肉（other singular incarnations）を排除する意味で独一的ではない[21]」と言う。あるいはまた「無限なものが有限なものの実存的な疎外を克服するために有限なものに入ったのは、人類の中でのみであると主張することはできない」「人間だけが受肉の唯一可能な場所を独占すると主張することはできない[22]」とも言う。要するに、ティリッヒにとっては、イエス、あるいはイエスのような人物が「新しい存在」の担い手であることは、地球の諸個人と人類史にとってのことであって、他の世界の別の受肉も排除されない。このことは、ティリッヒが、イエスのみが御子なる神であり、唯一真のキリストであるというキリスト論的な位格的一致を主張しないことであって、イエスと「新しい存在」とは「人格と原理の分離」の関係にあることを意味する。その際、別の受肉もまたキリスト教的と言うとすれば、それは「イエスなきキリスト教」を主張することになるであろう。ティリッヒにとって重大なのは「イエス・キリスト」ではなく、「新しい存在」であり、つまりは「無限なものが有限なものの実存的疎外を克服するために有限なものに入ること」であった。精神圏や世界がいくつあろうとも、この原理を語ることができればそれでよいということである。しかしその場合、宇宙的終末もまたそれぞれの宇宙世界にとってのみ一回的であるにすぎず、一回的終末がそれぞれの世界にある以上、すべてにわたって一回的な終末の到来を語ることはできなくなる。つまりティリッヒは、受肉も終末も原理的にいくつもあり得るという思想に立ったわけである。この立場は、ギリシア的な神話的宇宙観には近いであろうが、聖書的なキリスト教神学ではないと判断する必要があるのではないか。パウル・ティリッヒは科学的にも証明されることのない「別の宇宙の存在」という論理的可能性によって、イエス・キリストにおける受肉の決定的一回性を放棄した。それはティリッヒの「新しい存在」があらかじめすでにイエスと分離していたからであって、この文脈においてティリッヒの神学はその秘密を顕わにしたと言ってよいであろう。イエスと分離したこの「新しい存在」の主張によって、ティリッヒの神学はキリスト教神学としては初めから破綻を内蔵していたと言わなければならないであろう。

（3）ユルゲン・モルトマンの場合

ユルゲン・モルトマンは個人的終末論、歴史的終末論、宇宙的終末論、それに神的終末論の区別を語る。ここでは『神の到来――キリスト教的終末論』（一九九五年）の第四章を主たる手掛かりとしてモルトマンの宇宙的終末論の内容を概観し、その疑問点や問題点を指摘しておきたい。モルトマンは「キリスト教的終末論は、キリストの死と復活の経験にその根拠を持つ」と言い、「宇宙的終末論もまた、キリストのこの想起された希望の枠の中にある。つまり宇宙の死と復活を通して、期待される万物の新しい創造と『新しい天と新しい地』に至る[23]」と語る。「キリストの死と復活のキリスト論的解釈の枠[24]」がキリスト教的な宇宙的終末論の構想の基準をなすと言う。モルトマンはこの基準によって「ルター派の世界絶滅の教説」をはじめとして、「東方正教会の世界の神化の教説」も、「改革派の世界の変容の教説」をも退け、さらにはローズマリー・ラドフォード・リューサーの終末論を放棄したエコフェミニズムを退け、ヨハン・トビアス・ベックの敬虔主義的救済史を背景にした器官学的終末論（organologische Eschatologie）に接近する。ルター派、改革派、東方正教会を退けるといっても、それらのある時期や一部の神学的傾向を手掛かりにしてのことである。しかし大胆な表現によって、一部を持ってそれらの全貌を退けるのは、『神の到来』におけるモルトマンの終末論が他方で歴史的、政治的終末論に関して再洗礼派に接近していることと無関係ではないであろう。

モルトマンとしては終末論の解釈枠（Bedeutungsrahmen）としてキリストの十字架と復活の「経験」（?）を挙げているが、実際にはそれ以外に基本的原理が少なくとも三つの命題で表現されている。一つは、終末の完成は創造の原状回復ではなく、「いやます」（Mehrwert）完成であるという命題である。終末の完成は、始めの創造（時間的創造）よりも遥かに大いなる「永遠の創造」であるという原理がそれによって表現されている。もう一つは「神のための必然性」という原理である。「神が創造したすべてのものを救済しないとしたら、神は自己矛盾を起こすことになるであろう」。それゆえ「宇宙的終末論は……神のために必然的」[25]と言われる。第三にあるのは、過去と現在に対し、あるいは歴史的現実に対し、将来が存在論的に優位しているという思想である。それゆえ「現在は将来から来る」とも言われる。しかしこの原理に立てば、当然、歴史のイエスにおける「キリストの十字架と復活」も将来から来たのであり、それが逆に将来に対して持つ規定力は希薄化することにならざるを得ない。キリストの十字架も復活もむしろ将来からの規定を受けなければならない。そうなると当然「キリスト論的解釈枠」よりは、むしろ「将来的終末論の解釈枠」が優位し、そこからキリストの十字架も復活も解釈されなければならなくなる。「キリストの十字架と復活」の解釈枠を基準にしているという主張は曖昧にならざるを得ない。

それではすでに挙げられた諸教派等による終末論の諸形態に対して、彼自身の宇宙的終末論の特徴は何か。ルター派に帰せられた「世界絶滅」に対しては、「神に対応する義における世界の新しい創造」をモルトマンは語り、「世界の絶滅」でなく「世界の変容」を主張する。しかし「世界の変容」は改革派においてすでに表明されていた。そこで改革派の「世界の変容」は十分深く理解されたものでなかったとモルトマンは語る。それはただ世界の形式（Form）に関わって言われたのみで、時間的創造の「実体」（Substanz）に関わって語られてはいなかったという説明がなされる。モルトマンにおいては、「終末論的な世界の変容は根本的変容、すなわち世界そのものの超越論的な諸条件の変容、それゆえ世界の根本の変容」を意味すると言う。そしてその根本の変容とは、「神御自身が世界に対するその関係を変える」[26]ことだと言う。罪と死の可能性のある「時間的創造」が変容され、終末において「新しい創造」が罪と死の可能性のない「永遠の創造」として起きると言われる。

東方正教会は西方キリスト教神学の「変容」を越えて、人間の身体的救済を全宇宙に広げたと言われる。人間の人格と本性（つまり自然）とは実体的に関連しているゆえに、あらゆる人格には宇宙的自然が共有され、他の被造物との交わりの中にあるとされた。人格が救済され、変容され、神化（vergöttlichen）されると、その身体性において、自然もまた救済され、変容され、神化される。そこから東方正教会の「人間の神化」から「世界の神化」の思想が現れたと言う。しかしモルトマンによると「宇宙の変容から本来、全宇宙が神の像になるという思想が出てくる[27]」。しかし東方正教会はこの思考を完成しなかったと言う。モルトマンは東方正教会の終末における「世界の神化」を継承し、それをさらに進めて、終末において宇宙は「神の像」として生成するという思想を呈示した。

教派や宗派的な形態でなく、より小さな特徴的な神学的試みとして、モルトマンがローズマリー・ラドフォード・リューサーのエコフェミニズムとヨハン・トビアス・ベックの終末論を対論の資料として挙げたことはすでに言及した。このそれぞれに対して同じく、モルトマンの共感と批判が語られる。ラドフォード・リューサーのエコフェミニズムによれば、個体としての生命体は死に服するが、集合的生は良き大地を介して不死性を帯びる。それゆえ彼女は、生の循環をもって終末論を退けたと言う。彼女のエコフェミニズムにおいては、終末論に代わって、生命の基盤としての「良き大地」が賛美される。モルトマンによれば、これでは「大地の有機体の壊れやすさや破滅可能性が見過ごしにされ、それとともに大地そのものの救済の必要性が見過ごされる[28]」と言う。そして「大地そのものも呻き、永遠の創造における『新しい地』に向けてその救済を待望している[29]」という事実が無視されてはならないと言う。大地もまた終末論的救済を待望する。そのことをモルトマンは「大地が死者たちとともにその新しい創造へと『復活させられる』……日を待つ[30]」と語った。エコロジーもまた終末論を不可欠にするのである。

ヨハン・トビアス・ベックに対しても、モルトマンはその「人格的生と自然的生の結合」の思想を評価し、感覚的・身体的な神の認識や享受を肯定し、「神の身体的内住」の主張を肯定する。そこから彼はさらに「大地の中にキリストが隠れて現在する[31]」という見方に言及し、「神的救済者自身がこの大地に隠れて現在するなら、大地はその救済者とわれわれの将来の担い手になる[32]」と語った。そこで「大地との交わりなしにはキリストとの交わりはない。キリストへの愛と希望は大地への愛と希望を包括している」と述べて、「キリスト論的に基礎づけられ、生態学的に責任的な終末論」にとって、「これよりよい考えはない」と語った。

詳細に語るべきところがなお残されてはいるが、以上によって明らかなように、モルトマンの宇宙的終末論は基本的に大地（地球）に焦点を向けた生態学的終末論である。その中でもいくつかの際どい領域に踏み込み、聖書的証言の支持を必ずしも得ているとは思われないことも多い。「神の像としての宇宙」を語るのは聖書からの逸脱である。神の像はキリストの形に関連する。キリストに連なる一人一人の中に神の像の確立、そしてキリストの栄光の形への同形化を語ることはできる。また集団的、つまりは教会論的なキリストの形を語ることも重大な意味がある。しかし「神の像としての宇宙」は聖書的ではない。神学は被造物の中、従ってまた宇宙の中での人間の重大な位置を見失ってはならないであろう。神の像は人命の尊厳の根拠（創九・六）とされた。生態学的に言って自然の尊重は当然のことと言えるが、自然に対する尊敬のゆえに人間の位置を曖昧にするとすれば、それは本末転倒とも言うべき問題になるであろう。

モルトマンが「大地におけるキリストの隠れた臨在」を語ることも聖書的とは思われない。「現在のキリスト」は、「歴史のイエス」や「再臨のキリスト」との同一性にあって宇宙の中に臨在する。その臨在は「世の終わりまであなたがたとともにいる」とのキリスト御自身の約束により、御子なる神としての主体的な働きによるのであり、「大地に隠れて」と語る聖書的根拠はない。むしろ礼拝や祈りにおける臨在の開示は、御言葉や聖礼典における臨在に支えられているのであって、宇宙の中でのキリストの臨在は、大地ではなく教会と結びつく。キリストの臨在は宇宙における教会の位置を明らかに示す。教会が「キリストのからだ」であって、大地がキリストのからだではない。キリストが大地に隠れて臨在するという思想は、宇宙における教会の位置を希薄にし、異教的な大地の宗教に接近しすぎである。モルトマンは依然として大地の神聖性に規定されながら宗教的祭儀を行っている東洋の宗教的なストイケイア（ガラ四・三、九、世の諸力）の支配を知らないのであろう。

モルトマンはまた「大地の呻き」について語るが、これも聖書的に正確ではない。ローマの信徒への手紙八章の「被造物の呻き」は、哺乳類をもって少なくとも被造物の代表としているのであって、大地について語っているわけではない。「大地の復活」という思想も同様な問題を持っている。「新しい天と新しい地」の到来は、「死人の復活」と関連する。しかしモルトマンが「大地も死人たちとともに復活させられる」と言うのは、大地に関するロマン主義的表現ではあっても、聖書とは関係がない。聖書は大地が神のものであり、契約共同体の中で休息を与えられるべきことを語っている。しかしキリストの十字架と復活を解釈枠として厳密に受け取るならば、大地の休息と、死人の復活とは明らかに区別されなければならない。モルトマンの着想の冒険と大胆な提言は、神学的停滞を破って神学を活性化させる意図を持っていると思われる。もし一方に正統主義的な固定化がどうしようもなく教会と神学を覆っている現実があるならば、その効果が期待されもしよう。しかし現代の神学の危機が、規範喪失時代に陥った文明や時代の中にあって、根本的な正当性の動揺の中にあるとしたら、評価は別である。現代は、いかなる着想の冒険によってでも突き崩されるべき膠着状態が問題なのではなく、むしろ道徳性も含めてあらゆる権威と正当性が動揺の中にある。神学がどこにその根本的な正当性の根拠を見出しつつ思索し発言し得るかが重要である。何を語ってもよいわけではない。神学的正当性を深く尋ねつつ語るべきことを語ることが求められている。終末論についても同様である。着想の冒険などではなく、神学的に根拠ある正当な言葉が求められている。

(4) ヴォルフハルト・パネンベルクの問い

ヴォルフハルト・パネンベルクは「宇宙的終末論」を特に主題として扱っているわけではない。彼の終末論の特徴は、終末論を個人的終末論に狭隘化させず、集団的な終末論を扱うところにある。その際パネンベルクは、「近代科学と、人類ならびに全被造物の創造者であり救済者である聖書的な神への信仰との両立可能性」[33]を示さなければならないと考えた。デカルトからカント、そして実存主義へと神の関与する領域を自然的世界から追放し、倫理的、さらに実存的領域へと狭めて来た歩みは修正されなければならない。パネンベルクは以下のようにも言う。「もし聖書の神が宇宙の創造者であれば、その神に何ら言及することなしに自然のプロセスを十分に理解すること、あるいは適切にでも理解することはできない。逆に、聖書の神に言及することなく自然が適切に理解され得るならば、その神は宇宙の創造者ではあり得ないことになり、結果的にその神は真に神ではあり得ず、道徳的な教えの源泉としても信頼することはできない[34]」。それゆえ神学と自然科学との対話は重大であり、従って終末論もこの対話から切り離されることはないであろう。

神学と自然科学の対話をめぐって、パネンベルクは特に重要と思われる問いを五つ挙げて、神学者は科学者に問うべきであると語った。五つの問いは以下の通りである。⑴自然のプロセスにおける「偶然性の重要性」の観点から、「慣性の原理」ないし少なくともその解釈を変更することは考え得ないだろうか。⑵自然の現実は偶然的なものとして理解され得るか。そして自然のプロセスは不可逆的なものとして理解され得るか。これは人類の歴史だけでなく、自然の歴史も含んで、聖書的な神観念と特別な関係にある「実在の歴史的性格」を語れるかということを問題にしている。⑶近代生物学には、生物の諸限界を超越した生命の起源としての神の霊という聖書的な観念に何か等価的なものがあるか。⑷物理的宇宙の時間・空間的な構造に対し、永遠の観念が何か積極的な関係を持っていると考えられ得るか。⑸この世界の終わりがある仕方で現在に侵入している、そういう差し迫った世界の終わりについてのキリスト教的な確言が、宇宙は今後少なくとも数百億年存在し続けるという科学的予測と何らかの仕方で調停可能であり得るか。この最後の問いがキリスト教的終末論と科学的宇宙論の間に存在する。

この最後の問いについて、パネンベルクは近年の宇宙科学が宇宙の無限性を語らず、宇宙が爆発を続けるその空間の有限性を語り、その爆発運動の開始を有限な時間的過去として語るゆえに、聖書的世界理解に「結合し得る」（vereinbar）と語っている。しかし聖書の言う終末と世界の終わりの可能性の科学的予測とは「完全に一致するものではない」（nicht kongruent）から、「両者は同一の事件に関わっていると主張することは容易ではなく、もしそうだとしても非常に異なった接近の形式の意味においてにすぎない」[35]とも認める。どちらかを排除するのでなく、この重要問題における葛藤を「人間精神に対するチャレンジとして受け入れることが、複雑な人間の経験と認識の中に一層深く侵入していくためになる」[36]とパネンベルクは言う。近代科学に適った自然世界の解釈の中により満足のいく仕方で聖書的終末論を含める道へといつの日か導かれると期待することは、不合理なこととは思われないとパネンベルクは語る。

　科学的宇宙論における「宇宙の終わり」と聖書的終末論の「世の終わり」の調停に関する既述の議論以外に宇宙的終末論と言えるものは、パネンベルクにおいてはごく控えめである。自然科学と神学との対話の主題としては、すでに問いとして挙げられた偶然論、永遠と時間の関係、生命と聖霊の関係、聖霊とエネルギーや場の理論の関係といった諸問題が主題として列挙されているが、人間以外の被造物の救済や完成などが扱われるわけではない。「新しい天と新しい地」は、ただ「神の国の究極的実現のための枠組み条件」として語られるのみである。それは気候変動が飢饉や食糧難をもたらし、それが民族間の略奪を産むように、人間の相互的対立は生存のための自然的諸条件と深く絡み合っているからであって、「神の国の到来への希望は、必然的に世界の宇宙的更新の期待と結びついている」[37]と語られる。しかしそれ以上の宇宙的終末論は控えられたままである。

　それにしても聖書の証言の中では、被造物としての自然はただ単に神の国の枠組みをなしているだけであろうか。むしろその内容にも入れられているのではないか。具体的に言って、ローマの信徒への手紙八章二一節は明らかに被造物としての自然の呻きと救済を語っている。パネンベルクはこの箇所に触れているところでも、ただ人間の自由の関連でだけ取り上げている[38]。しかしそれは適切とは言えないであろう。聖書は人間のみでなく、被造物もまた救いを待ち望んでいると明らかに記しているからである。

3　自然の終末論

(1) 自然の終末論の不可欠性

従来、キリスト教神学の中に自然を主題として取り戻すことは、もっぱら創造論の文脈において試みられてきた。しかし自然の救済史や終末論における自然の意味や位置も問われ、そして理解されなければならないであろう。自然の変貌や完成の問題も検討され、理解されなければならない。この主題は、聖書的な自然理解に即しながら、他方で近代自然科学の成果を顧慮しつつ検討されるべき主題である。終末論が人間の個人の文脈と集団の文脈において、あるいは人類的歴史の文脈において、それぞれの現実の終わりと完成を問題にすれば、それは当然、自然の終末論も回避することはできない。

このことについては指し当たって三つの理由を挙げることができる。一つは、自然的要素を構成要素とすることなく人間も歴史も成立することができないという人間学的、また歴史学的な現実があることである。人間の生命と歴史は、宇宙的な時間空間の枠組みの中で営まれている。また人間存在の身体性は鉱物的要素や生物学的要素によって形成されている。人間の身体は自然的産物でもある。鉄やセリウムなしに、生物体は考えられない。宇宙の諸元素によって人間はその身体性を営んでいるわけで、身体性において人間は宇宙的な存在であることを否定することはできない。さらには人生と歴史が営まれる大地やそれからの生産物などを通して、自然的諸物は人間の生存や歴史的出来事の全体の中に浸透している。自然を欠如して人間も歴史も、存在し生起することができない。従って、人間と歴史の救済はただ自然から脱出することではあり得ないし、人間と歴史の終末が自然の中での単なる滅亡でなく、同時に完成であるとすれば、自然を除外したままで、その完成を語ることは不可能なことになる。

第二の理由は聖書の証言である。聖書は聖書独特な自然の理解を持ち、自然を神の被造物とし、また神の支配の対象である現実として理解している。人間を創造し、人間と歴史を支配する神が、自然の創造主であり、自然を支配し、救済し、完成へと導く。聖書が終わりのことを人間とその歴史のこととして告げるだけでなく、自然もそこに含ませて告げているゆえに、終末論が「自然の終末論」を含むことは聖書的信仰からして欠くことのできないことである。

第三に神学的な神認識の首尾一貫性の要求が自然の終末論を回避できないものにしている。イエス・キリストの啓示の出来事における神は、三位一体の神として、ご自身の意志決定と御計画による経綸の業においても一貫して真実な神である。神は創造者として被造物を無から創造し、その被造物に救済者として救済を与え、ご自身の決意と御計画に即して完成へと導かれる。その際、自然はただ創造されただけで、救済と完成から除外されるとすると、終末から取り除かれた自然の成り行きは当然問題になり、神の御計画は一貫性のないものになるか、あるいは創造の線と、救済と完成の線の二つの線があることになる。いずれにせよ、三位一体の神の一筋の経綸の業は損なわれると見られることになる。創造と救済や完成との分離は、キリスト教的三位一体の神概念にそぐわないものになるであろう。

以上の理由からして、自然の終末論は人間とその歴史の現実から、また聖書の自然理解から、そして三位一体の神の真実な経綸の業の理解から不可欠なものと言わなければならない。

(2)　自然の終末論

①　被造物の救済

自然は聖書の証言によれば、神から創造された被造物であるが、その被造性において人間と関連し、連帯している。人間は自然的であり、自然はまた人間のいる自然である。人間の自然性には特にその身体性における自然的諸契機があり、自然からの影響を受ける。宇宙の遥か彼方もまた人間を構成する元素によって人間に対する関連の中にある。他方、地球上の被造物の運命は人間の運命と深く結び合っている。[39] 自然もまた人間によって変化させられる。人間によって変化させられた自然がまた人間に作用することは避けられない。このことは現代のエコロジー問題の中に顕著であるが、聖書はすでに人間の「堕罪」によって自然的世界に変化が生じさせられ、自然と人間の関係が転倒させられたと告げている。[40]「お前のゆえに、土は呪われるものとなった……お前に対して、土は茨とあざみを生えいでさせる」（創三・一七以下）。この人間と自然の被造物性におけるいわば運命的な連帯、それに基づく相互関係のために、人間の救済は自然の救済から切り離せないものとなった。

聖書の証言によれば、自然と人間の連帯の中でも人間の主導的位置は明らかである。人間は神の祝福のうちに「地を従わせ」「生き物をすべて支配せよ」（創一・二八）と命じられる。創造とともに開始された歴史において、神の行為は人類との関係を軸にして進行する。しかし自然関係を欠如して進行するわけではない。人間の救済は「体の贖われることを」（ロマ八・二三）待ち望む。この人間の救済とともに他の自然的被造物の救済も待ち望まれる。詩編一〇四編は神の創造と統治の働きを、光や天や雲や風や地との関連で語りながら、野の獣、地の実り、天体や時間や季節について神の御業の下にあると語る。地と海の大小の生きものについて「彼らはすべて、あなたに望みをおき、ときに応じて食べ物をくださるのを待っている」（二八節）と歌い、「あなたは御自分の息を送って彼らを創造し、地の面を新たにされる」（三〇節）と言う。詩編三六編七節は「主よ、あなたは人をも獣をも救われる」と歌う。救済史の中に人間以外の生きものも含まれ、被造物全体が含まれる。

被造物である自然は、不変の創造的枠組みとして存在しているのではない。そうでなく、自然そのもの、宇宙そのものが時間的な創造行為の中で造り出され、救済史の中で保持され、存続と経過を持ち、そして終わりと完成に向けられる。今日の宇宙的物理学が一三六億年前の宇宙の開始と何百億年か後の宇宙の終わりを語ることは、聖書の自然理解との量的に膨大な相違を示しつつも、宇宙の不変性でなく時間的な開始と終わりを語っている点でまったく無関係や対立関係にあるとは言えない。その宇宙史の中でとりわけ地球上の自然は人間との連帯のゆえに変化を被り、神と人間との契約共同体の中に位置を与えられた。安息日に休息すべきなのは契約共同体の当事者としての人間だけではない。彼らの「牛、ろば、すべての家畜」もまた休息しなければならない。同じく大地も、主のための安息を祝う安息年に休耕田となる（レビ二五・二）。

人間の罪は自然の運命に及ぶ。エレミヤ書七章二〇節は人間のゆえに神の怒りと憤りが人間を打つのみでなく、それは「家畜、野の木、地の実り」にも及び、「燃え上がり、消えることはない」と告げられる。自然は人間の罪によって変化するだけでなく、審判の中にも姿を現す。審判にあっては地震や飢饉が生じ、「星は天から落ち、天体は揺り動かされる」（マコ一三・二五）と言う。自然はまた救済の中に現れる。神の都には「命の木」があり、「川」があり、「川のほとりの木々」（黙二二・二、一九）がある。

神の創造と救済のもとで、自然は被造物であることにおいて人間と連帯し、なおその連帯の中で主導性を人間に譲っている。自然との中にあって、人間の特別な位置は聖書に明らかである。[41]聖書は自然の解放を人間の救済を媒介にして考えている。このことがローマの信徒への手紙八章二一節の自然、特に哺乳類を代表とした被造物の救済の理解の前提になっている。「被造物も、いつか滅びへの隷属から解放されて、神の子供たちの栄光に輝く自由にあずかれる」と言う。この箇所を、マルキオンは彼の神学の内的必然性からして削除したと言われる。ケーゼマンによれば、自然を除外した実存主義的な救済理解はマルキオンに近い。「今日では救いを個人主義化し、その点においてパウロの使信を制限してしまう実存主義が自由を形式的に将来に向かって開かれていることとして述べることにおいてそのマルキオンに従っている」[42]。しかし終末論的自由は「宇宙的次元における救い」[43]であり、人間の救済には他の被造物の救済も含まれていると理解されなければならない。[44]神の子供たちの栄光に輝く自由はキリストによる贖罪による（ロマ八・三）が、キリストにおける神の贖罪行為は、その効力を人間を介しながら自然にまで及ばせる。それゆえ自然の終末論は、滅びからの終末論的解放として構想されることになろう。自然の神学は贖罪論的な人間の救済を軸として、自然をもまたキリストの十字架の贖いのもとに理解する。

以上のようにして、聖書の中に被造物としての自然に対する、根拠を持った取り扱いの記述があることは否定しがたい。このことはまた当然キリスト教神学が「自然の神学」や「生態学的神学」を展開させる理由でもある。同様にまたキリスト教神学がその終末論において、自然の終末論、宇宙的終末論を含む理由でもある。「神の像」としての人間と、他の被造物とは、同一の創造主による同一の被造物性において連帯し、しかも自然的被造物はそれ自体神のものであることによって、救済史の中にその位置を持つ。この意味で、キリストの十字架の贖罪死が、人間の救済を媒介にして自然に対しても効力を発揮する。このことはしかし、十字架の死の中におよそ死ぬべきものの死としての自然死が含まれていることによって、直接的に人間以外の被造物を解放するというのではない。

②　被造物の新しい創造

終末論における自然的側面を典型的に表現している表象は、「新しい天と新しい地」である。それは自然の変貌を意味するが、その変貌は創造への原初的回帰を意味せず、「新しい創造」を意味している。イザヤ書一一章はメシアの誕生による自然の調和の回復を語り、創造の楽園への回帰を描いた。しかし聖書はただ創造への回帰だけでなく、自然が新しい創造や変貌に入れられることも記している。

第二イザヤはメシアの到来、神の支配の到来による「大地の変貌」を預言していた（イザ四〇・三―五）。捕囚の民の解放と祖国帰還は、民の移動を妨害する困難な自然状況が除去されることを必要としたであろう。しかしやがてイザヤ書六五章一七節には「新しい天と新しい地」が預言され、ヨハネの黙示録二一章とペトロの手紙Ⅱ三章はこれを継承した。「新しい天と新しい地」は創造への回帰を越えている。自然の終末は、単に創造への回帰ではなく、また救済史の途上の変貌に止まらない。終末論的な完成へと導かれる。

創造は神の意志により、創造の「はなはだよかった」は神の創造の意志への対応であり、目標への適合であると解釈される。被造物は神の目標に対応する仕方で創造され、目標である完成に向かっていく。天と地の創造は、新しい天と新しい地への新しい創造に向かっていく。

③　キリストによる再統合（アナケファライオーシス）

万物は神の意志によって創造され、その意志に適合的な意味でよしとされたと聖書は言う。その適合性には、万物は目的を持って造られたとの見方が含まれている。その万物の目的について、新約聖書は、「万物は御子において造られた」と言い、さらに「御子によって、御子のために造られました」（コロ一・一六）と表現している。全被造物は御子にその存在を負うとともに、その目標と意味を負っている。新約聖書のこの表現は、「知恵が創造の媒介者であるという表象が、キリストに委譲され、キリストの出来事の宇宙的効力を表現している(45)」と解釈される。宇宙に存在するすべてがキリストにあって創造され、それのみでなく、「御子のために」創造されたとあることに注意を向けなければならない。それは創造論を越えて「終末論的な方向(46)」を示し、その内容はストアの思想と著しく相違している。ストアの表現によれば、「万物はそれ自身のため(47)」と言われ、「万物がそれ自身に憩う調和」が記されるからである。これに対し、キリスト教信仰においては「万物はキリストに向かって創造されている(48)」。キリストの出来事の宇宙的な効力が示されていて、それが創造におけるキリスト論的、また三位一体論的性格を示すとともに、宇宙的な終末が同じくキリスト論的、そして三位一体論的性格において完成されるものと理解されるべく規定している。

「御子のために」という表現はまた、「キリストのもとに一つにまとめられる」（エフェ一・一〇）とも言い表される。この目標の成就のために、キリストの贖罪の業があった（エフェ一・七）。最後の最後を記す聖書の言葉は、「神がすべてにおいてすべてとなられる」（一コリ一五・二八）が周知の表現であるが、それだけでなく「万物はこの神から出、わたしたちはこの神へ帰って行くのです。また、唯一の主、イエス・キリストがおられ、万物はこの主によって存在し、わたしたちもこの主によって存在しているのです」（一コリ八・六）とも言われる。「キリストのもとに一つにまとめられる」とのエフェソの信徒への手紙の表現は、万物に対する神の支配の再建を語り、それは「宇宙的なもの」に及んでいる。この箇所は、キリストにあって万物が総括され、キリストの支配のもとに服せられることを、必ずしも将来的終末論の形態で徹底させて語っているわけではない。むしろ宇宙的なスケールに及ぶキリストの再統合をキリストにあって実現している実在として語っている。「時が満ちるに及んで」は、ガラテヤの信徒への手紙四章四節の「時が満ちると」と同じく、イエス・キリストの受肉と十字架の時を指していると解釈することができる。しかしこの「現在的終末論」は決して絶対化されてはいない。エフェソの信徒への手紙は、現在的終末論の熱狂主義とは明らかに距離を持って、キリスト者が依然として「悪魔の策略に対抗して立つ」（六・一一）ことを語り、教会の「成長」（二・二一、四・一六）を語っている。「万物はすでに樹立されたキリストの支配の地上的、歴史的空間の中にいよいよ益々服さしめられるべきであり」、「完成、究極的贖い（一・一四）はなお残されている」[49]。そのようにして終末論的完成を将来のこととして理解している。エイレナイオスはキリストによる万物の再統合（アナケファライオーシス）をキリストによる現在的終末論とともに、将来的終末論の再統合としても語った。宇宙的な再統合は、聖書の証言によれば、キリストとその贖罪の御業に基づき、神の御計画の中ですでに実在化しているが、教会の成長とキリスト教的実存の戦いの中でさらに実現されていくべきものとして描かれている。

④　宇宙的終末論の最後の言葉

宇宙的終末論の最後の言葉は何であろうか。神の救済の完成の時、「山と丘はあなたたちを迎え、歓声をあげて喜び歌い、野の木々も、手をたたく」とイザヤ書五五章一二節は語る。神の救済の完成は、「万物の宇宙的賛美」を伴う。それは、すべての人の神賛美に唱和する万物の神賛美を預言している。そのようにして、神の栄光がほめたたえられる。モルトマンは宇宙論的終末論の最後に「宇宙の笑み」について語り、「宇宙の笑みは神の恍惚である[50]」と記した。「笑み」(Lachen) も「恍惚」(Entzücken) も、どれだけ深い意味で真に聖書的なのか、疑問が残るであろう。ロバート・ジェンソンはむしろ「終わりは音楽である[51]」と記している。最後の時に沈黙に沈み込むのは聖書の証言に対応することではない。最後の時が神の栄光の曇りなく現れる時であり、その神の栄光は賛美を引き出す。その賛美を「音楽」と言っても間違いではないであろう。しかし宇宙的終末論の最後は、やはり永遠の神賛美と言うほうが適切であろう。「音楽」というよりも「歌」である。人間と万物そのものが楽器である。最後はハレルヤである。キリストの出来事に対する「アーメン」が歌われ、それに基づいて「ハレルヤ」(主をたたえよ) が湧き起こる。ファン・リューラーは使徒信条の解説の中で「このハレルヤはアーメンよりももっと自由でもっと喜ばしい」と語った。「私たちがアーメンをもって私たちと世界に関する神の道を振り返るならば、その道はしばしば容易ならぬ、まさしく理解不可能な道でした。しかしその道は、一つの喜ばしい、まさしく幸いな目標に到達しています。そこでハレルヤの叫びが、私たちの生と世界の主ご自身に対して捧げられます[52]」。アーメンは三位一体論的贖罪論に対する教会の感謝の叫びであり、ハレルヤは三位一体論的終末論の万物の歓呼である。この「主をたたえよ」の「永遠の賛美」には、天にあるものも地にあるものも、見えるものも見えないものも、加えられる。主イエス・キリストにより、聖霊によって、父なる神に、また三位一体の神に、アーメンであるゆえにハレルヤ、アーメンに根拠を持った歓喜のハレルヤである。それが宇宙的終末論の、そしておよそキリスト教神学の限りなく続く、最後の言葉であろう。私たちの説教も、そして私たちの神学も最後は賛美の歌、ハレルヤの歓呼になる。

注

第一部

第一章

（1）アウグスティヌスの『神の国』における歴史神学は、彼なりの独特な「救済史」の理解を示している。それゆえ、R・A・マーカスはアウグスティヌスにおける 'Sacred History' を語りながら、'Salvation History' との相違を記す。R. A. Markus, Saeculum: History and Society in the Theology of St Augustine, Cambridge 1970, 231f. しかしそれはオスカー・クルマンの「救済史」との相違であり、その一つとしてアウグスティヌスはゲシヒテとヒストリエの区別に立っていたと述べている。クルマンの救済史概念との相違は多々指摘し得る。しかしアウグスティヌスからゲシヒテとヒストリエの区別を読み取るのは行きすぎであろう。アウグスティヌスにとって聖書に記された記述は、生起した出来事であったし、またその記録であり、解釈でもあった。

（2）Werner Elert, Der christliche Glaube. Grundlinien der lutherischen Dogmatik, Hamburg 1960, 282f.

（3）Gerhard von Rad, Theologie des Alten Testaments. Bd. II: Die Theologie der prophetischen Überlieferungen Israels, München 1960, 4. Aufl., 1965, 381f.

（4）G・フォン・ラート『旧約聖書神学Ｉ』（荒井章三訳、日本基督教団出版局、一九八〇年）一五三頁。

（5）前掲書一五三頁。

（6）前掲書一七五頁。

（7）前掲書一七六頁（一部翻訳を変えている）。

（8）TRE, Bd. XII, Berlin 1984, 574.

（9）Ibid., 579

（10）Bernd Janowski, Vergegenwärtigung und Wiederholung. Anmerkungen zu G. von Rads Konzept der "Heilsgeschichte," in: Heil und Geschichte. Die Geschichtsbezogenheit des Heils und das Problem der Heilsgeschichte in der biblischen Tradition und in der theologischen Deutung, herg. von Jörg Frey, Stefan Krauter und Hermann Lichtenberger, Tübingen 2009, 38-61.

（11）Rolf Rendtorff, Theologie des Alten Testaments. Ein kanonischer Entwurf, Bd. 2: Thematische Entfaltung, Neukirchener, 2001, 248.

（12）Ibid., 250.

（13）フェルディナント・ハーン『新約聖書神学Ⅰ　下』（須藤伊知郎訳、日本基督教団出版局、二〇〇七年）二二六頁以下。

（14）フォン・ラートはその『旧約聖書神学Ⅱ』の第三章「主要部分」において「新約聖書の成就の光における旧約聖書的な救済の出来事」について記述した。マルティン・ヘンゲルによれば「フォン・ラートのこの立派な仕事によって新約研究がほとんど刺激を受けなかったのは妙なこと」で、「人々はこれを黙殺したのだ」と抗議している（M. Hengel, Ibid., 6 Anm. 8.）。

（15）Karl Löwith, Weltgeschichte und Heilsgeschehen. Die theologischen Voraussetzungen der Geschichtsphilosophie, Stuttgart 1953, 175.

（16）ウルリヒ・ルツはクルマンのパウロ理解に反対し、パウロは神の自由な救済行為を「繰り返し点的に」語らなければならなかったのであって、「パウロ神学を救済史的な企てを枠組みとして叙述することはできない」（TRE, Bd. XII, 602）と記す。これに対しマルティン・ヘンゲルは「旧約聖書によって用意された時間の中を貫くイスラエルの道の知識なしにパウロ書簡を理解することはできない」（M. Hengel, Ibid., 8, Anm. 16）と語って、救済史の不可欠性を言う。

（17）F・ハーン『新約聖書神学Ⅰ　上』（大貫隆・大友陽子訳、日本基督教団出版局、二〇〇六年）二七五頁。

(18) M・ヘンゲルもこれを字義的な意味でなく、救済史的な連関を示唆していると考え得ると言う。

(19) Ernst Käsemann, Paulinische Perspektiven, 2. Aufl., Tübingen 1972, 108–139.

(20) Ibid., 114.

(21) Ibid., 118.

(22) Ibid., 124.

(23) Ibid., 135.

(24) この問題については直接ケーゼマンのパウロ解釈を扱っているわけではないが、同じくブルトマン学派のゲアハルト・エーベリンクの同様の解釈を扱ったものとして、拙著『贖罪論とその周辺』（教文館、二〇一四年）二二四頁以下を参照してほしい。

(25) O・クルマン『キリストと時』（前田護郎訳、岩波書店、一九五四年）四一頁。さらにHeil und Geschichte の編者たちJ・フライ、S・クラウター、H・リヒテンバーガーによる序文（Heil und Geschichte, XIII）も参照。同様の見方は、マルティン・ヘンゲルも共有する（Heil und Geschicite, S. 13を参照）。

(26) Hans Freiherr von Campenhausen, Urchristliches und Altkirichliches, Tübingen 1979, 20.

(27) Ibid., 21.

(28) Ibid., 50.

(29) Heil und Geschichte, 13. もっとも、ハーバート・バターフィールドは、「世界史の真にキリスト教的な最初の試み」はオロシウスの著作であり、「後の時代に影響を与えたのはアウグスティヌスよりもむしろオロシウスであった」と言う。Herbert Butterfield, Writings on Christianity and History, ed. By C. T. McIntire, Oxford University Press 1979, 13f. しかしオロシウスがローマ帝国に対して愛国主義的な擁護の姿勢を見せたのに対し、アウグスティヌスの歴史解釈が一層の深遠さをもっていたと指摘される。Brenda Deen Schildgen, Divine Providence: A History. The Bible, Virgil, Orosius, Augustine, and Dante, Continuum 2012, 93. オロシウスは、ローマ帝国を世の終わりまで継続するものと見ていた。オロシウスについては以下を参照。Orosius, Seven Books of History against the Pagans, translated with an introduction and notes by A. T. Fear, Liverpool University Press 2010.

(30) Hans-Jochen Jaschke, Irenäus von Lyon, in: TRE, Bd. XVI, Berlin 1987, 266.

(31) Von Campenhausen, Ibid., 54.

(32) Haer III, 16, 6.

(33) Martin Widmann, Irenäus und seine theologischen Väter, in: ZThK, 54 (1957), 169.

(34) 邦訳は、仏訳と英訳に基づいた『使徒たちの使信の説明』(『中世思想原典集成1　初期ギリシア教父』上智大学中世思想研究所編訳、平凡社、一九九五年、小林稔・小林玲子訳) 二〇三―二八一頁がある。

(35)『証明』二四。

(36) 大貫隆「エイレナイオスにおける『再統合』と救済史」(『福音と世界』一九八〇年一月号―八月号) は、エイレナイオスにおけるアダム‐キリスト類型論と「再統合」理論の意味を論じて、キリストがただ単にアダムの回復でなく、救済史の完成に向かう新しい段階を意味することを強調している。

(37)「二つのアナケファライオーシス」については、鳥巣義文『エイレナイオスの救済史神学』(新世社、二〇〇二年) 一〇三―一五五頁参照。

(38)『証明』三〇。

(39) O・クルマン『キリストと時』一三八頁、二六一頁。

(40) エイレナイオスの終末論に対するハルナックの理解は、「再統合」を神秘的に解釈したことで誤ったと、大貫隆は言う (「エイレナイオスにおける『再統合』と救済史」、『福音と世界』、一九八〇年四月号、七二頁)。

(41) 鳥巣前掲書一五四頁。

(42) 前掲書一五五頁。

(43) 大貫隆前掲論文 (『福音と世界』一九八〇年二月号、六九頁) は、「受肉の包括性」を語っている。ただし「エイレナイオスの受肉の理解は、イエス・キリストの人間としての生を、その死に至るまでの全体において内包しているという意味で包括的である」という記述は、第二の来臨や宇宙論的次元に触れてはいない。エイレナイオスにおけるキリストの「受肉」はキリストの十字架はもちろん、復活も昇天も、そして再臨のキリストも包括し、万物のアナケファライオーシスの基盤をなしているところに重大な意味があると言うべきであろう。

(44) Eduard Stakemeier, Civitas Dei. Die Geschichtstheologie des heiligen Augusinus als Apologie der Kirche, Paderborn 1955; Alois Wachtel, Beiträge zur Geschicitstheologie des Aurelius Augustinus, Bonn 1960.

(45) ヤロスラフ・ペリカン『キリスト教の伝統　教理発展の歴史1』(鈴木浩訳、教文館、二〇〇六年) 八二頁。

(46) Oscar Cullmann, Heil als Geschichte, 2. Aufl. Tübingen 1967, 10.

(47) ハンナ・アーレントのアウグスティヌスの愛の概念に関する博士論文は、最後の章に「社会的な生」(vita socialis) の考察を含んでいるが、それは根拠あることであった。またR・A・マーカスは「歴史と社会」を含む「世」(saeculum) の概念によってアウグスティヌス思想を概観している。すでにトレルチは『神の国』の中に古代キリスト教の「文化倫理」の展開を見ていた。

(48) アウグスティヌスの罪理解は、贖罪論的な罪理解ではなく、人間学的、社会論的洞察と言うべきであろう。しかしそれは神関係の罪と人間関係・社会関係の罪の切り離し得ない関連をよく捉えている。ラインホールド・ニーバーやヴォルフハルト・パネンベルクによってアウグスティヌスの罪論の再発見が語られたのは十分に納得し得ることである。

(49) これに対し、Brenda Deen Schidgen, Ibid., 90 は、アウグスティヌスが歴史的プロセスを「循環的な類型に服するもの」として提示していると見ている。

(50) Reinhold Niebuhr, Faith and History, 221f.

(51) Richard Bauckham (ed.), God will be all in all. The Eschatology of Jürgen Moltmann, Mineapolis 2001, 125.

(52) Walter Nigg, Das ewige Reich, Zürich 1944, 135; Hendrikus Berkhof, Christ the Meaning of History, Virginia 1966, 161.

（53）エルンスト・トレルチ『アウグスティヌス――キリスト教的古代と中世』（西村貞二訳、新教出版社、一九六五年）はアウグスティヌスを古代世界の中に、その総括的な位置に置いている。
（54）Karl Löwith, Weltgeschichte und Heilsgeschehen. Die theologischen Voraussetzungen der Geschichtsphilosophie, Stuttgart 1953, 4. Aufl. 1961, 145.
（55）Ibid., 145;「世界のはかなさ」が重大（Ibid.）との記述も同様である。
（56）Ibid., 158.
（57）H・アーレント『アウグスティヌスの愛の概念』（千葉眞訳、みすず書房、二〇〇二年）一五二頁以下参照。アーレントはアウグスティヌスの「世界の開始」を神の創造でなく、原罪に結びつけて理解した。そこで啓示は世界への没入からの呼び戻しを意味すると言う。しかしアウグスティヌスにとって、原罪に起源を持つ「地の国」もその自然本性においては創造に根拠を持ち続けた。このことは古代の異教的世界観と根本的に異なるキリスト教の世界理解の独自性であって、アウグスティヌスにも保持された。啓示による非世界化といったブルトマン的信仰理解は、アウグスティヌスの少なくとも歴史神学を理解する上で適切ではない。

第二章
（1）Jaroslov Pelikan, The Christian Tradition. A Hisory of the Development of Doctrine, 3 The Growth of Medieval Theology (600–1300), Univ. of Chicago Press 1978, 144.
（2）Ibid, 145.
（3）バーナード・マッギン『フィオーレのヨアキム――西欧思想と黙示的終末論』（宮本陽子訳、平凡社、一九九七年）四一頁。
（4）前掲書一九八頁。
（5）Bernard McGinn, Visions of the End. Apocalyptic Traditions in the Middle Ages, New York 1979, 126. マッギン

はヨアキムに対するこの評価がヘルダーによるとともに、K・レーヴィット、F・マニュエル、E・ブロッホ、E・フェーゲリンといった種々の学者から再認識されている事実を挙げている。それにはさらにP・ティリッヒ、そしてとりわけJ・モルトマンによる評価も加えることができるであろう。ティリッヒのヨアキム評価は彼の『キリスト教思想I』（大木英夫・清水正訳、白水社、一九八〇年）二七五頁以下に示されている。しかしティリッヒがどこまでヨアキムを理解していたかには疑問もある。彼の Systematic Theology, vol 3, Chicago 1963, 368 にはアウグスティヌスの歴史解釈とヨアキムの歴史解釈が対比的に記されている。しかし記されている内容、アウグスティヌスでは「最後の段階はキリスト教会の基礎づけと共に開始し」、ヨアキムの語る三つの時代では「第三の時代はまだ出現していなかった」とあるのは、いずれも誤りである。

（6）ヨアキムの生涯と著作についてはB・マッギンの『フィオーレのヨアキム』（特に五九―六八頁にヨアキムの著作とそれらの簡潔な解題が見られる）ならびに Visions of the End, 126ff.（ここにはヨアキムの数編の文書からの部分的な翻訳が含まれている）を参照。あわせて今野國雄『西欧中世の社会と教会』（四八七頁以下）にヨアキムの生涯の紹介が記されている。

（7）Robert E. Lerner, Joachim in Fiore, in: TRE, 3. Aufl. Bd. 17, Walter de Gruyter 1988, 85f.

（8）フィオーレのヨアキム『新約と旧約の調和の書』第二巻第一部第二章（宮本陽子訳『中世思想原典集成12 フランシスコ会学派』上智大学中世思想研究所編、平凡社、二〇〇一年所収）三七頁。

（9）前掲書五一頁。

（10）Concordia Novi ac Veteris Testamenti, Venetia 1519, f. 56vb（ラテン語本文は、坂口昂吉『中世の人間観と歴史』注五四、一五頁による）。

（11）ヨアキムが一一九一年、イングランド王、獅子心王リチャードの訪問を受けたとき「反キリストはすでにローマで生まれている」と語ったという報告があり、マージョリー・リーヴズもバーナード・マッギンもそれを疑う理由はないと記している。R. McGinn, Visions of the End, 314.

(12) 坂口昂吉前掲書二二四頁（Concordia f. 96vb による）。

(13) Psalterium, f. 278ra（前掲書五五頁、注三四）。

(14) Expositio, f. 83ra（坂口前掲書五五頁、注三五）。

(15) ノーマン・コーン『千年王国の追求』（江河徹訳、紀伊國屋書店、一九七八年）一〇五頁。

(16) コーン前掲書一〇五頁。

(17) Ernst Benz, Thomas von Aquin und Joachim de Fiore. Die katholische Antwort auf die spiritualistische Kirchen- und Gechichtsanschauung, in: ZKG 1934, 52.

(18)『神学大全』の同一箇所に基づくヨアキムとトマスの論争を扱った文献には、Jürgen Moltmann, Christliche Hoffnung: Messianisch oder transzendent? Ein theologisches Geschpräch mit Joachim von Fiore und Thomas von Aquin, in: In der Geschichte des dreieinigen Gottes. Beiträge zur trinitarischen Theologie, München 1991, 131–155 がある。またヨアキムとトマスの相違について扱っているものとしては、バーナード・マッギン『フィオーレのヨアキム――黙示思想と黙示的終末論』二五四頁以下、坂口昂吉『中世の人間観と歴史』二一三頁以下がある。

(19) S. Thomae Aquinatis, Summa Theologiae, Prima Pars, Marietti 1952, 515.（『神学大全』第一四冊、稲垣良典訳、創文社、一一三頁）。

(20) 前掲書一六頁。

(21) 前掲書一七頁。

(22) 前掲書一四頁。

(23) 坂口昂吉前掲書二四四頁。

(24) ラインホールド・ニーバーは、「アウグスティヌスのキリスト教解釈は、ローマの安定をキリスト教信仰が真理である証拠と見なしたコンスタンティヌス帝の宮廷司祭たちの解釈だけでなく、もろもろの国に対する表面上安定した司祭的支配の威信とキリストの知恵と力とを巧妙に混ぜ合わせたトマス・アクィナスの解釈に対して、より一層深遠である」

と述べている。R. Niebuhr, Faith and History. A Comparison of Christian and Modern Views of History, New York 1949, 111.

(25) Ernst Benz, Ibid., 85.

(26) Benz, Ibid., 116.

(27) Jürgen Moltmann, Ibid., 136.

(28) Jürgen Moltmann, Ibid., 138.

(29) N・コーン『千年王国の追求』(江河徹訳、紀伊國屋書店、一九七八年)二四三頁以下を参照。

(30) 前掲書二五二頁。

(31) 田村秀夫編著『イギリス革命と千年王国』(同文館、一九九〇年)はこの点を扱っている。

(32) Heil und Geschichte. Die Geschichtsbezogenheit des Heils und das Problem der Heilsgeschicite in der biblischen Tradition und in der theologischen Deutung, herg. von Jörg Frey, Stefan Krauter und Hermann Lichtenberger, Tübingen 2009, XIV.

(33) Heil und Geschichte, XIV.

(34) E・トレルチ『歴史主義とその諸問題』(上)(『トレルチ著作集4』近藤勝彦訳、ヨルダン社、一九八〇年)二八頁。

(35) Wilhelm Dilthey, Gesammelte Schriften III. Band, 5. Aufl., Stuttgart Göttingen 1976, 222f.

(36) K. Löwith, Weltgeschichte und Heilsgeschehen. Die thologischen Voraussetzungen der Geschichtsphilosophie, 1953, Stuttgart 1961, 11f.

(37) ミヒャエル・トイニッセンは「歴史哲学はただ神学から由来しただけではない。そうではなく、後にも先にもただ神学としてのみ可能である」と語る。M. Theunissen, Gesellschaft und Geschichte. Zur Kritik der kritischen Theorie, 1969, 39f.

第三章

（1）M・ヘンゲルの以下の論文の注を参照。Martin Hengel, Heilsgeschichte, in: Heil und Geschichte. Die Geschichtsbezogenheit des Heils und das Problem der Heilsgeschichte in der biblischen Tradition und in der theologischen Deutung, herg. von Jörg Frey, Stefan Krauter und Hermann Lichtenberger, Tübingen 2009, 4 Anm. 5.

（2）Ibid., 5 Anm. 5.

（3）Stephan-Schmidt, Geschichte der evangelischen Theologie in Deutschland seit dem Idealismus, Berlin 1973, 223.

（4）ここではホフマンのかなり膨大な二つの主著について詳細に論述する余裕はない。ホフマンについては、バルト『十九世紀のプロテスタント神学　下――第二部歴史』（安酸敏眞、佐藤貴史、濱崎雅孝訳、新教出版社、二〇〇七年）二八一―二九四頁、佐藤敏夫『近代の神学』（新教出版社、一九六四年）七六―八二頁、その他以下の論文を参照。Ernst-Wilhelm Wendebourg, Die heilsgeschichtliche Theologie J. Chr. K. v. Hofmanns in ihrem Verhältnis zur romantischen Weltanschauung, in: ZThK 52（1955）, 64-104; Johannes Wischmeyer, Heilsgeschichte im Zeitalter des Historismus. Das geschichtstheologische Programm Johann Christian Konrad Hofmanns, in: Heil und Geschichte, 633-646.

（5）Stephan-Schmidt, Ibid., 222.

（6）J. Ch. K. Hofmann, Der Schriftbeweis. Ein thologischer Versuch, Erster Hälfte, Nördlingen 1852, 10.

（7）Ibid., 11.

（8）Stephan-Schmidt, Ibid., 224.

（9）Adolf Schlatter, Das chlistliche Dogma, 3. Aufl., Stuttgart 1977, 573.

（10）Christoph Schwöbel, "Heilsgeschichte". Zur Anatomie eines umstrittenden theologischen Konzepts, in: Heil und Geschichte, Tübingen 2009, 745.

（11）W・パネンベルク『組織神学の根本問題』（近藤勝彦、芳賀力訳、日本基督教団出版局、一九八四年）二三頁。
（12）イマヌエル・カント『啓蒙とは何か　他三篇』（篠田英雄訳、岩波書店、一九五〇年）四〇頁。
（13）トレルチの歴史哲学については彼の『歴主義とその諸問題』（『トレルチ著作集』4—6、近藤勝彦訳、ヨルダン社、一九八〇—一九八八年）ならびにその各巻の解説、また拙著『トレルチ研究　上・下』（教文館、一九九六年）を参照して欲しい。
（14）Karl Barth, Der Römerbrief, Zürich 1922, 14. Abdruck 1989, 35.
（15）Balth, Ibid., 119.
（16）Barth, Ibid., 283.
（17）Barth, Ibid., 5.
（18）Karl Barth, Die protestantische Theologie. Ihre Vorgeschichte und ihre Geschichte, Zürich 1946, 1960, 560.
（19）Karl Barth, Die Kirchliche Dogmatik, 2. Bd., Die Lehre von Gott, 1. Halbband, Zollokon 1958, 569ff.
（20）Barth, Ibid., 576f.
（21）O. Cullmann, Heil als Geschichte, Heilsgeschitliche Existenz im Neuen Testament, Tübingen 1965, 1967, 156.
（22）Cullmann, Ibid., 156.
（23）W・パネンベルクもバルトのこの点を批判した。拙著『贖罪論とその周辺』（教文館、二〇一四年）二五二頁以下を参照。
（24）M・ヘンゲルも同様に見て、ルドルフ・スメンドのバルトのもとでのリゴローズムのやり取りの中にそれが現れていたと伝えている。Heil und Geschichte, 19.
（25）O. Cullmann, Heil als Geschichte, 66.
（26）Cullmann, Ibid., 147.
（27）O・クルマン『キリストと時』（前田護郎訳、岩波書店、一九五四年）八七頁。

（28）前掲書八六頁。
（29）このテーマを扱ったものとして以下を参照。Klaus W. Müller, Rudolf Bultmann und Heilsgeschichte, in: Heil und Gechichte, hg. v. Jörg Frey, Stefan Krauter und Hermann Lichtenberger, Tübingen 2009, 693-723.
（30）Rudolf Bultmann, Heilsgeschichte und Gechichte, Zu Oscar Cullmann, Christus und Zeit, in: ders., Exegetica. Aufsätze zur Erforschung des Neuen Testaments, hg. v. E. Dinkler, Tübingen 1967, 356-368 (364).
（31）Bultmann, Ibid., 365.
（32）Bultmann, Ibid., 366.
（33）R. Bultmann, Glauben und Verstehen, 3. Bd, Tübingen 1965, 106.
（34）この論文を紹介したものとして中野実「マルティン・ヘンゲル『救済史』を読む」（『伝道と神学』3号、東京神学大学総合研究所、二〇一三年）がある。
（35）Heil und Geschichte, 23.
（36）Ibid., 23.
（37）Ibid., 23.
（38）Ibid., 23.
（39）Ibid., 24.
（40）Ibid., 26.
（41）Ibid., 27.
（42）Ibid., 30.
（43）Ibid., 32.
（44）E. Käsemann, Paulinische Perspektiven, 2. Aufl., Tübingen 1972, 134.
（45）Ibid., 135.

（46）これについては拙著『贖罪論とその周辺』（教文館、二〇一四年）二二〇頁以下を参照。

（47）Heil und Geschichte, 22.

（48）W・パネンベルク『組織神学の根本問題』（近藤勝彦・芳賀力訳、日本基督教団出版局、一九八四年）二二三頁。

（49）拙著『トレルチ研究　上』（教文館、一九九六年）七六頁を参照。

（50）拙著『啓示と三位一体』（教文館、二〇〇七年）五三頁以下を参照。

（51）Wolfhart Pannenberg, Systematische Theologie, Bd. III, Göttingen 1993, 524, 540. また、ホフマンの聖書的救済史概念が世俗史、一般史との区別にあることをパンネンベルクは問題にし続けた。W. Pannenberg, Problemgeschichte der neueren evangelischen Theologie in Deutschland. Von Schleiermacher bis zu Barth und Tillich, Göttingen 1997, 93.

（52）パネンベルクの神学を「救済史的神学」として理解しているものには以下のものがある。Christine Axt-Piscalar, Offenbarung als Geschichte. Die Neubegründung der Geschichtstheologie in der Theologie Wolfhart Pannenbergs, in: Heil und Geschichte, Tübingen 2009, 725-743. クリスティーン・アクスト－ピスカラーは、パネンベルクがすでに初期の『歴史としての啓示』の中の論文において「啓示の救済史的な理解へと向かう決定的な向き変わりを遂行しており、それとともに同時代の、特に、神の言葉の神学に示されている啓示の理解に対する批判が伴っている」（七二五頁）と語っている。しかし彼女は、当初、パネンベルクが「救済史」という用語によって「神の言葉の神学」を包括して否定したことを無視した。そのため彼女のこの論文は、パネンベルクについてよく書かれた論文ではあるが、救済史に関するパネンベルクの戸惑い、そして後に徐々に救済史概念を使用するに至る経緯、しかも定義の欠如、あるいは他の救済史理解とパネンベルクの歴史神学の相違などについて、批判的な検討を欠いている。

（53）W. Pannenberg, Weltgeschichte und Heilsgeschichte, in: Probleme biblischer Theologie. Gerhard von Rad zum 70. Geburtstag, herg. von H. W. Wolff, München 1971, 359.

（54）Ibid., 359.

（55）Ibid., 361.

（56）Pannenberg, Systematische Theologie, Bd. II, 300f.

（57）Pannenberg, Systematische Theologie, Bd. III, 73-102.

（58）Pannenberg, Ibid., 102.

（59）Pannenberg, Ibid., 692.

（60）Pannenberg, Systematische Theologie, Bd. III, 541.

（61）Michael Theunissen, Gesellschaft und Geschichte. Zur Kritik der kritischen Theorie, Berlin 1969, 39f. この書については W. Pannenberg, Weltgeschichte und Heilsgeschichte から示唆された。

（62）モルトマンは「歴史と終末論」の関係を現実と可能性の関係に置き換えて、「可能性から現実性が出てくる」という終末論的変革の理論を語った。しかし観念的な抽象論に陥らないためには、すでに「実現した可能性」が歴史的な規定力をもって将来的可能性に関わりを持つことも否定することができないはずである。それが歴史的現実である。この意味では歴史的現実性と終末論的可能性を統合的に理解する世界史の神学的扱いが求められる。可能性から現実性へという一方向的な強調は、いわば90度前倒しされた「原歴史」の思想であって、歴史的啓示に基づくキリスト教というより、むしろグノーシス的二元論に接近すると思われる。J. Moltmann, Das Kommen Gottes. Christliche Eschatologie, Gütersloh, 1995, 43.

（63）山本和『救済史の神学』（創文社、一九七二年）。

（64）前掲書一〇四頁。

（65）前掲書四頁。

第四章

（1）アウグスティヌス『告白　下』（服部英次郎訳、岩波文庫、一九七六年）一四二頁。

（2）アウグスティヌス『神の国3』（服部英次郎訳、岩波文庫、一九八三年）二二二頁。

（3）Karl Barth, Kirchliche Dogmatik, 3/1, 4. Aufl. Zürich 1970, 76.

（4）Barth, Ibid., 76.

（5）Barth, Ibid., 64.

（6）Barth, Ibid., 64.

（7）Barth, Ibid., 76.

（8）Thomas F. Torrance, The Ground and Grammar of Theology, Charlottesville 1980, 19.

（9）Torrance, Ibid., 20.

（10）Torrance, Ibid., 68.

（11）Torrance, Ibid., 68. ただし残念なことに、ここには参照すべきニュートンの文献箇所の指示が欠けている。

（12）Alexandre Koyre, From the Closed World to the Infinite Universe, Bartimore 1957（『コスモスの崩壊――閉ざされた世界から無限の宇宙へ』野沢協訳、白水社、一九九九年）の六章以下、同じくA. Koyre, Newtonian Studies, Harverd Uni. Press 1965を参照。

（13）Thomas F. Torrance, The Ground and Grammar of Theology, 23.

（14）トランスによれば、ニカイア神学から三つの主導的な観念が発展したが、その一つが宇宙の偶然的知解可能性（contingent intelligibility）で、これによって時間と空間の考え方が根本的に変えられることができたと言う。他の二つは、「宇宙の合理的統一性」（the rational unity of the universe）と「宇宙の偶然的自由」（contingent freedom）とである。前者の「統一された合理性」は天的世界と地上的世界の二元論を一掃するとトランスは言う。後者については、宇宙の偶然的自由」の背後には神の自由があるとされ、神は神であるために宇宙を必要としない、さらには神は「超本質的」（superessential）であり、神は「存在を越えて」（beyond being）いるとも言われる。

（15）Torrance, Ibid., 54.

（16）Thomas F. Torrance, Space, Time and Incarnation, Edinburgh 1969, 38; 58.

(17) Ibid., 39.
(18) Ibid., 40.
(19) Ibid., 71.
(20) Jürgen Moltmann, Gott in der Schöpfung, München 1985, 125.
(21) Ibid.
(22) Ibid.
(23) Ibid.
(24) Ibid., 125f.
(25) Ibid., 166.
(26) Ibid., 166.
(27) J. Moltmann, Das Kommen Gottes, Gütersloh 1995, 323.
(28) Moltmann, Ibid., 323.
(29) Moltmann, Ibid., 323.
(30) Moltmann, Ibid., 324.
(31) Moltmann, Ibid., 323.
(32) Moltmann, Ibid., 324.
(33) Wolfhart Pannenberg, Systematische Theologie, Bd. II, Göttingen 1991, 109f.
(34) Pannenberg, Ibid., 105ff. ここに示された時間・空間の思想と同趣旨の記述は、早くも彼の一九八三年の論文“Gott und Natur”(Wolfhart Pannenberg, Natur und Mensch-und die Zukunft der Schöpfung, Göttingen 2000, 11-29 に収録されている)の中に表現されている。この中でパネンベルクはモルトマン『創造における神』(一九八五年)に先立って、アレクサンドル・コイレの指摘を取り入れながら、ニュートンとライプニッツの対立を媒介する方向を提示している。

(35) Pannenberg, Ibid., 117.
(36) Pannenberg, Ibid., 117.
(37) Pannenberg, Ibid., 107.
(38) Ibid., 107.
(39) Ibid., 107.
(40) Ibid., 107.
(41) Ibid., 107.
(42) これについては拙著『啓示と三位一体——組織神学の根本問題』（教文館、二〇〇七年）一九四頁以下で論じた。
(43) 『ライプニッツ著作集9　後期哲学』（米山優・佐々木能章訳、工作舎、一九八九年）二六三—四六三頁を参照。
(44) W. Pannenberg, Systematische Theologie, Bd. II, 110.
(45) Pannenberg, Ibid., 113.
(46) Pannenberg, Ibid., 114.
(47) Pannenberg, Ibid., 123.

第五章

(1) これについては、拙著『啓示と三位一体』（教文館、二〇〇七年）二八一頁ならびに拙著『二十世紀の主要な神学者たち』（教文館、二〇一一年）一四五頁以下を参照。
(2) Hendrikus Berkhof, Christ The Meaning Of History, tr. by Lambertus Buurman, Richmond 1966, 15.
(3) Berkhof, Ibid., 16.
(4) Karl Löwith, Weltgeschichte und Heilsgechehen. Die theologischen Voraussetungen der Geschichtsphilosophie, Stuttgart 1953, 4. Aufl. 1961, 7.

（5）Löwith, Ibid., 175.
（6）Löwith, Ibid., 175.
（7）Löwith, Ibid., 175.
（8）Löwith, Ibid., 176.
（9）Löwith, Ibid., 176.
（10）K. Löwith, History and Christianity, in: Reinhold Niebuhr. His Religious, Social, and Political Thought, ed, by Charles W. Kegley and Robert W. Bretall, New York 1961, 286.
（11）Löwith, Ibid., 289.
（12）Löwith, Ibid., 286. しかしこのラインホールド・ニーバー評が適格か否か、当然、議論の余地はある。ニーバーの問題は、歴史よりは信仰、事実よりは解釈を重視する立場に立っているとも見られるからである。拙著『二十世紀の主要な神学者たち』（教文館、二〇一一年）五七頁以下を参照。
（13）K. Löwith, History and Christianity, in: Reinhold Niebuhr. His Religious, Social, and Political Thought, ed, by Charles W. Kegley and Robert W. Bretall, New York 1961, 286.
（14）Friedrich Wilhelm Graf, Die "antihistorische Revolution" in der protestntischen Theologie der zwanziger Jahre, in: Vernunft des Glaubens. Wissenschaftliche Theologie und kirchliche Lehre, Festschrift zum 60. Geburtstag von Wolfhart Pannenberg, herg. von Jan Rohls und Gunther Wenz, Göttingen 1988, 377.
（15）Graf, Ibid., 380.
（16）Kurt Nowak, Die "antihistorische Revolution". Symptome und Folgen der Krise historischer Weltorientierung nach dem Ersten Weltkrieg in Deutschland, in: Troeltsch-Studien Bd. 4, Güttersloh 1987, 133–171.
（17）Graf, Ibid., 397.
（18）Graf, Ibid., 397.

(19) Gunther Wenz, Theologie ohne Jesus? Anmerkungen zu Paul Tillich, KuD 26. Jg., 1980, 128–139.
(20) Graf, Ibid., 398.
(21) Friedrich Gogarten, Religion weither, Jena 1917, 63. 既述のグラーフの論文の示唆による。
(22) Graf, Ibid., 402.
(23) Graf, Ibid., 404.
(24) Herbert Butterfield, Christianity and History, New York 1950, 119.
(25) Butterfield, Ibid., 120.
(26) Butterfield, Ibid., 129.
(27) これについては拙著『啓示と三位一体』（教文館、二〇〇七年）五七頁以下を参照。
(28) 前掲書六一頁以下を参照。
(29) H. Butterfield, Ibid., 99.
(30) Ibid., 108.
(31) Wiltfried Härle, Dogmatik, 3. Aufl., Waltetr de Greyter 2007, 283.
(32) H. Butterfield, Christianity and History, 106.
(33) Herbert Butterfield. Writings on Christianity and History, ed. by C. T. McIntire, Oxford Univ. Press 1979, 4.
(34) 理神論のなかに西方教会とそのキリスト教文化がかかえた二元論的分裂があると主張し、神と世界の理神論的な二元論的分裂の克服を課題として主張したのはトマス・トランスであった。トランスは理神論的分裂をヒストリエとゲシヒテの分裂の中にも見た。彼は自然としての世界からだけでなく、歴史としての世界からも神がその場所を失ったのを理神論的な分裂の結果と見なしている。受肉が神と世界の二元論的分裂を踏破して「統一的実在」の理解を示したと言う。
(35) Karl Barth, KD III/3, Zürich 1950, 37.

（36） Barth, Ibid., 42.
（37） Barth, Ibid., 29.
（38） Barth, Ibid., 47.
（39） Barth, Ibid., 57f.
（40） Barth, Ibid., 59.
（41） Barth, Ibid., 57.
（42） Barth, Ibid., 58.
（43） これについては、拙著『啓示と三位一体』（教文館、二〇〇七年）四七頁以下を参照。
（44） Barth, Ibid., 60.
（45） Hans Urs von Balthasar, A Theology of History, London and New York, 1963, 183.
（46） トマス・トランスの「容器」概念批判は、とりわけニュートンの時間・空間論に向けられたものであるが、これについては本書一三六頁以下を参照。
（47） Karl Rahner, Weltbgeschihite und Heilsgeschichte, in: Schriften zur Theologie, Bd. V, Köln 1962, 115-135.
（48） アルノルト・ファン・リューラー『伝道と文化の神学』（長山道訳、教文館、二〇〇三年）五七頁。
（49） 前掲書一一八―一一九頁。
（50） 前掲書一二八、一〇五頁。
（51） Jürgen Moltmann, Gott in der Schöpfung. Ökologische Schöpfungslehre, München 1985, 246f.; 261ff.
（52） パネンベルクのこうした問題点については拙著『啓示と三位一体』八六頁以下並びに本書二四六頁以下などを参照。
（53） Berkhof, Ibid., 86.
（54） Berkhof, Ibid., 100.
（55） Ibid., 133.

（56） Ibid., 133.

（57） H. Butterfield, Christianity and History, 112.

第六章

（1）「神の世界統治」（gubernatio mundi: Gottes Weltregiment）に関する概略的論述には以下のものがある。O. Weber, Grundlagen der Dogmatik, 1.Bd., Neukirchen 1955, 1964, 564–580; E. Schlink, Ökumenische Dogamatik. Grundzüge, Göttingen 1983, 190–206; G. Klein, »Über das Weltregiment Gottes« Zum exegetischen Anhalt eines dogamatischen Lehrstücks, in: ZThK, 90Jg. 1993, 251–283. W. Pannenberg, Systematische Theoloie, Bd. 3, Göttingen 1993, 563–567. C. H. Ratschow, Das Heilshandeln und das Welthandeln Gottes. Gedanken zur Lehrgestaltung des Providentia-Glaubens in der evangelischen Dogmatik, in: NZSTh 1, 1959, 25–80 などがある。

（2） O. Weber, Ibid., 565f.

（3） W. Härle, Dogmatik, 3. Aufl., Berlin 2007, 285ff.

（4） O. Weber の前掲書のほか、W. Elert, Der christliche Glaube. Grundlinien der lutherischen Dogamatik, Hamburg 1960, 278 を参照。

（5） O. Weber, Ibid., 565.

（6） Gerrit C. Berkouwer, The Providence of God, Michigan 1952, 36f.

（7） K. Barth, Die Christliche Lehre nach dem Heidelberg Katechismus, 1948, 3.

（8） 創二二・八の「備える」はヴルガーター訳で provideo が当てられた。しかしその箇所は契約に対する神の真実を語っているが、直接、摂理論の典拠をなすと言うことはできない。

（9） M. Theunissen, Gesellschaft und Geschichte. Zur Kritik der kritischen Theorie, Berlin 1969, 39f.

（10） H. Butterfield, Christianity and History, New York 1950, 98.

(11) W. Pannenberg, Systematische Theologie, Bd. III, Göttingen 1993, 567.

(12) アウグスティヌス『神の国』第一一巻一七章（『神の国3』服部英次郎訳、岩波文庫、一九八三年、四八頁）。

(13) 前掲書一四巻一一章（同三〇八頁）。

(14) 前掲書二二巻一章（『神の国5』服部英次郎・藤本雄三訳、岩波文庫、一九九一年、三六八頁）。

(15) 前掲書二一巻一五章（同三二一頁）。

(16) R. Niebuhr, Faith and History. A Comparison of Christian and Modern Views of History, New York 1949, 38.

(17) W. Pannenberg, Ethik und Ekklesiologie, Gesammelte Aufsätze, Göttingen 1977, 112.

(18) Abraham Kuyper, A Centenial Reader, ed. By J. D. Bratt, Michigan 1998, 461-490.

(19) これについては、拙著『デモクラシーの神学思想』（教文館、二〇〇〇年）四九八―五二七頁、並びに南原繁研究会編『宗教は不必要か――南原繁の信仰と思想』（to be 出版、二〇〇七年）一一―五〇頁を参照。

(20) K. Barth, Eine Schweizer Stimme, 1938-1945, Zürich 1954, 122.

(21) E. Wolf, Königsherrschaft Christi und Lutherische Zwei-Reiche-Lehre, in: Peregrinatio Bd. 2, München 1965, 207-229. ある意味で以下も同様である。G. Ebeling, Die Notwendigkeit der Lehre von den zwei Reichen, in: Wort und Glaube, Tübingen 1960, 407-428.

(22) Pannenberg, Ibid., 110; 112.

(23) Mircea Eliade, The Myth of the Eternal Return or, Cosmos and History, tran. by Willard R. Trask, Princeton Uni. Press 1954, 1991, 151.

(24) Elade, Ibid., 162.

(25) ラインホールド・ニーバーから「歴史の恐怖」という言葉は読みとることはできない。ルーマニア人のエリアーデとアメリカ合衆国のニーバーとでは背後の現実的な経験が違っている。

(26) Niebuhr, Ibid., 228.

（27）Niebuhr, Ibid., 135.
（28）Niebuhr, Ibid., 135f.
（29）Niebuhr, Ibid., 237.
（30）Niebuhr, Ibid., 142.
（31）Hendrikus Berkhof, Christ the Meaning of History, trans. By Lambertus Buurmann, Virginia 1966, 103.
（32）Berkhof, Ibid., 121.
（33）渡辺一夫『渡辺一夫　敗戦日記』（串田孫一・二宮敬編、博文館新社、一九九五年）八頁。
（34）H. Berkhof, Christ the Meaning of History, Virginia 1966, 130.
（35）Wolfgang Trilling, Der zweite Brief an die Thessalonicher, EKK Bd. XIV, Neukirchen 1980, 102.
（36）ゲオルク・デンツラー編著『教会と国家』（相沢好則監訳、新教出版社、一九八五年）三三頁。
（37）アーネスト・バーカー『政治学原理』（堀豊彦・藤原保信他訳、勁草書房、一九六九年）九頁。
（38）ロバート・ニーリー・ベラー『社会変革と宗教倫理』（河合秀和訳、未来社、一九七三年）二三六頁。
（39）『カール・バルト著作集6』（村上伸他、新教出版社、一九六九年）二三五頁。
（40）Wolf Krötke, Gottes Fürsorge für die Welt. Überlegungen zur Bedeutung der Vorsehungslehre, in: ThLZ, 1983, 247.
（41）Günter Klein, Über das Weltregiment Gottes. Zum exegetischen Anhalt eines dogamatischen Lehrstücks, in: ZThK, 90. Jg., 1993, 282.
（42）R・N・ベラーは「大衆デモで政府に反対する勇気」と、それにまして「必要とあらばただ一人で立ち上る勇気」の必要を語って、それは「常に超越的な拠り所を持っている」と指摘している。前掲書二三九頁参照。
（43）R. Niebuhr, Ibid., 199.
（44）R. Niebuhr, Ibid., 200.

(45) W. Panneberg, Systematische Theologie, Bd. III, Göttingen 1993, 45ff. その際、パネンベルクはJohn N. D. Kelly, Early Christian Doctrines, 1958 に負いながら叙述している。

(46) P・ブルンナーは神の統治が三位一体の神の統治であることに注目したが、しかし神の統治を二段階で考えた。「神の二つの統治は無関係に並列しているのではなく、神御自身が彼の世界的統治によってもたらすものを、霊的統治における神の意志に向けて目的論的に秩序づけた」（P. Brunner, Pro Ecclesia. Gesammelte Aufsätze zur dogmatischen Theologie, Hamburg 1962, 365）と言う。これは二世界統治説の二段階的な修正であるが、世界的統治そのものは終末論的でないとすることになる。しかし二つの統治の説の聖書的典拠を示すことは困難であろう。

(47) Niebuhr, Ibid., 235.

(48) ウェストミンスター信仰告白第二一章の七を参照。日本基督教団信仰告白の「公の礼拝」はウェストミンスター信仰告白のこの箇所に起源を持っているであろう。

(49) K. Barth, Die kirchliche Dogamatik 1/1, Zürich 1932, 1964, 71.

(50) イザ九・五以下、エフェ二・一〇、二・一七、コロ一・二〇。

(51) 申三二・四、マタ六・三三、ロマ五・一八。

(52) ロマ八・二一、二コリ三・一七、ガラ五・一、一三。

(53) ヨハ三・一六、六・三五、ロマ八・二、黙二二・一七。

第七章

(1) Ernst Wolf, Peregrinatio, Bd. II, München 1965, 191.

(2) トレルチ「ストア的＝キリスト教的自然法と近代的世俗的自然法」（『トレルチ著作集7』住谷一彦他訳、ヨルダン社、一九八一年）二三九頁以下を参照。

(3) R. Niebuhr, An Interpretation of Christian Ethics, 1934, New York 1956, 132.

（4） R. Niebuhr, The Self and the Dramas of History, 185.

（5） 南原繁『国家と宗教――ヨーロッパ精神史の研究』（改版、一九五八年、岩波書店）一頁。

（6） 以下に挙げる諸文献の他に、この問題を概観したものとしては Hans Dombois (hg.), Recht und Institution, Witten 1956 がある。

（7） Wolfhart Pannenberg, Ethik und Ekklesiologie, Göttingen 1977, 12.

（8） Paul Althaus, Grundriß der Ethik, Erlangen 1931, Gütersloh 1953, 130.

（9） Emil Brunner, Gerechtigkeit, Zürich 1943, 1981, 147f.

（10） Paul Althaus, Theologie der Ordnungen, Gütersloh 1934, 20f.

（11） Jürgen Moltmann, Perspektiven der Theologie, München 1968, 162f.; Pannenberg, Ibid., 14; Hans-Richard Reuter, Recht/Rechtstheologie/Rechtsphilosophie V, TRE, Bd. 28, Berlin 1997, 239.

（12） Karl Barth, Rechtfertigung und Recht, Theologische Studien Heft 1, Zürich 1938, 18.

（13） Barth, Ibid., 20.

（14） Barth, Ibid., 25.

（15） Barth, Ibid., 41.

（16） Moltmann, Ibid., 168.

（17） Barth, Ibid., 43.

（18） Pannenberg, Ibid., 24.

（19） E. Wolf, Ibid., 204.

（20） Pannenberg, Ibid., 32.

（21） Pannenberg, Ibid., 32.

（22） Pannenberg, Ibid., 37.

(23) Pannenberg, Ibid., 35.
(24) Pannenberg, Ibid., 37.
(25) Pannenberg, Ibid., 37.
(26) Pannenberg, Ibid., 37.
(27) TRE, Bd. 28, 242.
(28) Althaus, Grundriß der Ethik, 130f.
(29)「神の共同体形成の意志」を熊野義孝も強調した。「神の共同体形成の意志はインマヌエルと呼ばれる事態によって啓示される」(『教義学3』新教出版社、一九六五年、九三頁)。熊野はキリスト論、宥和論、贖罪論が教会形成に直結する筋道を語り、「復活は……まことに終末論的な出来事」であるが、「復活者への信仰は歴史的教会の形成力となって自己を伝統化してきた」(六七頁)と語った。しかしここではキリストの出来事に啓示された神の共同体形成の意志を贖罪と教会の関連に限定せず、救済史の全貌を貫く神の意志として理解する。
(30) G・フォン・ラート『旧約聖書神学I』(荒井章三訳、日本基督教団出版局、一九八〇年)一八一頁。
(31) Daniel J. Elazar, Covenant & Constitutionalism, London 1998, 76. エラザールによると十九世紀末にすでにウィリアム・モーリー(William C. Morey)がこの点を指摘していたと言う。
(32) James Luther Adams, Voluntary Associations, Chicago 1986, 226.

第八章

(1) Wolfhart Pannenberg, Systemtische Theologie, Bd. II, Göttingen 1991, 501ff.
(2) Wolfhart Pannenberg, Systemtische Theologie, Bd. III, Göttingen 1993, 539ff.
(3) Pannenberg, Ibid., Bd. III, 539ff.
(4) 筆者はかつて、現代の組織神学における「伝道」の理解をめぐり、主要な神学者を幾人か取り上げた。『伝道の神学』

（教文館、二〇〇二年）を参照。本章はそこで扱うべくして扱わなかったパネンベルクの場合を検討し、それを補完するものでもある。

（5）Pannenberg, Ibid., Bd. II, 9.
（6）これについては拙著『啓示と三位一体』（教文館、二〇〇七年）六九頁以下を参照。
（7）Pannenberg, Ibid., Bd. II, 501.
（8）Pannenberg, Ibid., Bd. II, 501.
（9）Pannenberg, Ibid., Bd. II, 509.
（10）Karl Barth, Kirchliche Dogmatik, 4/1, Zürich 1960, 81.
（11）Pannenberg, Ibid., Bd. II, 505.
（12）O・クルマン『キリストと時』（前田護郎訳、岩波書店、一九五四年）一五七頁。
（13）前掲書一五二頁。
（14）Barth, KD, IV/1, 704f.; とりわけ KD, IV/2, 298f.
（15）Pannenberg, Ibid., Bd. III, 540.
（16）Pannenberg, Ibid., Bd. II, 507.
（17）Pannenberg, Ibid., Bd. II, 507.
（18）Pannenberg, Ibid., Bd. II, 508.
（19）Pannenberg, Ibid., Bd. II, 508.
（20）Pannenberg, Ibid., Bd. II, 508.
（21）Pannenberg, Ibid., Bd. II, 509.
（22）Pannenberg, Ibid., Bd. II, 510.
（23）Pannenberg, Ibid., Bd. III, 543.

(24) Pannenberg, Ibid., Bd. III, 543.
(25) Pannenberg, Ibid., Bd. III, 550.
(26) Pannenberg, Ibid., Bd. III, 550.
(27) Pannenberg, Ibid., Bd. III, 550.
(28) 「審判のカテゴリー」をパネンベルクは、「世界歴史は神の世界審判である」というシラーの歴史哲学的思想からでなく、ラインホールド・ニーバーの歴史神学とイギリスの歴史家ハーバート・バターフィールドから得ている(Pannenberg, Ibid., Bd. III, 537, 557)。
(29) Pannenberg, Ibid., Bd. III, 557.
(30) Pannenberg, Ibid., Bd. III, 557.
(31) Pannenberg, Ibid., Bd. III, 557.
(32) これについては拙論「ヴォルフハルト・パネンベルクにおける〈近代成立史〉の問題」(『紀要』9、東京神学大学総合研究所、二〇〇六年)二五頁以下を参照。
(33) パネンベルクのエキュメニズム思想については拙著『キリスト教の世界政策』(教文館、二〇〇七年)二六六頁以下で論じている。
(34) W・パネンベルク『神学と神の国』(近藤勝彦訳、日本基督教団出版局、一九七二年)一六七頁。
(35) 前掲書一六六頁以下。
(36) Wolfhart Pannenberg, Beiträge zur Systematischen Theologie Bd. I. Philosophie, Religion, Offenbarung. Götigen 1999, 168.
(37) Pannenberg, Ibid., 170.
(38) Pannenberg, Ibid., 159.
(39) M・ヴェーバー『古代ユダヤ教1』(内田芳明訳、みすず書房、一九六二年)五頁以下。

(40) Pannenberg, Ibid., 172.
(41) Pannenberg, Ibid., 172.
(42) Pannenberg, Ibid., 153 & 172.
(43) Carl Braaten, That All May Believe. A Theology of the Gospel and the Mission of the Church, Grand Rapids, 2008, 161.
(44) Pannenberg, Ibid., Bd. III, 548.
(45) Pannenberg, Ibid., Bd. III, 548.
(46) Henning Wrogemann, Mission und Religion in der Systematischen Theologie der Gegenwart. Das Missionsverständnis deutschsprachiger protestantischer Dogmatiker im 20. Jahrhundert, Göttingen 1997, 171.
(47) クルマン前掲書一三一、一二四頁。

第二部

第一章

(1) W. Pannenberg, Systematische Theologie, Bd. III, Göttingen 1993, 569.
(2) P. Althaus, Die christliche Wahrheit. Lehrbuch der Dogmatik, Gütersloh 1952, 673.
(3) Walter Kreck, Die Zukunft des Gekommenen. Grundprobleme der Eschatologie, München 1966, 20ff.
(4) Pannenberg, Ibid., 571f.
(5) E・トレルチ「近代世界の成立にたいするプロテスタンタンティズムの意義」(『トレルチ著作集8』堀孝彦訳、ヨルダン社、一九八四年) 九五頁参照。
(6) ゴットホルト・エフライム・レッシング「人類の教育」(『理性とキリスト教――レッシング哲学・神学論文集』谷

口郁夫訳、新地書房、一九八七年、一〇一—一三三頁）第八五節（一二九頁）。

（7）レッシング前掲書第四節（一〇三頁）。

（8）レッシング前掲書第七六節（一二七頁）。

（9）レッシング前掲書第八六節（一二九頁）。

（10）レッシング前掲書第五九節（一二一頁）。

（11）I・カント『啓蒙とは何か　他三篇』（篠田英雄訳、岩波書店、一九五〇年）八六頁。

（12）カントによる「終末論の倫理化」を指摘する著書や論文は多い。大木英夫『終末論』（紀伊國屋書店、一九七二年）一一六頁以下もそうである。

（13）W・パネンベルク『神学と神の国』（近藤勝彦訳、日本基督教団出版局、一九七二年）一九二頁。

（14）K・バルト『十九世紀のプロテスタント神学　下』（安酸敏眞他訳、新教出版社、二〇〇七年）二四頁。

（15）H・R・ニーバー『キリストと文化』（赤城泰訳、日本基督教団出版局、一九六七年）一四二頁以下。

（16）Johannes Weiss, Die Predigt Jesu vom Reiche Gottes, Göttingen 1892, 61ff.

（17）Weiss, Ibid., 64.

（18）Weiss, Ibid., 67.

（19）Weiss, Ibid., 67.

（20）Weiss, Ibid., 67.

（21）E. Troeltsch, Die Absolutheit des Christentums und die Religionsgeschichte (1902/1912), Kritische Gesamtausgabe, Bd. 5, Walter de Greyter 1998, 171.

（22）Troeltsch, Ibid., 178.

（23）W・パネンベルク『キリスト教社会倫理』（大木英夫・近藤勝彦監訳、聖学院大学出版会、一九九二年）一三二頁。

（24）前掲書一三四頁。

（25）Troeltsch, Ibid., 198.
（26）RGG, 1. Aufl., Bd. II（1910）, 622ff.
（27）熊野義孝『トレルチ』（鮎書房、一九四四年）一七九頁。
（28）トレルチはRGG第一版の「終末論」の論稿においてダンテの神曲を参考文献に挙げているが、トレルチにおけるダンテとその神曲の意味については、拙著『トレルチ研究　下』（教文館、一九九六年）九一―一一二頁を参照。
（29）トレルチの終末論については拙著『トレルチ研究　上』（教文館、一九九六年）二三八頁以下を参照。
（30）アルベルト・シュヴァイツェル『イエスの生涯――メシアと受難の秘密』（波木居斉二訳、岩波書店、一九五八年）一一二頁。
（31）前掲書一二三頁。
（32）前掲書一二四頁。
（33）前掲書五〇頁。
（34）前掲書五九、六二、八五頁その他。
（35）前掲書七〇頁。
（36）前掲書六九頁。
（37）前掲書七〇頁。
（38）前掲書一六一頁。
（39）前掲書一七五頁。
（40）P. Althaus, Die letzten Dinge, Lehrbuch der Eschatologie, Gütersloh 1933, 250ff.
（41）Regin Prenter, Schöpfung und Erlösung. Dogmatik, Göttingen 1960, 519f.
（42）K. Barth, Der Römerbrief, München 1922, 127.
（43）Barth, Ibid., 481.

(44) Barth, Ibid., 239.
(45) Barth, Ibid., 240.
(46) Barth, Ibid., 201.
(47) Barth, Ibid., 202.
(48) Barth, Ibid., 6.
(49) Barth, Ibid., 527.
(50) Barth, Ibid., 528.
(51) Barth, Ibid., 523f.
(52) Barth, KDI/1, 343.
(53) Barth, KDI/2, 1938, 1960, 56.
(54) O. Cullmann, Ibid., 157.
(55) R・ブルトマン『歴史と終末論』(中川秀恭訳、岩波書店、一九五九年)一八五頁。
(56) 前掲書一七三頁。
(57) 前掲書一八三頁。
(58) 前掲書一八六頁。
(59) 前掲書二〇一頁。
(60) 前掲書一八六頁。
(61) 前掲書一七七頁。
(62) 前掲書二〇一頁。
(63) 前掲書一九三頁。
(64) 前掲書一九六頁。

(65) 前掲書一九六頁。
(66) 前掲書五五頁。
(67) 前掲書五六頁。
(68) 前掲書五七頁。
(69) 前掲書一八五頁。
(70) 拙著『啓示と三位一体』（教文館、二〇〇七年）二〇頁以下を参照。
(71) P・ティリッヒ『キリストと歴史』（野村順子訳、新教出版社、一九七一年）一一九頁。
(72) P. Tillich, Systematic Theology, vol. 3, Chicago 1963, 449. ティリッヒの終末論については、拙論「パウル・ティッリヒにおける『終末論』の根本問題」（『歴史の神学の行方』教文館、一九九三年、九―三六頁）で論じた。
(73) P・ティリッヒ『キリストと歴史』二九頁。
(74) 前掲書三一頁。
(75) W. Pannenberg, Systemtische Theologie, Bd. III, Göttingen 1993, 588.
(76) Pannenberg, Ibid., 593f.
(77) W・パネンベルク『神学と神の国』九五頁。
(78) Robert W. Jenson, Systematic Theology, vol. 2, Oxford 1999, 309ff.

第二章

(1) Christoph Schwöbel, Gott in Beziehung, Tübingen 2002.
(2) Moltmann, Das Kommen Gottes, 310.
(3) Moltmann, Gott in der Schöpfung, 125.
(4) Moltmann, Das Kommen Gottes, 310; 327.

(5) Moltmann, Ibid., 323.
(6) Ibid., 290.
(7) Ibid., 111f.
(8) Ibid., 112.
(9) Ibid., 348.
(10) Ibid., 337.
(11) Wolfhart Pannenberg, Systematische Theologie, Bd. II, Göttingen 1991, 109.
(12) Moltmann, Ibid., 316.

第三章

(1) 岸本英夫『死をみつめる心』（一九六四年、講談社）。
(2) 脇本平也・柳川啓一編『岸本英夫集6 「生と死」』（一九七六年、渓声社）二〇七―二〇八頁。
(3) 前掲書二一五頁他。
(4) 脇本平也「死の比較宗教学」（岩波講座『宗教と科学7』所収）二八五頁。
(5) P. Althaus, Die Christliche Wahrheit, Gütersloh 1947, 1952³, 415; E. Brunner, Dogmatik III, Zürich 1960, 433.
(6) W. Pannenberg, Systermatische Theologie, Bd. II, Göttingen 1991, 303ff.
(7) E. Jüngel, Tod, Stuttgart 1971, 145; Derselbe, Entsprechungen: Gott – Wahrheit – Mensch, München 1980, 340.
(8) P. Tillich, Ibid., 11ff.; 今日では「生命の霊」を語る文献は多い。W・パネンベルク『信仰と現実』（佐々木勝彦訳、日本基督教団出版局、一九九〇年）三九頁以下、J. Moltmann, Der Geist des Lebens, München 1991, 佐藤敏夫『キリスト教神学概論』（新教出版社、一九九四年）二六一頁以下などを参照。
(9) Friedrich Schleiermacher, Der Christliche Glaube, 1. Bd. (herg. von M. Redeker), Berlin 1960, 415. （この箇所はパ

ネンベルクの書物から示唆を与えられた。)

(10) P. Althaus, Die Christliche Wahrheit. Lehrbuch der Dogmatik, 1947, 415.

(11) E. Brunner, Dogmatik III, 1960, 431ff.

(12) K. Barth, Die Kirchliche Dogmatik, 3. Bd. II. Teil, Zürich 1948, 725.

(13) Barth, Ibid., 739.

(14) Barth, Ibid., 766.

(15) Barth, Ibid., 769.

(16) Barth, Ibid., 770.

(17) Barth, Ibid., 777.

(18) Barth, Ibid., 779.

(19) W. Pannenberg, Grundfragen systematischer Theologie. Gesammelte Aufsätze Bd. II, Göttingen 1980, 152.

(20) Althaus, Ibid., 415f.

(21) Pannenberg, Systematische Theologie, Bd. II, 307.

(22) Pannenberg, Ibid., 313.

(23) Pannenberg, Ibid., 313.

(24) W. Pannenberg, Systematische Theologie, Bd. III, Göttingen 1993, 604.

(25) W. Elert, Der Christliche Glaube. Grundlinien der Lutherischen Dogmatik, 5. Aufl., Hamburg 1960, 503.

(26) J. Moltmann, Der Weg Jesu Christi, München 1989, 191.

(27) J. Moltmann, Das Kommen Gottes. Christliche Eschatologie, Gütersloh 1995, 111.

(28) Moltmann, Ibid., 111.

(29) Moltmann, Ibid., 139.

（30） E. Brunner, Ibid., 434.
（31） W. Pannenberg, Grundfragen systematischer Theologie, Bd. II, 157.
（32） W. Pannenberg, Systematische Theologie, Bd. II, 481.
（33）「現代思想が始まるまでは人びとは死にたいと思う人間と戦う必要は決してなかったのである」というギルバート・ケイス・チェスタトンの言葉はこの点を突いている。『G・K・チェスタトン著作集6　久遠の聖者』（生地竹郎訳、春秋社）二八四頁。また、デュルケームは近代の自殺の頻発をアノミー社会の出現によって説明している（『自殺論』宮島喬訳、中央公論社、一九八五年、二九二頁以下）が、これも「規範喪失」や「際限のない欲求」が殉教死や証言死を喪失したことと無関係ではないであろう。
（34） K. Barth, Ibid., 779. この点で大木英夫はバルトを批判し、熊野義孝を評価した。大木英夫「バルト神学と熊野神学」（竹森満佐一監修『熊野義孝の神学——記念論文集』新教出版社、一九八六年、一三四頁以下）を参照。
（35）この問題については『G・K・チェスタトン著作集1　正統とは何か』（福田恆存・安西徹雄訳、春秋社）一二四頁以下、アブラハム・ヨシュア・ヘシェル『人間とは誰か』（中村匡克訳、日本基督教団出版局）一五六頁を参照。また拙著『教会と伝道のために』（教文館、一九九二年）二三七頁以下を参照。
（36） K. Barth, Die Kirchliche Dogmatik, 4. Bd. III. Teil, Zürich 1959, 732.
（37） H. F. von Campenhausen, Die Idee des Martyriums in der alten Kirche, Göttingen 1936, 1964, 174.
（38） E. Brunner, Ibid., 435.
（39） P. Tillich, Ibid., 433ff.
（40） Tillich, Ibid., 438.
（41） Tillich, Ibid., 436.
（42） K. Rahner, Zur Theologie des Todes, Freiburg 1958, 36ff.　カール・ラーナーの「死の神学」については、高柳俊一『カール・ラーナー研究』（南窓社、一九九三年）一四六頁以下を参照。ただし高柳は、ラーナーのハイデガー批判については扱っていない。ラーナーのハイデガー批判については、Pannenberg, Systematische Theologie, Bd. III, 600f. を参照。

（43）Horst G. Pöhlmann, Abriss der Dogmatik, Gütersloh 1973, 1980[3], 332.

（44）Pannenberg, Systematische Theologie, Bd. III, 622.

（45）K. Barth, Die Kirchliche Dogmatik, 3. Bd. II. Teil, 759f.

（46）Eberhard Jüngel, Tod, 153.

（47）E. Jüngel, Ibid., 152.

（48）O. Cullmann, Immortality of the Soul or Resurrection of the Dead? The Witness of the New Testament, London 1958, 49.

（49）Tillich, Ibid., 445.

（50）W. Pannenberg, Grundfragen systematischer Theologie, Bd. II, 156.

（51）K. Barth, Die Kirchliche Dogmatik, 3. Bd. II. Teil, 760.

（52）この点のパネンベルクのバルト批判については、拙著『歴史の神学の行方』（教文館、一九九三年）一六九頁に言及している。

（53）ユンゲルにおいても「死」と「復活」は表裏の関係において理解されている。そのため彼は、「生きられた生の永遠化」としてある箇所では「復活」を理解しているが、他の箇所ではそれによって「死」を理解している。例えば、Jüngel, Tod, 145 を参照。

（54）Pannenberg, Systematische Theologie, Bd. III, 623.

（55）Tillich, Ibid., 440.

（56）Tillich, Ibid., 441.

（57）Tillich, Ibid., 446.

(58) この問題の論述は Althaus, Ibid., 673 に見られる。
(59) Tillich, Ibid., 446.
(60) 現代のローマ・カトリック神学における「煉獄」思想の再解釈の試みは、例えば K. Rahner, Das Leben der Toten, in: Schriften zur Theologie, Bd. IV, Zürich Köln 1960, 429ff. に見られる。

第四章

(1) N・コーン『千年王国の追求』（江河徹訳、紀伊國屋書店、一九七八年）を参照。
(2) コーン前掲書二七二―二九三頁参照。もっともノーマン・コーンは、ミュンスター事件が当初の再洗礼派の平和思想から、やがて秩序崩壊や激烈な暴力的戦闘状態に陥った理由を、千年王国説における再臨前、再臨後の区別に見ているわけではない。彼はむしろ過激性の原因を、千年王国説が周辺地域からの流れ者や、その地域の住民の中でも社会学的基盤を喪失した根なし草状態の貧民層と結びついたところにあると見ている。
(3) 『一致信条書――ルーテル教会信条書』（信条専門委員会訳、教文館、二〇〇六年）四七頁。
(4) ハインリヒ・ブリンガー『第二スイス信仰告白』も千年王国説を退けて、「審判の日に先立って地上に黄金時代が到来し、敬虔な者らは世界の支配権を占有し、不敬虔な敵たちを圧制するというユダヤ的な空想を非とする」と言う。『宗教改革著作集14　信仰告白・信仰問答』教文館、一九九四年、四〇一頁以下。
(5) The Works of Thomas Goodwin, vol. 12, Tanski Publications 1996. その他、岩井淳「革命的千年王国論の担い手たち――独立派千年王国論から第五王国派へ」（田村秀夫編『イギリス革命と千年王国』同文館、一九九〇年）七八頁以下を参照。
(6) Richard Bauckham, Millenarianism, 568; derselbe, Chiliasmus IV, in: TRE, Bd. VII, 1981, 740.
(7) Jonathan Edwards, Apocalyptic Writings, ed. by Stephan J. Stein, Yale Univ. Press 1977.
(8) Bauckham, Millenarianism, 568.

（9）Bauckham, Chiliasmus IV, 743.
（10）Bauckham, Ibid., 743.
（11）H. Berkhof, Christ the Meaning of History, transl. by Lambertus Buurman, Richmond 1966.
（12）Belkhof, Ibid., 160.
（13）Belkhof, Ibid., 160.
（14）これらはベルコフ自身の著書に見られる引用に従っている。Belkhof, Ibid., 169 並びに 178f. 参照。
（15）Belkhof, Ibid., 168.
（16）Belkhof, Ibid., 168.
（17）Belkhof, Ibid., 170.
（18）Belkhof, Ibid., 170.
（19）Belkhof, Ibid., 170.
（20）Belkhof, Ibid., 171.
（21）Belkhof, Ibid., 171.
（22）Belkhof, Ibid., 173.
（23）Belkhof, Ibid., 173.
（24）Belkhof, Ibid., 174.
（25）G. C. Berkouwer, The Return of Christ, Studies in Dogmatics, Michigan 1972, 291–322, 307.
（26）J. Moltmann, Das Kommen Gottes, 187.
（27）Moltmann, Ibid., 193.
（28）Moltmann, Ibid., 204.
（29）Moltmann, Ibid., 207.

（30）カントのこの言葉は「世界市民的見地における普遍史の理念」の中の一節である。カント『啓蒙とは何か　他三篇』（篠田英雄訳、岩波書店、一九五〇年）四〇頁ならびに四三頁を参照。

（31）Moltmann. Ibid., 214.

（32）拙著『キリスト教倫理学』（教文館、二〇〇九年）八七頁以下、パネンベルクの近代成立の理解については九四頁以下を参照。

（33）Moltmann, Ibid., 218.

（34）Moltmann, Ibid., 218.

（35）Moltmann, Ibid., 222.

（36）Moltmann, Ibid., 222f.

（37）Moltmann, Ibid., 226.

（38）Moltmann, Ibid., 226.

（39）Moltmann, Ibid., 226.

（40）Moltmann, Ibid., 227.

（41）P. Althaus, Die letzte Dinge, Gütersloh 1933, 318.

（42）W. Kreck, Die Zukunft des Gekommenen. Grundprobleme der Eschatologie, München 1966, 188.

（43）Moltmann, Ibid., 218.　リチャード・ボウカムは、アルトハウスやクレックが示した「千年王国」の評価と批判に対するモルトマンの否定的な論評に反対して、むしろアルトハウスとクレックは事柄を的確に見ているように思われると肯定的に語っている。R. Bauckham (ed), God will be All in All. The Eschatology of Jürgen Moltmann, Mineapolis 2001, 142.

（44）この点は、ボウカムも批判している。R. Bauckham (ed), God will be All in All, 131f.

（45）前掲書に収録されているモルトマンのボウカムに対する回答（Ibid., 152）を参照。

(46) R. Bauckham (ed), God will be All in All, 153. モルトマンのこの見方はノーマン・コーン『千年王国の追求』に見られるミュンスター事件の叙述とほとんど両極端的に相違している。
(47) Moltmann, Ibid., 284. これに対し、アウクスブルク信仰告白第一七条は、再洗礼派が千年王国説と併せて、「悪魔……が永遠の苦痛、苛責を受けるのではないと教える」のを排斥している。
(48) Moltmann, Ibid., 284.
(49) W. Pannenberg, Systematische Theologie, Bd. III, Göttingen 1993, 654.

第五章

(1) 審判について聖書のこの箇所に注目しているのはロバート・ジェンソンである。R. Jenson, Systematic Theology, vol. 2, Oxford 1999, 324.
(2) F・ハーン『新約聖書神学Ⅰ 上』(大貫隆他訳、日本基督教団出版局、二〇〇六年)二二一頁。
(3) R. Niebuhr, Faith and History, 214.
(4) アウグスティヌス『神の国』第二〇巻第一章。
(5) 前掲書第二〇巻第二章。
(6) F・ハーン前掲書一二一頁、ならびに同『新約聖書神学Ⅱ 上』(大貫隆他訳、日本基督教団出版局、二〇一三年)三五五頁以下を参照。
(7) A・ファン・リューラー『キリスト者は何を信じているか』(近藤勝彦・相賀昇訳、教文館、二〇〇〇年)二三二頁。
(8) W. Pannenberg, Ibid., Bd. III, 674.
(9) これらの叙述については拙著『デモクラシーの神学思想』(教文館、二〇〇〇年)四三一―四三七頁を参照。
(10) 富永徳磨『基督再臨説を排す』(警醒社、一九一九年)を参照。
(11) 前掲書一一二頁以下。

（12）前掲書二七頁。
（13）前掲書三五頁。
（14）熊野義孝も富永のキリスト教神学思想を「精神主義」と呼んだが、植村正久の交流の中にあった富永が、交流があったと言えない海老名にかえって「思想的酷似」を有したことを指摘している。熊野義孝『日本キリスト教神学思想史』（新教出版社、一九六八年）三七四頁。
（15）富永はキリスト再臨の思想の背後に時代の迫害や信仰の試練に圧迫されて、「世界全滅」など歴史や文明に対する悲観主義があるとして、みずからは精神の感化や歴史の進歩に楽観的であった。海老名もまた「キリストの救済の霊能」を確信するとともに「進化の理法」と「人類の奮闘努力」を楽観的に評価した。海老名弾正「宗教思想の推移と基督再臨問題」（『新人』第二一六号、一九一八年七月、六七頁）を参照。
（16）畔上賢造『基督再臨の希望――富永徳磨氏の再臨排撃論を駁す』（警醒社、一九一九年）を参照。
（17）『福音新報』一一九〇号（一九一八年四月一八日）参照。
（18）R. Prenter, Schöpfung und Erlösung. Dogmatik, Göttingen 1960, 517.
（19）Ibid., 516.
（20）R. W. Jenson, Systematic Theology, vol. 2, Oxford 1999, 334.
（21）J. Moltmann, Das Kommen Gottes. Christliche Eschatologie, Gütersloh 1995, 306.
（22）Pannenberg, Systematische Theologie, Bd. III, 673.
（23）R. Niebuhr, Ibid., 237.
（24）R. Niebuhr, Ibid., 239.
（25）Hans Schwarz, Eschatology, in: Christian Dogmatics, vol. 2, ed. By Carl Braaten, Robert W. Jenson, Philadelphia 1984, 575.
（26）J. Moltmann, Ibid., 284.

(27) 審判を神の国の歴史に向けられた側面というのも不完全な言い方であって、神の国の成就もまた歴史に向けられている。「歴史に向けられた側面」という言い方は歴史の中に到来することを不鮮明にしている。
(28) W. Pannenberg, Ibid., 667.

第六章

(1) ティリッヒは「生の多次元性」について語り、人間の生に「無機質的」「有機物的」「歴史的」次元を語っている。P. Tillich, Systematic Theology, vol. 3, Chicago 1963, 17ff. 無機質的次元と有機物的次元において他の被造物との共有や交流は回避できない。ラインホールド・ニーバーも「人間の個人性は精神の自己意識と有限な自然的有機体の特殊性との産物である」(R. Niebuhr, The Nature and Destiny of Man, II, New York 1943, 296, & ICh. III) ことに関心を向けている。
(2) テイヤール・ド・シャルダン『現象としての人間』(美田稔訳、みすず書房、一九六九年) 三六八頁。
(3) 前掲書三六九頁。
(4) 前掲書三七三頁。
(5) 前掲書三七四頁。
(6) 前掲書三一〇頁。
(7) 前掲書三一〇頁。
(8) 前掲書三一一頁。
(9) 前掲書三二二頁。
(10) 前掲書三二七頁。
(11) 前掲書三二八頁。
(12) 前掲書三三三頁。

(13) 前掲書三三三頁。
(14) 前掲書三五〇頁。
(15) 前掲書三五七頁。
(16) 前掲書三六一頁。
(17) 前掲書三六一頁以下。
(18) P. Tillich, Systematic Theology, vol. 2., London 1957, 1964, 110.
(19) Tillich, Ibid., 110.
(20) Tillich, Ibid., 110.
(21) Tillich, Ibid., 111.
(22) Tillich, Ibid., 111.
(23) J. Moltmann, Das Kommen Gottes. Christliche Eschatologie, Gütersloh 1995, 287.
(24) Moltmann, Ibid., 294, 301.
(25) Moltmann, Ibid., 285.
(26) Moltmann, Ibid., 299.
(27) Moltmann, Ibid., 301.
(28) Moltmann, Ibid., 303.
(29) Moltmann, Ibid., 304.
(30) Moltmann, Ibid., 304.
(31) Moltmann, Ibid., 307.
(32) Moltmann, Ibid., 307.
(33) W. Pannenberg, Toward a Theology of Nature. Essays on Science and Faith, ed. by Ted Peters, Kentucky 1993, 17.

（34）Pannenberg, Ibid., 16.
（35）Pannenberg, Systematische Theologie, Bd. III, 635.
（36）Pannenberg, Toward a Theology of Nature, 27.
（37）Pannenberg, Systematische Theologie, Bd. III, 629f.
（38）Pannenberg, Ibid., 149, 217, 690.
（39）中沢洽樹はヘブライ人にとって自然は「人間の生活をつつみ、その中にはいりこんでくる動的な環境であった」と語り、「そしてそれは人間とともに堕落し、人間とともに贖わるべき〈運命共同体〉であった」と言う。『第二イザヤ研究』（山本書店、一九六二年）二九七頁。
（40）Adolf Schlatter, Das christliche Dogma, 2. Aufl., 1923, Stuttgart Neuausg. 1977, 230.
（41）聖書において、被造物世界における人間の位置に特別なものがある理由の一つとして、国家の滅亡による王の消失、そのための「王のイデオロギーとしての創造論」の変質が挙げられる。並木浩一『旧約聖書における文化と人間』（教文館、一九九九年）一九七頁を参照。被造物における人間の特別な位置が、それだけで説明できるかどうかは別の問題である。神概念の違いがそこに決定的に作用しているが、この違いの大きさは「国家の滅亡」や「王の消失」では説明がつかない。
（42）E・ケーゼマン『ローマ人への手紙』（岩本修一訳、日本基督教団出版局、一九八〇年）四四五頁。
（43）前掲書四四二頁。
（44）カール・ワルケンホースト『信仰と体のあがない』（サンパウロ、一九七九年）四〇八頁。
（45）Eduard Lohse, Die Breife an die Kolosser und an Philemon, Göttingen 1977, 90.
（46）Lohse, Ibid., 92.
（47）エドゥアルト・ローゼによるとマルクス・アウレリウスの中にこの表現が見られると言う。Lohse, Ibid., 91.
（48）Lohse, Ibid., 92.

(49) Rudolf Schnackenburg, Der Brief an die Epheser, Neukirchen 1982, 60.
(50) Moltmann, Das Kommen Gottes, 367.
(51) R. W. Jenson, Ibid., 369.
(52) A・ファン・リューラー『キリスト者は何を信じているか』(近藤勝彦・相賀昇訳、教文館、二〇〇〇年)三〇九頁以下。ただしファン・リューラーは特に終末における全被造物の神賛美を語っているわけではない。

あとがき

本書は「救済史と終末論」に関する諸事項を扱った。組織神学的教義学の私の著作としては『啓示と三位一体』（二〇〇七年）、『贖罪論とその周辺』（二〇一四年）に続き、最終巻をなす。前二著と合わせてお読みいただければ幸いである。

本書によって、神の経綸的計画を「救済史」として理解するとともに、終末論は「救済史的終末論」として展開することを明らかにした。従って私の終末論の立場は、「実現された終末論」や「現在的な終末論」とは異なる。また、「救済史的終末論」は当然「将来的終末論」であるが、将来の存在論的優位に立った一種の徹底的終末論とも異なっている。すでに来られたキリストの救済史的一大転換の出来事に基づき、そのキリストとの同一性にあってキリストが再び来られるとの約束に信頼する。その意味でただ希望の終末論ではなく、「感謝」に基づく希望の終末論である。

本書も既述の二著と同様、単独の論文としてすでに発表された章を含んでいる。以下の六篇がそれである。


「創造と時間」……………………『神学』七三号、東京神学大学神学会、二〇一一年。

「世界史と救済史」…………………『神学』七四号、東京神学大学神学会、二〇一二年。

「法の神的根拠」……………………『神学』七二号、東京神学大学神学会、二〇一〇年。

「救済史と伝道――ヴォルフハルト・パネンベルクの伝道理解とその問題点」

……………………………………『神学』七一号、東京神学大学神学会、二〇〇九年。

「ユルゲン・モルトマンにおける創造の時と終末の時」
……………………………………二〇一二年七月二日、東京神学大学大阪同窓会での講演

「死の終末論」………『神学』五六号、東京神学大学神学会、一九九四年、原題は「死の教義学的考察」

本書に収録するに当たってどの論文にも修正や加筆を加えているが、特に最後の二篇は大幅な加筆を含んでいる。「ユルゲン・モルトマンにおける創造の時と終末の時」は、講演をしたのみで、活字によっては未発表であった。「創造と時間」の一部内容と重複する部分がある。しかし合わせてお読みいただくことで理解を容易にする面もあると思い、収録した。

二十一世紀の世界と日本は必ずしも善い時代を経験してはいない。日本におけるプロテスタント教会の伝道不振、世界中で収まることのない環境悪化、イスラム過激派のグローバル・テロリズム、核兵器に加えて原発の危険、国際経済の混乱の傾向、目標も限界も不明な日本の軍事的伸展の気配など、率直に言って厭な時代の重い空気の中にいると言うべきであろう。その中で相変わらず政治家やジャーナリストの言辞で、不毛で瑣末な国会論争を「神学論争」と言って揶揄することがなされている。神学を訳も分からず瑣末な国会論争並みのものと考えることは、神学の責任以前の問題で、一部政治家やジャーナリストの文化水準の低さによるから、嘆くよりは嗤うべき、いな同情すべき問題であろう。

この世界と日本の状況下で神学が全体として痩せ細った状態に見えるのは、私自身の勉強不足のためだけではないであろう。率直に言って、世界的にも国内的にも、神学は危機にある。その原因は教会と伝道の痩せ細りであるが、神学の文脈での重大な責任は教義学的神学にある。組織神学は今日、倫理学や弁証学の領域で、個人としての力量の及ぶ範囲を遥かに越えて細分化した問題群に直面している。その中で組織神学的教義学は神学的生命体の骨格を担っている。組織神学的教義学は、キリスト教会全体の生命的な活動に基づき、それを表現し、ま

たそれを支え、方向づけ、神学諸科の活力源でもなければならない。教会の期待を背景にその使命を支え、神の栄光を表すために、同信・同学の朋友の活動に期待しつつ、それに伍して、私自身もなお少し努力を重ねることに努めたい。神の召しをしっかりと受け止め、神学的な奉仕を許される範囲で歩み続けるために、聖霊の導きを心から祈っている。

本書の出版に当たっては、教文館の代表取締役渡部満氏の理解と出版部髙木誠一氏の編集と校正の御助力に心からの感謝を申し上げたい。

二〇一五年一〇月

近藤勝彦

人名索引

さ　行

た　行

な　行

は　行

ま　行

や　行

ら　行

わ　行

◆著者紹介

近藤勝彦（こんどう　かつひこ）

1943年、東京に生まれる。東京大学文学部卒業、東京神学大学大学院修士課程修了、チュービンゲン大学に学ぶ。神学博士（チュービンゲン大学）。東京神学大学教授、学長を経て、現在は同大学名誉教授。日本基督教団銀座教会協力牧師。
著書『現代神学との対話』（1985年）、『礼拝と教会形成の神学』（1988年）、『中断される人生』（1989年）、『教会と伝道のために』（1992年）、『歴史の神学の行方』（1993年）、『信徒のための神学入門』（1994年）、『トレルチ研究 上・下』（1996年）、『癒しと信仰』（1997年）、『キリスト教大学の新しい挑戦』（共著、1998年）、『教団紛争とその克服』（1998年）、『教会とその生活を学ぶ』『クリスマスのメッセージ』（1999年）、『デモクラシーの神学思想』（2000年）、『伝道の神学』『窮地に生きた信仰』（2002年）、『伝道する教会の形成』『しかし、勇気を出しなさい』（2004年）、『日本の伝道』『いま、共にいますキリスト』（2006年）、『啓示と三位一体』『キリスト教の世界政策』（2007年）、『喜び祝い、喜び踊ろう』（2008年）、『万物の救済』『キリスト教倫理学』『福音主義自由教会の道』（2009年）、『二十世紀の主要な神学者たち』『確かな救い』（2011年）、『贖罪論とその周辺』『人を生かす神の息』（2014年）他。

救済史と終末論 —— 組織神学の根本問題 3

2016年2月25日　初版発行

著　者　近藤勝彦
発行者　渡部　満
発行所　株式会社　教文館
〒104-0061 東京都中央区銀座4-5-1　電話 03(3561)5549　FAX 03(5250)5107
URL　http://www.kyobunkwan.co.jp/publishing/
印刷所　モリモト印刷株式会社

配給元　日キ販　〒162-0814　東京都新宿区新小川町9-1
電話 03(3260)5670　FAX03(3260)5637

ISBN978-4-7642-7404-4　Printed in Japan